LES
GRANDS ÉCRIVAINS
DE LA FRANCE

NOUVELLES ÉDITIONS

PUBLIÉES SOUS LA DIRECTION

DE M. AD. REGNIER

membre de l'Institut

SUR LES MANUSCRITS, LES COPIES LES PLUS AUTHENTIQUES
ET LES PLUS ANCIENNES IMPRESSIONS
AVEC VARIANTES, NOTES, NOTICES, PORTRAITS, ETC.

MOLIÈRE

TOME XI

PARIS

LIBRAIRIE HACHETTE ET Cie

BOULEVARD SAINT-GERMAIN, 79

M D CCC XCIII

LES
GRANDS ÉCRIVAINS
DE LA FRANCE

NOUVELLES ÉDITIONS

PUBLIÉES SOUS LA DIRECTION

DE M. AD. REGNIER

Membre de l'Institut

ŒUVRES

DE

MOLIERE

TOME XI

PARIS. — IMPRIMERIE LAHURE
9, rue de Fleurus,

OEUVRES
DE
MOLIÈRE

NOUVELLE EDITION

REVUE SUR LES PLUS ANCIENNES IMPRESSIONS

ET AUGMENTÉE

de variantes, de notices, de notes, d'un lexique des mots et locutions remarquables,
de portraits, de fac-simile, etc.

PAR MM. EUGÈNE DESPOIS ET PAUL MESNARD

TOME ONZIÈME

NOTICE BIBLIOGRAPHIQUE
ADDITIONS ET CORRECTIONS
PAR M. ARTHUR DESFEUILLES

PARIS
LIBRAIRIE HACHETTE ET Cie
BOULEVARD SAINT-GERMAIN, 79

1893

NOTICE BIBLIOGRAPHIQUE.

A.
OEUVRES DE MOLIÈRE.

Sur la valeur des principales éditions anciennes de Molière, et sur les règles qui ont été suivies tant pour la constitution du texte de la présente édition que pour le relevé des variantes, nous renvoyons le lecteur à l'*Avertissement* du tome Ier, p. iv-ix.

I. — ÉDITIONS DÉTACHÉES DES COMÉDIES ET DES POÉSIES.

L'Étourdi : voyez pour cette comédie, plus loin, p. 11, le numéro 6, sous lequel elle est rangée, à la date de son impression.

Dépit amoureux : voyez, plus loin, p. 12, le numéro 7.

1. — *Les Précieuses ridicules*, comédie représentée à Paris, au Petit-Bourbon, le 18 novembre 1659. Privilège du 19 janvier 1660, accordé pour cinq ans, sans que Molière y soit nommé, à Guillaume de Luynes, qui en fait part à Charles de Sercy et à Claude Barbin : l'adresse de l'un ou de l'autre de ces trois libraires peut donc se rencontrer sur le titre des éditions, et le catalogue de la librairie Fontaine, joint à la seconde édition de la *Bibliographie moliéresque* par Paul Lacroix (1875), ainsi que le Catalogue de la bibliothèque de Rochebilière, rédigé par M. Claudin (1882), mentionnent en outre le nom de Gabriel Quinet comme porté sur le titre d'exemplaires de la seconde édition (1663).

NOTICE BIBLIOGRAPHIQUE.

EDITION ORIGINALE : Paris, 1660, achevée d'imprimer le 29 janvier; in-12; il y a quelques différences (à noter particulièrement dans le texte de la *Préface*) entre les exemplaires qui en sont conservés. Molière n'a mis son nom ni au titre ni au bas de la Préface. Voyez tome II, p. 42[1].

> Une copie de la pièce ayant été dérobée à Molière, le libraire Ribou s'était disposé à la publier. Le privilège qu'il obtint par surprise, le 12 janvier 1660, fut annulé, et l'impression subreptice d'abord empêchée; il n'en fit pas moins paraître, le 12 avril suivant, une édition des « *Précieuses ridicules*, comédie représentée au Petit-Bourbon » : c'était bien la comédie de Molière, mais qu'un impudent complice, Baudeau de Somaize, avait « mise en vers »; et sous cette forme Ribou la réimprima même l'année suivante (mars 1661), après avoir été, il est vrai, contraint par les libraires du véritable auteur à un accommodement. Voyez tome II, p. 42-43, p. 48 et note 3, et plus loin, p. 119, avant-dernier alinéa.

Seconde édition, chez les mêmes libraires, 1663; in-12. Elle est placée en tête du recueil factice de 1664 (voyez plus loin, p. 53-55). L'achevé d'imprimer est resté daté du 29 janvier 1660.

> Ce n'est pas que le titre, daté de 1663, ait été seul refait. Le jour de la première publication d'un livre était, selon la règle, constaté par un achevé d'imprimer qui s'ajoutait au texte du privilège autorisant la publication : de ce jour, non de celui de l'obtention des lettres patentes, se comptait le temps pour lequel le privilège était valable. Les libraires n'avaient guère intérêt à faire connaître la date précise des réimpressions, et ce n'était que par exception, ce semble, qu'elle était indiquée à la suite du privilège primitif, toujours reproduit, en entier ou par extrait, soit au commencement, soit à la fin du livre.

Suivant la copie imprimée à Paris, chez Charles de Sercy,... l'an 1660; petit in-12 : contrefaçon imprimée à Leyde, dans l'officine de Fr. Hackins [2]. — Jouxte la copie imprimée à Paris, chez Claude Barbin..., 1660; in-12 : autre contrefaçon. — Suivant la copie imprimée à Paris (Amsterdam, Daniel Elzevier), 1674; petit in-12. Édition insérée dans le recueil des *Œuvres de M. Molière*, recueil factice de 1675 (notre 1675 A) qu'a publié Daniel Elzevier, mais sous le pseudonyme de Jaques le Jeune, puis reproduite en 1679 et comprise dans le recueil factice de cette année qu'il a publié sous le même pseudonyme; reproduite encore à Amsterdam par Henri Wetstein (qui en avait acquis le droit après la mort de Daniel Elzevier), en 1683 et en 1692, et insérée dans le recueil factice de 1684 (notre 1684 A) qu'il a pu-

---

1. Par ces renvois, à la suite de la mention d'une édition première, nous indiquons au lecteur la page des *Notices* où il trouvera le *fac-simile* du titre de cette édition.

2. Nous empruntons la plupart des renseignements donnés sur les éditions hollandaises à l'excellent ouvrage de M. Alphonse Willems : LES ELZEVIER, *Histoire et Annales typographiques*. Bruxelles, G.-A. van Trigt, 1880; in-8°.

ÉDITIONS DÉTACHÉES.

blié sous le pseudonyme conservé de Jaques le Jeune, et dans le recueil factice de 1693 qu'il a publié sous son vrai nom[1]. Voyez plus loin, p. 66 et 67, n° 5; p. 74 et 75, n° 8; p. 77, n° 10.

Nouvelle édition, conforme à l'édition de 1660 donnée par Molière; avec des notes historiques et grammaticales, une introduction, et un lexique, par M. Ch.-L. Livet. — Carte de Tendre. — Air noté du madrigal de Mascarille.—Paris, Paul Dupont, 1884 : in-18.

Edited with introduction and notes by Andrew Lang, M. A. — Oxford, at the Clarendon press, 1884 : petit in-8°.

Nouvelle édition, conforme à l'édition originale, avec les variantes, une notice sur la pièce, le sommaire de Voltaire, un appendice et un commentaire historique, philologique et littéraire, par M. Gustave Larroumet. Paris, Garnier frères, 1887 : in-18.

Édition classique, avec notices et notes critiques, philologiques et littéraires, par M. G. Vapereau, inspecteur général honoraire de l'Instruction publique. Paris, Hachette, 3ᵉ édition, 1891 : in-16.

2. — *Sganarelle* ou *le Cocu imaginaire*, comédie représentée au Petit-Bourbon le 28 mai 1660. Privilège du 31 mai suivant, accordé pour cinq ans à Molière. Mais c'est à l'aide d'un autre privilège de même durée, surpris postérieurement, le 26 juillet, par un nommé Neuf-Villenaine ou Neufvillaine et par lui cédé au libraire Ribou que celui-ci fit d'abord imprimer la pièce, à l'insu et au préjudice de Molière. A partir peut-être de l'arrêt du 16 novembre 1660 (dont il est parlé ci-après, p. 4), à partir en tout cas de la première réimpression connue, qui est de 1662, le privilège, sans que la date du 26 juillet en soit changée, est mis sous le nom du *sieur Molier* ou *de Molier*, et le transport en est fait à Guillaume de Luyne et Étienne Loyson (le privilège de l'édition ou contrefaçon de 1666 fait exception : voyez plus loin, p. 5 et 6).

PREMIÈRE ÉDITION : avec les Arguments de chaque scène, Paris, chez Jean Ribou, 1660, achevée d'imprimer le 12 août; in-12. Le nom de Molière n'est pas sur le titre; mais il figure, comme étant celui de l'auteur-comédien, bien en vue et en gros caractères[2], dans les deux épîtres anonymes qui suivent; le nom de

---

1. Les titres mis au-devant des volumes de ce recueil factice de 1693 portent la date de 1691, qui est celle, non de leur publication, mais de l'obtention du privilège.
2. Il est écrit là *Molier* : c'est que la prononciation du temps ne distinguait pas entre *Molier* et *Molière* (voyez tome IV, p. 5, note 1); et le poète n'avait laissé

4 NOTICE BIBLIOGRAPHIQUE.

Neuf-Villenaine, l'auteur de ces épîtres et des arguments, ne se trouve que dans le Privilège, à la fin du volume : voyez tome II, p. 154, 156 et 159. Voyez encore la note 1 de la page 156, où il est expliqué qu'il a été fait deux tirages de cette édition de 1660 ; c'est pour le second que paraît avoir été composée l'espèce de dédicace *A M. de Molier*, qui ne précède pas dans tous les exemplaires l'épître *A un ami*.

On a lu au tome II, p. 147-154, dans la *Notice* que Despois écrivait en 1875, l'historique de cette première édition de *Sganarelle*; quelques points en peuvent être mieux précisés, grâce à de nouveaux documents, à deux décisions du Conseil privé du Roi, retrouvées et mises au jour par M. Émile Campardon[1]. Il y est constaté d'abord que le privilège du 31 mai 1660, accordé à Molière pour sa comédie, et dont on croyait qu'il n'avait fait usage qu'en octobre 1662, lorsqu'il le transféra à Claude Barbin et Gabriel Quinet (tome II, page 152 et 153), avait été presque sans délai porté à la connaissance de la Communauté des libraires, par une signification en bonne forme du 14 (ou au plus tard du 23) juin 1660. On trouve ensuite là bien fixée la date du premier acte de revendication qu'exerça Molière contre celui qui tentait, pour la seconde fois, d'usurper ses droits ; c'est le 28 août que fut pratiquée la perquisition chez l'imprimeur, et chez le libraire la saisie de ce qu'on put trouver d'exemplaires frauduleux ; le commissaire agit en vertu du privilège légitime du 31 mai et sur l'ordonnance du Lieutenant civil du prévôt de Paris, jointe à une permission de citer Ribou au tribunal de ce magistrat. Enfin tout le détail de l'affaire se peut suivre jusqu'au dénouement dans le long narré juridique des deux pièces. A l'assignation de l'auteur lésé, le contrefacteur, produisant aussi son titre, le privilège subreptice du 26 juillet, répondit, le 30 août, par une opposition à l'ordonnance du Lieutenant civil, par un appel à d'autres juges, les maîtres des requêtes de l'Hôtel, qui l'admirent. Molière alors, assisté de l'avocat Rolland, eut recours à la juridiction suprême du Conseil privé, lui demandant de le décharger de l'assignation aux Requêtes de l'Hôtel et de lui faire droit. Le Conseil lui donna prompte et pleine satisfaction. Par un premier arrêt, rendu dès le 3 septembre 1660, il défendit à Ribou de continuer la vente du *Cocu imaginaire ;* le 16 novembre suivant, par un arrêt définitif, il supprima le privilège surpris par Neufvillaine, et condamna Ribou « à délivrer à Molière les douze cent cinquante exemplaires... retirés *de chez l'imprimeur*, ou la valeur à raison de trente sous par chaque exemplaire ». Ribou dut s'exécuter d'une façon ou de l'autre, et Molière dédommagé laissa s'écouler l'édition ; il faut même croire qu'il en trouva le texte suffisamment fidèle, car il ne semble pas qu'aucun changement de quelque importance ait été fait dans les impressions suivantes. On a vu d'ailleurs (tome II, p. 148 et note 2) que le poète et l'entreprenant éditeur étaient entrés six ans plus tard en de bonnes relations d'affaires. Le complice de Ribou ne fut pas autrement mis en cause. Cependant un détail qui le concerne est à relever dans le *vu* du second arrêt : pour avoir fourni la copie, procuré le privilège d'auteur, pour l'invention et façon des Épîtres et Arguments, Neufvillaine avait prélevé deux cent vingt livres sur les profits espérés ; Ribou eut soin d'en joindre la quit-

paraître son nom ni au titre du volume, ni à la fin de la Préface, ni même dans le privilège des *Précieuses ridicules*, sa première pièce imprimée.

1. Voyez, p. 11-19, les *Nouvelles pièces sur Molière et sur quelques comédiens de sa troupe recueillies aux Archives nationales et publiées par Émile Campardon* : Paris et Nancy, Berger-Levrault, 1876 ; petit in-8°.

tance, parmi ses pièces justificatives, aux lettres de privilège du 26 juillet, en preuve évidemment de sa bonne foi et loyauté dans l'opération.

Seconde édition : Paris, 1662, in-12, avec l'adresse de Guillaume de Luyne ou d'Étienne Loyson, sans le nom de l'auteur sur le titre. Elle est accompagnée de tous les accessoires de la première, et d'un privilège au sieur de Molier, cédé à Guillaume de Luyne, qui en fait part à Étienne Loyson. L'achevé d'imprimer est encore du 12 août 1660, ne constatant point la date, qui importait peu, de cette réimpression, mais rappelant le jour de la première publication, le point de départ régulier de la durée du privilège. Elle a été insérée par Charles de Sercy et ses associés dans le recueil factice de 1664. — M. Claudin décrit (dans le Catalogue Rochebilière) une édition qui lui a semblé être la même que celle-ci, dont le titre seulement porte la date de 1663 avec l'adresse d'Augustin Courbé, et dont le dernier feuillet aussi a été réimprimé, afin que le nom de ce libraire pût être inséré au privilège.

Édition donnée *suivant la copie imprimée à Paris*, 1662, petit in-12, à la marque du *Quærendo* (à Amsterdam, chez Abraham Wolfgang). Elle a les épîtres et les arguments. Wolfgang l'imprima probablement de compte à demi avec Louis et Daniel Elzevier[1], dit M. Willems, car Daniel l'a insérée dans les premiers exemplaires de son recueil de 1675 (notre 1675 A). Daniel l'a réimprimée cette même année 1675, puis en 1680 (c'est avec cette dernière date qu'elle se trouve dans le recueil de 1684, notre 1684 A). Henri Wetstein retrancha les arguments dans son édition de 1693.

Édition de Paris, 1665, in-12, sans le nom de l'auteur sur le titre et sans achevé d'imprimer, accompagnée des épîtres et arguments et du privilège *au sieur de Molier* cédé à Guillaume de Luyne et Étienne Loyson; l'adresse d'un troisième associé, de Thomas Joly, non mentionné au privilège, se lit sur le titre de l'exemplaire appartenant à la Bibliothèque nationale. Un exemplaire, à l'adresse d'Étienne Loyson, signalé dans le Catalogue Rochebilière, porte sur le titre même le nom de *J.-B. de Molier*.

Édition de Paris, in-12, achevée d'imprimer le 30 septembre 1666 (notre 1666ª), ne donnant plus les épîtres ni les arguments, que n'avait pas encore supprimés le recueil publié le 23 mars de cette année 1666 et que conservera même le recueil de 1673.

Cette édition ne se distingue pas seulement par l'absence des accessoires

1. Associés à Amsterdam de 1655 à 1664.

joints à toutes les précédentes[1]; elle offre d'autres particularités assez étranges. Le titre porte .... *comédie par J. B. P. Molier*, et pour la vente donne, comme celui de la première édition, l'adresse de Jean Ribou, le contrefacteur condamné six ans auparavant; puis c'est à ce même Ribou que cession est faite d'un privilège de cinq ans, toujours daté du 26 juillet 1660, expiré par conséquent depuis une année entière (depuis le 12 août 1665) et accordé, non à Molière, mais, comme le privilège surpris qui accompagne la première édition de 1660, à Neuf-Villenaine. Est-ce à l'aide d'une pareille pièce, si Ribou avait conclu quelque arrangement avec le poète, qu'il eût voulu le constater? Il est bien probable que l'édition de 1666 (notre 1666[a]), qu'on a cru pouvoir donner pour « l'édition originale publiée par Molière », n'est qu'une contrefaçon (d'assez bel aspect d'ailleurs) mise sous le nom du premier éditeur, mais à laquelle celui-ci fut tout à fait étranger. Il serait tout aussi difficile de croire que l'auteur ait pu avoir la moindre part à la préparation d'une édition où sont restées les plus grosses fautes relevées dans la première impression, et où d'autres, aussi apparentes, ont été ajoutées : voyez, par exemple, aux vers 413 et 458 (tome II, p. 197 et 201).

Sur une division de la comédie en trois actes, adoptée, probablement à l'exemple des comédiens, par l'éditeur de 1734, voyez tome II, p. 179, note 4.

3. — *Dom Garcie de Navarre* ou *le Prince jaloux*, comédie représentée sur le théâtre du Palais-Royal le 4 février 1661. Pour l'impression de sa pièce Molière avait obtenu un privilège dès le 31 mai 1660; mais elle ne fut point publiée par lui et n'a paru d'abord imprimée que dans le recueil de 1682, au tome VII, le Ier des *OEuvres posthumes*. Voyez tome II, p. 234.

Suivant la copie imprimée à Paris, 1684, petit in-12, à la Sphère (Amsterdam, Henri Wetstein). Édition insérée par H. Wetstein dans son recueil factice de 1684 (notre 1684 A), au tome des *OEuvres posthumes*.

4. — *L'École des maris*, comédie représentée au Palais-Royal le 24 juin 1661. Privilège du 9 juillet 1661, donné pour sept ans à Jean-Baptiste Pocquelin de Moliers, et cédé à Charles de Sercy, lequel y associe Guillaume de Luyne, Jean Guignard[2], Claude Barbin et Gabriel Quinet (l'adresse de l'un ou de l'autre de ces libraires peut donc se rencontrer sur le titre des éditions).

ÉDITION ORIGINALE : Paris, 1661, achevée d'imprimer le 20 août; in-12. Voyez tome II, p. 349. Une estampe y a été jointe, représentant le jeu de scène du second acte, tel que l'a indiqué l'édition de 1682 (au vers 768) : « Elle fait semblant d'embrasser Sganarelle, et donne sa main à Valère. »

---

1. Une seule exceptée, une édition de 1664, citée dans la *Bibliographie moliéresque*, comme étant, à la réserve de la date du titre, en tout semblable à l'édition de 1666.

2. Ou *Guinard*, comme ce nom est imprimé au titre de l'édition de 1664 qui se vendait « chez Jean Guinard le fils ».

ÉDITIONS DÉTACHÉES.

Les considérants remarquables que Molière a fait insérer dans le privilège de *l'École des maris* ont été cités tome II, p. 350. Il s'y plaint des éditions frauduleuses qu'on avait faites de plus d'une de ses pièces, et y constate, en nommant expressément Ribou, la condamnation qu'il avait obtenue contre ce libraire par arrêt du Conseil du Roi. Voyez plus haut, p. 2, 2ᵈ alinéa, et p. 4, 2ᵈ alinéa.

D'autres éditions, dont les variantes ont été relevées dans nos notes, ont paru chez l'un ou l'autre des premiers éditeurs et dans le même format, en 1663 et en 1664. Celle de 1663 a été insérée, avec la gravure, dans le recueil de 1664 (plus loin, p. 53-55). Celle de 1664 est particulièrement incorrecte (voyez tome II, p. 356, note 1, et p. 430, note 3).

L'École des maris, etc. A Anvers, chez Guillaume Colles, 1662, petit in-8°. Mais, suivant MM. Paul Lacroix et Claudin, c'est de Caen ou de Rouen qu'est sortie cette contrefaçon.

L'Escole des maris, etc. : titre transcrit de l'édition originale, avec l'adresse de Claude Barbin et la date de 1662 : petit in-12. Cette contrefaçon (notre 1662) est sortie de l'officine de François Foppens à Bruxelles. Une variante fautive en a été relevée tome II, p. 398, note 3. — Suivant la copie imprimée à Paris, 1674, petit in-12 (Amsterdam, Daniel Elzevier). Cette édition fait partie du recueil que Daniel a publié en 1675 (notre 1675 A), et il l'a reproduite en 1679. Henri Wetstein l'a réimprimée en 1684 et insérée dans son recueil de cette année (notre 1684 A).

---

5. — *Les Fâcheux*, comédie représentée au château de Vaux, le 17 août 1661, et au Palais-Royal, aussi ornée de ses agréments, le 4 novembre suivant. Privilège du 5 février 1662 accordé à Molière pour cinq ans, et cédé à Guillaume de Luyne, qui en fait part à Charles de Sercy, à Jean Guignard, à Claude Barbin et à Gabriel Quinet.

ÉDITION ORIGINALE : Paris, chez l'un des libraires associés, 1662, achevée d'imprimer le 18 février ; in-12. Voyez tome III, p. 23.
— Pour les vers de Pellisson qui servirent de Prologue, voyez plus loin, p. 123, n° 5, 1ᵉʳ alinéa. — Sur un manuscrit de Philidor constatant que les entrées de ballet mêlées à la comédie furent réglées, danse et musique, par Beauchamp, et qu'un air fut demandé à Lulli pour la scène III de l'acte Iᵉʳ, voyez tome IV, p. 229, note 5.

Aux renseignements donnés dans la note du tome IV à laquelle nous venons de renvoyer nous ajouterons ici le relevé des morceaux de musique que Philidor (au tome XLIV, p. 65-84, de sa Collection déposée à la bibliothèque du Conservatoire) a recueillis, en 1681, sous le titre de *Ballet des Fâcheux*. Ils sont tous, sauf un, de la composition de Beauchamp, et écrits à cinq parties. En voici les titres.

Une *Ouverture* : elle était sans doute exécutée avant le lever de la toile. — Pour la fin du Prologue, une Ire ENTRÉE : *les Sylvains*, air de danse à deux reprises, comme tous ceux qui vont être énumérés, et un *deuxième air pour les mêmes*. Il est indiqué dans l'imprimé, mais non dans la partition, que pour accompagner ces danses du Prologue les hautbois (et bassons) se joignaient aux violons (à l'ensemble des instruments à archet). A la scène III de l'acte I, où paraît Lysandre, l'amateur de danse, appartient une *Courante* expressément attribuée à Lulli; Molière l'avait très probablement demandée à « Baptiste le très cher », au nouveau surintendant de la musique de la Chambre, pour la chanter et danser lui-même : c'est à tort que Philidor l'a transcrite entre l'Ouverture et *les Sylvains* du prologue, et par une erreur certaine qu'il la donne comme ayant été chantée par la Grange. Cet air, fait pour être dit sans accompagnement par Lysandre, est, dans la copie, mis à la clef des dessus de violon et soutenu d'une simple basse; sans doute il avait plu, et fut tout de suite noté comme alors l'était le plus souvent, à l'usage du public, la musique de danse [1]. — C'est donc, remarquons-le en passant, à ce temps des *Fâcheux* (1661) que remontent les premières relations, la première collaboration de Molière et de Lulli.

La partition de Beauchamp comprend en outre : pour la fin du premier acte [2], une Ire ENTRÉE : *les Joueurs de mail*, et une II^{de} ENTRÉE : *les Curieux*. — Pour la fin du second acte, quatre entrées : Ire, *les Joueurs de boule ;* II^{de}, *les Frondeurs ;* IIIe, *les Savetiers et Ravaudeuses ;* IVe, *les Jardiniers :* pour celle-ci il y a un *deuxième air ;* c'est peut-être parce qu'il trouva deux morceaux à cette quatrième entrée que Philidor en a écrit ainsi le titre, voulant dire *les deux airs du Jardinier ;* peut-être aussi qu'à certaines représentations, au lieu d'un maître baladin, il en parut plusieurs; quoi qu'il en soit, le texte de Molière ne parle à cette place que d' « un Jardinier qui danse seul ». — Pour la fin du troisième acte, une Ire ENTRÉE : *les suisses*, et une dernière entrée : *les Bergers*, avec un *deuxième air* destiné aux mêmes, ou plutôt, comme l'indique l'imprimé, à la Bergère qui « fermoit le divertissement d'assez bonne grâce ».

Philidor, dans un autre beau volume de sa collection, le numéro XXXI, a transcrit de suite les indications que donnent les éditions sur les entrées de ballet jetées dans les entr'actes de la comédie. A ce *livre* du ballet des *Fâcheux* rassemblé par lui il a mis ce titre : « Les Fâcheux, ballet et comédie donné au Roi par M. Fouquet, à Volviconte (*Vaux-le-Vicomte*), l'an 1661. — Recueilli par Philidor l'aîné, ordinaire de la musique du Roi et garde de sa bibliothèque de musique, l'an 1705. » Il n'y a pas ajouté le moindre renseignement. Il a seulement fait précéder de l'avertissement de Molière, et du Prologue de Pellisson (sans nommer ni l'un ni l'autre auteur), puis y a intercalé, entre le ballet du second acte et celui du troisième, la lettre de Caritidès au Roi et le bout de dialogue qui en interrompt et en suit la lecture. Aucun extrait, aucun argument même des autres scènes de la comédie. Suivant toute apparence, il n'a pas trouvé de livret imprimé, et s'est contenté de copier pour le tout, non le texte de l'édition originale, mais, croyons-nous d'après une ou deux petites variantes, celui du recueil de 1666.

Une pièce plus intéressante, autrefois réunie au livret imprimé du *Mariage forcé* dans un même volume de la Bibliothèque nationale (Y 6045), est

---

1. Le *fac-simile* de cette page de Philidor sera inséré dans l'Album.
2. Philidor, qui n'avait sans doute pas le texte de Molière sous les yeux, a joint les deux entrées du premier acte à celles du second.

actuellement aux Manuscrits de la même Bibliothèque, sous le numéro 4072 des Nouvelles acquisitions du Fonds français. Ces quelques feuillets, d'écriture ancienne, sont intitulés : « *Les Fâcheux*, comédie et ballet dansé devant Sa Majesté à Vaux-le-Vicomte, en l'année 1661. » Comme l'indique au-dessous du titre une note récente, ils ne contiennent de ce que Molière a fait imprimer en février 1662 que l'épître *Au Roi*, la Préface, le *Prologue* et les sujets des entrées de ballet; les vers de la comédie manquent. Mais un argument de chacun des trois actes précède le programme des deux intermèdes et du divertissement final. Il paraît assez naturel de croire que ces arguments ont été empruntés par le copiste au livret préparé, imprimé peut-être, pour être, suivant l'usage, remis aux principaux du moins des invités de Foucquet (le 17 août 1661), ou du Roi (le 25 août suivant à Fontainebleau, où fut d'abord jouée la scène du Chasseur), ou même plus tard (le 4 novembre) aux spectateurs du Palais-Royal. Nous transcrivons ici ces arguments qui ont pu être rédigés sous les yeux de Molière : les eût-il écrits lui-même, il était tout naturel qu'il les supprimât lorsqu'il donna au public sa pièce même à lire.

« PREMIER ACTE DE LA COMÉDIE.

« Éraste allant au rendez-vous qui lui avoit été donné par Orphise, sa maîtresse, en est empêché par plusieurs Fâcheux. Le premier est la Montagne, son valet, qui le fait enrager tranchant du nécessaire; et pendant qu'il lui accommode sa perruque et ses canons, il voit passer sa maîtresse, conduite par un homme. Il la salue, et elle en passant détourne la tête, comme si elle ne le connaissoit point. Il envoye son valet la suivre; mais il le chagrine encore en lui faisant cent questions inutiles sur ce qu'il doit faire en les suivant. Pendant qu'il espère le retour de son valet, un second Fâcheux survient; c'est une personne de qualité, qui l'occupe à entendre un air, et une courante qu'il a faite dessus. Il lui chante et lui veut enseigner l'air et la courante. Enfin le valet revient, et lui dit que sa maîtresse vient. Ils se font des reproches, et étant près de s'éclaircir, un troisième Fâcheux survient, qui le tire de la conversation de sa belle, pour lui parler en secret, et le prie d'aller porter un défi à un homme par qui il se croit avoir été offensé. Il s'en défend; et pendant cet entretien secret sa belle se retire, ce qui lui cause un nouveau chagrin. Et voulant rêver à cette aventure et comment il la pourra retrouver,

BALLET DU PREMIER ACTE
PREMIÈRE ENTRÉE
des Joueurs de mail, crians gare, l'obligent, etc.
SECONDE ENTRÉE.
. . . .

« ACTE SECOND.

« Éraste, pensant s'être échappé de tous ces Fâcheux, revient au rendez-vous attendre son valet, qu'il a envoyé chercher sa maîtresse, lorsqu'un Joueur, nouveau Fâcheux, le vient troubler, pour lui faire le récit d'un coup imprévu qui lui est arrivé au jeu, duquel récit il ne peut se défendre, quelque chose qu'il fasse. Son valet revient, et comme il est son plus cruel Fâcheux, il le fait languir fort longtemps, et enfin lui apprend que sa maîtresse se va rendre au rendez-vous. Pendant qu'il l'attend, autres Fâcheuses surviennent : ce sont deux dames, qui le prennent pour juge d'un différend qu'elles ont. Et les quittant, après leur avoir dit son avis, il est aperçu par sa maîtresse, qui devient jalouse, et querelle[1] lorsqu'il veut parler, le renvoyant à ces deux dames, et le quitte et sort. Il la veut suivre pour se justifier, mais il en est

1. Ne faut-il pas lire : « et le querelle »?

empêché par un autre Fâcheux, qui est un Chasseur, qui lui fait le récit d'une chasse et lui fait manquer l'occasion de suivre sa Dame. Le Chasseur[1] l'ayant quitté, il veut courir après sa maîtresse :

BALLET DU SECOND ACTE

PREMIÈRE ENTRÉE

des Joueurs de boule l'arrêtent....

« ACTE TROISIÈME.

« Éraste revient après avoir adouci sa belle. Il apprend pour surcroît de chagrin que Damis, l'oncle et le tuteur de sa belle, la veut marier le lendemain à un autre. Pour rompre ce mariage, il veut aller trouver sa maîtresse ; mais il est arrêté par un Fâcheux : c'est un savant, qui le vient prier de présenter un placet au Roi pour lui. On lui lit ce placet; il le prend et se défait de ce Fâcheux, qui n'est pas si tôt sorti, qu'il en vient un autre, qui le prie de l'introduire auprès du Roi pour lui donner un avis, et sur le droit d'avis lui emprunte quelques pistoles[2]. Il est ravi de s'en pouvoir débarrasser à ce prix ; et voulant sortir, il en est encore empêché par un homme qui lui veut persuader qu'il a une querelle ; et comme il est de ses amis, il ne le veut point quitter, quelque chose qu'il lui dise. Il s'en défait en le querellant lui-même. Mais voulant entrer chez sa maîtresse, il voit sur sa porte des gens qui se disent qu'ayant su qu'il y devoit venir, ils ont dessein de le tuer. Son valet entendant ce discours prend de ses amis et se jette sur ces gens. Au bruit, Damis sort, qui est aussi attaqué. Éraste, voyant Damis en danger, se met de son côté et lui sauve par ce moyen la vie. Damis se voyant secouru par celui qu'il poursuivoit pour lui faire de la peine, se repent, et, en reconnoissance du bien qu'il vient de recevoir, promet à Éraste de lui donner sa nièce pour femme. A ce grand bruit, étoit accourue la nièce, qui voyant son oncle et son amant, veut rentrer ; mais l'oncle la retient, et lui ayant fait récit de ce qui se venoit de passer, lui donne pour mari celui qui étoit son amant. En réjouissance de ce mariage les violons voulans jouer, on frappe fort à la porte, on ouvre, et l'on voit des masques qui entrent et veulent être de la fête. Ils occupent toute la place en dansant :

BALLET DU TROISIÈME ACTE, » etc.

Seconde édition, chez les mêmes libraires, 1663; in-12. L'achevé d'imprimer a même date que celui de l'édition première, et ne constate que le jour à partir duquel couraient les cinq ans du privilège. Elle est comprise dans le recueil factice formé par Charles de Sercy en 1664 (plus loin, p. 53-55, n° 1).

Suivant la copie imprimée à Paris, 1662 ; petit in-12, à la Sphère (Amsterdam, de l'officine de Louis et de Daniel Elzevier). C'est, d'après M. Willems, la première comédie de Molière réimprimée par les Elzevier. Daniel l'a reproduite en 1674 et insérée dans son recueil de 1675 (notre 1675 A), puis en 1679. Réim-

1. La copie a ici, par faute : « Le Joueur ».

2.   ORMIN.
      Si vous vouliez me prêter deux pistoles,
      Que vous reprendriez sur le droit de l'avis,
      Monsieur...   (Vers 736-738 des *Fâcheux*.)

ÉDITIONS DÉTACHÉES.

primée encore par Henri Wetstein, successeur de Daniel Elzevier, en 1684, elle fait partie du recueil publié par lui cette même année (notre 1684 A). Voyez plus loin, p. 66 et 67, n° 5, et p. 74 et 75, n° 8.

Une autre édition encore, ou contrefaçon, des *Fâcheux*, in-12, portant l'adresse de Nicolas Pepinglé (*sic*, pour Pepingué[1]), à la grand'salle du Palais, à Paris, et la date de 1668, a été signalée et décrite dans *le Moliériste* d'avril 1880, p. 14 et 15 (voyez aussi, dans le même recueil, le numéro d'août 1880, p. 156).

6. — *L'Étourdi* ou *les Contretemps*, comédie représentée à Lyon dès 1653 ou 1655, puis à Paris, d'abord au Petit-Bourbon, en novembre 1658. Privilège à Molière (« au sieur Molier ») du dernier mai 1660[2], pour cinq ans, cédé à Claude Barbin et à Gabriel Quinet : l'adresse de l'un ou de l'autre de ces libraires peut donc se rencontrer sur le titre des éditions.

ÉDITION ORIGINALE : Paris, 1663, achevée d'imprimer le 21 novembre 1662; in-12. Voyez tome I, p. 98-100. Elle fut comprise dans le tome II du recueil factice daté de 1663 et de 1664 (voyez plus loin, p. 53-55, le numéro 1).

Suivant la copie imprimée à Paris, 1663; petit in-12, avec la marque de la Sphère (Amsterdam, de l'officine de Louis et de Daniel Elzevier). Édition reproduite à Amsterdam par Daniel Elzevier en 1674 et en 1679 pour être publiée à part et insérée dans les deux recueils factices des *OEuvres de M. Molière*, celui de 1675 (notre 1675 A) et celui de 1679, qu'il a fait paraître l'un et l'autre sous le pseudonyme de Jaques le Jeune (voyez plus loin, p. 66 et 67, n° 5); reproduite encore à Amsterdam par Henri Wetstein (qui en avait acquis le droit après la mort de Daniel Elzevier), en 1683 et en 1693, et insérée par lui dans deux recueils également factices, celui de 1684 (notre 1684 A), qu'il a publié sous le même pseudonyme de Jaques le Jeune, et celui de 1693 (notre 1693 A[3]), qu'il a publié sous son vrai nom (voyez plus loin, p. 74 et 75, n° 8, et p. 77, n° 10).

1. Voyez notre tome VI, p. 303, et, plus loin, p. 27, à l'avant-dernier alinéa du numéro 22.
2. Ce privilège s'étendait encore au *Dépit amoureux*, au *Cocu imaginaire* et à *Dom Garcie de Navarre*.
3. Ce dernier recueil ainsi désigné par nous comprend des pièces imprimées de 1688 à 1693; mais, comme nous en avons déjà averti, le titre général de chacun des volumes porte le millésime de 1691, qui rappelle la date du privilège obtenu pour ces *OEuvres de Molière*.

7. — *Dépit amoureux*, comédie représentée pour la première fois à Béziers, à la fin de 1656[1], puis à Paris, d'abord au Petit-Bourbon, en décembre 1658. Privilège à Molière, du 31 mai 1660, pour cinq ans, cédé à Claude Barbin et à Gabriel Quinet.

ÉDITION ORIGINALE : Paris, 1663, achevée d'imprimer le 24 novembre 1662 avec l'adresse de l'un ou de l'autre des libraires cessionnaires ; in-12. Voyez tome I, p. 399. L'édition fut comprise dans le tome II du recueil factice daté de 1663 et de 1664 (voyez plus loin, p. 53-55, le numéro 1).

Suivant la copie imprimée à Paris, 1663, petit in-12 ; à la Sphère (Amsterdam, de l'officine de Louis et de Daniel Elzevier). Édition reproduite par Daniel Elzevier en 1674 et en 1679 et insérée dans ses deux recueils factices des *OEuvres de M. Molière* : celui de 1675 (notre 1675 A) et celui de 1679 (voyez plus loin, p. 66 et 67, n° 5) ; reproduite encore par Henri Wetstein en 1683 et en 1693, et insérée par lui dans deux recueils également factices : celui de 1684 (notre 1684 A) et celui de 1693 (notre 1693 A) : voyez plus loin, p. 74 et 75, n° 8, et p. 77, n° 10.

Sur l'arrangement de la pièce en deux actes, voyez plus loin, p. 124 et 125.

Ajoutons un renseignement qui n'a pu être donné dans la *Notice* : lors du jubilé de Molière en 1873, les cinq actes du *Dépit amoureux* furent joués deux fois, le 17 et le 21 mai, sur la scène de Ventadour, par la troupe de Ballande ; et l'année suivante, le dimanche 1ᵉʳ mars, la comédie fut encore représentée entière à l'une des matinées de la Porte-Saint-Martin.

Sur la première distribution de la comédie, voyez les observations de M. G. Monval, au *Moliériste* d'octobre 1888, p. 218 et 219. Il pense que Molière s'était plutôt chargé des deux rôles de Mascarille et de Métaphraste que du rôle d'Albert[2] ; à l'appui de cette conjecture on peut alléguer la distribution de 1685 (donnée par nous, tome I, p. 559, dans une addition à la *Notice* du *Dépit amoureux*) : il y est constaté que Rosimont jouait Mascarille et Métaphraste, et ce sont, comme on sait, en général, les rôles de Molière qu'avait repris cet acteur.

8. — *L'École des femmes*, comédie représentée au Palais-Royal le 26 décembre 1662. Privilège du 4 février 1663 donné, pour six ans (pour sept, d'après le *Registre syndical*), à Guillaume de Luyne, qui y fait participer Sercy, Joly, Billaine, Loyson, Guignard, Barbin et Quinet.

ÉDITION ORIGINALE : Paris, chez l'un des libraires associés au privilège, 1663, achevée d'imprimer le 17 mars ; in-12. L'omission de

---

1. Voyez la *Notice biographique*, p. 183, et, pour une addition à cette dernière page, p. 485.
2. Voyez la *Notice* du *Dépit amoureux*, tome I, p. 388 et note 3, et la *Notice biographique*, p. 208, note 2.

deux pages entières, qui d'abord y a été faite, a été réparée par un carton répétant la signature D et les chiffres des deux pages, 73 et 74, après lesquelles il est inséré. Voyez tome III, p. 152 et 153. Elle est précédée d'une estampe, signée des initiales de François Chauveau, qui nous fait connaître, sinon les traits, au moins toute l'apparence, le costume d'Arnolphe (Molière), et d'Agnès (Mlle de Bric), et leurs attitudes à un des plus intéressants moments (acte III, début de la scène II) :

> Là, regardez-moi là durant cet entretien.

Le texte original[1] a été reproduit, avec une pagination régulière, la même année et certainement dans la même officine; cette bonne réimpression (notre 1663ª) offre quelques différences typographiques; et aussi quelques variantes, par exemple, au vers 955, la correction d'une faute qui ne pouvait manquer d'être tout de suite signalée à l'auteur (voyez tome III, p. 228, note 1). L'une ou l'autre édition fut comprise dans le recueil factice daté de 1663 et de 1664 (plus loin, p. 53-55, n° 1). — Une autre impression de 1663 (notre 1663ᵇ) ne peut être qu'une contrefaçon. Voyez tome III, p. 153, et p. 186, note (2) au vers 345.

Édition de Paris, 1665, in-12, chez l'un ou l'autre des libraires associés.

Suivant la copie imprimée à Paris, 1663; petit in-12, à la Sphère (Amsterdam, de l'officine de Louis et de Daniel Elzevier). Édition reproduite, moins l'épître *A Madame*, par Daniel Elzevier en 1674 et en 1679, et insérée par lui dans le recueil de 1675 (notre 1675 A) et celui de 1679; reproduite encore par Henri Wetstein en 1684 et 1693, et insérée par lui dans le recueil de 1684 (notre 1684 A) et celui de 1693. Voyez plus loin, p. 66 et 67, n° 5; p. 74 et 75, n° 8; et p. 77, n° 10.

L'Ecole des femmes..., edited with introduction and notes by G. Saintsbury, M. A. — Cambridge, 1888, petit in-8°.

---

9. — *Remercîment au Roi*. ÉDITION ORIGINALE : Paris, Guillaume de Luynes et Gabriel Quinet, 1663, sans achevé d'imprimer, publiée probablement dans l'été de cette année; petit in-4°. Voyez tome III, p. 292.

---

1. Celui que nous donnons comme tel, à l'exemple de la *Bibliographie moliéresque* et du Catalogue James de Rothschild (tome II, p. 80), est regardé par M. Claudin comme une réimpression, faite précipitamment, du texte que nous désignons par 1663ª : voyez le Catalogue de la bibliothèque Rochebilière, n° 323.

Seconde édition : in-12; tout en tête du recueil factice daté de 1663 et de 1664 (voyez plus loin, p. 53-55, le numéro 1). Le *Remercîment au Roi* a été de même mis au-devant du second recueil publié du vivant de Molière (1666), ainsi que de ceux de 1673, de 1674, de 1681, et des recueils elzéviriens de 1675 A, 1684 A, 1693 A.

10. — *La Critique de l'École des femmes*, comédie représentée au Palais-Royal le 1er juin 1663. Privilège du 10 juin 1663, donné, pour sept ans, à Ch. de Sercy, qui en fait part à Joly, G. de Luyne, Billaine, Loyson, Guignard, Barbin et Quinet.

ÉDITION ORIGINALE : Paris, chez l'un des libraires associés, achevée d'imprimer le 7 août 1663; in-12. Voyez tome III, p. 305. Elle fut comprise dans le recueil factice daté de 1663 et de 1664 (plus loin, p. 53-55, n° 1).

Suivant la copie imprimée à Paris, 1663; petit in-12, à la Sphère (Amsterdam, de l'officine de Louis et de Daniel Elzevier). Édition reproduite par Daniel Elzevier en 1674 et en 1679, et insérée par lui dans le recueil de 1675 (notre 1675A), et celui de 1679; l'impression de 1679 a été comprise par Henri Wetstein dans le recueil de 1684 (notre 1684 A). Henri Wetstein a lui-même réimprimé *la Critique* en 1691 et a inséré sa réimpression dans le recueil de 1693. Voyez plus loin, p. 66 et 67, n° 5; p. 74 et 75, n° 8, et p. 77, n° 10.

11. — *L'Impromptu de Versailles*, comédie représentée à Versailles, chez le Roi, au plus tôt le 16 octobre 1663, probablement le 18 ou le 19[1], puis au Palais-Royal le 4 novembre suivant. Molière ne paraît pas avoir demandé de privilège pour cette pièce et il ne l'a point publiée; elle a paru d'abord dans le recueil de 1682, au tome VII, le Ier des *OEuvres posthumes*. Voyez notre tome III, p. 377.

Henri Wetstein, successeur de Daniel Elzevier à Amsterdam, l'a insérée dans son recueil factice de 1684 (notre 1684A), au volume des *OEuvres posthumes* (plus loin, p. 74 et 75).

Tome III, p. 377, second alinéa, il fallait dire que la pièce avait été jouée, non deux fois, mais trois fois en 1838 (la première, le jeudi 10 mai) : voyez *le Moliériste* de novembre 1880, p. 253.

Depuis, pendant la célébration du second centenaire de la Comédie-Fran-

---

[1]. C'est par erreur que dans l'édition de 1682 la date du 14 octobre a été donnée à la première représentation de *l'Impromptu de Versailles* : voyez la *Notice biographique*, p. 283 et 284.

çaise, *l'Impromptu de Versailles* a été repris le 21 octobre 1880, et représenté huit autres fois encore. La distribution fut la suivante (d'après le même numéro du *Moliériste*, p. 254) :

Molière.	MM. Coquelin.
Brécourt.	Worms.
La Grange.	Delaunay.
Du Croisy.	Silvain.
La Thorillière.	Barré.
Béjart.	Prud'hon.
1ᵉʳ nécessaire.	Davrigny.
2ᵉ nécessaire.	Paul Reney.
3ᵉ nécessaire.	Leloir.
4ᵉ nécessaire.	de Féraudy.
Mlles Du Parc.	Mmes Croizette.
Béjart.	Bartet.
De Brie.	Ém. Broisat.
Molière.	B. Barretta.
Du Croisy.	J. Samary.
Hervé.	M. Martin.

Les Œuvres de Monsieur Molier, Paris, 1664 : pour ce recueil, voyez plus loin, p. 53-55, le numéro 1.

---

12. — *Le Mariage forcé*, comédie-ballet, représentée au Louvre le 29 janvier 1664, puis au Palais-Royal, avec ses ornements, le 15 février suivant.

Molière attendit quatre ans avant de demander un privilège pour sa comédie et de la publier; mais au plus tard sans doute le jour de la première représentation au Louvre avait paru, en un volume in-4°, pour être, suivant l'usage, distribué d'abord aux invités du Roi, un *livre* ou programme intitulé :

Le Mariage forcé, ballet du Roi, dansé par Sa Majesté...; Paris, par Robert Ballard, 1664.

Nous avons donné, tome IV, p. 10, le *fac-simile* de ce titre, et, à la suite de la comédie, p. 69 et suivantes, nous avons, à l'exemple de l'édition de 1734, reproduit le texte du livret; nous avons même pu, p. 79, note 2, le compléter à l'aide d'un manuscrit de Philidor (voyez l'alinéa suivant). On voit là que les scènes de la comédie-ballet primitive avaient été partagées en trois actes, amenant chacun un divertissement de chant et de danse. Outre les noms des chanteurs et des danseurs (courtisans, ou baladins de profession) qui exécutèrent au Louvre les récits et les entrées du ballet, le livret fait connaître la première distribution de la comédie proprement dite; il contient tous les vers chantés des intermèdes, mais seulement de courtes analyses des scènes parlées.

Un des volumes manuscrits (le numéro XIII) de la collection Philidor, déposée à la bibliothèque du Conservatoire, nous a transmis la musique que Lulli composa pour accompagner en 1664, au Louvre puis au Palais-Royal, la comédie de Molière; on trouve aussi transcrites dans cette copie Philidor, à la scène du 2ᵉ intermède qui précède la IVᵉ entrée (tome IV, p. 79-81), les réponses complètes de Sganarelle (Molière) au Magicien chantant (Estival), réponses restées longtemps inédites, et que M. L. Celler (ci-dessous, 7ᵉ alinéa) a fait connaître le premier.

Le Mariage forcé, comédie remise à la scène, au Palais-Royal, « sans le ballet et ses ornements », le 24 février 1668. Privilège du 20 février 1668, accordé pour cinq ans à Molière et cédé à Jean Ribou.

ÉDITION ORIGINALE de la comédie réduite : Paris, Jean Ribou, 1668, achevée d'imprimer le 9 mars ; in-12. Voyez tome IV, p. 9.

Un assez long passage, à la fin de la scène IV (tome IV, p. 43-45), n'est pas dans l'édition originale ni dans les éditions étrangères qui en suivent le texte ; il a paru pour la première fois dans celle de 1682.

Lorsqu'en 1672 Molière donna *la Comtesse d'Escarbagnas* à la ville, il reprit *le Mariage forcé* pour en faire, du 8 juillet au 7 août, le divertissement obligé de la petite comédie ; il l'accompagna alors d'autres intermèdes, dont il y a tout lieu de croire qu'il écrivit lui-même les vers, et dont il demanda la musique, non plus à Lulli, mais à Charpentier (voyez tome IV, p. 87, note 4) ; la partition manuscrite de celui-ci (elle se trouve aux folios 38 et suivants du cahier xv relié dans le tome XVI du recueil de ses œuvres appartenant à la Bibliothèque nationale) a conservé ces paroles nouvelles ; M. L. Moland les a le premier signalées et publiées, d'abord dans *la Correspondance littéraire* du 25 août 1864, p. 294-296, puis dans le tome VII (1864), p. 376-378, de sa première édition des *Œuvres de Molière* ; nous les avons à notre tour recueillies, tome IX, p. 588-592.

Le Mariage forcé... suivant la copie imprimée à Paris, 1674 ; petit in-12, à la Sphère (Amsterdam, Daniel Elzevier). Édition insérée par D. Elzevier dans le recueil de 1675 (notre 1675 A), et reproduite par lui en 1679 ; reproduite encore par Henri Wetstein en 1683 et 1692, et insérée par lui dans le recueil de 1684 (notre 1684 A) et celui de 1693. Voyez plus loin, p. 66 et 67, n° 5 ; p. 74 et 75, n° 8 ; p. 77, n° 10.

MOLIÈRE-LULLI.— *Le Mariage forcé*, comédie-ballet en trois actes.... Nouvelle édition, publiée d'après le manuscrit de Philidor l'aîné par Ludovic Celler, avec des *fragments inédits* de Molière et la musique de Lulli réduite pour piano : Paris, Hachette, 1867 : in-8°.

---

13. — *La Princesse d'Élide*, comédie mêlée de danse et de musique, représentée à Versailles le 8 mai 1664, et, aussi avec tous ses agréments, au Palais-Royal, le 9 novembre suivant.

ÉDITION ORIGINALE : elle est encadrée dans la relation complète, probablement commandée par le Roi, des fêtes qu'il avait données à Versailles du 7 au 13 mai 1664 ; cette relation, dans laquelle ont

ÉDITIONS DÉTACHÉES.

été insérées des pièces de vers de Bensserade et du président de Périgny, et à laquelle Molière a pu avoir quelque part, est intitulée : *Les Plaisirs de l'Ile enchantée.... Et autres fêtes galantes et magnifiques faites par le Roi à Versailles....* A Paris, chez Robert Ballart, seul imprimeur du Roi pour la musique, 1664, sans achevé d'imprimer : in-f°. Voyez, tome IV, p. 98, le *fac-simile* du titre, et, p. 107, note 1, les titres des autres éditions anciennes, qui toutes, jusqu'à l'édition de 1734 exclusivement, ont laissé la comédie de Molière à sa place dans la relation de ces fêtes royales de Versailles.

> Aux invités du Roi avait sans doute été remis un livret (on disait *livre*) in-quarto, publié chez Robert Ballart, avec ce titre : « *Les Plaisirs de l'Ile enchantée*, course de bague faite par le Roi à Versailles le 6ᵉ (ainsi, au lieu de 7ᵉ) mai 1664 » : c'est le programme des trois premières journées seulement de la semaine des fêtes; il ne contient pas *la Princesse d'Élide*, mais il en fait connaître la première distribution, et, plus complètement qu'aucune des autres relations, les différents rôles qu'eurent à remplir, pendant ces trois jours, Molière, sa femme, et les autres acteurs et actrices de sa troupe; il se termine par la *Liste du divertissement de Versailles et les noms de ceux qui y sont employés.* Voyez tome IV, p. 234 et suivantes. — D'après la *Bibliographie moliéresque* (n° 196), un nouveau livret fut imprimé à l'occasion de la reprise de *la Princesse d'Élide* commandée pour Saint-Germain en août 1669 (tome IV, p. 94); c'est un in-quarto de 17 pages, titre non compris, ne contenant que les intermèdes de la comédie même de Molière, et intitulé : « *La Princesse d'Élide*, comédie héroïque par Molière, mêlée de musique et d'entrée de ballet. » Paris, Robert Ballard, 1669. — Sur un autre livret, manuscrit et illustré, des *Plaisirs de l'Ile enchantée*, que précède une épître *Au Roi* signée DE BIZINCOURT, voyez tome IV, p. 268.

> Le tome XLVII de la collection manuscrite de Philidor contient la musique des intermèdes de *la Princesse d'Élide*, et toute celle qui fut exécutée pendant les deux autres journées des *Plaisirs de l'Ile enchantée* proprement dits : cette musique est de Lulli; nous en avons donné un air chanté par Molière (tome IV, p. 263 et suivantes).

Seconde édition : dans le même cadre des *Plaisirs de l'Ile enchantée*. Privilège du 7 janvier 1665, accordé à Robert Ballard et cédé à Étienne Loyson et à Gabriel Quinet. A Paris, chez Robert Ballard, seul imprimeur du Roi pour la musique, rue Saint-Jean-de-Beauvais..., et au Palais, chez Thomas Jolly, Guillaume de Luynes, Louis Billaine, 1665 : achevée d'imprimer le dernier janvier; in-8°.

Les Plaisirs de l'Ile enchantée ou *la Princesse d'Élide*, comédie de M. Molière (c'est encore la comédie dans le cadre de la relation) : Paris, Jean Guignard fils, 1668; in-12.

Les Plaisirs de l'Ile enchantée... : réimpression faite à l'Imprimerie royale, dans un format un peu plus grand, de l'in-folio de 1664, absolument conforme à cet original, et datée de 1673 au titre.

de 1674 à la fin (c'est notre 1673 A, distinguée ainsi du recueil des Œuvres de 1673). A cette édition ont été jointes neuf planches d'Israël Silvestre, qui manquent à la première ou qui n'ont pu être réunies à certains exemplaires de celle-ci que quelque temps après sa publication : voyez les inscriptions de ces planches dans notre tome IV, p. 262 et 263.

La Princesse d'Élide, comédie du sieur Mollière. Ensemble *les Plaisirs de l'Ile enchantée*.... Suivant la copie imprimée à Paris, 1674; petit in-12, à la Sphère (Amsterdam, Daniel Elzevier). Édition insérée par D. Elzevier dans le recueil de 1675 (notre 1675 A), et reproduite par lui en 1679; reproduite encore par Henri Wetstein en 1684 et en 1693, et insérée par lui dans le recueil de 1684 (notre 1684 A) et celui de 1693.

Le Tartuffe : voyez pour cette comédie, représentée d'abord en 1664, plus loin, p. 33-35, le numéro 28, sous lequel elle est rangée, à la date de son impression.

14. — *Sonnet* et *Lettre à la Mothe le Vayer sur la mort de son fils*, qu'on peut dater de septembre 1664. Une ancienne copie s'en trouve à la page 327 du tome XIII in-folio des papiers Conrart conservés à la bibliothèque de l'Arsenal.

Imprimés d'abord dans le *Recueil de pièces galantes, en prose et en vers, de Mme la comtesse de la Suze, d'une autre Dame, et de Monsieur Pelisson, augmenté de plusieurs élégies*. Paris, Gabriel Quinet, 1678 (?); in-12 : seconde partie, p. 270 et 271; et Amsterdam, Jean Rips, 1695; in-12 : aussi dans la seconde partie et aux pages 270 et 271 (d'autres éditions de ce recueil n'ont pas le sonnet).

Nous n'avons point vu du *Recueil de pièces galantes* que nous citons comme daté de 1678, une édition authentique de Paris, mais seulement une belle contrefaçon, venue de Hollande ou plus probablement de Rouen, et dont le titre porte, avec une Sphère, l'indication suivante : « Sur la copie | A Paris, | chez Gabriel Quinet[1]. | M DC LXXVIII | Avec Privilege du Roy, ». Le contrefacteur s'était-il empressé de reproduire le recueil de Quinet l'année même où une nouvelle édition en avait paru, ou bien réimprimait-il en 1678 une édition parisienne plus ou moins ancienne? Cela semble difficile à décider.

1. Ce qui, d'une manière assez équivoque mais qui ne trompait sans doute que peu de gens, veut dire : Suivant la copie imprimée qui a été publiée à Paris chez G. Quinet. Charles Nodier (p. 21 et 22 de ses *Mélanges tirés d'une petite bibliothèque*, 1829) et M. Alphonse Willems (p. 433 et 434, note, de ses *Elzevier*, 1880), assurent que ce joli volume, qui a longtemps passé pour un elzevier, a été imprimé à Rouen. Un exemplaire s'en trouve à la bibliothèque Cousin.

A la vérité, il a joint aux trois parties de son volume (qui d'ailleurs est d'une seule pagination) les Achevés d'imprimer qu'il trouvait mentionnés sur son original : deux *Achevés d'imprimer pour la troisième fois*, datés du 2 janvier 1668, qui accompagnent la première et la seconde partie, et un *Achevé d'imprimer pour la première fois*, daté du 30 mars de la même année 1668, qui accompagne la troisième partie. Mais on ne saurait conclure de là avec certitude que *la copie imprimée à Paris* dont s'est servi le contrefacteur hollandais ou rouennais fût précisément celle ou l'une de celles de 1668; car Quinet, à l'exemple de plusieurs de ses confrères, a dû pour mainte réimpression, même exactement datée sur le titre, garder, à la suite de l'extrait de privilège, l'achevé d'imprimer primitif ou l'Achevé d'une réimpression antérieure.

Réunis pour la première fois aux OEuvres par Auger en 1825 (p. 503-505 de son tome IX). Voyez notre tome IX, p. 577, note 1.

Quelques-uns des vers de ce sonnet se retrouvent dans la bouche du Roi, père de Psyché, à la scène 1 de l'acte II de *Psyché* (imprimée en octobre 1671) : voyez tome VIII, p. 300 et 301, et tome IX, p. 579, note 1.

15. — *Quatrains* mis au bas d'une image dessinée par F. Chauveau, gravée par le Doyen, et publiée vraisemblablement dès 1665 en souvenir d'une *confrérie de l'esclavage de Notre-Dame de la Charité*, instituée cette année-là. Cette estampe se trouve au tome Ier, fº 23, de l'OEuvre de F. Chauveau rassemblé à la Bibliothèque nationale. Elle a été signalée et les deux quatrains ont été reproduits pour la première fois, dans le *Journal des Artistes* de 1837 (nº du 12 mars, p. 172 et 173), par Robert Dumesnil. Aimé-Martin, dans sa 3ᵉ édition (1845), les a réunis aux OEuvres. Voyez notre tome IX, p. 580, et l'*Album* joint à notre édition.

16. — *Dom Juan* ou *le Festin de Pierre*[1], comédie représentée au Palais-Royal le 15 février 1665. Privilège du 11 mars 1665, présenté à la Chambre des libraires le 24 mai suivant, accordé à Louis Billaine pour sept ans. Mais la pièce ne fut point imprimée du vivant de Molière; elle ne le fut pour la première fois que dans le recueil de 1682, au tome VII, le Ier des *OEuvres posthumes* (voyez plus loin, p. 68-74, le numéro 7).

Là *Dom Juan* ne parut qu'après avoir subi beaucoup de corrections, — entre autres suppressions, le retranchement d'un long passage de la scène 1 de l'acte III et le retranchement de presque tout ce que les éditeurs avaient d'abord conservé de la scène du Pauvre (la seconde du même acte). Le volume était achevé d'imprimer, peut-être déjà mis en vente, quand il fut ainsi corrigé par ordre; des cartons y durent être introduits : le feuillet 133-134, le cahier M

---

1. Sur ce second titre, voyez tome V, p. 9, note 3.

de 4 feuillets, p. 137-144), le feuillet 145-146, le cahier P (de 8 feuillets, p. 169-184), les feuillets 203-204 et 207-208, le cahier S (de 4 feuillets, p. 209-216), le feuillet 217-218, — en tout 21 feuillets, ou 42 pages, furent réimprimés[1]. Néanmoins on connaît trois exemplaires qui furent soustraits aux exécuteurs de la censure officielle, et c'est le texte primitif que nous avons pu reproduire. Voyez tome V, p. 39, p. 46 et 47, p. 70.

« *Le Festin de Pierre*, comédie. Par J. B. P. de Molière. Édition nouvelle et toute différente de celle qui a paru jusqu'à présent. A Amsterdam. M DC LXXXIII. » Avec la marque de la Sphère : petit in-12, désigné dans nos notes par 1683 A.

Ce précieux volume est sorti de l'officine de Henri Wetstein, le successeur de Daniel Elzevier : il porte au titre une sphère toute pareille à celle qui marque le titre du *Festin de Pierre* ou *l'Athée foudroyé* de Dorimond, encore inséré par H. Wetstein, avec la date de 1683 et à la place du *Dom Juan* de Molière, dans le recueil de 1684 A, comme il l'avait été dans les recueils de 1675 A et de 1679 (plus loin, p. 74, p. 66, p. 67, n°s 8 et 5); il est aussi orné de l'estampe, copie de celle de l'édition de 1682, qui se voit au-devant et du *Festin de Pierre* de Dorimond, inséré dans le recueil de 1684 A, et du vrai *Festin de Pierre* de Molière, enfin inséré par H. Wetstein, mais avec des retranchements, dans le recueil de 1693 A (plus loin, p. 77, n° 10).

Le texte en a été établi sur une copie différente de celle qu'avaient suivie les éditeurs de 1682; les fautes de détail y sont nombreuses, mais il complète en maint passage, et particulièrement dans la scène I et dans la scène II (celle du Pauvre) de l'acte III, le texte même que donnait, avant les cartons, l'édition de 1682. Voyez tome V, p. 70 et 71.

Il vient d'être dit que cette édition de 1683 A ne fut pas comprise dans le recueil des OEuvres de Molière que Henri Wetstein publia l'année suivante, recueil que nous désignons par 1684 A, et qu'il y laissa, à l'exemple de son prédécesseur, sous le nom de Molière, *le Festin de Pierre* ou *l'Athée foudroyé* de Dorimond. Il paraît cependant peu probable que la vraie pièce de Molière n'ait pas été substituée à la fausse (le format des deux est absolument le même) dans quelques-uns des exemplaires du recueil factice. Quoi qu'il en soit, lorsque H. Wetstein réimprima son recueil en 1693, il mit bien *le Festin de Pierre* de notre poète à la place de celui de Dorimond; seulement, tout en

---

1. Au feuillet 133-134 réimprimé a été introduite la variante, relevée tome V, p. 83, note 1, où *Diable* est substitué à *loup-garou*. — Au cahier M sont remarquables la variante de la note 4 de notre page 90 (*mystère sacré* remplacé par *mariage* et changement de deux phrases du dialogue), et les variantes de la note 8 de la même page, des notes 2 et 4 de notre page 91. — Au feuillet 145-146 a été retranché ce passage de notre page 99 : « Sganarelle, le Ciel! — Vraiment oui, nous nous moquons bien de cela, nous autres. » — Au cahier P a été supprimée toute la seconde partie de la scène I de l'acte III, entre Dom Juan et Sganarelle (voyez tome V, p. 138, note 4), puis, sauf quelques lignes insignifiantes, toute la scène du Pauvre. — Au feuillet 203-204 a été corrigée la faute d'impression indiquée tome V, p. 180, note 3. — Au feuillet 207-208, il y a les corrections indiquées tome V, p. 185, note 6, et p. 186, note 5. — Au cahier S, à signaler les changements relevés, tome V, p. 192, dans les notes 4 et 5; p. 193, dans les notes 6 et 7; p. 194, dans les notes 1, 4 et 6; p. 195, dans les notes 1 et 2. Au même cahier encore, à la fin de la scène II de l'acte V, a été supprimé le dernier tiers environ de la longue réplique de Sganarelle qui remplit onze lignes de notre page 196. — Au haut du feuillet 217-218, l'article *le* a été ajouté à l'exclamation ironique de Dom Juan (milieu de notre page 196) : « O beau raisonnement ! »

ÉDITIONS DÉTACHÉES.

le donnant, en général, d'après son texte de 1683, moins quelques grosses fautes, il crut devoir supprimer certains passages qui donnent tant d'intérêt à ce même texte : la scène du Pauvre et la fin de la scène qui précède ; il les réduisit toutes deux (du moins l'avons-nous constaté pour deux exemplaires que nous avons vus de sa réimpression de 1693) au peu qu'en avaient laissé subsister les cartons de l'édition de 1682. D'autres passages, adoucis ou supprimés dans les cartons de 1682, sont restés, par exemple : celui dont la note 1 de notre page 83 donne les variantes (Wetstein a reproduit là le texte de 1683 A); les trois premiers couplets de notre page 90; l'exclamation de Dom Juan et la réplique de Sganarelle au haut de notre page 99; les onze lignes de notre page 196 qui terminent la longue réplique de Sganarelle à la fin de la scène II de l'acte V. Des corrections n'ont point été faites; ainsi on lit encore la faute choquante relevée dans la note 1 de notre page 89 : « Vous parlez tout comme un Sire », au lieu de « tout comme un livre ».

L'édition précédente (1683 A) fut reproduite, sous un titre identique, « à Brusselles, chez George de Backer..., 1694 », en un volume in-12, et insérée au tome II du recueil factice des *OEuvres de Monsieur Molière* publié par ce libraire en cette année 1694 (plus loin, p. 78, n° 11). Cette réimpression est désignée dans nos notes par 1694 B.

J. Simonnin, dans le recueil de notices et de remarques qu'il a publié en 1813 sous le titre de *Molière commenté d'après les observations de nos meilleurs critiques*, inséra, d'après l'édition d'Amsterdam 1683, toute la seconde partie de la scène I de l'acte III, et en entier la scène du Pauvre, qui suit, mais des autres variantes ne transcrivit que le cri plaintif de *Mes gages!* qui commence et termine le dernier monologue de Sganarelle. — Pierre Didot en 1817 (voyez plus loin, p. 90, le numéro 26 des Recueils) donna, à la suite du texte expurgé de *Dom Juan*, les variantes relevées dans l'édition d'Amsterdam 1683. — Auger, le premier, en 1819, rétablit dans le texte même de 1682 toutes les leçons primitives qu'un exemplaire à demi cartonné, qui venait d'être acquis par la Bibliothèque royale, put lui faire connaître, et y ajouta les principaux passages qui ne se trouvent que dans l'édition hollandaise de 1683, notamment la fin de la scène du Pauvre.

Les Fragments de Molière, comédie (en deux actes, de Champmelé[1]), représentée à Fontainebleau en 1677, à Paris en 1681. Paris, Jean Ribou, 1682 : in-12. — Réimprimés en Hollande, sous le nom du comédien Brécourt : la Haye, A. Moetjens, 1682, in-12.

On trouve là, aux scènes III, IV et V de l'acte I, et à la scène V de l'acte II, le texte plus ou moins altéré des scènes I, II et III de l'acte II et de la scène III de l'acte IV de *Dom Juan*. Nous avons donné en appendice ces scènes des *Fragments* (tome V, p. 205-216). Voyez même tome V, p. 53 et 54, p. 72. — Voyez encore tome VI, p. 147 et 148.

17. — *L'Amour médecin*, comédie représentée à Versailles, avec un Prologue, deux entr'actes et un divertissement final de musique et de danse, le 14 septembre 1665, puis au Palais-Royal,

1. Le nom du mari de la célèbre actrice se lit sous cette forme au volume qui a

mais, ce semble, sans les ornements, le 22 septembre suivant. Privilège du 30 décembre 1665, accordé pour cinq ans à Molière, et transporté à Pierre Trabouillet, Nicolas le Gras et Théodore Girard (l'adresse de l'un ou de l'autre de ces libraires peut donc se rencontrer sur le titre des éditions).

ÉDITION ORIGINALE : Paris, 1666, achevée d'imprimer le 15 janvier; in-12. Voyez tome V, p. 291. Elle est ornée d'une gravure représentant Sganarelle et les Médecins qu'il se dispose à payer, à la fin de la scène II de l'acte II.

> Il y a une contrefaçon de cette édition, reconnaissable au titre, qui porte *sur l'imprimé*, et à l'en-tête de la préface, qui a la faute d'impression *Au lecter* (n° 11 de la *Bibliographie moliéresque*).
>
> « Les airs et les symphonies de l'incomparable M. Lully » qui furent exécutés aux représentations de la comédie-ballet données à la cour ont été recueillis en 1692 par Philidor, et forment, avec la copie du texte de Molière, le tome XXIX de sa collection manuscrite. Les feuillets de la partition ont fourni à notre édition quelques variantes de vers et tout un couplet inédit. Voyez tome V, p. 294, note 1.

Sur l'imprimé à Paris, se vend à Amsterdam ; avec la marque du Sphinx ; (Abraham Wolfgang), 1666 : petit in-12. — Cette édition, dit M. Willems, a été réimprimée, page pour page, par Daniel Elzevier, avec le même titre, mais avec la marque de la Sphère et la date et 1673 ; et la réimpression, quoique faite en caractères un peu plus gros que ceux des autres pièces, a été insérée dans les premiers exemplaires du recueil publié par Daniel Elzevier en 1675 (notre 1675 A) : voyez ci-après le dernier alinéa du présent numéro et plus loin, p. 67, le 2ᵈ alinéa et la note 2.

Seconde édition : Paris, 1669 (achevé d'imprimer pour la seconde fois du 20 novembre 1668); in-12. Nicolas le Gras n'est plus nommé dans l'extrait du privilège. Elle est insérée au tome III, factice, du recueil de 1673 (plus loin, p. 63, 2ᵈ alinéa).

Paris, Claude Barbin, 1674. La composition typographique de cette édition paraît être identique avec celle de *l'Amour médecin* qui est inséré au tome IV du recueil de 1674 (plus loin, p. 65) ; seulement les pages des exemplaires détachés sont un peu plus courtes.

Suivant la copie imprimée à Paris, 1675, petit in-12 (Amsterdam, Daniel Elzevier). Cette édition a été insérée dans les derniers exemplaires du recueil que Daniel Elzevier publia en 1675

été publié de ses OEuvres en 1702 : on écrivait aussi, comme probablement on prononçait, *Chammelé* ou *Chammelay*.

(notre 1675 A : voyez ci-contre, p. 22, le 5º alinéa). Elle a été reproduite par lui en 1679 et en 1680. Henri Wetstein l'a aussi reproduite en 1684 et comprise dans son recueil de cette année (notre 1684 A).

Les OEuvres de Monsieur Molière, Paris, 1666. Pour ce recueil, voyez plus loin, p. 55-58, n° 2.

18. — *Le Misanthrope*, comédie représentée au Palais-Royal le 4 juin 1666. Privilège du 21 juin donné pour cinq ans à Molière et cédé à Jean Ribou (la pièce dans ce privilège avait un sous-titre : *le Misanthrope* ou *l'Atrabilaire amoureux*).

ÉDITION ORIGINALE : Paris, Jean Ribou, 1667, achevée d'imprimer le 24 décembre 1666; in-12. Voyez tome V, p. 424. Le feuillet de titre est précédé d'une méchante estampe représentant Alceste assis et Philinte debout comme on les voyait au début de la pièce ; il est suivi d'un avis du *Libraire au lecteur*, et d'une *Lettre écrite sur la comédie du Misanthrope*, lettre non signée, mais au bas de laquelle furent mises, dans l'édition de 1682, les initiales I.D.D.V. (Jean Donneau de Visé)[1]. Cette édition est au tome III, factice, du recueil de 1673 (plus loin, n° 3, p. 62-64), et *le Misanthrope* n'a pas été réimprimé du vivant de Molière, par son éditeur du moins ; Paul Lacroix mentionne et M. Claudin décrit plus en détail, d'après un exemplaire de la bibliothèque de Rochebilière, une contrefaçon de mêmes titre, format et date que l'original, mais imprimée en caractères plus petits.

Dans la contrefaçon, on remarque, dit M. Claudin, à la 3ᵉ ligne de l'avis du *Libraire au lecteur*, le mot *théâtre* écrit *Theaître*, et, à l'avant-dernière ligne de cet avis, le mot *naissance* écrit *Naissence*.

Brunet et la *Bibliographie moliéresque* mentionnent une édition de Paris, Denys Thierry et Claude Barbin, 1675, in-12.

Suivant la copie imprimée à Paris, 1674; petit in-12, à la Sphère (Amsterdam, Daniel Elzevier). Cette édition fait partie du recueil publié par Daniel en 1675 (notre 1675A) et a été reproduite par lui en 1679. Elle a été réimprimée par Henri Wetstein en 1684 et insérée dans son recueil de cette année (notre 1684 A).

On n'a pas retrouvé jusqu'ici, dit M. Willems, l'édition elzévirienne antérieure à celle de 1674, mais il doit en exister une et très probablement datée de 1667.

1. Au tome V du recueil de 1674, où la pièce est également précédée de l'Avis du Libraire et de la Lettre, celle-ci est encore sans aucune signature.

Le Misanthrope.... Nouvelle édition, conforme à l'édition de 1667 donnée par Molière. Avec une notice, des notes historiques et grammaticales et un lexique, par M. Ch.-L. Livet. Paris, Paul Dupont, 1883 : in-18 jésus.

Le Misanthrope.... Texte revu sur l'édition de 1667, et publié avec un commentaire, étude sur la pièce et notice historique sur le théâtre de Molière, par M. Émile Boully. Paris, V° Eugène Belin et fils, 1886 : in-12.

Le Misanthrope, a comedy by Molière.... Edited with introduction and notes by H. W. G. Markheim, M. A., fellow of Queen's college, Oxford. — Oxford, at the Clarendon press, 1891: in-8°.

19. — *Le Médecin malgré lui*, comédie représentée au Palais-Royal le 6 août 1666. Privilège du 8 octobre suivant, donné pour sept ans à Molière et cédé à Jean Ribou.

ÉDITION ORIGINALE : Paris, Jean Ribou, 1667, achevée d'imprimer le 24 décembre 1666 ; in-12. Voyez tome VI, p. 30. Une mauvaise estampe, qui est au-devant, représente le jeu de scène indiqué au commencement de la scène VI de l'acte III (p. 109 de notre tome VI) : « En cet endroit il tire Géronte à un bout du théâtre, et lui passant un bras sur les épaules.... »

> L'air, attribué à Lulli, sur lequel Molière chanta la chanson de Sganarelle, à la scène V de l'acte I, a été conservé : dans *la Clef des chansonniers*, Paris, Ballard, 1717, in-12, tome I, p. 74; dans un recueil de *Chansons critiques et historiques* qui est à la Bibliothèque de l'Université, tome II, n° 12, des Manuscrits littéraires grand in-folio, f° 101 r°; enfin dans le *Recueil complet de vaudevilles et airs choisis qui ont été chantés à la Comédie-Françoise depuis l'année 1659 jusqu'à l'année présente 1753...*, Paris, aux adresses ordinaires, 1753; in-8° : voyez notre tome VI, p. 55, note 5. Nous avons donné les trois textes de musique même tome, p. 121 et 122.

Suivant la copie imprimée à Paris, 1667; petit in-12, à la Sphère (Amsterdam, Daniel Elzevier). Ce texte fut reproduit par Daniel Elzevier d'abord en 1674 et inséré dans son recueil de 1675 (notre 1675 A), puis en 1679. Henri Wetstein l'a aussi réimprimé en 1683 et compris dans son recueil de 1684 (notre 1684 A).

Seconde édition : Paris, Henry Loyson, 1673, in-12. « Et se vend, dit le titre, pour la veuve de l'Auteur » : Molière était mort le 17 février de cette année 1673. Elle est accompagnée d'un extrait du privilège général donné à Molière le 18 mars 1671 (plus loin, n° 32, p. 39-41), et d'un achevé d'imprimer du 21 mars 1673, constatant qu'elle était publiée pour la première fois en vertu de ce privilège (les sept ans du privilège particulier du 8 octobre 1666, partant du 24 décembre suivant, allaient expirer dans neuf mois). Voyez plus loin, p. 61, 1ᵉʳ alinéa.

Un peu plus tard, Claude Barbin inséra au tome III de son recueil factice de 1673 une autre impression, typographiquement différente, du *Médecin malgré lui;* destinée sans doute à être aussi vendue à part, elle porte sur le titre le millésime de 1674; on y a joint aussi un extrait du privilège général du 18 mars 1671 avec la sommation devant tenir lieu d'enregistrement (voyez plus loin, p. 39-42, et p. 57 et 58), et en outre la double déclaration suivante : « Ledit sieur Molière a cédé son droit de privilège à Anne David, femme de Jean Ribou..., et ladite David a cédé du droit de privilège des OEuvres dudit sieur Molière à Claude Barbin. » A la suite vient encore un achevé d'imprimer du 21 mars 1673, identique avec celui de l'édition débitée chez Loyson, et ainsi reproduit dans la nouvelle impression, non afin de l'antidater, mais simplement afin de constater que le premier emploi qui avait été fait, pour cette pièce, du nouveau privilège remontait à ce jour-là : de ce premier emploi dépendait la durée du privilège, en quelque main que celui-ci eût passé (voyez plus loin, p. 61, note 1). — En 1674, Barbin fit entrer cette édition du *Médecin malgré lui* dans le tome IV du recueil des *OEuvres de Molière* qu'il publia avec Denys Thierry; un nouveau tirage en fut fait, après un léger remaniement de la composition typographique : toutes les lignes restant telles quelles, les pages furent un peu allongées et le nombre en fut réduit de 70 à 66.

Le Médecin malgré lui, comédie... par Molière. Représentée par les comédiens françois de la Cour sur le nouveau théâtre de S. A. Électorale de Saxe, à Dresde.... Dans la librairie de Groell, 1764 : in-12 (*le Moliériste* de juin 1881, p. 79).

---

20. — *Mélicerte,* comédie pastorale héroïque, inachevée, représentée à Saint-Germain en Laye, au *Ballet des Muses,* le 2 décembre 1666. Elle n'a été imprimée pour la première fois qu'au tome VII du recueil de 1682, tome I des *OEuvres posthumes.*

Henri Wetstein, successeur de Daniel Elzevier à Amsterdam, en a inséré une réimpression dans son recueil factice de 1684 (notre 1684 A), au tome des *OEuvres posthumes.*

---

21. — *Pastorale comique,* représentée à Saint-Germain en Laye,

et qui prit la place de *Mélicerte* dans la troisième entrée du *Ballet des Muses*, le 5 janvier 1667. Des fragments seulement nous en ont été conservés, les couplets et dialogues versifiés que Lulli avait mis en musique : ils ont été insérés d'abord avec la distribution des rôles et les arguments des quinze scènes dont se composait la pastorale, dans la première des réimpressions du livret remis aux spectateurs du *Ballet des Muses* (voyez plus loin, p. 143 et 144, le 2d alinéa du numéro 20); l'éditeur de 1734 les a le premier réunis aux Œuvres de Molière.

La musique de Lulli écrite pour la *Pastorale comique*, troisième entrée du *Ballet des Muses*, se trouve, avec les paroles chantées, dans la partition complète de ce ballet, que Philidor a recueillie et dont a été formé le tome XXIV de sa collection manuscrite déposée à la Bibliothèque du Conservatoire. — La scène II (la Cérémonie magique, tome VI, p. 191-194) et la scène xv et finale (l'Égyptienne et les Égyptiens ou Bohémiens, p. 201-203) de la *Pastorale comique* furent choisies par Molière et Lulli pour entrer, comme intermèdes succédant au deuxième et au quatrième acte de la comédie, dans le *Ballet des ballets* qu'ils montèrent ensemble à la cour en décembre 1671, et dont nous avons le livret : voyez tome VIII, p. 601. Ces deux mêmes scènes furent encore employées par Lulli seul : la Cérémonie magique fut transportée, du vivant de Molière, en 1672, dans le premier opéra que représenta son Académie royale de musique au jeu de paume de Bel-Air, dans l'acte II des *Fêtes de l'Amour et de Bacchus;* l'entrée des Égyptiens ou Bohémiens devint la VIIIe entrée de la mascarade du *Carnaval* qu'il fit jouer en 1675 sur l'ancienne scène de Molière au Palais-Royal. Des *Fêtes de l'Amour et de Bacchus* le livret fut publié tout de suite en 1672[1], et la partition le fut seulement en 1717[2], trente ans après la mort du Florentin ; du *Carnaval* le livret a été imprimé en 1675, et la partition en 1720[3]. Voyez tome VII, p. 471, note *b*, et p. 344, note 1.

22. — *Le Sicilien* ou *l'Amour peintre*, comédie représentée à Saint-Germain en Laye, au *Ballet des Muses*, dans les derniers jours des fêtes royales, probablement le 14 février 1667[4], puis au Palais-Royal et accompagnée des *entrées*, le 10 juin 1667. Privilège du 31 octobre 1667, accordé pour cinq ans à Molière et cédé à Jean Ribou.

1. « *Les Fêtes de l'Amour et de Bacchus*. Pastorale représentée par l'Académie royale de musique. On la vend à Paris, à l'entrée de la porte de l'Académie royale de musique, près Luxembourg, vis à vis Bel-Air, 1672 » : in-4°. En tête est un privilège fameux (voyez tome VII, p. 471, fin de la note *b*).
2. « *Les Fêtes de l'Amour et de Bacchus*, pastorale, premier opéra de M. de Lulli..., imprimé pour la première fois. Partition générale. » Paris, J. B. Christophe Ballard, 1717 ; in-folio.
3. Voyez plus loin, p. 162.
4. Cette date est donnée très nettement par la *Gazette* du 18 février 1667 (citée tome VI, p. 208). M. Émile Picot pense qu'elle est à avancer de quelques jours, le concluant d'un passage de la *Lettre en vers à Madame* écrite par Robinet le 13 février : voyez *le Moliériste* de janvier 1882, p. 305 et 306. Nous supposerions plutôt que c'est le divertissement final du *Sicilien*, la « mascarade de Maures », qui, prête avant la comédie même, fut seule dansée par le Roi et Madame le 9 ou 10 février.

« .... J. B. Pocquelin de Molière, dit le Privilège, comédien de la troupe de notre très cher et très amé frère unique le duc d'Orléans, Nous a fait exposer qu'il auroit depuis peu composé pour notre divertissement une pièce de théâtre qui est intitulée *le Sicilien*, belle et très agréable, laquelle il desireroit faire imprimer ; mais comme il seroit arrivé qu'en ayant ci-devant composé quelques autres, aucunes d'icelles auroient été prises et transcrites par des particuliers, qui les ont fait imprimer, vendre et débiter, en vertu des Lettres de privilége qu'ils auroient surprises en notre grande Chancellerie, à son préjudice et dommage, pour raison de quoi il y a eu instance en notre Conseil jugée à l'encontre d'un libraire[1] en faveur de l'Exposant, lequel craignant que celle-ci ne lui soit pareillement prise, et que par ce moyen il ne soit privé du fruit qu'il en peut retirer, Nous auroit requis lui accorder nos Lettres avec les défenses sur ce nécessaires : A ces causes,... Nous lui permettons... de faire imprimer ladite pièce... et icelle vendre et débiter... durant l'espace de cinq années, à commencer du jour qu'elle sera achevée d'imprimer pour la première fois.... »

Le texte des couplets chantés au *Sicilien*, dans les dernières représentations du *Ballet des Muses*, a été imprimé d'abord aux pages 37 à 47 du livret en son troisième état (plus loin, p. 143 et 144, 2d alinéa du numéro 20) ; il y est accompagné de l'analyse seulement de la comédie. Le livret fait encore connaître le nom des acteurs et leur rôle, et en particulier le nom de ceux qui exécutèrent à la cour les divertissements de chant et de danse.

La musique que Molière demanda à Lulli pour les chansons et les danses du *Sicilien*, quatorzième entrée du *Ballet des Muses*, a été transcrite par Philidor, avec les paroles chantées, dans la partition de ce ballet, au tome devenu le XXIV° de sa collection déposée à la Bibliothèque du Conservatoire. — Le premier concert (scène III) du *Sicilien* composa la plus grande partie de la IV° entrée de l'opéra du *Carnaval*, donné par Lulli en 1675, imprimé en 1720 : voyez plus loin, p. 162, et tome VII, p. 344, note 1.

ÉDITION ORIGINALE de toute la comédie : Paris, Jean Ribou, 1668, mais achevée d'imprimer dès le 9 novembre 1667 ; in-12. Voyez tome VI, p. 228. Claude Barbin l'a insérée au tome IV de son recueil factice de 1673.

Le Sicilien, comédie de M. de MOLLIÈRE. A Paris, chez Nicolas Pepinglé (*sic*, pour Pepingué[2]), à la grand'salle du Palais, 1668 ; in-12. Sur cette impression ou plutôt contrefaçon, voyez tome VI, p. 229 et p. 303. Nous en avons reproduit, p. 304-308 du même tome, quelques pages liminaires qui contiennent, sous le titre de *Sujet de la pièce*, des instructions destinées aux comédiens de province et de l'étranger, et relevé les principales variantes.

Suivant la copie imprimée à Paris, 1674 ; petit in-12, à la Sphère (Amsterdam, Daniel Elzevier). Édition insérée par Daniel dans son recueil de 1675 (notre 1675 A), et reproduite par lui en

1. Ce libraire, dont le nom est omis ici, que le privilège de *l'École des maris* avait expressément fait connaître, n'était autre que Ribou, devenu lors de l'impression de ce privilège-ci l'éditeur même du *Sicilien*. Voyez plus haut, p. 7, 1er alinéa.
2. Voyez plus haut, p. 11, au dernier alinéa du n° 5.

1679 et 1680. Cette dernière réimpression a été comprise par Henri Wetstein dans son recueil de 1684 (notre 1684 A).

En 1891 a paru dans le recueil in-quarto des *OEuvres de Molière* que publie M. A. de Montaiglon (voyez plus loin, p. 99, n° 61), une édition du *Sicilien*, dont le texte entier a été coupé en vers libres non rimés.

23. — *Amphitryon*, comédie représentée au Palais-Royal le 13 janvier 1668 et aux Tuileries le 16. Privilège du 20 février suivant, donné à Molière pour cinq ans, et cédé à Jean Ribou.

ÉDITION ORIGINALE : Paris, Jean Ribou, 1668, achevée d'imprimer le 5 mars; in-12. Voyez tome VI, p. 351. Cette édition a été insérée par Barbin au tome IV de son recueil factice de 1673.

La *Bibliographie moliéresque* cite une contrefaçon datée de 1668 avec l'adresse de Ribou, et le *Catalogue Rochebilière* une autre datée de 1669 avec la même adresse.

Suivant la copie imprimée à Paris, 1669; petit in-12, à la Sphère (Amsterdam, Daniel Elzevier). Édition insérée par Daniel Elzevier dans les premiers exemplaires de son recueil de 1675 (notre 1675 A); réimprimée par lui en 1675 et en 1679. Reproduite par Henri Wetstein en 1684 et comprise dans son recueil de 1684 (notre 1684 A).

Aimé-Martin a eu entre les mains un volume des plus rares, portant avec l'adresse de Jean Ribou le millésime de 1670 et où il a retrouvé, annexée à la comédie d'*Amphitryon*, une pièce de vers que depuis bien longtemps, lorsqu'il la réimprima en 1824, personne ne connaissait plus : le *Sonnet au Roi sur la conquête de la Franche-Comté*. Voyez le numéro 24, qui suit.

> On peut présumer que deux exemplaires semblables d'un *Amphitryon* de 1670, *sur l'imprimé à Paris*, ont été décrits sous le numéro 595 du Catalogue de la bibliothèque d'Aimé-Martin (chez Techener, Ire partie, 1847) et sous le numéro 1713 du Catalogue des livres de Charles Giraud (chez L. Potier, 1855); peut-être même s'agit-il aux deux catalogues d'un seul et même volume, qu'on peut espérer voir reparaître au jour. M. L. Potier, qui a rédigé le catalogue Giraud, relève de plus sur le titre l'adresse de Jean Ribou et ajoute cette note : « Contrefaçon faite en province ». Il est vraisemblable qu'Aimé-Martin a vu là le sonnet. Si ni M. Potier ni le rédacteur de l'autre catalogue ne l'ont mentionné, c'est sans doute faute de l'avoir remarqué au-devant où à la suite de la comédie.

Autre édition chez Claude Barbin, 1674 (sans achevé d'imprimer); in-12 : un extrait de l'ancien privilège du 20 février 1668 y est joint, mais à la suite il y a mention d'une nouvelle cession faite à Barbin : « Et ledit sieur de Molière a cédé et transporté son droit de privilège à Claude Barbin..., pour en jouir suivant l'accord fait entre eux; » l'ancien privilège, expiré le 4 mars 1673, avait pu être prolongé avant cette date, avant la mort du poète (17 février 1673); mais il est probable que le nouvel éditeur le nomme ici directement au lieu de sa représentante Anne David, femme de Ribou, laquelle avait fait à Barbin une cession du privilège général des œuvres de Molière : voyez ci-après, p. 60 et 61. Cette impression de 1674 est sortie de la même officine que le recueil Thierry et Barbin daté de cette année; mais l'*Amphitryon* détaché et l'*Amphitryon* du recueil sont bien de composition typographique différente.

---

24. — *Au Roi sur la conquête de la Franche-Comté. Sonnet*. Récité suivant toute apparence à Versailles, le 25 ou le 26 avril 1668, avant une représentation d'*Amphitryon* donnée pour le Roi. Publié, comme nous l'apprend Aimé-Martin, avec une réimpression de cette comédie portant la date de 1670 et l'adresse de Jean Ribou. Recueilli là, après avoir été oublié même des éditeurs de 1682, par Aimé-Martin, et donné par lui, en 1824, au-devant d'*Amphitryon*, tome V, p. 426 et 427, de sa première édition des *OEuvres complètes de Molière*. Voyez notre tome IX, p. 584 et 585, et ci-contre les alinéas 5 et 6 du numéro précédent.

De ce sonnet nous avons récemment rencontré une copie qu'il y aurait tout lieu, croyons-nous, de dater des années 1668-1670, dans un vieux recueil manuscrit de la Bibliothèque nationale intitulé *Diverses pièces* (Fonds français, n° 15244, f° 165 v°)[1]. Là une seule petite variante est à relever à l'avant-dernier vers :

> Et tu mets moins de temps à faire *des* conquêtes....

En marge de la pièce, qui a pour tout titre le mot *Sonnet* et pour signature le nom de *Molier*, se lit cette petite note : « Est imp[rimé] 3e par[tie] [du] Rec[ueil] de vers. » Il s'agit de la troisième partie d'un *Recueil de pièces galantes en prose et en vers* laquelle fut publiée chez Quinet, en 1668. Du moins avons-nous trouvé le *Sonnet*, mais non signé, dans la IIIe partie (p. 518) de la belle contrefaçon, datée de 1678, que nous avons mentionnée plus haut, p. 18 et 19, au n° 14, comme contenant le *Sonnet à la Mothe le Vayer*, et dont, nous l'avons dit, la

---

[1]. Paul Lacroix connaissait cette copie et la mentionne au *Bulletin des Bibliophiles belges* de 1863, p. 104, mais sans indiquer le manuscrit où il l'avait vue.

troisième partie est accompagnée de la reproduction d'un *Achevé d'imprimer pour la première fois* du 30 mars 1668.

Le Mariage forcé, comédie réduite, donnée au Palais-Royal le 24 février 1668, et imprimée pour la première fois le 9 mars suivant : voyez plus haut, p. 15 et 16, le numéro 12.

25. — *George Dandin* ou *le Mari confondu*, comédie représentée au *Grand divertissement royal de Versailles* le 18 juillet 1668, puis à Saint-Germain le 3 novembre suivant, et quelques jours après, le 9 novembre (mais, suivant toute apparence, sans la Pastorale qui lui avait servi de cadre à la cour [1]), sur le théâtre du Palais-Royal. Privilège du dernier septembre 1668 donné à Molière pour sept ans, et cédé à Jean Ribou.

Le jour même de la fête fut distribué aux invités du Roi un livre programme intitulé *le Grand divertissement royal de Versailles*, et qui contenait, après un préambule qui n'est pas sans intérêt et qu'on peut croire écrit tout au moins sur les indications de Molière, seulement le texte de la pastorale, mise en vers par Molière, en musique par Lulli, dans laquelle était encadrée la comédie de *George Dandin*. Ce livret in-4°, publié chez Robert Ballard, a été reproduit tome VI, p. 599 et suivantes. — Tous les vers de la pastorale ont aussi été insérés dans la *Relation de la fête de Versailles du dix-huitième juillet mil six cents soixante-huit*, publiée une première fois en 1668, in-quarto, sans nom d'auteur, chez Pierre le Petit, une seconde fois en 1679, in-folio, à l'Imprimerie royale, portant à la fin le nom de Félibien et ornée de planches de le Pautre; cette relation officielle a été également réimprimée dans notre tome VI, p. 614 et suivantes.

Philidor, en 1690, dans le tome XXXIII de sa collection manuscrite déposée au Conservatoire, a réuni, sous le titre de *George Dandin* ou *le Grand divertissement royal de Versailles*, la copie de la partition composée par Lulli pour la pastorale, pour « la comédie en musique et ballet, » et la copie de la comédie en prose; il y a joint le préambule du livret distribué à la cour et quelques arguments qui n'ont point été insérés dans ce livret.

Le troisième intermède de *George Dandin* ou acte final, en musique et en danse, du *Grand divertissement royal de Versailles*, servit, sous le titre de

---

1. Robinet, à la fin de sa *Lettre en vers* du 17 novembre, ne parle que de la comédie. *George Dandin* fut donné au Palais-Royal avec d'autres pièces en trois et en cinq actes, avec *la Folle querelle* le premier jour, avec *Venceslas* plusieurs fois. On ne trouve pas mention de frais extraordinaires dans le *Registre* de la Grange.

ÉDITIONS DÉTACHÉES.

Combat de l'Amour et de Bacchus, de divertissement, après le troisième acte de la comédie, dans le *Ballet des ballets* que Molière et Lulli arrangèrent pour la cour de Saint-Germain en décembre 1671, et dont le livret distribué aux invités du Roi nous est parvenu (voyez tome VIII, p. 599). En 1672 Lulli fit de ce même troisième intermède le III° acte de son premier opéra, *les Fêtes de l'Amour et de Bacchus* : cet opéra, d'abord donné par l'Académie royale de musique au jeu de paume de Bel-Air, le fut ensuite à la cour pendant les nouvelles fêtes de Versailles, en 1674; le livret en a été imprimé pour les premiers spectateurs de 1672, et la partition en 1717. Voyez plus haut, p. 26, notes 1 et 2 ; tome VIII, p. 601 ; tome VI, p. 599 ; et tome VII, p. 471, note *b*.

ÉDITION ORIGINALE de la comédie dégagée du cadre de la pastorale : Paris, Jean Ribou, 1669 (sans achevé d'imprimer); in-12. Voyez tome VI, p. 503. Elle est au tome V du recueil factice publié par Cl. Barbin en 1673.

Une contrefaçon (de 2 feuillets et 92 pages) datée de 1669, sans nom de lieu ni de libraire, est mentionnée dans la *Bibliographie moliéresque*.

Suivant la copie imprimée à Paris, 1669; petit in-12, à la Sphère (Amsterdam, Daniel Elzevier). Édition insérée dans les premiers exemplaires du recueil de 1675 (notre 1675 A); réimprimée par Daniel Elzevier en 1675 et par sa veuve en 1681 ; cette dernière réimpression fait partie du recueil de 1684 (notre 1684 A) publié par Henri Wetstein.

Il y a à la Bibliothèque nationale un exemplaire d'une impression de *George Dandin* portant l'adresse de Pierre Trabouillet, l'un des éditeurs du recueil de 1682, et la date de MDCLXXII; il nous a paru que cette adresse et ce millésime, ajoutés, avec un petit fleuron, au bas du titre de la pièce tel qu'il se lit dans le recueil de 1682, sont tout ce qui distingue ce volume de la partie du tome IV de ce même recueil de 1682 qui contient *George Dandin*; signatures et chiffres de pages (217-282) n'ont même pas été changés : c'est un extrait vendu à part par Trabouillet et qui se trouve être antidaté, probablement par suite de quelque accident de presse, de la chute d'une X au millésime.

La *Bibliographie moliéresque* mentionne une édition in-12 de 1675 chez Cl. Barbin.

---

26. — *L'Avare*, comédie représentée au Palais-Royal le 9 septembre 1668. Privilège du dernier septembre 1668 donné à Molière pour sept ans, et cédé à Jean Ribou.

ÉDITION ORIGINALE : Paris, Jean Ribou, 1669 (achevée d'imprimer le 18 février); in-12. Voyez tome VII, p. 45. Elle est au tome V du recueil factice publié par Cl. Barbin en 1673.

Une seconde édition ou plutôt contrefaçon a été publiée la même année 1669.

Suivant la copie imprimée à Paris, 1669; petit in-12, à la Sphère (Amsterdam, Daniel Elzevier). Édition réimprimée par Daniel Elzevier en 1674 et insérée dans son recueil de 1675 (notre 1675 A) et celui de 1679. Reproduite encore par Henri Wetstein en 1683 et insérée dans son recueil de 1684 (notre 1684 A).

L'Avare, comédie, par I. B. P. de Molière. Suivant la copie imprimée à Paris, 1670; avec la marque d'une Sphère; in-12 allongé, plus grand que celui des Elzevier. Les variantes de cette très laide contrefaçon ont été relevées dans nos notes.

L'Avare, comédie par I. B. P. Molière, Paris, Claude Barbin, 1675, achevée d'imprimer le 20 mai 1674; in-12. Cette édition est accompagnée de l'extrait d'un privilège nouveau, accordé pour cinq ans à Claude Barbin et daté du 12 avril 1674, alors que le privilège primitif, donné à Molière et cédé à Ribou, devait encore subsister près de deux ans (jusqu'au 18 février 1676).

Texte revu sur l'édition originale et publié, avec commentaire, étude sur la pièce, notice historique sur le théâtre de Molière, et scènes choisies de Plaute et de Larivey, par M. Émile Boully. Paris, Belin, 1881; in-12.

L'Avare. Édition publiée conformément aux textes originaux, avec une notice, une analyse et des notes philologiques et littéraires, par M. R. Lavigne. Paris, Hachette, 1882; petit in-16.

L'Avare... Nouvelle édition conforme à l'édition de 1669 donnée par Molière; avec [une notice], des notes historiques et grammaticales, et un lexique de la langue de *l'Avare*, par M. Ch.-.L. Livet. Paris, Paul Dupont, 1883: in-18 jésus.

L'Avare... Nouvelle édition, conforme à l'édition *princeps*, avec toutes les variantes, une étude sur la pièce, un commentaire historique, philologique et littéraire, par M. Marcou. Paris, Garnier, 1885: in-18 jésus.

Nouvelle édition, avec une Notice sur la pièce et un Commentaire littéraire par M. A. Marandet. Paris, Librairie de la Bibliothèque du Théâtre-Français, 1891: petit in-12.

---

27. — *La Gloire du Val-de-Grâce*, poème dont Molière fit des lec-

tures, ou qu'il récita, en décembre 1668. Privilège du 5 décembre 1668 à Molière, pour cinq ans, cédé à Jean Ribou.

ÉDITION ORIGINALE : Paris, Jean Ribou, 1669; in-4°, avec des dessins de Mignard, gravés par F. Chauveau. Il y a des exemplaires portant l'adresse de Pierre le Petit, imprimeur et libraire ordinaire du Roi, associé sans doute par Ribou au privilège. Voyez tome IX, p. 533.

Le poème a été réimprimé d'abord à la fin du tome III du recueil de 1674 (ci-après, p. 64-66, n° 4), avec le titre de « *la Gloire du Dôme du Val-de-Grâce*, poëme sur la peinture, par M. de Molière, » et à la fin du tome IV du recueil de 1682, avec le meilleur titre de « *la Gloire du Dôme du Val-de-Grâce*, poëme sur la peinture de Monsieur Mignart, par M. de Molière en l'année 1669. » — Il a été reproduit à la suite de *la Vie de Pierre Mignard* par l'abbé de Monville (1730 : plus loin, p. 202, dernier alinéa).

---

28. — *Le Tartuffe* ou *l'Imposteur*, comédie représentée (les trois premiers actes seulement) à Versailles, le 12 mai 1664, puis à Villers-Cotterets, le 25 septembre de la même année; représentée en entier au Raincy, une première fois le 29 novembre de la même année 1664, et encore le 8 novembre 1665[1]; au Palais-Royal, le 5 août 1667; à Chantilly, le 20 septembre 1668; enfin au Palais-Royal sans interruption à partir du 5 février 1669. Privilège du 15 mars 1669 à Molière pour dix ans.

Sur les deux représentations données par Molière au Raincy, en 1664 et en 1665, devant le grand Condé, voyez, dans *le Moliériste* d'octobre 1881, la précieuse communication faite par M. le duc d'Aumale à Émile Perrin, et dans le journal *le Temps* du 8 octobre, ou dans le numéro de novembre du *Moliériste*, la réponse tout à fait satisfaisante de F. P. Regnier, l'ancien sociétaire de la Comédie-Française, aux questions que soulevait la découverte du document nouveau.

ÉDITION ORIGINALE : *Le Tartuffe* ou *l'Imposteur*...; imprimée aux dépens de l'auteur et vendue chez Jean Ribou, Paris, 1669 (Achevé du 23 mars); in-12 : la comédie y est précédée de la *Préface*, mais non des *Placets au Roi*. Voyez tome IV, p. 365.

Dès le 18 avril 1669 Molière put faire constater chez les Hénault père et fils, libraires, la vente de six exemplaires d'une contrefaçon de sa pièce. Voyez tome IV, p. 366 et 367, et *le Moliériste* d'août 1883, p. 152.

M. Claudin (Catalogue de la bibliothèque Rochebilière) mentionne une copie trompeuse de l'édition originale (la même sans doute que celle dont Paul Lacroix, p. 15, 1er alinéa de sa *Bibliographie moliéresque*, a relevé les variantes), et deux autres contrefaçons : 1° « *l'Imposteur* ou *le Tartuffe*.... Sur l'imprimé,

---

1. Au sujet de l'attribution, aux représentations de 1664 et de 1665, du rôle d'Elvire à Mlle Molière, voyez la *Notice biographique*, p. 313 et 314.

aux dépens de l'auteur, chez J. Ribou, 1669, » in-12; 2° « *l'Imposteur* ou *le Tartuffe*.... Sur l'imprimé, à Paris, chez Jean Ribou, 1669, » in-12.

Seconde édition : Jean Ribou, 1669 (notre 1669ᵃ), achevée d'imprimer le 6 juin; in-12 : ornée d'une gravure représentant la scène v de l'acte IV, et augmentée des trois *Placets au Roi* (le premier présenté sans doute au mois d'août 1664, le second au mois d'août 1667, le troisième le 5 février 1669). Le titre ne porte plus qu'elle a été imprimée aux dépens de l'auteur, et il est constaté au bas du privilège qu'il a été cédé à Jean Ribou.

Sur l'ancienne copie du fonds Godefroy (tome 194, p. 217 et 218) conservée à l'Institut, et les copies Conrart (tome XIII du *Recueil* in-folio *de pièces manuscrites*, p. 179 et 180) et Tralage (tome III, fᵒˢ 192 et 193 du *Recueil* actuel de ce nom) conservées à l'Arsenal, lesquelles ont fait connaître le curé contre qui Molière porte plainte dans son premier Placet, voyez tome IV, p. 385, note 1.

L'Imposteur ou *le Tartuffe*..., suivant la copie imprimée à Paris, 1669: petit in-12, à la Sphère (Amsterdam, Daniel Elzevier).

Édition, dit M. Willems, « qu'il ne faut pas confondre avec une autre : *suivant la copie imprimée pour l'auteur, à Paris*, 1669, petit in-12, également de 84 pages, laquelle paraît avoir été exécutée en France. »

Daniel Elzevier a réimprimé *l'Imposteur* ou *le Tartuffe* en 1674 et a inséré cette réimpression dans le recueil de 1675 (notre 1675A), puis en 1679; Henri Wetstein aussi l'a réimprimé en 1684 et en 1693, et inséré dans le recueil de 1684 (notre 1684A) et celui de 1693. — Aucune de ces éditions hollandaises n'a les *Placets*.

Troisième édition, achevée d'imprimer le 15 mai 1673 (trois mois moins deux jours après la mort de Molière), et presque identique avec la seconde : Paris, Claude Barbin; il est dit, au-dessous du privilège, qu'il a été cédé à ce libraire. Insérée au tome V du recueil factice de 1673.

Le Tartuffe, avec de nouvelles notices historiques, critiques et littéraires par M. Étienne. Paris, C. L. F. Panckoucke, 1824 : in-8°.

Nouvelle édition, revue sur les éditions originales, avec notes historiques, grammaticales et littéraires, précédée d'une notice historique sur la pièce, par M. Émile Boully. Paris, Belin, 1881 : in-12.

Le Tartuffe.... Nouvelle édition, conforme à la dernière édition revue par Molière; avec des notes historiques et grammaticales, et un lexique de la langue du *Tartuffe*, par M. Ch.-L. Livet. Paris, Paul Dupont, 1882 : in-18 jésus.

Tartuffe.... Édition nouvelle, avec une notice et des notes, et accompagnée d'une étude biographique et littéraire sur Molière, par M. Pellisson. Paris, Delagrave, 1882 : in-12.

---

29. — *Monsieur de Pourceaugnac*, comédie-ballet représentée à Chambord pour le Roi le 6 octobre 1669, et au Palais-Royal, avec les intermèdes aussi[1], le 15 novembre suivant. Privilège du 20 février 1670, donné pour cinq ans (pour sept ans d'après le Registre syndical des libraires) à Molière et cédé à Jean Ribou.

Les vers composés par Molière pour les quatre intermèdes de la comédie furent insérés d'abord, avec le programme de ces intermèdes, dans le livre remis aux invités du Roi et qui fut imprimé sous ce titre : LE DIVERTISSEMENT DE CHAMBORD, *mêlé de comédie, de musique et d'entrées de ballet;* Blois, Jules Hotot, 1669, petit in-4°. Voyez tome VII, p. 231, note 2, et p. 339-343.

Une copie de la musique écrite par Lulli pour les intermèdes de *Monsieur de Pourceaugnac* se trouve au tome V du Recueil en six volumes des ballets de Lulli que conserve la Bibliothèque nationale. En 1675, le compositeur employa tous ces intermèdes dans sa mascarade du *Carnaval :* voyez plus loin, p. 162.

ÉDITION ORIGINALE de toute la comédie de *Monsieur de Pourceaugnac :* Paris, Jean Ribou, 1670, achevée d'imprimer le 3 mars; in-12. Voyez tome VII, p. 231.

Suivant la copie imprimée à Paris, 1670; petit in-12, à la Sphère (Amsterdam, Daniel Elzevier). Édition réimprimée par Daniel en 1674 et insérée dans son recueil de 1675 (notre 1675 A) et dans celui de 1679; reproduite encore par Henri Wetstein en 1684 et comprise dans son recueil de cette année (notre 1684 A).

Monsieur de Pourceaugnac, comédie. Faite à Chambord, pour le divertissement du Roi, par I. B. P. Molliere. Paris, Claude Barbin, 1673, in-12. Cette édition est au tome VI du recueil factice publié par Cl. Barbin en 1673, et là accompagnée d'un extrait du privilège primitif du 20 février 1670, à la suite duquel toutefois se lit une cession faite par Molière non plus à Ribou, mais à Claude Barbin, et en outre un achevé d'imprimer pour la première fois daté, comme celui de l'édition originale, du 3 mars 1670 : cet Achevé n'a pu être ainsi reproduit en 1673 que pour constater le point de départ de la durée du privilège ; et quant à la cession, elle n'avait pas, ainsi que le dit Barbin

---

1. Voyez la *Lettre* de Robinet citée tome VII, p. 214.

pour abréger, dû lui être faite par Molière, mais par Anne David, femme de Ribou, cessionnaire des droits de Molière ou de sa veuve (voyez plus haut, p. 25; p. 29; et plus loin, p. 38; p. 44; p. 60 et 61).

30. — *Les Amants magnifiques*, comédie mêlée de musique et d'entrées de ballet, représentée pour le Roi, à Saint-Germain en Laye, le 4 février 1670. Molière ne l'a ni fait jouer à la ville ni publiée. Elle n'a été imprimée pour la première fois que dans le tome VIII du recueil de 1682, le II^d des *OEuvres posthumes*, et n'a été représentée en public, pour la première fois, que le 15 octobre 1688, sur le théâtre de l'hôtel Guénegaud.

Mais, pour les représentations de la cour, Molière rédigea et fit distribuer un livret des intermèdes, dans lequel il inséra tous les vers qui avaient été mis en musique ou qui devaient simplement être lus par les spectateurs à l'entrée de certains personnages du ballet. Ce livret in-4°, imprimé par Robert Ballard, a pour titre : *le Divertissement royal*..., 1670. Voyez tome VII, p. 375. Les éditeurs de 1682 en ont joint le texte à celui de la comédie suivant l'ordre de la représentation, et nous l'avons reproduit de même.

Henri Wetstein (prenant le pseudonyme de Jacques le Jeune), successeur de Daniel Elzevier à Amsterdam, a réimprimé *les Amants magnifiques*, comédie et intermèdes, d'après l'édition de 1682, et les a insérés dans son recueil factice de 1684 (notre 1684 A), au tome des *OEuvres posthumes*.

<small>La copie la plus complète de la partition que Lulli composa pour les intermèdes des *Amants magnifiques* se trouve au Conservatoire dans un volume in-folio, coté 17481 et intitulé : « Le Divertissement royal, 1670. » Voyez tome VII, p. 471. — Molière et Lulli transportèrent le premier de ces intermèdes (tome VII, p. 381-384) dans le prologue du *Ballet des ballets*, dont la cour eut le spectacle, à Saint-Germain, le 2 décembre 1671 : voyez tome VIII, p. 600, note 2. — Les scènes I à V du IIIe intermède (p. 421-429) se retrouvent au Ier acte des *Fêtes de l'Amour et de Bacchus*, premier opéra que Lulli et Quinault firent représenter au jeu de paume de Bel-Air par l'Académie royale de musique en 1672 et dont la partition fut imprimée en 1717[1]. Le dialogue du *Dépit amoureux*, qui succède à ces cinq scènes, ainsi que le chœur dont il est suivi (p. 430-432), se retrouvent à l'acte II de ce même opéra : voyez tome VII, p. 471, note b. — L'air, le menuet composé pour la danse des *Faunes* de ce même IIIe intermède fut chantonné par le Maître à danser dans la scène I de l'acte II du *Bourgeois gentilhomme* (tome VIII, p. 69 et 70 ; p. 243).</small>

31. — *Le Bourgeois gentilhomme*, comédie-ballet, représentée pour

---

1. Voyez ci-dessus, p. 26, notes 1 et 2 du n° 21.

le Roi à Chambord le 14 octobre, et à Saint-Germain dans la semaine du 8 au 16 novembre 1670, puis au Palais-Royal, aussi avec ses ornements, le 23 novembre suivant. Privilège du 31 décembre 1670, donné à Molière pour dix ans.

Le livre des intermèdes, comprenant les vers chantés, fut tout de suite imprimé pour être remis aux spectateurs de la cour : « *Le Bourgeois gentilhomme*, comédie-ballet, donné par le Roi à toute sa cour, dans le château de Chambort.... Paris, Robert Ballard, 1670 », in-4°; la division de la pièce est là en trois actes seulement : voyez tome VIII, p. 37, note 1. Le texte complet de la *Cérémonie turque* ne se lit pas dans ce livre de 1670, ni même dans l'édition originale, publiée le 18 mars 1671, de toute la comédie; il n'a été donné pour la première fois, mais certainement d'après des copies primitives, que dans le recueil de 1682 : voyez tome VIII, p. 183-193. — La *Bibliographie moliéresque* cite de ce livre programme une réimpression de 1681, et les frères Parfaict, dans leur *Dictionnaire des théâtres*, en citent deux autres, faites en 1689 et en 1691 : voyez tome VIII, p. 230[1].

La meilleure copie de la partition composée par Lulli pour les intermèdes du *Bourgeois gentilhomme* est celle qu'a laissée Philidor, et qui se trouve à la bibliothèque du Conservatoire, sous le numéro 13 729 : voyez tome VIII, p. 237 et suivantes ; aux pages 242 et 243 du même tome VIII ont été donnés l'air *Je croyois Janneton* chanté par Molière, et l'air de menuet, emprunté à la partition des *Amants magnifiques*, que chante le Maître à danser.

M. J.-B. Weckerlin a restitué cette partition pour la reprise qui fut faite de la comédie-ballet, au théâtre de la Gaîté, le 23 janvier 1876; il en a aussi publié, chez Durand et Schœnewerk, une réduction pour chant et piano (le *Ballet des Nations* y a été abrégé). Plus récemment, en 1891, a paru : *Le Bourgeois gentilhomme*, comédie-ballet de Molière. Musique de LULLY. Partition d'orchestre reconstituée par J.-B. Weckerlin. Paris, Richault : grand in-8°. Aucun morceau du *Ballet des Nations* n'a été compris dans cette dernière publication.

Molière et Lulli firent entrer dans le *Ballet des ballets*, qui fut commandé par le Roi pour être représenté à Saint-Germain le 2 décembre 1671 : 1° la *Cérémonie turque* (IVe intermède), comme intermède succédant au cinquième acte de la comédie qui « enchaînait » les divertissements empruntés aux anciens ballets; 2° deux entrées du *Ballet* final *des Nations*, celle des Italiens (la IVe) et celle des Espagnols (la IIIe), comme intermède succédant au sixième acte de la comédie (voyez le livret du *Ballet des ballets*, tome VIII, p. 601)[2]. Lulli

---

1. Aux lignes 7 et 8 de cette page 230, au lieu de : « Les derniers (*intermèdes*), à partir de la *Cérémonie turque*, ont été reproduits, moins les deux entrées v et vi (les François et le finale), dans le *Ballet des ballets* », lisez : « La *Cérémonie turque*, et deux entrées du *Ballet* final *des Nations*, à savoir la IVe et la IIIe (les Italiens et les Espagnols), ont été reproduites dans le *Ballet des ballets*. » Et à la ligne 9, au lieu de : « Ce livre complet du *Ballet des ballets* fut réimprimé... », lisez : « Ce livre des intermèdes du *Bourgeois gentilhomme* fut réimprimé.... »

2. C'est par erreur qu'il a été dit dans notre tome VIII, p. 210, à la note 3, lignes 3 et 4, que les deux premières entrées du *Ballet des Nations*, celles de la

employa ces mêmes scènes dans la mascarade du *Carnaval* qu'il arrangea en 1675 pour l'Académie royale de musique : la *Cérémonie turque* y forma la sixième entrée, et les entrées des Espagnols et des Italiens (IIIe et IVe du *Ballet des Nations*) y formèrent, l'une la première entrée, l'autre la première partie de la Ve entrée. Le livret du *Carnaval* a été imprimé en 1675, et la partition l'a été en 1720. Voyez plus loin, p. 162, et tome VII, p. 344, note 1. — De l'ouverture instrumentale du *Bourgeois gentilhomme* et de la Distribution des livres (Ire et II^{de} entrée du *Ballet* final *des Nations*) Lulli composa un prologue des *Fêtes de l'Amour et de Bacchus*, le premier opéra représenté en 1672 par l'Académie royale de musique au jeu de paume de Bel-Air ; le livret de cet opéra fut imprimé dès 1672, et la partition en 1717. Voyez ci-dessus, p. 26, notes 1 et 2 du numéro 21, et tome VII, p. 471, note *b*. — Les *Fragments de Lulli*, ballet à tiroir, donné à l'Opéra, quinze ans après la mort du maître, le 10 septembre 1702, imprimé la même année, contiennent du *Bourgeois gentilhomme :* 1° (dans les scènes I et II de leur Ire entrée) le long Dialogue de la scène II de l'acte I (n° 4 de notre catalogue, tome VIII, p. 238) ; 2° (dans la scène V de leur IIIe entrée) les deux Menuets et le chœur final composant les entrées V et VI du *Ballet des Nations*.

ÉDITION ORIGINALE de toute la comédie du *Bourgeois gentilhomme :* vendue pour l'auteur chez Pierre le Monnier, à Paris, 1671 (achevée d'imprimer le 18 mars); in-12. Voyez tome VIII, p. 37.

Suivant la copie imprimée à Paris, 1671; petit in-12, à la Sphère (Amsterdam, Daniel Elzevier). Édition reproduite en 1674 et insérée par Daniel Elzevier dans son recueil de 1675 (notre 1675 A); reproduite encore par lui en 1680, et comprise par Henri Wetstein dans son recueil de 1684 (notre 1684 A).

Le Bourgeois gentilhomme, comédie-ballet. Faite à Chambort, pour le divertissement du Roi, par J. B. P. Molière. Paris, Claude Barbin, 1673 : in-12. Cette édition est accompagnée d'un extrait du privilège donné à Molière, le 31 décembre 1670, extrait que suit la déclaration suivante : « Le privilège ci-dessus a été cédé à Claude Barbin, suivant les actes passés par-devant les notaires au Châtelet de Paris. » Elle n'a point d'achevé d'imprimer. Elle a été insérée par Cl. Barbin au tome VI de son recueil factice de 1673. Molière n'avait pas tout d'abord cédé le privilège octroyé pour cette pièce, et il est probable qu'il ne l'avait pas non plus cédé plus tard à Barbin. Mais à celui-ci avait été transmis, vers la mi-avril 1673, par Anne David, femme de Ribou, un privilège général du 18 mars 1671 ; et bien que Barbin ait laissé l'extrait du privilège particulier de 1670 en tête de son édition, c'est sans doute en vertu du privilège général qu'il avait imprimé celle-ci pour son recueil.

Distribution des livres, ont été introduites dans le *Ballet des ballets* de 1671. Voyez la note précédente.

ÉDITIONS DÉTACHÉES.

Le Bourgeois gentilhomme.... Nouvelle édition, conforme à l'édition de 1671 donnée par Molière; avec des notes historiques et grammaticales, une introduction, et un lexique, par M. Ch.-L. Livet. — Appendices explicatifs. — Musique — etc. — Paris, Paul Dupont, 1886 : in-18 jésus.

Édition nouvelle, avec notices et notes grammaticales et littéraires, par M. G. Vapereau. Paris, Hachette, 4e édition, 1891 : in-16.

Psyché, représentée aux Tuileries dès le 17 janvier 1671, mais au Palais-Royal deux mois après la première représentation des *Fourberies de Scapin*, le 24 juillet, et imprimée sept semaines après la publication de cette dernière pièce : voyez plus loin, p. 42, le numéro 33, où la tragédie-ballet est mentionnée à sa date d'impression.

32. — *Les Fourberies de Scapin*, comédie représentée au Palais-Royal le 24 mai 1671. Privilège général, cité ci-après, du 18 mars précédent.

ÉDITION ORIGINALE : vendue pour l'auteur chez Pierre le Monnier, à Paris, 1671 (achevée d'imprimer le 18 août); in-12. Voyez tome VIII, p. 405. Claude Barbin l'a insérée au tome VII de son recueil factice de 1673. — Au verso de la dernière page chiffrée de cette édition et aux deux feuillets supplémentaires, avant l'achevé d'imprimer, daté, comme il vient d'être dit, du 18 août 1671, se lit un privilège général qui avait été accordé à Molière, le 18 mars précédent, pour toutes ses pièces de théâtre : il nous paraît devoir être reproduit ici.

LOUIS, par la grâce de Dieu roi de France et de Navarre : A nos amés et féaux Conseillers les gens tenants nos cours de parlement, Maîtres des requêtes ordinaires de notre Hôtel, Baillifs, Sénéchaux, Prévôts et leurs Lieutenants, et à tous autres nos Justiciers et Officiers qu'il appartiendra, Salut.

Notre cher et bien amé I. B. P. de Molière[1] nous a très humblement fait remontrer qu'il auroit ci-devant composé pour notre divertissement plusieurs pièces de théâtre, partie desquelles il auroit fait imprimer par divers imprimeurs ou libraires, en conséquence des privilèges que nous lui en avons accordé (*sic*) pour l'impression de chacune en particulier. Mais la plupart desdits privilèges étant expirés, et les autres prêts d'expirer, plusieurs desdites pièces ont été réimprimées en vertu de lettres obtenues par surprise en notre Grande Chancellerie, portant permission d'imprimer ou faire imprimer les OEuvres dudit Molière, sans en avoir son consentement[2], dans lesquelles

[1]. Jean-Baptiste Pocquelin de Molière. (Recueil de 1674.)
[2]. Ce considérant, évidemment emprunté à la requête de Molière, s'appliquait dans sa pensée au recueil de 1666 que huit libraires avaient publié sous le titre de *les OEuvres de M. Molière* : voyez plus loin, p. 55-58.

réimpressions il s'est fait quantité de fautes qui blessent la réputation de l'auteur; ce qui l'a obligé de revoir et corriger tous ses ouvrages pour les donner au public dans leur dernière perfection. Mais comme il lui faut faire une grande dépense tant pour l'Impression que pour les Figures qu'il faut graver [1], il craint que quelques envieux de son travail ne lui fassent contrefaire par concurrence, de même que l'on a déjà fait de plusieurs de sesdites pièces [2], ce qui l'empêcheroit de retirer les frais qu'il auroit faits et lui causeroit une perte très considérable, s'il ne lui étoit pourvu de nos lettres sur ce nécessaires.

A CES CAUSES, désirant favorablement traiter l'Exposant, nous lui avons permis et permettons par ces Présentes de faire imprimer [3], vendre et débiter en tous les lieux de notre Royaume et terres de notre obéissance toutes les pièces de théâtre par lui composées jusques à présent, lesquelles ont été représentées, et ce conjointement ou séparément, en un ou plusieurs volumes, en telle marge ou caractère, et autant de fois qu'il voudra, durant le temps et espace de neuf années, à compter du jour que chaque Pièce ou volume sera achevé d'imprimer pour la première fois en vertu des Présentes [4] : Pendant lequel temps faisons très expresses inhibitions et défenses à toutes personnes, de quelque qualité et condition qu'elles soient, d'imprimer, vendre, ou distribuer aucune desdites Pièces de théâtre sans le consentement de l'Exposant ou de ceux qui auront droit de lui, sous prétexte d'augmentation, correction, changement de titre, fausse marque, ou autrement, en quelque manière que ce soit, ni en extraire aucune chose, à peine de dix mille [5] livres d'amende, payable sans déport [6] par chacun des contrevenants, applicable un tiers à l'Hôtel-Dieu de notre bonne Ville de Paris, un tiers au Dénonciateur, et l'autre tiers à l'Exposant, de confiscation des exemplaires contrefaits, et de tous dépens, dommages et intérêts. En outre défendons sur les mêmes peines à tous marchands forains nos sujets, ou étrangers, d'en apporter, vendre, ou échanger en notre Royaume, sur les mêmes peines, et (sur peine) de confiscation des autres marchandises qui s'y trouveront jointes : outre lesquelles (peines) nous voulons que tous libraires, imprimeurs ou relieurs qui seront saisis d'aucuns exemplaires contrefaits desdites pièces de théâtre soient cassés et sequestrés du Corps de la librairie, sans pouvoir à l'avenir s'en mêler en aucune manière : à condition qu'il sera mis deux Exemplaires de chacune desdites Pièces qui seront imprimées en vertu des Présentes en notre Bibliothèque publique, un autre au Cabinet des livres de notre château du Louvre, et en celle de notre très cher et féal Chevalier Chancelier de France, le Sieur Seguier, avant que de l'exposer en vente, à peine de nullité des Présentes ; du contenu desquelles voulons et vous mandons que vous fassiez jouir pleine-

---

1. Qu'il fait graver. (Recueil de 1674.)

2. .... Ne lui fassent contrefaire par concurrence, de même que l'on a déjà fait, plusieurs desdites pièces. (Recueil de 1674.) Le texte de la première impression s'explique par l'ellipse, très fréquente alors, du pronom : « .... ne le lui fassent contrefaire » (ce travail).

3. D'imprimer ou faire imprimer. (1674.)

4. Ou autrement, comme il est dit dans le privilège de 1680, plus loin, p. 69, lignes 7 et 8, « à compter du jour que les privilèges que Nous avons accordés de chacune desdites pièces en particulier seront expirés, » ce que fait bien entendre la constatation, faite plus haut, que la plupart de ces privilèges particuliers sont expirés ou près de l'être.

5. Deux mille. (1674.) Mais c'est encore « dix mille » que l'on lit dans l'extrait de ce privilège joint en 1673 à la seconde édition du Médecin malgré lui et à la réimpression de la même pièce insérée par Barbin dans son recueil de 1673.

6. Sans délai, immédiatement.

ment et paisiblement l'Exposant et ceux qui auront droit de lui, sans souffrir qu'il leur soit donné aucun trouble ni empêchement. Voulons aussi qu'en mettant au commencement ou à la fin de chacun desdits exemplaires un Extrait des Présentes, elles soient tenues pour bien et duement signifiées, et que foi y soit ajoutée et aux copies collationnées par l'un de nos amés et féaux conseillers et secrétaires, comme à l'Original. Mandons au premier notre Huissier ou Sergent sur ce requis de faire pour l'exécution d'icelles (*des Présentes*) tous Exploits, Saisies, Exécution [1] et autres actes nécessaires, sans demander autre permission, visa ni pareatis [2], car tel est notre plaisir; nonobstant clameur de haro, Chartre normande, déclarations, arrêts et règlements, statuts et confirmations d'iceux privilèges obtenus ou à obtenir (soit que le temps de ceux qui ont été obtenus soit expiré ou non[3]), oppositions, ou appellations quelconques, et sans préjudice d'icelles, pour lesquelles nous n'entendons qu'il soit différé [4], et dont nous retenons la connoissance à Nous et à notre Conseil, et qui ne pourront nuire audit Exposant, en faveur duquel et du mérite de ses ouvrages nous dérogeons à ce que dessus pour ce regard seulement.

Donné à Saint-Germain en Laye, le dix-huitième jour de mars, l'an de grâce mil six cents soixante-onze, et de notre règne le vingt-huit[ième]. Signé, Par le Roi en son Conseil, D'ALENCÉ. Et scellé [5].

Achevé d'imprimer pour la première fois le 18ᵉ *jour d'Août* 1671[6].

Un extrait de ce privilège a été joint à la seconde édition du *Médecin malgré lui*, qui est du 21 mars 1673, et le privilège a été réimprimé intégralement à la fin des six premiers volumes du recueil de 1674 (plus loin, p. 64, nᵒ 4). Extrait et texte intégral sont là accompagnés d'un acte du 14 août 1671 signifié au Syndic de la communauté des libraires et requérant enregistrement :

SOMMATION.

L'an mil six cents soixante et onze, le quatorzième jour d'août, à la requête de Jean-Baptiste Poquelin de Molière, Nous Huissier ordinaire du Roi en ses Conseils soussigné, continuant les réquisitions d'enregistrer le Privilège ci-dessus, l'avons signifié aux fins y contenues, et baillé copie, et fait les défenses y portées sur lesdites peines à la Communauté des Marchands libraires de cette ville de Paris, au domicile de Maître Louis Sevestre, Syndic de ladite Communauté, tant pour lui que pour les autres imprimeurs et marchands libraires, en parlant à sa personne, en cette ville de Paris : à ce qu'ils ayent présentement à faire l'Enregistrement dudit Privilège; sinon et à faute de ce faire, que la présente signification vaudra enregistrement, à ce que tant lui que ladite Communauté des libraires n'en ignorent.

Signé, OLIVIER.

L'enregistrement n'eut lieu néanmoins, et avec quelques réserves,

1. Exécutions. (1674.) — 2. Visa ne pareatis. (*Ibidem*.)
3. Il s'agit de ces lettres de privilège obtenues par surprise dont il est question plus haut, fin de p. 39, non des privilèges régulièrement donnés à Molière et cédés par lui.
4. « Qu'il diffère », sans doute par faute, dans la première édition de 1671. Le sens est : « sans préjudice de ces appellations, que nous entendons ne devoir pas être suspensives, et dont.... »
5. Et scellé du grand sceau de cire jaune. (1674.)
6. Cet Achevé ne se rapporte qu'à l'impression originale des *Fourberies de Scapin*.

mais aussi avec effet rétroactif reconnu, que le 20 avril 1673, un peu plus de deux ans après l'obtention du privilège, deux mois et quatre jours après la mort de Molière (17 février 1673). C'est ce que constate dans le recueil de 1674 la déclaration suivante, ajoutée à la Sommation, avec une déclaration de cession du privilège :

> Registré sur le Livre de la Communauté des Marchands libraires et imprimeurs de Paris, pour servir d'Enregistrement du 14ᵉ jour d'août 1671, suivant la signification à la Requête dudit Sieur Jean-Baptiste Poquelin de Molière faite au sieur Louis Sevestre, lors Syndic de ladite Communauté, sans néanmoins que le présent Enregistrement puisse nuire ou préjudicier à ceux auxquels ledit Sieur de Molière avoit cédé aucuns Privilèges desdites Pièces de théâtre par lui composées, ou leur empêcher l'impression de celles dont les Privilèges n'étoient échus avant l'obtention de la présente continuation de Privilège ; et ce conformément à l'Arrêt du Parlement de Paris du 8ᵉ avril 1653, et à celui du Conseil privé du Roi du 27ᵉ février 1665.
> Fait à Paris ce 20ᵉ avril 1673.
> D. Thierry, Syndic.
>
> Le Privilège ci-dessus a été cédé à Claude Barbin et à sa Compagnie, marchands libraires à Paris, suivant les actes passés par-devant les notaires du Châtelet de Paris.

Voyez, sur ce privilège et les pièces qui le suivent, plus loin, aux numéros 2 et 3 des Recueils, p. 57-61.

Suivant la copie imprimée à Paris, 1671 ; petit in-12, à la Sphère (Amsterdam, Daniel Elzevier). Édition insérée par Daniel Elzevier dans les premiers exemplaires de son recueil de 1675 (notre 1675 A) ; réimprimée par lui en 1674, elle se trouve dans les derniers exemplaires de ce même recueil ; une seconde réimpression en fut faite par Daniel Elzevier en 1680, et elle a été comprise par Henri Wetstein dans son recueil de 1684 (notre 1684 A).

Les Fragments de Molière, comédie (en deux actes de Champmeslé). Paris, Jean Ribou, 1682, in-12 (voyez notre tome V, p. 53 et 54, et p. 72, et plus haut, p. 21, au numéro 16).

> La scène VI de l'acte II des *Fourberies de Scapin* forme dans ces *Fragments* la scène III de l'acte II ; les variantes en ont été relevées dans nos notes.

33. — *Psyché,* tragédie-ballet, représentée aux Tuileries à partir du 17 janvier 1671, puis au Palais-Royal le 24 juillet suivant. Privilège du 31 décembre 1670, accordé à Molière pour dix ans.

> Un livret programme in-quarto, contenant les vers chantés, lesquels sont de Quinault (sauf ceux de la plainte italienne chantée au premier intermède), fut d'abord imprimé par Robert Ballard, « seul imprimeur du Roi pour la

ÉDITIONS DÉTACHÉES. 43

musique », pour être distribué aux spectateurs de la cour; il s'y trouve quelques vers, tant italiens que français, qui ne se lisent point dans l'édition originale de la pièce entière : voyez tome VIII, p. 266, et p. 363-384, où ce livret est reproduit.

Un autre livret, que nous regrettons de n'avoir pu voir, fut préparé pour les spectateurs de la ville, en vue des représentations données au Palais-Royal à partir du 24 juillet 1671. En voici le titre, tel que le reproduit la *Bibliographie moliéresque* (n° 203) : « *Le grand ballet de Psyché*, dansé devant Sa Majesté au mois de janvier 1671, et dansé sur le théâtre du Palais-Royal avec la tragi-comédie représentée par la troupe du Roi au mois de juillet 1671. Paris, Robert Ballard, 1671. » Ce programme in-quarto de 40 pages est, dit Paul Lacroix, « le même que le précédent, mais avec des différences notables ».

Deux intermèdes de *Psyché*, le premier, la Plainte, et le second, l'entrée de Vulcain, des Cyclopes et des Fées, furent introduits dans le *Ballet des ballets*, dansé à Saint-Germain en décembre 1671 : voyez tome VIII, p. 601, note 2 et seconde partie de la note 5.

La musique que Lulli composa pour les ornements de la tragédie-ballet de 1671 fut employée par lui dans la tragédie lyrique de *Psyché*, dont les paroles (sauf celles des anciens intermèdes, lesquelles furent conservées) sont de Thomas Corneille et de Fontenelle et qui fut représentée à l'Académie royale le 19 avril 1678 (voyez tome VIII, p. 264 et 265) : la partition de la tragédie lyrique a été imprimée en 1720. Voyez plus loin, p. 168 et 169.

Lors de la reprise, faite au Théâtre-Français, en 1862, de la comédie-ballet, on entendit avec les ouvertures et entr'actes tirés des intermèdes qu'avait composés Lulli, des chœurs nouveaux de M. Jules Cohen (voyez tome VIII, p. 263).

ÉDITION ORIGINALE de la pièce entière : vendue pour l'auteur chez Pierre le Monnier, à Paris, 1671 (achevée d'imprimer le 6 octobre) : in-12. Voyez tome VIII, p. 265. Un avis du *Libraire au lecteur* constate que Quinault a fait les vers qui se chantent en musique, que Molière a dressé le plan de la pièce et que de lui sont les vers du Prologue (il faut entendre ceux de la partie du Prologue qui était déclamée, non ceux qui étaient destinés au musicien), du premier acte, de la première scène du second et de la première du troisième, enfin que Corneille a versifié le reste de l'ouvrage.

Suivant la copie imprimée à Paris, 1671; petit in-12, à la Sphère (Amsterdam, Daniel Elzevier). Cette édition a été insérée par Daniel Elzevier dans les premiers exemplaires de son recueil de 1675 (notre 1675 A); elle a été reproduite par lui d'abord en 1675 et insérée dans les derniers exemplaires de ce même recueil, et une seconde fois en 1680; réimprimée par Henri Wetstein en 1684, elle fut comprise dans son recueil de cette année (notre 1684 A).

Réimpression de 1673 : Paris, Claude Barbin, in-12. A la fin du volume se trouve un extrait du privilège accordé pour dix ans à

Molière le 31 décembre 1670, et, immédiatement après, cette déclaration : « Ledit sieur Molière a cédé son droit de privilège à Anne David, femme de Jean Ribou, ainsi qu'il appert par sa cession ; et ladite David a cédé du droit de privilège des Œuvres dudit sieur Molière à Claude Barbin, suivant l'accord fait entre eux » (voyez plus loin, p. 60 et 61). Cette réimpression fut achevée le 12 avril, deux mois moins cinq jours après la mort de Molière ; elle a été insérée par Claude Barbin dans le tome VII de son recueil factice de 1673.

J.-B. P. de Molière. *Psyché*, tragédie-ballet, ornée de six planches hors texte et six culs-de-lampe gravés à l'eau-forte par Champollion et publiée sous la direction de M. Em. Bocher. Paris, des presses de Jouaust, 1880 : in-4°.

---

34. — *La Comtesse d'Escarbagnas*, comédie représentée pour le Roi à Saint-Germain le 2 décembre 1671 ; elle servit là, avec un prologue et une pastorale qui y étaient joints, à enchaîner les morceaux de musique et de danse empruntés à divers divertissements qu'avaient antérieurement préparés Molière et Lulli pour les spectacles de la cour : l'ensemble reçut le nom de *Ballet des ballets*. — La comédie fut jouée au Palais-Royal le 8 juillet 1672; *le Mariage forcé* lui servit alors de divertissement, accompagné, non plus des anciens intermèdes mis en musique par Lulli, mais d'intermèdes nouveaux dont Charpentier fit la musique (voyez tome VIII, p. 602 ; tome IX, p. 588-592 ; et plus haut, au numéro 12, p. 16).

Le livre, distribué aux invités du Roi, du « *Ballet des ballets*, dansé devant Sa Majesté en son château de Saint-Germain en Laye, au mois de décembre 1671 », parut in-quarto, avec la date de 1671, chez Robert Ballard. Il reproduit les vers des anciens divertissements, sans donner aucune analyse de la petite comédie ni de la pastorale qui les encadraient. Il fait connaître pour *la Comtesse d'Escarbagnas* la distribution des rôles, et pour la Pastorale donne aussi la liste des personnages et des acteurs, ce qui est tout ce qui nous en reste. Voyez tome VIII, p. 533, p. 537, et p. 599 et suivantes.

La Comtesse d'Escarbagnas ne fut point imprimée du vivant de Molière ; elle l'a été pour la première fois dans le recueil de 1682, au tome VIII, le II^d des *Œuvres posthumes*. Une assez longue variante est à relever dans les exemplaires cartonnés de cette édition : voyez tome VIII, p. 554, note 2.

ÉDITIONS DÉTACHÉES.

Henri Wetstein, successeur de Daniel Elzevier à Amsterdam, a inséré *la Comtesse d'Escarbagnas* dans son recueil factice de 1684 (notre 1684 A), au volume des *OEuvres posthumes*.

Intermèdes nouveaux du *Mariage forcé*, écrits vraisemblablement par Molière et mis en musique par Charpentier en juillet 1672, lorsque la comédie-ballet de 1664 fut reprise pour servir de divertissement à *la Comtesse d'Escarbagnas :* voyez plus haut, p. 16, au numéro 12, et plus loin, p. 52 et 53, n° 4.

35. — *Bouts-rimés commandés sur le bel air*. Imprimés pour la première fois au tome VIII du recueil de 1682 (tome II des *OEuvres posthumes*), p. 120, à la suite de *la Comtesse d'Escarbagnas :* les éditeurs se souvenaient-ils que la pièce datait d'un temps voisin de la petite comédie? Voyez tome IX, p. 584 et 585.

36. — *Les Femmes savantes*, comédie représentée au Palais-Royal le 11 mars 1672. Privilège du 31 décembre 1670 (enregistré le 13 mars 1671), accordé à Molière pour dix ans.

ÉDITION ORIGINALE : vendue pour l'auteur, à Paris, au Palais, et chez Pierre Promé, 1672 (achevée d'imprimer le 10 décembre); in-12. Des exemplaires plus nombreux portent au titre la date de 1673, et c'est par ce dernier millésime que l'édition originale est désignée dans nos notes. Voyez tome IX, p. 53 et 54. Barbin l'a insérée au tome VII de son recueil factice de 1673. D'autres exemplaires, dont le titre seul a été refait, ont au bas de ce titre l'adresse de Pierre Trabouillet et la date de 1676.

Cette première édition s'écoula donc lentement ; mais la pièce fut dès 1674 réimprimée par Thierry et Barbin pour le tome VI de leur recueil de cette année (plus loin, p. 64-66, n° 4).

Brossette, dans les notes manuscrites sur Boileau (conservées à la Bibliothèque nationale), f° 12 v°, a recueilli une première leçon des vers 73 et 74 : voyez tome IX, p. 63, note 3.

Suivant la copie imprimée à Paris, 1674; petit in-12, à la Sphère (Amsterdam, Daniel Elzevier). Cette édition a été insérée par Daniel Elzevier dans son recueil de 1675 (notre 1675 A); elle a été reproduite par lui en 1678; réimprimée par Henri Wetstein en 1683, elle fut comprise dans son recueil de 1684 (notre 1684 A).

Les trois éditions étrangères, ainsi plusieurs fois mentionnées dans les notes de la pièce, sont les deux qui ont été insérées dans ces recueils elzeviriens de 1675 A et de 1684 A, et l'édition bruxelloise donnée par George de Backer et comprise dans son recueil de 1694 (notre 1694 B ; plus loin, p. 78, n° 11).

Les Femmes savantes, comédie par J.-B. P. de Molière. Sur l'Imprimé à Paris, 1683, in-12. Très laide édition.

Les Femmes savantes..., avec introduction, notice sur Molière, bibliographie, un commentaire historique, philologique et littéraire, par M. Émile Person. Paris, Garnier, 1881 : in-18.

Les Femmes savantes.... Édition nouvelle, avec une notice et des notes, et accompagnée d'une étude biographique et littéraire sur Molière, par M. Pellisson. Paris, Delagrave, 1883 : in-12.

Les Femmes savantes.... Nouvelle édition, conforme à l'édition de 1672 donnée par Molière; avec [une introduction], des notes historiques et grammaticales, et un lexique, par M. Ch.-L. Livet. Paris, Paul Dupont, 1884 : in-18 jésus.

Avec notices et notes critiques, grammaticales et littéraires, par M. G. Vapereau. Paris, Hachette, 3ᵉ édition, 1891 : in-16.

---

37. — *Le Malade imaginaire*, comédie mêlée de musique et de danse, représentée le 10 février 1673 sur le théâtre du Palais-Royal. Molière, qui mourut le soir de la quatrième représentation (17 février), n'avait point demandé de privilège.

Pour les premiers spectateurs Molière fit imprimer in-quarto un livret ne contenant que le programme et les vers du premier prologue, le programme, les monologues et dialogues ainsi que les vers du premier intermède (moins les couplets italiens), le programme et les vers du second intermède et de la Cérémonie finale. Le titre est : « *Le Malade imaginaire*, comédie mêlée de musique et de danse. Représentée sur le théâtre du Palais-Royal. A Paris, chez Christophe Ballard, seul imprimeur du Roi pour la musique, rue Saint-Jean-de-Beauvais, au Mont Parnasse, 1673. »

Une autre édition du livret et de même date (notre 1673 R) parut sous la rubrique de Paris, mais sans nom de libraire : voyez tome IX, p. 255.

Une reproduction du livret original fut mise en vente à Amsterdam chez Daniel Elzevier : « *Le Malade imaginaire*, comédie mêlée de musique et de danse. Représentée sur le théâtre du Palais-Royal. Par feu de Molière. Suivant la copie imprimée à Paris, 1673 » : petit in-12, à la Sphère (c'est notre livret 1673 A). Daniel Elzevier l'a insérée dans son recueil de 1675 (notre 1675 A), où

ÉDITIONS DÉTACHÉES.

elle précède un faux texte de la comédie seule, imprimé en 1674 (voyez ci-après, p. 48, 2ᵈ alinéa).

Sur la publication, faite dès 1673, de la Cérémonie finale avec passages interpolés, voyez plus loin, p. 173 et 174.

Ce fut sans doute à l'occasion de la reprise qui fut faite du *Malade imaginaire* à l'hôtel Guénegaud, le 4 mai 1674 (tome IX, p. 248), que les comédiens firent imprimer in-quarto un nouveau livret des divertissements de la comédie, où le Prologue est réduit à la Plainte de la Bergère (tome IX, p. 271, note 1), et le Iᵉʳ intermede à deux scènes italiennes (une sérénade chantée par un Pantalon, et un air chanté en réponse par une Vieille : tome IX, p. 322, note 3). Le titre est : « *Le Malade imaginaire*, comédie mêlée de musique. Représentée sur le théâtre de la Troupe du Roi. Par le sieur DE MOLIÈRE. A Paris, de l'imprimerie de Guillaume Adam, imprimeur et libraire ordinaire de la Troupe du Roi, rue Vieille Bouclerie, à l'Olivier, 1674. »

La musique que Marc-Antoine Charpentier écrivit, à la demande de Molière, pour les divertissements du *Malade imaginaire*, est, sauf un très petit nombre de morceaux, conservée dans les cahiers manuscrits du compositeur que possède la Bibliothèque nationale : voyez notre tome IX, p. 503 et suivantes [1]. Sur les privilèges successivement obtenus par Lulli qui restreignirent de plus en plus les moyens d'exécution de cette musique, sur l'acte d'opposition de Molière et de sa troupe à la vérification en Parlement du premier de ces privilèges, voyez la *Notice* du *Malade imaginaire*, p. 211-216, p. 246 et 247 ; la *Notice biographique*, tome X, p. 428 ; et *les Origines de l'Opéra français*, par MM. Nuitter et Thoinan (1886, in-8°), chapitres x et xi, particulièrement p. 245 et 246.

Un premier texte, mais absolument dénaturé, de la comédie même du *Malade imaginaire* (texte imprimé peut-être d'après la copie surprise par ces comédiens de campagne dont parle la défense royale du 7 janvier 1674[2]) parut dans un volume in-12, qui comprend, outre 106 pages toutes nouvelles et un feuillet blanc, d'abord 6 pages non chiffrées, suivies encore d'un feuillet blanc, pour le second prologue et les couplets italiens du premier intermède (emprunt fait au livret de 1674), puis 40 pages pour le premier prologue et les trois intermèdes composant le livret de 1673 ; les cahiers des divertissements, paginés à part,

---

1. M. C. Saint-Saëns a récemment restauré cette partition : voyez, plus loin, l'Addition à la page 510 du même tome IX.
2. Voyez notre tome Iᵉʳ, p. 542, note 2, et plus loin, p. 172 et 173.

sont reliés tantôt avant, tantôt après ceux de la comédie. Le titre est : « *Le Malade imaginaire*, comédie en trois actes. Mêlez de danses et de musique. A Amsterdam, chez Daniel Elzevir, 1674.* » Voyez tome IX, p. 252 et 253. La description de quelques costumes est tout ce que nous avons cité de cette prétendue édition (tome IX, p. 276).

> Quoiqu'il porte l'adresse de Daniel Elzévier, dit M. Willems (p. 574, liste des *Faux elzeviers*, n° 2153), ce volume imprimé sans réclames a certainement vu le jour en France, ainsi qu'une autre contrefaçon de la comédie seule, portant même adresse et même date, et n'ayant que 104 pages in-12 également sans réclames. — Si Daniel Elzevier ne fut pour rien dans la fabrication de ce premier et faux texte de la comédie, il le reproduisit du moins dès 1674, en un volume de 72 pages, petit in-12, à la Sphère, dont le titre, sauf l'adresse, est tout semblable : « *Le Malade imaginaire*, comédie en trois actes, mêlés de danses et de musique. Suivant la copie imprimée à Paris, 1674 ; » et il inséra ce volume dans son recueil factice de 1675 (notre 1675 A), à la suite du livret réimprimé de 1673 (ci-dessus, p. 46, dernier alinéa). En 1679 seulement, d'après M. Willems, D. Elzevier imprima un meilleur texte (voyez plus loin, p. 49, 3ᵉ alinéa).

Deux autres impressions, beaucoup moins infidèles, et peu différentes l'une de l'autre, furent publiées la même année 1674, avec un avis *Au lecteur*, que nous avons donné tome IX, p. 257 et 258 :

1° « *Le Malade imaginaire*, comédie mêlée de musique et de danse. Par M. de Molière. A Cologne, chez Jean Sambix[1], 1674 ». Volume in-12 de 126 pages et 2 feuillets préliminaires, que M. Willems croit avoir été imprimé en France. Il est dans nos notes désigné par sa date et l'initiale C (1674 C). Sur quelques reproductions ou tirages de cette édition, voyez le Catalogue de la bibliothèque Rochebilière par M. Claudin, Iʳᵉ partie, n°ˢ 351 et 352, et la *Bibliographie moliéresque*, n° 27.

2° « *Le Malade imaginaire*, comédie mêlée de musique et de danse. Par M. de Molière. A Paris, chez Estienne Loyson, 1674, » petit in-8° de 112 pages. Nous désignons cette édition par 1674 P, mais M. Émile Picot (Catalogue de la bibliothèque James de Rothschild) pense qu'elle a été exécutée dans les Pays-Bas. Voyez tome IX, p. 254, note 1.

Le texte de ces deux dernières éditions, dites 1674 C et 1674 P, a été en général reproduit :

D'abord, avec correction de quelques fautes et addition de quelques jeux de scène, au tome VII, seul daté de 1675, du

---

1. Jean et Daniel Elzevier, associés à Leyde de 1652 à 1655, avaient parfois emprunté ce nom de Jean Sambix, qui était celui d'un de leurs cousins germains : voyez, dans *les Elzevier* de M. Alphonse Willems (Bruxelles, 1880), *les Pseudonymes elzeviriens*, p. cv.

ÉDITIONS DÉTACHÉES.

recueil de 1674-1675 publié à Paris chez Denys Thierry et Claude Barbin (plus loin, p. 64-66, n° 4); la pièce est là paginée à part, avec ce titre : « *Le Malade imaginaire*, comédie mêlée de musique et de danses. Par Monsieur de Molière. » Nous désignons cette édition par la date (1675) du volume où elle est insérée. Elle n'a pas reproduit l'avis *Au lecteur*.

Puis : 1° Dans l'édition de Rouen, 1680, ainsi mentionnée dans la *Bibliographie moliéresque* : « *Le Malade imaginaire*, comédie mêlée de musique et de danses, par M. de Molière. Sur la copie imprimée à Cologne. Rouen, Ant. Maury, 1680 : petit in-12, de 130 pages. »

2° Dans l'édition elzévirienne d'Amsterdam, 1683 : « *Le Malade imaginaire*, comédie mêlée de musique, de chansons et de danses, par M. de Molière. Suivant qu'elle a été représentée à Paris, 1683; » petit in-12, à la Sphère. La fin de l'*Avis au lecteur* y a été changée (voyez tome IX, p. 257, note 8, et page 253). Henri Wetstein, qui a imprimé cette édition, l'a insérée dans son recueil de 1684. Nous en avons relevé les variantes. Il semble, d'après les indications que donne M. Willems (à la fin de son numéro 1496), qu'elle n'est qu'une réimpression d'un volume publié par Daniel Elzevier en 1679 et inséré dans son recueil de cette année. Une nouvelle réimpression faite par Henri Wetstein en 1690, et qui est entrée dans son recueil de 1693, a encore le même texte, avec des interpolations toutefois, prises de la Cérémonie amplifiée (voyez plus loin, p. 173 et 174).

3° Dans le recueil publié à Bruxelles en 1694 chez George de Backer (plus loin, p. 78, n° 11); mais là aussi, comme troisième intermède, a été admis, sauf dans les derniers couplets, le texte de la Cérémonie amplifiée (voyez plus loin, p. 174). Même *Avis au lecteur* que dans les éditions elzéviriennes.

LE TEXTE AUTHENTIQUE du *Malade imaginaire* ne fut publié qu'en 1682, dans le recueil de cette année, au tome VIII, le II^d des *OEuvres posthumes* : voyez tome IX, p. 253 et 254.

FARCES ET POÉSIES ATTRIBUÉES A MOLIÈRE.

Tout ce que l'on sait, ou peu s'en faut, des premières farces attribuées à Molière a été dit dans les *Notices* qui les concernent, p. 3-14, 17-19, et 47-51 de notre tome Ier. Il y est établi par les registres que (sauf *le Fin lourdaud*, tout nouveau peut-être en 1668 et donné trente fois jusqu'en 1672), Molière n'en représenta plus aucune postérieurement au 7 septembre 1664. On y trouve rapportées les mentions anciennes (de la Grange, de Boileau cité par Monchesnay, de Grimarest, de Jean-Baptiste Rousseau, de Voltaire, de la Serre, des frères Parfaict) qui ont été faites tant des petites pièces dont les titres seuls ont été conservés que de *la Jalousie du Barbouillé* et du *Médecin volant* dont des canevas assez informes nous restent.

Sur *le Docteur amoureux*, quelques renseignements un peu moins vagues ont été donnés, d'après une petite comédie-ballet de 1663, par Édouard Fournier, aux pages 137 et 138 de son *Roman de Molière*, et rappelés dans une Addition à la page 205 de la *Notice biographique* : voyez plus loin, en Addition à la page 5 du tome Ier, la citation empruntée à Édouard Fournier.

Sur *Gros-René petit enfant*, voyez l'article de M. Édouard Thierry inséré au *Moliériste* de novembre 1888, et intitulé *Gros-René petit enfant* et *l'Embarras de Godard*.

M. Édouard Thierry a bien vraisemblablement retrouvé dans des scènes tout épisodiques (XXII à XXVI) de *l'Embarras de Godard* (petite comédie de Visé, représentée en 1667) un des incidents principaux de la farce appelée *Gros-René petit enfant* par la Thorillière; il semble d'abord qu'elles se rapporteraient mal au sujet que peut faire imaginer l'autre titre de *Gros-René écolier* donné à cette farce par la Grange (voyez notre tome Ier, à la fin de la page 7 de la *Notice* de Despois). Mais plusieurs noms assez différents pouvaient convenir à une même pièce, quand le héros y passait par des situations diverses, également frappantes, et dans *l'Embarras de Godard* n'est reproduite qu'une seule des bouffonneries dont se composait l'ancienne farce jouée par la troupe de Molière. — *L'Embarras de Godard* ou *l'Accouchée* a été réimprimé par M. V. Fournel au tome III de ses *Contemporains de Molière* (plus loin, p. 221 et 222).

Sur un Prologue (mentionné par la Grange, p. 74 de son *Registre*) que jouèrent devant le Roi à Versailles, le 13 juin 1665, Molière, placé en marquis ridicule sur le théâtre, et une de ses actrices, placée en marquise ridicule dans l'assemblée, voyez la *Notice biographique*, p. 326 et 327, et *le Moliériste* d'avril 1881.

Sur *le Fin lourdaud* ou *le Procureur dupé*, donné d'abord le 20 novembre 1668, puis nombre de fois, cette année-là, à la suite des représentations de *l'Avare*, voyez la *Notice* de cette dernière comédie, tome VII, p. 6 et 7; voyez aussi, tome VIII, dans la *Notice* de *la Comtesse d'Escarbagnas*, la note 4 de la page 539, où est relevée une circonstance qui rend moins invraisemblable l'attribution qui a été faite du *Fin lourdaud* à Molière : c'est qu'il fut, en novembre 1672, deux fois encadré, comme l'avaient été précédemment au Palais-Royal *le Mariage forcé* et *l'Amour médecin*, dans une représentation de *la Comtesse d'Escarbagnas*.

FARCES ET POÉSIES ATTRIBUÉES.

Deux pièces inédites de Molière. Paris, Th. Desoer, 1819 : brochure in-8º. Il y a un *Avertissement*, non signé, de l'éditeur, qu'on sait être Viollet-le-Duc. C'est la première impression des « comédies » de *la Jalousie du Barbouillé* et du *Médecin volant;* elle a été très probablement faite d'après le manuscrit in-quarto de la bibliothèque Mazarine qui y est coté L 2039, et que notre texte reproduit plus exactement encore (p. 20-44 et p. 52-76 du tome Ier). Insérés ensuite, mais seulement en partie, par Taschereau, dans les tomes IV et VI de sa 1re édition (1823), à la suite du *Médecin malgré lui* et de *George Dandin*, ces canevas ont été intégralement admis dans les Œuvres de Molière par Aimé-Martin, au tome Ier de sa 3e édition (1845).

On peut, comme on va le voir, rapprocher aujourd'hui du *Médecin volant* attribué à Molière, outre la comédie de même nom de Boursault[1], outre le *scenario* que Dominique développait à Paris[2], le *scenario* ayant servi à d'autres acteurs qui est à Florence, et même le texte assez anciennement imprimé d'une comédie italienne : Un MEDICO VOLANTE, *commedia fatta da commedianti*, en trois actes, fait partie des canevas que M. Adolfo Bartoli a publiés en 1880 dans ses *Scenari inediti della commedia dell' arte* (plus loin, p. 235, alinéa 3), recueil tiré d'un manuscrit du dix-huitième siècle mais renfermant des pièces qui peuvent être de date beaucoup plus ancienne. — Voyez au *Moliériste* de janvier 1882 un article de M. C. Delamp, qui voit dans un épisode d'une comédie de Lope de Vega, *el Azero de Madrid*, « la source commune de tous *les Médecins volants*, italiens ou français. » — Une comédie développée, intitulée TRUFALDINO MEDICO VOLANTE, *comedia nova et ridicola*, a été imprimée, ou plutôt réimprimée[3] à Milan en 1673 chez Gioseffo Morelli. Voyez au tome Ier (1883), p. 75-86, du *Giornale storico della letteratura italiana*, publié à Turin (sous la direction de MM. Arturo Graf, Francesco Novati et Rodolfo Renier), un article de M. Achille Neri ayant pour titre : *Una commedia dell' arte.*

Sur la traduction du poème de *la Nature* de Lucrèce, probablement entreprise par Molière au temps des leçons de Gassendi, et peut-être continuée plus tard, voyez une Addition aux notes du *Misan-*

1. *Le Médecin volant*, comédie par M. Boursault. Paris, N. Pepingué, 1665 (Achevé du 14 janvier) : in-12. Représenté à l'Hôtel de Bourgogne en novembre 1661. Voyez la *Notice* de Despois, tome Ier, p. 47 et 50.
2. La vieille copie d'une traduction un peu abrégée qui en fut faite au dix-huitième siècle par Gueullette est conservée aux Manuscrits français de la Bibliothèque nationale sous le numéro 9328.
3. Elle est accompagnée d'une permission ecclésiastique de réimprimer.

thrope, tome V, p. 559-561; la *Notice biographique,* p. 53 et 54, p. 481 (Addition à la page 53), et p. 483 (Addition à la page 55); et plus loin, p. 73, 1ᵉʳ alinéa et note 2.

Sur l'attribution qui a pu être faite à Molière du Récit de la Nuit ouvrant le *Ballet des Incompatibles* (1655), voyez l'*Appendice* de notre tome Iᵉʳ, p. 523.

1. — *Premier couplet d'une chanson de d'Assoucy.* — Dans *les Aventures d'Italie de Monsieur d'Assoucy.* Paris, de l'imprimerie d'Antoine de Rafflé, 1677 : 1 volume in-12. Au chapitre VII, p. 99 et 100.

> Voyez, dans notre tome IX, la *Notice* des *Poésies diverses,* p. 574; et même tome, p. 586, note 1.

2. — *Stances galantes.* Publiées d'abord, comme on le sait à présent et comme il est dit ci-dessous, en 1661 par leur véritable auteur, Louis de Mollier. Attribuées d'une façon équivoque à Molière, en 1666, dans *les Délices de la poésie galante des plus célèbres auteurs de ce temps* (Paris, Jean Ribou, Iʳᵉ partie, p. 201). Admises dans les *OEuvres de Molière* par Aimé-Martin, au tome VI, p. 441, de son édition de 1845.

> Voyez tome IX, p. 573 et 574, la *Notice* des *Poésies diverses.* « Notre avis, concluait là M. Mesnard (p. 574), est donc de rejeter décidément les *Stances.* » Elles n'auraient certainement pas été réimprimées aux pages 586 et 587 de notre très mince recueil des *Poésies attribuées,* si nous avions remarqué à temps les renseignements donnés sur la pièce galante dans *le Moliériste* de décembre 1884, p. 283 : elle est intitulée *Sérénade pour le Roi : Sarabande de Mr de Mollier,* et signée de ce même nom *M. de Mollier,* dans la *Suite de la première partie,* p. 483 et 484, d'un *Recueil des plus beaux vers qui ont été mis en chant, avec le nom des auteurs tant des airs que des paroles :* Paris, Charles de Sercy, 1661 (Achevé du 18 juin), en 2 tomes d'une seule pagination. Il est certain que l'unique auteur désigné là est le musicien poète Louis de Mollier : si un autre avait fait les paroles, il eût été également nommé.

3. — *Second couplet* chanté par la Comédie à la scène dernière de *l'Amour médecin.* Ces paroles, qui ne furent entendues qu'aux représentations données à la cour (à partir du 14 septembre 1665), ne se lisent point dans l'édition publiée par Molière; conservées dans la copie qu'a laissée Philidor de la partition de Lulli (voyez tome V, p. 294, note 1), elles ont été imprimées pour la première fois dans notre tome V, p. 352, note 2.

4. — *Intermèdes nouveaux* du *Mariage forcé,* écrits pour une reprise de cette comédie qui fut donnée au Palais-Royal le 8 juillet 1672. Du folio 39 verso au folio 47 verso du cahier xv, relié dans le tome XVI de la musique manuscrite de Charpentier qui appartient à la Bibliothèque nationale. Publiés pour la première fois

par M. Moland dans *la Correspondance littéraire* du 25 août 1864 (p. 294-296), et insérés la même année au tome VII, p. 376-378, de sa 1re édition des *OEuvres complètes de Molière*.

Voyez sur les vers de ces Intermèdes, qu'il y a tout lieu d'attribuer à Molière, la *Notice* des *Poésies diverses*, tome IX, p. 574 et 575.

II. — RECUEILS.

1. — Le premier recueil des OEuvres de Molière fut un recueil factice, formé, sous un titre général et à la suite du *Remerciement au Roi*, par la réunion de pièces déjà tout imprimées et conservant leurs paginations distinctes. Un exemplaire du tome Ier qui est à la Bibliothèque Cousin ainsi qu'un exemplaire complet des tomes I et II qu'a vu M. Fillon[1] sont datés de 1664; un tome II mentionné dans la *Bibliographie moliéresque* (n° 264) l'est de 1663; et l'on ne peut guère douter que certains exemplaires des deux tomes factices n'aient été marqués de ce millésime de 1663, car des pièces rassemblées là celles qui avaient été publiées les dernières sont *la Critique de l'École des femmes*, achevée d'imprimer dès le 7 août 1663, et le *Remerciement au Roi*, imprimé vraisemblablement avant *la Critique*, peut-être après, mais au plus tard vers la mi-octobre 1663 (voyez notre tome III, p. 284, note 1). Le tome Ier 1664 de la bibliothèque Cousin et les deux tomes de même date que M. Fillon a eus sous les yeux sont à l'adresse de Charles de Sercy[2]; un autre tome Ier 1664 mentionné sous le numéro 265 de la *Bibliographie moliéresque* (voyez aussi le numéro 361 du Catalogue Rochebilière) est à l'adresse de Gabriel Quinet[3]; le tome II 1663 (n° 264 de la *Bibliographie moliéresque*) est à l'adresse de Guillaume de Luyne; il se trouvera sans doute des exemplaires à d'autres adresses encore, chacun des libraires (ils sont énumérés ci-après) qui avaient acquis une part au privilège de l'une ou de l'autre des huit comédies composant le recueil ayant dû s'assurer le droit de le débiter en son nom. Aucun de ces privilèges n'était périmé en 1663 ou 1664 : le plus ancien en date, celui des *Précieuses ridicules*, ne devait expirer qu'au 29 janvier 1665, le plus récent, de *la Critique*, qu'au 7 août 1670.

1. Voyez sa brochure de 1878 intitulée *le Blason de Molière*, p. 13, note 1.
2. Dans l'imprimé de M. Fillon, probablement par faute, *Cercy*.
3. D'après la *Bibliographie moliéresque*, le titre de ce volume 1664 Quinet diffère de celui de Charles de Sercy ; il porte : *les OEuvres de J.-B. P. Molière*. La composition du volume aussi est différente, il comprend (le *Remerciement au*

Molière semble bien n'avoir pas été étranger à la disposition du recueil; c'est lui sans doute qui a voulu voir placé en tête, comme une sorte de préface, ou plutôt d'hommage, constatant la faveur accordée à l'auteur, le *Remerctment au Roi*, puis avant toutes les autres comédies, avant *l'Étourdi* et le *Dépit amoureux*, *les Précieuses ridicules*, du grand succès desquelles on peut croire, ainsi que l'a dit Despois (tome II, p. 40), qu'il prenait plaisir à dater sa carrière dramatique.

Le tome Ier de la bibliothèque Cousin est intitulé : « *Les OEuvres de Monsieur Molier*[1]. Tome premier. A Paris, chez Charles de Sercy, au Palais..., 1664. Avec Privilège du Roi. » Ce volume, in-douze, ainsi que tous ceux dont il est question dans cet article, comprend :

Après une réimpression du *Remerctment au Roi*, dont l'édition originale, in-quarto, avait paru dans l'été de 1663 (voyez plus haut, p. 13 et 14, n° 9), 1° *Les Précieuses ridicules*, de seconde édition, 1663, à l'adresse de Charles de Sercy (associé, avec Claude Barbin, au privilège de Guillaume de Luynes : voyez plus haut, p. 1 et p. 2); 2° *Sganarelle* ou *le Cocu imaginaire*, avec les Épîtres et les Arguments de chaque scène, de seconde édition, 1662, à l'adresse d'Étienne Loyson (associé au privilège de Molière cédé à Guillaume de Luyne : voyez plus haut, p. 5); 3° *l'École des maris*, de seconde édition, 1663, à l'adresse de Charles de Sercy (cessionnaire du privilège de Molière : voyez plus haut, p. 6 et 7); la pièce est accompagnée de l'estampe gravée pour la première édition et du privilège *in extenso* constatant la condamnation de Ribou (à ce privilège du 9 juillet 1661 Ch. de Sercy avait associé Guil. de Luyne, Jean Guignard, Cl. Barbin et Gabr. Quinet); 4° *les Fâcheux*, de seconde édition, 1663, à l'adresse de Charles de Sercy (associé, avec Jean Guignard, Claude Barbin et Gabriel Quinet, au privilège de Molière cédé à Guillaume de Luyne : voyez plus haut, p. 7 et p. 10).

Le tome second (il ne semble pas que cette indication même de *tome second* ait été relevée sur la page de titre) mentionné dans la *Bibliographie moliéresque* (n° 264) est intitulé : *Les OEuvres de M. Molier*. Paris, Guillaume de Luyne, 1663. Il contient, d'après Paul Lacroix, et le deuxième volume de chez Sercy examiné par M. Fillon contient également, les pièces suivantes, paginées à part, et qui toutes doivent être de première édition : 1° et

---

Roi n'est pas mentionné) *l'Étourdi*, le *Dépit amoureux*, les *Précieuses ridicules* et *Sganarelle*.

1. Sur cette écriture *Molier*, voyez plus haut, p. 3, note 2.

2° *l'Étourdi* et le *Dépit amoureux* : ces deux comédies, achevées d'imprimer à la fin de novembre 1662 et datées de 1663, avaient paru chez Claude Barbin et Gabriel Quinet, cessionnaires du privilège accordé à Molière ; voyez plus haut, p. 11 et 12 ; 3° *l'École des femmes*; achevée d'imprimer le 17 mars 1663, elle avait paru chez Guillaume de Luyne, acquéreur du privilège, et chez sept autres libraires qu'il y avait associés : Sercy, Joly, Billaine, Loyson, Guignard, Barbin et Quinet ; voyez plus haut, p. 12 et 13 ; 4° *la Critique de l'École des femmes*; achevée d'imprimer le 7 août 1663, elle avait paru chez Charles de Sercy, acquéreur du privilège, et chez les sept libraires auxquels il en fit part, Guillaume de Luyne et les autres nommés ci-dessus comme associés au privilège de *l'École des femmes* : voyez plus haut, p. 14.

2. — Un recueil, composé de deux volumes à pagination suivie, parut en 1666, sous le titre de : *Les OEuvres de Monsieur Molière*. L'achevé d'imprimer est du 23 mars ; il se lit à la fin du premier volume, avec l'extrait d'un privilège, daté du 6 mars, qui permet pour six années[1] à Gabriel Quinet l'impression et la vente de ces OEuvres, et avec une déclaration de Quinet associant à son privilège sept autres libraires : Thomas Joly, Charles de Sercy, Louys Bilaine, Guillaume de Luines, Jean Guignard fils, Estienne Loyson et Claude Barbin ; l'un ou l'autre de ces noms

1. Dans la brève constatation d'enregistrement qui se lit au Registre de la communauté des libraires, à la date du 24 mars 1666, lendemain de l'achevé d'imprimer du recueil publié par Quinet et ses associés, la durée du privilège est portée, non, comme dans l'extrait imprimé du privilège, à six, mais à « sept ans », donc jusqu'au 23 mars 1673. Où est l'erreur ? Elle est moins probable, ce semble, dans l'extrait imprimé, auquel l'éditeur devait donner une assez grande attention, et où il avait un intérêt évident à ne pas abréger le temps de son monopole ; il ne vérifiait pas sans doute la constatation moins publique qui était faite au registre. On a supposé que cette prolongation du terme au registre était frauduleuse, pouvait nuire aux intérêts de Molière, qui n'avait entendu se dessaisir (ou qu'on n'avait à son insu dessaisi) que pour six ans de son bien. Mais en admettant qu'une fausse déclaration de l'éditeur cessionnaire eût été inscrite avec la connivence du syndic ou de son agent chargé de l'enregistrement, elle eût été sans effet, car il n'est pas douteux qu'en cas de contestation avec l'auteur cédant ou avec quelque autre éditeur se prévalant du délai moindre indiqué dans l'extrait, c'eût été à l'original ou à une copie authentique du privilège qu'on s'en fût rapporté, et plutôt encore à l'extrait qu'à la mention succincte du registre syndical des libraires. « Voulons (est-il dit à la fin du privilège du 18 mars 1671, et c'était la formule ordinaire)... qu'en mettant au commencement ou à la fin de chacun desdits exemplaires un Extrait des présentes (*lettres de privilège*), elles soient tenues pour bien et duement signifiées et que foi y soit ajoutée... comme à l'Original. » — L'extrait imprimé du privilège ne nomme aucune des neuf comédies composant ce recueil des OEuvres. L'énumération en est faite dans le registre des libraires ; seulement *les Précieuses ridicules* et *les Fâcheux* y sont omis.

peut en conséquence figurer au bas des titres du recueil; il se rencontre même des exemplaires légèrement dépareillés, dont les volumes sont à des adresses différentes[1].

Chacun des deux volumes, de format in-12, est orné d'un joli frontispice, placé en regard du titre, et que François Chauveau a signé de ses initiales. Pour le premier l'artiste a dessiné, les appuyant à un cartouche que surmonte un buste de la Comédie sans doute, d'un côté le Marquis de Mascarille, affublé d'un costume de la plus curieuse extravagance, de l'autre côté un Sganarelle portant un habit tout semblable à celui que montre l'estampe de Simonin[2], et dans l'attitude méditative que comportent certains moments de la scène XVII du *Cocu imaginaire*. Au-dessous une tête fantastique de bouc ou de satyre, deux singes accrochés à des guirlandes et enroulements. L'autre frontispice représente une Renommée assise, d'aspect très moderne, la tête tout empanachée, qui de chaque main (la gauche tient en outre une trompette) suspend une couronne au-dessus de la tête d'Agnès et d'Arnolphe, debout en face l'un de l'autre et séparés par le cartouche; c'était la seconde fois que Chauveau fixait pour nous l'image de ces deux figures qu'avaient revêtues sous ses yeux Mlle de Brie et Molière. Au-dessous un trophée d'instruments et de masques. Voyez plus haut, p. 13, le 2d alinéa du numéro 8, et l'Album joint à la présente édition.

Le tome Ier a 391 pages comptées (y compris le feuillet du frontispice et 4 feuillets laissés blancs, un au-devant de chaque comédie), de plus un feuillet dont les deux pages ont été marquées par erreur des mêmes chiffres (119 et 120) que les pages du feuillet précédent, et 3 pages non chiffrées pour l'Extrait du privilège et l'Achevé d'imprimer. Il contient : 1° le *Remerciment au Roi*, que Molière avait déjà prescrit de mettre ainsi en tête dans le recueil de 1664 et qui y restera dans ceux de 1673 et de 1674; 2° *les Précieuses ridicules*; 3° *Sganarelle* ou *le Cocu imaginaire*, avec les Épîtres et les Arguments de chaque scène; 4° *l'Étourdi*; 5° le *Dépit amoureux*. — Le tome II[d], de 480 pages (y compris le frontispice et 4 feuillets blancs; il n'y en a point au-devant des *Fâcheux*) contient : 1° les *Fâcheux*; 2° *l'École des maris*; 3° *l'École des femmes*; 4° la *Critique de l'École des femmes*; 5° la *Princesse d'Élide* insérée au milieu de toute la Relation des

---

1. Le tome Ier de l'exemplaire Cousin est de chez Louis Billaine, le tome II[d], de chez Estienne Loyson; un autre tome II[d] de la même bibliothèque est de chez Thomas Jolly; le tome premier de l'ancien exemplaire Rochebilière est de chez Estienne Loyson, le second de chez Claude Barbin.

2. Voyez l'Album.

Plaisirs de l'Ile enchantée et autres fêtes qui furent données à Versailles du 7 mai 1664 au 13 inclusivement (voyez plus haut, p. 16 et 17, n° 13).

Molière a-t-il pris quelque part à la préparation de ce recueil de ses OEuvres ? Il paraît bien que non, et que c'est principalement au contraire de celui-là qu'il se plaignit dans les considérants qu'il fit insérer au privilège du 18 mars 1671, reproduit plus haut (p. 39-41 : voyez particulièrement le dernier alinéa de la page 39). On le pourrait presque conclure de l'état seul du texte. Il a déjà été remarqué, p. vii de notre tome Ier, et l'on a pu constater dans les notes, que ces réimpressions n'offraient que des variantes « la plupart involontaires probablement et fortuites ». Si peu d'attention que Molière y eût donné, il en eût certainement, de lui-même ou sur l'avis de quelque ami moins occupé, fait disparaître plus d'une leçon fautive conservée ou ajoutée par le nouvel imprimeur. On le conclura encore de ce fait que, et d'après l'extrait du privilège du 6 mars 1666 qui accompagne le recueil, et d'après la constatation d'enregistrement qui se trouve, au 24 mars suivant, dans le registre de la communauté des libraires, c'est non à Molière ou à un libraire donné comme son représentant, mais directement à Quinet que le privilège est attribué.

Le poëte n'avait donc signé aucune requête, n'avait fait aucun transport, n'avait, comme il est encore dit dans le document cité du 18 mars 1671 (ci-dessous, dernier alinéa), donné aucun consentement. On peut croire aussi qu'il ne forma aucune opposition, qu'il laissa faire d'abord, n'étant peut-être pas bien exactement renseigné sur ses droits ; ils étaient pourtant, ce semble, incontestables.

Le 23 mars 1666, en effet, jour de l'achevé d'imprimer à partir duquel devaient se compter les six années du privilège que les huit libraires se proposaient de faire valoir de concert, ils ne pouvaient plus appuyer que de ce titre même, surpris par eux, leur mainmise sur *les Précieuses ridicules* et sur *Sganarelle*, comédies dont les privilèges, autrefois cédés par Molière, étaient expirés depuis le 29 janvier et le 12 août 1665, et dont la propriété devait en bonne justice faire retour à l'auteur, pour lesquelles du moins, suivant les idées, les usages du temps, il appartenait à l'auteur, non aux anciens exploiteurs, de demander à l'autorité royale, sous forme de continuation de privilège, une nouvelle reconnaissance de propriété. Par le même titre, la Compagnie des huit libraires faisait étendre à six années la durée de privilèges, et partant de cessions consenties par Molière, qui n'étaient plus valables : 1° le privilège de *l'École des maris*, que pour deux ans et cinq mois ; 2° celui des *Fâcheux*, que pour onze mois ; 3° et 4° ceux de *l'Étourdi* et du *Dépit amoureux*, que pour huit mois ; 5° celui de *l'École des femmes*, que pour trois ans ; 6° celui de la *Critique*, que pour quatre ans et cinq mois. Le privilège de *la Princesse d'Élide* était à peine prolongé, de deux mois seulement ; mais il n'avait jamais appartenu à Molière, et n'avait pu être transféré par lui ; il l'avait été par un éditeur de musique au profit de deux des huit confrères associés[1].

Molière ne disait donc rien que de rigoureusement exact en motivant ainsi, vers le mois de mars 1671, sa demande d'un privilège général : « La plupart desdits privilèges (*particuliers*) étant expirés, et les autres prêts d'expirer, plusieurs desdites pièces ont été réimprimées en vertu de lettres obtenues par surprise en *la* grande chancellerie, portant permission d'imprimer... les OEuvres

---

1. Confondue dans la grande relation officielle des *Plaisirs de l'Ile enchantée*, la comédie de *la Princesse d'Élide* se trouvait en quelque sorte confisquée au profit de Robert Ballard, imprimeur du Roi, qu'on avait gratifié du privilège de réimprimer la relation. Voyez plus haut, p. 17, 4e alinéa.

dudit Molière, sans en avoir son consentement, dans lesquelles réimpressions il s'est fait quantité de fautes. »

Après avoir patienté cinq ans, avoir laissé ceux qui ne tenaient plus de lui aucun droit user presque jusqu'au bout des avantages que leur procurait une continuation de privilège obtenue à son insu, il se mettait en mesure d'empêcher le renouvellement de leur opération. Un an avant l'expiration du privilège subreptice s'appliquant, jusqu'au 23 mars 1672, aux neuf comédies du recueil de 1666, il demanda à être restitué dans le droit naturel de propriété dont on l'avait frustré, il se fit délivrer le privilège général du 18 mars 1671, d'une durée de neuf années, qui a été reproduit tout au long plus haut (p. 39-42), avec la sommation, et l'acte tardif d'enregistrement qui l'accompagne.

Selon les règles de l'équité, sanctionnées (on peut en croire le syndic Thierry[1]) par des arrêts du Parlement et du Conseil privé du Roi, ce privilège général ne pouvait avoir d'effet, à l'égard des œuvres antérieures, qu'à l'expiration de leurs privilèges régulièrement obtenus et constatés. Or, on l'a vu, les privilèges particuliers des associés de 1666 étaient tous périmés au 18 mars 1671 (sauf celui de *la Princesse d'Élide* dont avait disposé Ballard). Mais, se fondant sur leur titre vicieux de 1666, sans oser plus expressément protester contre le bon titre de Molière, ils le firent refuser à l'enregistrement de leur chambre syndicale; leur prétention était d'autant plus déraisonnable, que la longanimité du poète avait en quelque sorte ratifié leur usurpation, et que la peu scrupuleuse Compagnie ne pouvait plus être troublée que pour un court temps dans son injuste jouissance, de quelque diligence qu'usât Molière pour produire l'édition qu'il annonçait. Quant à Ribou, l'unique libraire, comme il sera dit à l'article suivant, qui eût à faire valoir des droits très légitimes sur quelques-unes des dernières œuvres de notre auteur, il n'était nullement menacé dans ses intérêts. Le poète, son cédant, était trop honnête homme pour pouvoir être soupçonné d'avoir voulu se délier d'engagements pris, et les termes mêmes du privilège général qu'il s'était fait octroyer n'étaient pas, quoi qu'on en ait pensé, faciles à tourner à l'avantage de successeurs éventuels de moins bonne foi.

Comme on peut le présumer d'après quelques lignes barrées du registre de la communauté des libraires, c'est le 12 août 1671 que Molière présenta son privilège à l'enregistrement. Sur le refus du syndic, L. Sevestre, il lui fit signifier, dès le 14, une sommation qui tenait lieu de la formalité non accomplie. Elle s'accomplit seulement deux ans plus tard, le 20 avril 1673, et fut censée dater du jour de la sommation; il y fallut alors procéder à la demande de Barbin, l'un des anciens associés de 1666, qui était devenu avec eux, ou une partie d'entre eux, le représentant de Molière, mort depuis deux mois (plus loin, p. 61, 2ᵈ alinéa). Le syndic en charge, D. Thierry, avant de signer sur l'original du privilège de 1671 l'enregistrement rétroactif de 1673, y consigna encore quelques réserves qui semblent n'avoir pas été de pur style; elles étaient pourtant plus superflues que jamais; mais le chef de la communauté des libraires tenait à justifier la résistance de son prédécesseur.

---

3. — Recueils de 1668-1669 et de 1673.

Molière, en faisant imprimer le 18 août 1671, à la suite des *Fourberies de Scapin*, le texte entier de son privilège général du 18 mars, annonçait au public une édition définitive de ses ouvrages, s'engageait à les « lui donner dans leur dernière perfection ». Mais ce fut une promesse que tant d'occupations, et, dans les derniers mois de sa vie, tant de soucis et de souffrances qui l'accablaient l'empêchèrent de tenir. N'ayant pas le loisir d'une revision,

---

1. Voyez plus haut, p. 42, fin du 2ᵈ alinéa.

il dut se réduire au projet d'une réimpression, que le moindre soin qu'il en eût pris aurait encore rendue si précieuse. Mais le temps lui manqua même pour cette plus courte entreprise ; et c'est un éditeur qu'il n'avait pas même désigné (Barbin) qui le premier s'en chargea après sa mort.

Il faut remarquer que, suivant toute apparence, au moment de la publication de son privilège général, Molière n'avait point la libre disposition d'une bonne partie de ses œuvres. En vertu de ce titre du 18 mars 1671, valablement signifié à la communauté des libraires par la sommation du 14 août suivant, il rentra en possession de toutes celles que contenait le recueil de 1666 (dont le privilège subreptice même ne pouvait que jusqu'au 23 mars 1672 servir de prétexte à un semblant d'opposition, à une chicane des éditeurs), et en outre de *l'Amour médecin*, dont le privilège, cédé à Trabouillet, à le Gras et à Girard, avait pris fin le 15 janvier 1671. Il s'était réservé l'entière propriété du *Bourgeois gentilhomme*, des *Fourberies de Scapin*, de *Psyché* et des *Femmes savantes* (ces dernières garanties par un privilège dès le 31 décembre 1670, jouées le 11 mars, vendues pour l'auteur le 10 décembre 1672[1]). Mais il restait d'autres pièces, et de celles-ci, de toutes sans exception, il avait abandonné l'exploitation à un seul éditeur, Ribou[2] : du *Misanthrope*, jusqu'au 24 décembre de cette année 1671[3] ; du *Sicilien*, jusqu'au 9 novembre 1672 ; d'*Amphitryon* et du *Mariage forcé*, jusqu'au 5 et 9 mars 1673 ; du *Médecin malgré lui*, jusqu'au 24 décembre 1673 ; de *George Dandin*, jusqu'en 1676 ; de *l'Avare*, jusqu'au 18 février 1676 ; de *la Gloire du Val-de-Grâce*, jusqu'en 1674 ; de *Tartuffe*, jusqu'au 23 mars 1679 ; de *Monsieur de Pourceaugnac*, jusqu'au 3 mars 1675. Si bien que Ribou s'avisa le premier, paraît-il, de donner une suite aux recueils de 1663-1664 et de 1666 ; du moins a-t-on trouvé les feuillets de titre d'un tome III, daté de 1668, et d'un tome V, daté de 1669 (ce qui suppose un tome IV paru l'une ou l'autre année), tomes qui avaient tous deux fait partie d'un recueil formé de volumes factices sans aucun doute et publié par lui. Rochebilière possédait les titres de ces tomes III et V, comme nous l'apprend le Catalogue de sa bibliothèque (n° 361), où d'ailleurs ils n'ont pas été transcrits ; et du tome V un autre feuillet de titre a été récemment découvert à Oxford[4], dont *l'Athenæum* (p. 268 de son numéro du 22 août 1891) a fait connaître la teneur tout au long :

Les OEuvres de Monsieur de Molière. Tome V. A Paris, chez Jean Ribou, au Palais, vis-à-vis la porte de l'église de la S. Chapelle, à l'Image S. Louis. MDCLXIX. Avec privilège du Roi.

Ribou put ne faire entrer dans ces volumes III, IV et V de son recueil que des pièces dont les privilèges lui appartenaient ; et si, ce qui est tout à fait

---

1. Le privilège collectif du *Bourgeois gentilhomme*, de *Psyché* et des *Femmes savantes*, daté du 31 décembre 1670, fut enregistré le 13 mars 1671, cinq jours avant l'obtention du privilège général, et, comme il vient d'être dit, ce fut accompagnées de ce seul privilège général du 18 mars, non enregistré, que *les Fourberies de Scapin* furent achevées d'imprimer le 18 août suivant.

2. Celui-là même dont autrefois, au temps des *Précieuses ridicules* et de *Sganarelle*, il avait eu fort à se plaindre.

3. Mention de ces Achevés d'imprimer, comme de la durée et du transport des privilèges, a été faite pour chaque pièce dans la *Notice* et, plus haut, dans l'article qui la concerne.

4. Placé au-devant d'un exemplaire de l'édition originale du *Tartuffe*, il s'était collé au revers de la couverture en vélin du volume. Une reproduction photographique en a été envoyée à M. Pauly, conservateur de la Bibliothèque nationale, qui a eu l'obligeance de nous la faire voir ; il a toute l'apparence des impressions parisiennes du temps.

probable, il s'arrangea avec les éditeurs de *l'Amour médecin* (plus haut p. 21 et 22, n° 17), il put les composer exactement des mêmes comédies (telle ou telle étant seulement d'édition différente) que Cl. Barbin a rassemblées dans ses tomes III, IV et V de 1673 : voyez, ci-après, la page 63 (particulièrement l'alinéa 4 de cette même page, où *le Tartuffe* est mentionné comme contenu dans le tome V).

Pour la publication du recueil qu'il projetait, Molière dut bien naturellement songer à s'entendre avec ce Ribou, devenu en quelque sorte son éditeur ordinaire. Rencontra-t-il d'abord chez lui quelque mauvais vouloir inspiré par ses confrères les éditeurs de 1666, ou des lenteurs provenant de l'embarras de ses affaires? C'est possible. On n'en a pas moins la preuve que, si leurs longues relations, bien établies de 1666 à 1670 (du *Misanthrope* à *Monsieur de Pourceaugnac*), étaient rompues en 1671 (au temps de l'obtention du privilège général et de la première impression du *Bourgeois gentilhomme*, datées du même jour, 18 mars 1671) et en 1672, elles étaient reprises avant la fin de cette dernière année, et qu'en 1673, probablement après la mort du poète, la femme de Ribou se trouva pouvoir disposer de ses œuvres. De la rupture témoignent les quatre éditions premières (du *Bourgeois gentilhomme*, des *Fourberies de Scapin*, de *Psyché* et des *Femmes savantes*) que Molière prit le parti de faire débiter pour son compte par l'entremise d'autres libraires (de Pierre le Monnier pour les trois premières pièces, de Pierre Promé pour la dernière). De la réconciliation, peut-être d'un accord conclu, témoigne cet « écrit..., en date du 16° novembre 1672, signé Jean Ribou et Anne David, sa femme, par lequel *ils* ont reconnu devoir au... sieur de Molière la somme de 700 livres, valeur de lui reçue, qu'ils *ont* promis solidairement lui payer en quatre payements égaux de trois en trois mois [1]. » La remise momentanée enfin du privilège général du 18 mars 1671 entre les mains de la femme de Ribou est prouvée par cette déclaration deux fois faite par Barbin, vers la mi-avril 1673 [2], d'abord à la suite — circonstance à noter — d'un extrait de ce privilège joint à la réimpression du *Médecin malgré lui* (voyez plus haut, p. 25, 2ᵈ alinéa), puis à la suite d'un extrait du privilège particulier joint à sa réimpression de *Psyché* (plus haut, p. 43 et 44) : « Ledit Sieur Molière a cédé son droit de privilège à Anne David, femme de Jean Ribou (*si elle était devenue veuve, ne lui en eût-on pas ici donné la qualité?*), ainsi qu'il appert par sa cession, et ladite David a cédé du droit de privilège des Œuvres dudit Sieur Molière à Claude Barbin, suivant l'accord fait entre eux. »

Il se pourrait que l'une de ces énonciations très nettes ne fût pas toutefois absolument exacte et à prendre à la lettre. Il n'y aurait rien de bien extraordinaire à ce que Barbin, pour abréger une constatation qu'il n'était sans doute pas tenu de rédiger, dans son imprimé, tout à fait en forme, eût nommé directement, comme étant partie au premier des contrats de cession qu'il mentionne, Molière au lieu de sa veuve qui le représentait [3]. Il y aurait quelque raison de

---

1. *Recherches sur Molière*, par Eud. Soulié, p. 287-288. — Quelle était cette valeur reçue? S'agissait-il d'un prêt actuellement consenti par Molière, ou bien du règlement d'un ancien ou d'un nouveau compte de l'éditeur avec l'auteur? La reconnaissance était ainsi brièvement inventoriée le 18 mars 1673, quatre mois après sa date, un mois après la mort de Molière. Dans l'intervalle Ribou aussi était-il mort, avait-il seulement, par suite de quelque déchéance, quitté son commerce en en laissant la suite à sa femme?

2. Voyez ci-après, p. 61 et note 1.

3. C'est ainsi que Barbin, au-devant de l'édition de *Monsieur de Pourceaugnac* donnée par lui en 1673 et insérée dans son recueil de cette année, déclare que le privilège lui en a été cédé par Molière (plus haut, p. 35 et 36); et cependant on voit par la première édition de cette pièce que le privilège en avait été

le soupçonner. La réimpression du *Médecin malgré lui* publiée en 1673 par Henry Loyson est, comme celle que Barbin a insérée dans son recueil de la même année, accompagnée d'un extrait du privilège général de 1671 et de la remarque que la pièce a été achevée d'imprimer, pour la première fois en vertu de ce privilège, le 21 mars 1673 ; sur le titre en outre il est constaté qu'elle est vendue pour la veuve de l'auteur. Armande ne se croyait donc pas dessaisie des droits de cet auteur, et s'il en avait lui-même cédé l'exercice, l'aurait-elle si complètement ignoré que de faire acte de libre héritière du privilège général, en s'en autorisant ainsi pour s'approprier la nouvelle édition de cette comédie ? C'est vraisemblablement un peu plus tard, entre le 21 mars, date de la réimpression faite pour elle du *Médecin malgré lui*, et la mi-avril, date probable de la seconde cession (celle d'Anne David, femme de Ribou, à Barbin), qu'elle fut amenée à signer un accord avec cette femme, veuve ou successeur du libraire longtemps préféré de son mari.

La connaissance de plusieurs particularités nous manque pour voir tout à fait clair dans l'histoire des arrangements que Molière, au cours des deux dernières années de sa vie, que sa femme, au commencement de son veuvage et de sa tutelle, ont pu prendre avec les libraires. En somme ils aboutirent au transport fait en faveur de Claude Barbin du privilège général du 18 mars 1671 : le registre de la communauté des libraires nous l'apprend en constatant, au 20 avril 1673 (f° 125 v°), que c'est par lui (en sa qualité de cessionnaire, cela paraît évident) que ce privilège fut présenté à l'enregistrement ; sa double déclaration, rapportée ci-contre (p. 60), nous l'apprend aussi, et de plus qu'il tint ce transport d'Anne David ; les termes employés ne laissent pas de doute sur l'étendue des droits qui avaient été conférés à cette femme et qu'elle lui conférait à son tour, ils ne permettent guère de supposer qu'elle lui cédait, à l'exclusion de privilèges dont le poëte aurait recouvré ou gardé la propriété, seulement l'ensemble des privilèges particuliers, assez nombreux d'ailleurs, que son mari Ribou avait acquis le droit d'exploiter jusqu'à des termes plus ou moins éloignés ; c'est bien le privilège applicable à la totalité des œuvres de Molière qu'elle lui transmettait. On peut fixer pour la passation du contrat qui le substitua à Anne Ribou une date peu antérieure au 20 avril 1673, jour où le nouvel éditeur fit opérer l'enregistrement de son titre à la chambre syndicale des libraires [1].

acquis par Ribou, jusqu'au 3 mars 1675, et il n'est guère douteux que ce ne soit Ribou, ou plutôt sa femme devenue après lui ayant-droit de Molière, non Molière lui-même, qui a consenti le second transport. — Au sujet d'*Amphitryon*, dont le privilège avait pris fin le 4 mars 1673, voyez ci-dessus, p. 29. — Pour la troisième édition de *Tartuffe*, que Barbin publia le 15 mai 1673 (c'est du moins la date de l'Achevé), il se contente de constater que le privilège lui en a été cédé : ç'avait encore dû être par Ribou, cessionnaire à partir de la seconde édition de 1669 jusqu'au 23 mars 1679, ou par sa femme. Il n'a pas davantage spécifié la cession dont il pouvait se prévaloir pour réimprimer *le Bourgeois gentilhomme* en 1673 (plus haut, p. 38) ; c'était une des pièces dont Molière s'était réservé la propriété ; il est probable que Barbin n'avait en main que le privilège général de 1671, que lui avait transmis Anne David, et qui aussi bien rendait inutiles tous les privilèges particuliers. A la suite du privilège général du 18 mars 1671 réimprimé à la fin des volumes du recueil de 1674 l'apostille est tout aussi peu explicite : « Le privilège ci-dessus a été cédé à Claude Barbin et à sa Compagnie.... » (voyez ci-après, p. 64, 4ᵉ alinéa) : nous savons, par la double déclaration de Barbin, rapportée ci-contre (p. 60), que la cession finale lui avait été faite par Anne David, femme de Ribou. Il n'y avait nul intérêt à donner plus exactement ces informations au public.

1. L'Achevé d'imprimer du 12 avril 1673 qui se lit à la fin de l'édition de *Psyché* citée plus haut (p. 60, fin du 2ᵈ alinéa) pour la déclaration qu'y a jointe Barbin

Dès qu'il fut en possession du privilège, Barbin résolut sans doute de préparer, à son profit et à celui de la Compagnie qu'il s'associa, le vrai recueil qui devait paraître en 1674. Mais, pour répondre aux demandes d'un public que la mort de Molière rendait certainement plus empressé, il se hâta de faire réimprimer les deux volumes du recueil de 1666, et, y joignant cinq autres volumes factices où sont rassemblées toutes les comédies qui depuis avaient été livrées à part à l'impression, il en forma le recueil publié sous la date de 1673.

Les deux premiers volumes à pagination suivie compris dans le recueil daté de 1673 sont intitulés comme les deux du recueil de 1666 : *Les Œuvres de Monsieur Molière*. On lit au bas du titre, et il en est de même pour les cinq autres volumes, les mentions suivantes : « A Paris, chez Claude Barbin, au Palais, sur le second perron de la Sainte-Chapelle. M DC LXXIII. Avec privilège du Roi. » Ces deux volumes reproduisent pour tout le reste ceux du recueil de 1666, mais ils en sont bien une réimpression, faite en général page par page, ligne par ligne, offrant néanmoins des différences typographiques qui témoignent que le titre n'a pas été seul renouvelé[1]. Ils sont ornés des mêmes frontispices de Fr. Chauveau (plus haut, p. 56, 2d alinéa). Le même extrait du privilège de 1666 y est joint, non suivi toutefois d'un achevé d'imprimer, mais énumérant les mêmes associés ; et des exemplaires de cette réimpression qui ont été trouvés à part portent l'adresse de tel ou tel d'entre eux[2]. Ils ont d'ailleurs été exécutés avec une telle précipitation, qu'on n'y a pas même corrigé les erreurs de pagination notées plus haut (p. 56, 3e alinéa).

Les cinq volumes factices qui complètent le recueil de 1673 ont un titre un peu différent : *Les Œuvres de M. de Molière....* Après le titre général de chacun, la liste des pièces qui y sont contenues

permet de reporter à ce jour-là la substitution de Barbin à la femme de Ribou. Quant à l'édition du *Médecin malgré lui*, citée au même endroit pour une semblable déclaration de Barbin, elle est certainement postérieure au 21 mars 1673, date qui, malgré le millésime de 1674 porté sur le titre, a été assignée à son Achevé d'imprimer ; celui-ci, reproduction exacte de l'Achevé de l'édition Loyson (laquelle s'était encore vendue « pour la veuve »), rappelait seulement le point de départ légal qu'avait, à l'égard du *Médecin malgré lui*, la durée du nouveau privilège (plus haut p. 24 et 25).

1. Par exemple, tome Ier, p. 301, on a imprimé en 1666 la fin du vers 193 du *Dépit amoureux* ainsi :

Ie plains la pauvre hére,

et en 1673, avec la même faute de *la* pour *le* :

Je plains la pauvre hére.

Voyez d'autres différences relevées par M. Claudin, dans le catalogue de la bibliothèque Rochebilière (n° 363).

2. On n'a pas encore signalé d'exemplaire du recueil entier ayant une autre adresse que celle de Barbin.

RECUEILS. 63

se lit au verso d'un second feuillet liminaire. Ces volumes comprennent, dans l'exemplaire de la Bibliothèque nationale :

Le tome III : 1° *l'Amour médecin*, de seconde édition, 1669, à l'adresse de Pierre Trabouillet (cessionnaire avec Théodore Girard du privilège donné à Molière : voyez plus haut, p. 22, 1er et 6e alinéas)[1]; 2° *le Misanthrope*, de première édition, 1667, à l'adresse de Jean Ribou (cessionnaire du privilège donné à Molière : voyez p. 23, n° 18) ; 3° *le Médecin malgré lui*, réimpression de 1673, portant le millésime de 1674, chez Cl. Barbin (cessionnaire, après Anne David, femme de Ribou, du privilège général du 18 mars 1671) : sur la date de cette édition, l'extrait de privilège et la déclaration que Barbin y a jointe, voyez plus haut, p. 25 et note 1 de p. 61[2].

Le tome IV : 1° *le Sicilien* ou *l'Amour peintre*, de première édition, 1668 (achevé du 9 novembre 1667), à l'adresse de Jean Ribou (cessionnaire du privilège donné à Molière : voyez plus haut, p. 26 et 27) ; 2° *Amphitryon*, de première édition, 1668, chez Jean Ribou (cessionnaire du privilège : voyez p. 28)[3]; 3° *le Mariage forcé*, de première édition, 1668, chez Jean Ribou (cessionnaire du privilège : voyez plus haut, p. 16).

Le tome V[4] : 1° *l'Avare*, de première édition, 1669, chez Jean Ribou (cessionnaire du privilège : voyez, p. 32); 2° *George Dandin*, de première édition, 1669, chez Jean Ribou (cessionnaire du privilège : voyez, p. 30 et 31); 3° *le Tartuffe*, de troisième édition, 1673, à l'adresse de Claude Barbin (cessionnaire, après Jean Ribou, du privilège donné à Molière : voyez plus haut, p. 34, et note 3 de p. 60).

Le tome VI : 1° *Monsieur de Pourceaugnac*, édition de 1673, chez Cl. Barbin (cessionnaire, après Jean Ribou, du privilège : voyez

1. Dans l'exemplaire de M. de Crozet, décrit page 76 de la *Bibliographie moliéresque*, *l'Amour médecin* est de l'édition de Claude Barbin, 1674.
2. Dans l'exemplaire de M. le comte de Lignerolles (voyez même page 76 de la *Bibliographie moliéresque*), *le Médecin malgré lui* est de l'édition de Loyson : voyez ci-dessus, p. 24 et 25, et p. 61, 1er alinéa. — Paul Lacroix décrivant cet exemplaire à la page citée de sa *Bibliographie moliéresque* n'a mis que par faute sans doute devant le nom de l'éditeur Loyson l'initiale E. (Estienne) : c'est l'adresse d'un Henry Loyson qui est portée sur le titre de la seconde édition du *Médecin malgré lui*.
3. Dans les exemplaires de M. le comte de Lignerolles et de M. de Crozet (même p. 76 de la *Bibliographie moliéresque*), *Amphitryon* est de l'édition de Claude Barbin, 1674 : voyez plus haut, p. 28 et 29.
4. Le tome V manque à l'exemplaire de la Bibliothèque nationale ; le contenu en est donné d'après les exemplaires de MM. de Lignerolles et de Crozet (p. 76 de la *Bibliographie moliéresque*).

plus haut, p. 35 et note 3 de p. 60) ; 2° *le Bourgeois gentilhomme*, édition de 1673, chez Cl. Barbin (cessionnaire du privilège non cédé d'abord par Molière ; mais voyez ci-dessus, p. 38 et note 3 de p. 60).

Le tome VII : 1° *Psyché*, de l'édition de 1673, à l'adresse de Claude Barbin (cessionnaire du privilège après Anne David, femme de Ribou : voyez plus haut, p. 43 et 44, et p. 60 et 61); 2° *les Fourberies de Scapin*, de l'édition première de 1671, vendue pour l'auteur chez Pierre le Monnier (voyez plus haut, p. 39); 3° *les Femmes savantes*, de l'édition première, datée de 1673 (achevée le 10 décembre 1672), vendue pour l'auteur au Palais et chez Pierre Promé (voyez plus haut, p. 45)[1].

4. — « *Les Œuvres de Monsieur de Molière*. A Paris, chez Denys Thierry, rue Saint-Jacques, à l'enseigne de la Ville de Paris, et chez Claude Barbin, au Palais, sur le second perron de la Sainte-Chapelle : tomes I à VI, 1674, et tome VII, 1675. Avec privilège du Roi. » Ces volumes n'ont point d'achevé d'imprimer.

Ce recueil, de format in-12, à pagination suivie, comprend toutes les pièces, au nombre de vingt-trois, publiées du vivant de Molière, et de plus, au dernier volume, daté de 1675, un texte non authentique du *Malade imaginaire*. — Aux dernières pages, non chiffrées, de chacun des six premiers volumes se lisent des pièces qui ont été reproduites plus haut (p. 39 et suivantes) : 1° le texte entier du privilège général accordé à Molière le 18 mars 1671; 2° la sommation signifiée en son nom, le 14 août suivant, à la communauté des libraires ; 3° la mention de l'enregistrement du privilège, opéré enfin sur le livre de cette communauté le 20 avril 1673; 4° la déclaration suivante, utile à redonner ici : « Le Privilège ci-dessus a été cédé à Claude Barbin et à sa Compagnie, marchands libraires à Paris, suivant les actes passés par-devant les notaires du Châtelet de Paris. » Voyez plus haut (note 3 de p. 60). — Dans les six premiers volumes un feuillet blanc, compté dans la pagination, précède le titre général ; et d'autres feuillets blancs, également comptés, sont intercalés entre chaque pièce : étaient-ils destinés à recevoir une estampe[2], ou bien un grand titre à mettre au-devant des diverses comédies que l'éditeur pouvait se proposer de débiter à part?

Il est possible qu'un certain nombre d'exemplaires de cette édition aient

---

1. Au tome VII de l'exemplaire de M. le comte de Lignerolles a été joint un Prologue du *Malade imaginaire* en 30 pages, non décrit d'ailleurs dans la *Bibliographie moliéresque* (p. 76). — Dans l'exemplaire du recueil appartenant à M. de Crozet, se trouve encore, au tome VII, *l'Ombre de Molière* de Brécourt, publiée par Barbin en 1674. Ce même exemplaire a un tome VIII, ne contenant que *le Malade imaginaire*, de l'édition de Cologne, chez Jean Sambix, 1674 (voyez plus haut, p. 48).

2. Cela n'est pas aussi certain qu'on l'a dit, à en juger par ce qui s'est fait pour les cinq premiers tomes de l'édition de 1682, ainsi que pour les éditions de 1710, de 1718, de 1730, dont les estampes ont été tirées sur des feuillets spéciaux. Les estampes des tomes VI-VIII de l'édition de 1682 et celles de l'édition de 1697 sont au contraire comptées dans la pagination.

péri dans un grand incendie qui, le 21 mars 1675, faillit détruire tous les bâtiments du collège de Montaigu; plusieurs libraires, entre autres Pierre Trabouillet, l'un des principaux associés exploitant les œuvres de Molière, avaient là des dépôts de livres qui furent entièrement perdus : voyez *Paris ancien et nouveau* de le Maire (1685), tome II^d, p. 553, et plus loin, p. 79, le privilège de l'édition de 1697.

Le tome Ier contient : en tête, le *Remerciement au Roi*; puis *les Précieuses ridicules*, précédées de la *Préface*; *Sganarelle* ou *le Cocu imaginaire*, dégagé des Arguments; *l'Étourdi*; *Dépit amoureux*. — Le tome II : *les Fâcheux*, précédés de l'épître au Roi et de l'Avertissement; *l'École des maris*, précédée de la dédicace à Monsieur; *l'École des femmes*, précédée de la dédicace à Madame et de la *Préface*; *la Critique de l'École des femmes*, précédée de la dédicace à la Reine mère; *la Princesse d'Élide*, dans le cadre des *Plaisirs de l'Ile enchantée*. — Le tome III : *le Sicilien*; *Amphitryon*, précédé de l'épître à Monsieur le Prince; *le Mariage forcé*; *l'Avare*; *la Gloire du Val-de-Grâce*. — Le tome IV : *George Dandin*; *le Tartuffe* ou *l'Imposteur*, précédé de la *Préface* et des *Placets*; *le Médecin malgré lui*; *l'Amour médecin*, précédé de l'avis *Au lecteur* (la composition typographique de cette dernière pièce paraît être la même que celle de l'édition détachée publiée par Barbin en 1674, mais il y a quelques lignes de plus à la page). — Le tome V : *Monsieur de Pourceaugnac*, précédé, par une exception unique (comme l'avait été l'impression, d'ailleurs différente, insérée au tome VI du recueil de 1673 : plus haut, p. 63 et p. 35), d'un Extrait du privilège primitif, d'une déclaration de cession à Barbin, et de l'Achevé, primitif aussi, du 3 mars 1670, constatant le point de départ du privilège (lequel expirait le 3 mars 1675); *le Misanthrope*, précédé de la lettre de Donneau de Visé; *le Bourgeois gentilhomme*. — Le tome VI : *Psyché*, précédée de l'avis du Libraire au lecteur; *les Femmes savantes*; *les Fourberies de Scapin*. — Le tome VII, daté de 1675, ne contient que deux pièces, qui sont paginées à part, et dont la première n'est pas de Molière : 1° *L'Ombre de Molière*, comédie en un prologue et un acte, en prose, de Brécourt, qui avait été représentée à l'Hôtel de Bourgogne en mars 1674, et achevée d'imprimer pour Barbin le 2 mai suivant[1]; elle a 52 pages, précédées de 4 feuillets non chiffrés mais comptés dans la pagination[2]; 2° « *le Malade imagi-*

1. Voyez, au tome II des *Contemporains de Molière* par M. V. Fournel, la *Notice* sur Brécourt, p. 483 et 484, et *l'Ombre de Molière*, réimprimée, avec des notes, p. 519 et suivantes.
2. Ces feuillets liminaires sont pour le titre général du volume, le titre particulier de la pièce, la dédicace, signée par Brécourt, au duc d'Enghien, l'extrait du privilège et la liste des Acteurs; le privilège, du 12 avril 1674, accordé pour cinq ans à Barbin, est suivi de l'Achevé primitif du 2 mai 1674.

naire, comédie mêlée de musique et de danses, par M. de Molière; » elle a 150 pages, non précédées d'un feuillet blanc; le texte, dont nous avons donné en appendice deux longs extraits (tome IX, p. 454 et suivantes), est le texte — mais corrigé de quelques fautes matérielles et augmenté de l'indication de quelques jeux de scène — des éditions publiées en 1674 sous la rubrique de Cologne (chez Sambix) et de Paris (chez Loyson) : voyez tome IX, p. 253, et 254, note; et plus haut, p. 48 et 49.

En 1676, on refit les titres des 7 volumes de ce recueil, pour y inscrire cette date de 1676, et y ajouter, à la suite des adresses de Denys Thierry et de Claude Barbin, celle de Pierre Trabouillet.

5. — *Les Œuvres de Monsieur Molière*. A Amsterdam, chez Jaques le Jeune (*pseudonyme de Daniel Elzevier*), 1675; 5 volumes petit in-12, avec la marque de la Sphère. Le tome Ier est précédé d'un frontispice gravé[1]. Chaque comédie est paginée à part, et porte sur un titre particulier le nom de Molière, et, après la marque de la Sphère, la formule : *Suivant la copie imprimée | A PARIS;* un millésime seul y est joint, jamais (les Elzevier n'ayant pas usé de cette supercherie ordinaire des contrefacteurs) l'adresse du libraire parisien.

Ce recueil factice (notre 1675 A) ne contient pas le poème de *la Gloire du Val-de-Grâce*; et, au tome IV, la *Préface de l'Imposteur* ou *le Tartuffe* n'y est point suivie des *Placets au Roi*[2]. Il comprend, avec le *Remerciement au Roi*, placé en tête du tome Ier, 24 pièces de Molière (celles que comprend aussi le recueil Barbin de 1674-1675), et de plus, au tome II, « *le Festin de Pierre* ou *l'Athée foudroyé*, tragi-comédie » de Dorimond, mais mise sous le nom de Molière (voyez notre tome V, p. 16, note 2), et, au tome V, *l'Ombre de Molière* de Brécourt. Dans ce même tome V, après *les Fourberies de Scapin*, *Psyché* et *les Femmes savantes*, se trouvent : 1° « *le Malade imaginaire*, comédie mêlée de musique et de danse. Représentée sur le théâtre du Palais-Royal. Par feu de Molière. Suivant la copie imprimée à Paris, 1673; » petit in-12, à la Sphère, imprimé, dit M. Willems, avec les mêmes caractères que *l'Amour médecin* de la même année (ci-contre, p. 67, note 2) : c'est une réimpression du livret authentique de 1673 (du Ier prologue et des intermèdes seuls, sans les couplets italiens du premier intermède); 2° à la suite, « *le Malade imaginaire*, comédie en trois actes, mêlés de danses et de musique. Suivant la copie imprimée

---

1. Ce frontispice a été reproduit au-devant du joli petit volume que M. Louis Lacour a publié sous ce titre : *le Tartuffe par ordre de Louis XIV*; Paris, Claudin, 1877.

2. C'est la preuve (et il y en a d'autres[a]) que l'imprimeur hollandais suivait l'édition originale (achevée le 23 mars 1669) : celle-ci n'a pas encore les *Placets*, que Molière ne fit joindre qu'à la seconde édition de son chef-d'œuvre (achevée le 6 juin).

[a] Voyez notre tome IV, p. 482, note 1, et p. 515, note 2.

à Paris, 1674; » petit in-12, à la Sphère : c'est probablement une réimpression, en 72 pages, des 106 pages du texte dénaturé qui fut publié en France, croit-on, avec la même date de 1674 et la fausse adresse de « Daniel Elzevir » (voyez plus haut, p. 47 et 48).

Daniel Elzevier débitait aussi toutes ces comédies séparément. Dix-huit d'entre elles sont datées de 1674. Les six autres, et aussi le livret du *Malade imaginaire*, portent des dates antérieures, du moins dans les exemplaires du recueil factice qui furent mis en vente d'abord ; ce sont : *Sganarelle*, avec les Arguments, daté de 1662[1] ; *l'Amour médecin*, daté de 1673[2], ainsi que le livret du *Malade imaginaire*; *Amphitryon* et *George Dandin*, de 1669; *les Fourberies de Scapin* et *Psyché*, de 1671. Mais ces pièces d'ancien tirage n'étant pas en nombre suffisant, l'éditeur étranger les réimprima en 1675 (hormis le livret du *Malade imaginaire*), de sorte, dit M. Willems, que la plupart des exemplaires du recueil renferment une ou plusieurs des six comédies avec cette date de 1675[3]. Les deux impressions de *Sganarelle*, celle de 1675 comme celle de 1662, ont les Arguments.

Ce recueil, comme il vient d'être dit, est désigné dans les notes de notre édition par 1675 A, c'est-à-dire par le millésime imprimé sur le grand titre des 5 volumes et l'initiale du lieu (Amsterdam) où ils ont paru; et c'est aussi de cette désignation générale de 1675 A qu'on s'est d'ordinaire servi pour les diverses pièces qui composent le recueil, quelle que soit la date — c'est le plus souvent 1674 — qu'elles se trouvent porter sur leur titre particulier.

Daniel Elzevier a réimprimé textuellement ce recueil en 1679 (*les Femmes savantes* seules y ont la date de 1678). La seule différence est au *Malade imaginaire*, qui paraît avoir été donné d'après le texte meilleur publié en 1674 sous la rubrique de Cologne, chez Jean Sambix (plus haut, p. 48, 4° alinéa) : voyez le numéro 1496 de M. Willems ; dans cette impression, dit-il, le prologue et les intermèdes sont remis à leur place respective ; un avis au lecteur annonce un texte plus correct..., et au lieu de la formule *Suivant la copie imprimée à Paris*, le titre porte : *Suivant qu'elle a été représentée à Paris*, 1679.

---

6. — *Les OEuvres de Monsieur de Molière. Divisées en cinq tomes.* Tel est le faux titre du tome Ier d'un recueil in-12 publié en 1681, et dont le grand titre porte, au-dessous d'une sphère, les adresses des trois éditeurs parisiens que mentionne le titre réimprimé en 1676 du recueil de 1674-1675 (plus haut, p. 64, 1er alinéa du n° 4, et p. 66, dernier alinéa du même numéro 4) : c'est une reproduction de ce dernier recueil, faite en province (à Lyon, d'après M. Potier, cité p. 80 de la *Bibliographie moliéresque*). — Cette contrefaçon a été elle-même contrefaite tome par tome et fort grossièrement; entre autres différences,

---

1. M. Willems a constaté que dans les exemplaires qui ont le *Sganarelle* de 1662 la comédie de Molière est suivie de *la Cocue imaginaire* de F. Doneau.

2. L'édition de *l'Amour médecin* de 1673 a été, dit M. Willems, calquée, y compris l'adresse, sur celle qu'avait donnée Abraham Wolfgang en 1666; le caractère est un peu plus gros que celui des autres pièces du recueil elzévirien, et le titre, au lieu de la formule ordinaire : *Suivant la copie imprimée à Paris*, porte celle-ci : *Sur l'imprimé à Paris, se vend à Amsterdam*.

3. Les six sont datées de 1675 dans l'exemplaire de la bibliothèque Cousin, lequel par exception contient un *Dépit amoureux*, non de 1674, mais de 1663.

le mot ŒVVRES, au grand titre, a été imprimé ainsi avec deux V dans la copie[1]. Au tome V de cette seconde contrefaçon (nous n'avons pas vu le tome V de l'autre, mais, sauf l'exécution typographique, il doit être semblable), on a réimprimé les pièces officielles qui sont jointes aux six premiers volumes du recueil original de 1674-1675 : le privilège général, la sommation, l'enregistrement (plus haut, p. 64, 2ᵈ al. du n° 4); seulement les dates qui y sont mentionnées ont été, à l'exception d'une seule, altérées par la substitution de l'année 1676 à l'année 1671 ou à l'année 1673. Dans ce même volume l'*Ombre de Molière*, de Brécourt, qui avait d'abord été imprimée en 1674 (plus haut, n° 4, fin de p. 65), est accompagnée d'un extrait de privilège daté du 12 avril 1676, et d'un achevé d'imprimer donné pour l'Achevé primitif et néanmoins daté du 2 mai 1680.

7. — *Les Œuvres de Monsieur de Molière*. Revues, corrigées et augmentées. Enrichies de figures en taille-douce[2]. A Paris, chez Denys Thierry..., et Claude Barbin..., et chez Pierre Trabouillet..., 1682 : 8 volumes in-12, dont les deux derniers ont pour titre : *Les Œuvres posthumes de Monsieur de Molière*, imprimées pour la première fois en 1682. Enrichies de figures en taille-douce. — Les cinq premiers volumes ont chacun un achevé d'imprimer du 30 juin 1682, que précède le texte entier (au tome V, un extrait seulement) du privilège continué, plus de deux ans auparavant, aux œuvres anciennes. Le tome VI (dans l'exemplaire de la Bibliothèque nationale) a deux paginations, l'une pour *les Fourberies de Scapin*, l'autre pour *Psyché* et *les Femmes savantes*, et il se termine par le privilège général du 18 mars 1671 et ses appendices ordinaires joints aux volumes de l'édition de 1674 (ci-dessus, p. 64, 4ᵉ al.)[3]. A la fin des deux volumes d'œuvres posthumes se lit un privilège particulier du 26 août et un Achevé du dernier octobre 1682. Quelques passages de ces privilèges sont intéressants à rapporter ici.

---

1. Quelques-unes des petites variantes qui distinguent ces deux impressions de 1681 ont été relevées dans l'*Avertissement* de notre tome Iᵉʳ, p. VII.
2. Cette mention des estampes n'a pas été faite au titre de tous les exemplaires.
3. C'est sans aucun doute cette édition de 1674 qui, pour les comédies de publication ancienne, a servi de copie à l'imprimeur de 1682; celui-ci avait, comme en 1674, commencé le tome VI par *Psyché* et *les Femmes savantes*, et l'avait terminé par *les Fourberies de Scapin;* mais les éditeurs ayant voulu un ordre chronologique meilleur et placer *les Fourberies de Scapin* en tête du volume, on se contenta de chiffrer à nouveau les pages de cette dernière pièce, sans remanier la pagination des deux autres.

RECUEILS.

CONTINUATION DE PRIVILÈGE POUR LES OEUVRES PRÉCÉDEMMENT PUBLIÉES.

« Louis, etc. Notre amé DENIS THIERRY, marchand libraire imprimeur, et ancien consul de notre bonne ville de Paris, Nous a très humblement fait remontrer qu'ayant traité de toutes les pièces de théâtre composées pour notre divertissement par feu JEAN BAPTISTE POCQUELIN DE MOLIÈRE, qui avoit obtenu nos Lettres de permission, en date du 18° mars 1671, pour les faire imprimer pendant neuf années, à compter du jour que les Privilèges que Nous avions accordés de chacune desdites pièces en particulier seroient expirés, ledit Exposant n'en auroit fait qu'une seule et unique édition, qui a été achevée d'imprimer en l'année 1675 seulement, ainsi qu'il est justifié par les dates aux frontispices de chacun des volumes d'icelles, pour raison de quoi le temps dudit Privilège ne doit expirer qu'en l'année 1684, il auroit néanmoins été averti que quelques libraires et imprimeurs nos sujets seroient en dessein de contrefaire lesdites OEuvres de Molière, sous prétexte qu'au bas de l'impression du Privilège d'icelles on auroit omis de marquer le jour qu'elles auroient été achevées d'imprimer en vertu desdites Lettres, ce qui seroit une occasion de différends et procès avec l'Exposant qui le divertiroit de son commerce ordinaire et lui causeroit une perte et préjudice très notable, s'il n'y étoit par Nous pourvu, en considération des grandes sommes qu'il a payées pour acheter la cession dudit Privilège, et des frais et dépenses qu'il lui a convenu faire pour ladite impression : pour quoi requéroit nos Lettres à ce nécessaires. A CES CAUSES, voulant favorablement traiter ledit Exposant, et prévenir les troubles qui pourroient lui être faits dans son commerce sous prétexte de l'omission de la date de l'achèvement de l'impression par lui faite des OEuvres dudit de Molière, Nous lui... permettons par ces Présentes d'imprimer, vendre et débiter les Pièces de théâtre et autres OEuvres dudit de Molière durant le temps et espace de six années : à compter du jour que ledit Privilège par Nous accordé audit de Molière en date du 18° mars 1671 sera expiré ; avec défenses à tous Libraires, Imprimeurs ou autres d'en vendre et débiter d'autres impressions que de celle dudit Exposant, sans son consentement, ou de ceux qui auront droit de lui : sur peine de confiscation des exemplaires contrefaits, de tous dépens, dommages et intérêts, et de trois mille livres d'amende.... DONNÉ à Saint-Germain en Laye le 15° de février l'an de grâce mil six cents quatre-vingt, et de notre règne le trente-sept[ième]....

« *Registré sur le Livre de la Communauté des Libraires et Imprimeurs de Paris, le 17° février 1680....*

« Ledit sieur Thierry a associé audit Privilège les sieurs Claude Barbin et Pierre Trabouillet.

« *Achevé d'imprimer pour la première fois le 30° juin 1682.* »

PRIVILÈGE DES OEUVRES POSTHUMES.

« .... Denis Thierry... nous a fait remontrer qu'il a traité avec la Veuve de feu Jean-Baptiste Poclin de Molière d'un Manuscrit intitulé *Recueil des OEuvres posthumes* de I.-B. P. de Molière[1], contenant le *Dom Garcie de Navarre* ou *le Prince jaloux*; *l'Impromptu de Versailles*; *Dom Juan* ou *le Festin de Pierre*; *Mélicerte*; *les Amants magnifiques*; *la Comtesse d'Escarbagnas*; et *le Malade imaginaire* revu, corrigé et augmenté.... A CES CAUSES... nous lui permettons... par ces présentes d'imprimer ou faire imprimer, vendre et débiter... *ledit Recueil des OEuvres posthumes de I. B. P. de Molière*, ensemble ou séparément, en telle marge et caractère et autant de fois que bon lui semblera, durant le temps de six années consécutives, à compter du jour que chaque pièce sera

---

1. Les anecdotiers du temps croyaient savoir à quelles conditions; Tralage a consigné dans ses cahiers et Bordelon rapporté au public que Thierry paya le manuscrit quinze cents livres : voyez plus loin, p. 72 et 73, et note 1 de cette dernière page.

achevée d'imprimer pour la première fois. Pendant lequel temps nous faisons très expresses inhibitions et défenses à toutes personnes.... d'imprimer, faire imprimer, vendre et distribuer ledit Livre..., ni même d'en faire des extraits ou abrégés..., et à tous Marchands étrangers d'en apporter ni distribuer en ce royaume d'autres impressions que de celles qui auront été faites du consentement de l'Exposant, à peine de trois mille livres d'amende....

« Donné à Chaville le vingtième jour d'août l'an de grâce mil six cents quatre-vingt-deux et de notre règne le quarantième....

« *Registré... le 26ᵉ août 1682.*

« Ledit Thierry a associé audit privilége Claude Barbin et Pierre Trabouillet.

« *Achevé d'imprimer pour la première fois, le dernier jour d'octobre mil six cents quatre-vingt-deux.* »

Les Œuvres de Molière sont rangées dans l'ordre suivant : Au premier volume, après la *Préface* biographique, l'*Avis*, les *Stances* et autres petites pièces (reproduites p. xx-xxiv de notre tome Iᵉʳ), se trouvent : *l'Étourdi* ou *les Contre-temps*; le *Dépit amoureux*; *les Précieuses ridicules*; *Sganarelle* ou *le Cocu imaginaire*. — Au tome II : *l'École des maris*; *les Fâcheux*; *l'École des femmes*; *la Critique de l'École des femmes*; *le Remerciment au Roi*; *la Princesse d'Élide* dans le cadre des *Plaisirs de l'Île enchantée*. — Au tome III : *le Mariage forcé*, avec un long passage nouveau à la fin de la scène iv (voyez notre tome IX, p. 43, note 4); *l'Amour médecin*; *le Misanthrope*; *le Médecin malgré lui*; *le Sicilien* ou *l'Amour peintre*. — Au tome IV : *Amphitryon*; *l'Avare*; *George Dandin* ou *le Mari confondu*; *la Gloire du Dôme du Val-de-Grâce*. — Au tome V : *le Tartuffe* ou *l'Imposteur*, précédé de la *Préface* et des trois *Placets*; *Monsieur de Pourceaugnac*; *le Bourgeois gentilhomme*. — Au tome VI : *les Fourberies de Scapin*; *Psyché*; *les Femmes savantes*. — Au tome VII (Iᵉʳ des *Œuvres posthumes*) : *Dom Garcie de Navarre* ou *le Prince jaloux*; *l'Impromptu de Versailles*; *Dom Juan* ou *le Festin de Pierre*; *Mélicerte*. — Au tome VIII (IIᵈ des *Œuvres posthumes*) : *les Amants magnifiques*; *la Comtesse d'Escarbagnas*; *les Bouts-rimés commandés sur le bel Air*; *le Malade imaginaire*, « comédie mêlée de musique et de danses. Corrigée, sur l'original de l'Auteur, de toutes les fausses additions et suppositions de scènes entières faites dans les éditions précédentes ». Ce dernier volume se termine par *l'Ombre de Molière*, précédée de la note donnée ci-dessous[1] et de l'épître dédicatoire de l'auteur, Brécourt, *À Son Altesse Sérénissime Mgr le duc d'Enguien*.

---

1. « Quoique cette comédie ne soit pas de M. de Molière, on a cru qu'il étoit à propos, pour la satisfaction du lecteur, de la mettre à la fin de ses Œuvres, comme on a fait dans les éditions précédentes[a], pour ne pas supprimer une pièce de théâtre qui est toute à l'avantage de cet illustre auteur, et qui a tant de rapport avec plusieurs personnages de ses comédies. »

[a] Dans le recueil de 1674-1675 (1676), dans ceux de 1675 A, de 1681.

La très précieuse *Préface*, ou plutôt la courte, mais sûre, biographie de Molière que les éditeurs ont mise en tête de leur recueil a été donnée aux pages xii-xix de notre tome Ier, et à la suite, p. xx, leur *Avis au lecteur*. Ils déclarent dans cet avis que *le Malade imaginaire* a été imprimé par eux d'après l'original de l'auteur : on peut croire qu'il en a été de même pour toutes celles des autres comédies, particulièrement des posthumes, dont les originaux existaient ; à défaut des originaux ils avaient à leur disposition les imprimés ou les copies mis par Molière entre les mains de ses acteurs, et la Grange avait toujours bien présents les souvenirs de la direction du poète. Ils nous apprennent encore que, du vivant même de Molière, certains vers qu'il avait fait imprimer étaient supprimés à la représentation ; ils ont pris soin de les marquer dans leur texte d'un signe dont nous avons eu à tenir exactement compte dans nos notes.

Voyez ce qui est dit de ce recueil aux pages viii et ix de l'*Avertissement* de notre tome Ier. Des fautes matérielles assez nombreuses, d'autres fautes grossières, quelques-unes contre la mesure des vers ou la rime, des omissions ont pu être relevées dans nos notes[1] ; elles sont imputables la plupart à la négligence des imprimeurs, négligence alors habituelle, dont il était bien difficile que le zèle d'éditeurs très scrupuleux, mais certainement novices, pût venir à bout ; elles ne diminuent guère la valeur d'une édition qui seule, avec les éditions originales des pièces publiées à part, fait vraiment autorité, et qui, à l'égard des œuvres posthumes, particulièrement de trois chefs-d'œuvre, de *Dom Juan*, de *l'Impromptu de Versailles*, du *Malade imaginaire*, est l'édition originale et bien authentique. D'elle dérivent les recueils subséquents publiés en France avant l'année 1734.

La censure officielle leur imposa l'insertion de nombreux cartons dans les cahiers qui contiennent *Dom Juan* : voyez à la *Notice* de cette comédie, tome V, p. 70, l'indication des rares exemplaires non cartonnés qui ont été découverts ou signalés jusqu'à présent, et plus haut, p. 19 et 20, le relevé des principales modifications que le commun des exemplaires ont subies. — Voyez aussi tome VIII, p. 554, note 2, un changement remarquable introduit par un carton dans le texte de *la Comtesse d'Escarbagnas*[2].

Réalisant un projet de Molière, que les considérants du privilège général de 1671 nous ont fait connaître (plus haut, p. 40, 1er alinéa), se conformant peut-être à des indications de sujets qu'il avait laissées, les éditeurs ont fait dessiner par P. Brissart (le nom est parfois écrit Brisart) et graver par Jean Sauvé une suite d'estampes qui ont été distribuées dans les huit volumes ; il y en a une au-devant de chaque comédie ; Brissart n'a pas signé celles qui ne sont qu'une imitation des anciennes estampes ornant les premières impressions de quelques pièces (de *l'École des maris*, de *l'École des femmes*, de *l'Amour médecin*); il n'a pas signé non plus celle des *Précieuses ridicules* et de *la Critique de l'École des femmes*, dont nous ne croyons pas qu'il y ait d'estampes antérieures ; il n'a tenu aucun compte des méchantes estampes jointes aux éditions originales du *Misanthrope* et du *Médecin malgré lui* ; pour *Tartuffe*, il a repris le sujet et toute la disposition de la gravure de 1669 et a signé son dessin. Ces petites compositions nous renseignent sur plus d'un détail intéressant de costume ou de mise en scène, et elles seront reproduites dans l'Album ; mais il est fort douteux qu'on puisse retrouver quelque chose des traits de Molière dans

---

1. Une variante même, la substitution de trois vers tout différents aux vers 1110-1112 de l'édition originale de *l'Étourdi* a paru suspecte à Auger : voyez cette variante p. 179 de notre tome Ier, note 1.

2. Une faute, et deux variantes, pouvant faire reconnaître les exemplaires non cartonnés, ont été signalées tome Ier, p. 208, note 1 ; tome IV, p. 162, note 6 ; tome V, p. 304, note 2.

la représentation qu'elles offrent de plusieurs des figures qu'à l'origine le poète avait lui-même montrées sur la scène[1].

Il reste à ajouter ici deux renseignements qui confirment et complètent quelque peu ceux qu'on a lus au tome Ier, dans la note 3 de la page xxii, sur la personne des éditeurs de ce recueil. Paul Lacroix en examinant, à la bibliothèque de l'Arsenal, les papiers provenant de la collection qu'avait formée, et augmentée jusque dans les dernières années du dix-septième siècle, Jean NICOLAS DE TRALAGE[2], y a retrouvé la note manuscrite, tout à fait digne de créance, dont se sont autorisés les frères Parfaict pour attribuer à la Grange et à un autre ami de Molière la préparation de l'édition de 1682 et la composition de l'excellente *Préface*. Nous allons reproduire cet intéressant document[3], après avoir fait remarquer que dans l'original (tome IV, f° 240 v°, du recueil Tralage) le nom du collaborateur de la Grange est très nettement écrit *Viuot* (Vivot), et non *Vinot*, et que c'est ainsi également qu'il se lit au tome XIII (1748), p. 297, des frères Parfaict[4].

« Ceux qui ont eu soin de la nouvelle édition des Œuvres de Molière faite à Paris, chez Thierry, l'an 1682, en huit volumes in-12, sont M. Vivot et M. de la Grange. Le premier étoit un des amis intimes de l'auteur, et qui savoit presque tous ses ouvrages par cœur. L'autre étoit un des meilleurs acteurs de sa troupe et un des plus honnêtes hommes, homme docile, poli, et que Molière avoit pris plaisir lui-même à instruire. La Préface qui est au commencement de ce livre est de leur composition[5]. Le sieur Thierry a payé cinq

---

1. Sur les suites d'estampes qui accompagnent plusieurs éditions des Œuvres de Molière ou ont été publiées à part, voyez (outre l'*Iconographie moliéresque* de P. Lacroix, 1876) les articles insérés dans *le Moliériste* par M. Eugène Lapierre, à partir d'avril 1887 jusqu'en janvier 1889. Voyez encore dans *le Moliériste* un article du numéro d'août 1882, et, sur les compositions de M. Alexandre Bida, une note du numéro d'avril 1883 (p. 29). — M. Ch.-L. Livet a publié dans *le Livre, revue du monde littéraire* (tome VII, 1885, p. 33-52 de la *Bibliographie rétrospective*) un article intitulé *Molière illustré : les primitifs*. — La suite d'Edmond Hédouin (publiée chez Damascène Morgand) a été admirée à l'Exposition universelle de 1889. — La reprise d'une œuvre importante d'illustration est mentionnée plus loin, p. 99, n° 61.

2. C'était, comme on le voit dans le Dictionnaire de Moréri (édition de 1759), à l'article NICOLAS (Gabriel), seigneur DE LA REYNIE, un neveu du lieutenant général de police à qui est due la conservation de l'un des exemplaires non cartonnés de ce recueil même de 1682 (tome V, p. 70). Jean NICOLAS DE TRALAGE mourut, dit le Dictionnaire, le 12 novembre 1698. « Il s'étoit entièrement adonné à l'étude et surtout à la géographie, dont il avoit composé un recueil des plus amples et des plus complets, qu'il donna par son testament, avec ses livres et une rente de deux mille livres, à la bibliothèque de l'abbaye royale de Saint-Victor de Paris. » Le recueil géographique a passé à la Bibliothèque nationale (voyez un article de M. Livet au *Moliériste* d'octobre 1880, p. 216 et suivantes) ; ce qui reste d'un autre recueil, littéraire ou anecdotique, est actuellement rassemblé en cinq volumes cotés 6541-6545 parmi les manuscrits français de la bibliothèque de l'Arsenal.

3. Paul Lacroix en a fait part au public dans une note un peu perdue de son *Iconographie moliéresque* (1876, n° 557), puis en 1880 dans le Ve volume de sa *Nouvelle collection moliéresque*, intitulé : *Notes et documents sur l'histoire des théâtres de Paris au* XVIIe *siècle, par...* TRALAGE..., *publiés... avec une Notice....*

4. Mais ils avaient laissé imprimer *Vinot* dans le passage de leur tome VIII (1746 : p. 234, note b) qui a été cité par nous tome Ier, p. xxiii, note a.

5. Peut-être l'un des deux s'est-il seul chargé de la rédaction, et l'a-t-il indiqué en s'exprimant ainsi à la fin du 8e alinéa (le 1er de la page xv de notre tome Ier) : « Cette troupe..., qui, comme je l'ai déjà dit.... »

cents écus ou 1 500tt (*livres*) à la veuve de Molière pour les pièces qui n'avoient pas été imprimées du vivant de l'auteur[1], comme sont *le Festin de pierre, le Malade imaginaire, les Amants magnifiques, la Comtesse d'Escarbagnas*, etc.
— Le sieur Thierry n'a point voulu imprimer ce que Molière avoit traduit de Lucrèce : cela étoit trop fort contre l'immortalité de l'âme, à ce qu'il dit[2]....
On a mis quelques épitaphes faits sur la mort de Molière au commencement de ses OEuvres, mais il y en a encore d'autres qui n'ont pas été imprimés. »

On savait encore, grâce à Paul Lacroix (voyez le numéro 305 de l'*Iconographie moliéresque*), qu'il y avait du nom de Vivot un ami de Pinchesne, à qui celui-ci a, en 1670, adressé un sixain où il l'appelle :

A la divine Sœur de nos Muses dévot[3].

Enfin, par une dernière communication envoyée au *Moliériste* d'octobre 1880, l'heureux bibliophile annonça qu'il avait découvert le vrai Vivot dont a voulu

1. Bordelon (dans un passage de ses *Diversités curieuses en plusieurs lettres*, tome Ier, 1698, p. 104, qu'a cité M. Monval au tome II, p. 47 du *Moliériste*) donna le même renseignement au public, bien des années après, à l'occasion sans doute de la réimpression du recueil de 1682 faite à la fin de mars 1697 (plus loin, p. 78, n° 12) : « Quelque autre vous a-t-il dit aussi bien qu'à moi que le sieur T., libraire de la rue Saint-Jacques, a donné quinze cents livres à la veuve de M...... pour les pièces qui n'avoient pas été imprimées du vivant de l'auteur? Si cela est vrai, il y a longtemps qu'il a retiré son argent; il y gagnera encore de quoi bâtir un appartement des plus magnifiques dans le Ch. T., si l'envie lui en prend. Les auteurs ne vont pas jusque-là : les libraires leur taillent les morceaux trop petits; mais pour les consoler ils leur promettent de la gloire. »
2. Dans une note qui se trouve placée plus haut dans le recueil (même tome IV, f° 226 v°), Tralage dit la même chose : « Le sieur Molière a traduit quelques endroits du poète Lucrèce en beaux vers françois; on les vouloit joindre à la nouvelle édition de ses OEuvres faite à Paris l'an 1683 (*sic*), en huit volumes in-douze, chez Thierry; mais le libraire ayant trouvé (*sic*) trop fort contre l'immortalité de l'âme, ne les a pas voulu imprimer. La comédie du *Festin de pierre* du même est retranchée en plusieurs endroits; on y a fait des cartons. »
3. Voici cette petite pièce :

A Monsieur Vivot.

Reçoi, fidèle ami VIVOT,
A la divine Sœur de nos Muses dévot,
Ces nouveaux sonnets que la mienne
Voulut depuis peu mettre au jour,
Et souffre qu'elle t'entretienne
Des grands héros de notre cour.

Elle se trouve (p. 35) parmi les *Civilités galantes de l'auteur en envoyant à ses amis les présents de son livre*, petites dédicaces que Pinchesne (le neveu de Voiture) a insérées dans l'*Addition* (en 42 pages) *de quelques pièces nouvelles faites depuis l'impression des premières*, imprimée à part, sans date, mais, comme cela résulte d'une des pièces, après la mort de Madame (29 juin 1670), et qui devait être jointe au volume in-quarto de ses *Poésies héroïques* publié en 1670. Il y a un de ces envois à l'abbé Cotin, qu'on remarque d'autant plus qu'il précède immédiatement (p. 31) celui qui est adressé à Molière ; il y en a aussi à Corneille, à Racine, à Boileau, à Ménage, à Mlle des Jardins, à Chauveau, à Mignard, à Nanteuil, à d'autres personnages illustres ou très considérables. On peut voir l'Envoi rimé pour Molière, ainsi qu'un *Sonnet* de Pinchesne, tiré de ses *Poésies héroïques*, et adressé à Molière *sur son poème de la Gloire du Val-de-Grâce*, dans l'intéressant article de M. Paul d'Estrée inséré au *Moliériste* de septembre 1883.

parler Tralage, ne doutant pas qu'il ne fût un amateur des beaux-arts signalé comme tel par Jacob Spon dans un volume qui parut à Lyon en 1673. On lit en effet dans la *Recherche des antiquités et curiosités de la ville de Lyon*... *avec un Mémoire des principaux antiquaires et curieux de l'Europe* (de l'imprimerie de Jaques Faeton, petit in-8°), p. 218, à la fin d'une liste intitulée *Noms des curieux de Paris, avec leur demeure et la qualité de leur curiosité*, la mention suivante : « M. Vivot[1], rue de l'Arbre-Sec : Estampes; Tableaux anciens et modernes. » Rien de plus naturel, ce semble, qu'un rapprochement entre ce collectionneur distingué et le poète, grand connaisseur assurément en peinture, dont on sait les relations avec Mignard, avec Chauveau, et le peintre Florentin Verrio[2]. Il y a grande apparence que cet ami de Pinchesne, si dévot à la sœur des Muses (à Minerve, à la Peinture?), est le même que le curieux connu de Spon et aussi que l'ami et éditeur de Molière.

8. — *Les OEuvres de Monsieur Molière*, édition nouvelle, enrichie de figures en taille-douce; et augmentée des *OEuvres posthumes*. A Amsterdam, chez Jaques le Jeune (ancien pseudonyme de Daniel Elzevier, gardé par l'acquéreur du *Molière* de son fonds, Henri Wetstein[3]), 1684 ; 6 jolis volumes, petit in-12, avec la marque de la Sphère. Le dernier, également à la Sphère, d'ailleurs sans numéro de tome, a pour titre : *Les OEuvres posthumes de Monsieur de Molière*. Enrichies de figures en taille-douce. A Amsterdam, chez Jacques le Jeune, 1684. Les figures sont des imitations, réduites et quelques-unes tournées en sens inverse, de celles que Brissart avait dessinées pour le recueil de 1682. Le frontispice mis au-devant du tome Ier ne reproduit pas celui de l'édition elzévirienne de 1675.

Ce recueil, désigné dans les notes de notre édition par 1684 A, est factice comme les recueils publiés par Daniel Elzevier en 1675 et en 1679 (plus haut, n° 5, p. 66 et 67), et la composition des cinq premiers tomes est semblable, sauf la substitution d'un texte tout différent du *Malade imaginaire* (substitution faite dès 1679, d'après ce qui a été dit plus haut, p. 49, 3° alinéa, et p. 67, 4° alinéa). Bien que de la même officine d'Henri Wetstein soit sorti, en 1683, le précieux texte de *Dom Juan* qui a été mentionné plus haut (p. 20 et 21), il n'a été inséré, dans le commun des exemplaires du moins, ni au tome des *OEuvres posthumes*, ni au tome II, où se trouve, comme en 1675 (plus haut, p. 66, 4° alinéa), la tragi-comédie de Dorimond, toujours mise sous le nom de Molière, datée aussi de 1683, et précédée de l'estampe, imitée de Brissart, qui accompagne le vrai *Dom Juan* elzévirien de la même année. — Au tome V, *le Malade*

---

1. « M. Viuot » dans l'imprimé de Lyon ; et Paul Lacroix n'a sans doute pas écrit autrement en le citant dans sa note d'octobre 1880; mais l'imprimeur de cette note a, par une erreur facile, lu *Vinot*.
2. Voyez, au *Moliériste* de novembre 1879, le très intéressant article de M. Vitu, *Molière et les Italiens*. Vivot n'était-il pas un des *virtuosi* (érudits) habitués des soupers de Verrio dont parle Palaprat (tome Ier de ses *OEuvres*, 1712, *Préface*, p. 26 non chiffrée; p. 238 de l'article de M. Vitu)?
3. Daniel, le dernier des Elzevier, mourut sans enfant le 13 octobre 1680, et sa veuve cinq mois plus tard. Son fonds fut vendu en juillet 1681.

imaginaire a été donné, non d'après le texte authentique du recueil de 1682, mais seulement d'après celui qui parut en 1674 sous la rubrique de Cologne, chez Jean Sambix, et sous celle de Paris, chez Estienne Loyson, ou d'après la réimpression qu'en avait déjà faite Daniel Elzevier en 1679 (plus haut, p. 49, 3e alinéa). Le titre particulier de cette comédie (il a été donné en entier plus haut, même alinéa de la même page 49) porte la date de 1683, et la formule que M. Willems a relevée sur le titre de l'édition elzévirienne de 1679 : *Suivant qu'elle a été représentée à Paris.* Voyez dans notre tome IX, p. 257, note 8, la fin singulière que Henri Wetstein (reproduisant simplement peut-être l'édition elzévirienne de 1679) ajouta à l'avis *Au lecteur* des deux éditions de 1674 C et de 1674 P. — Le volume des *OEuvres posthumes* comprend celles que la Grange et Vivot avaient fait imprimer en 1682, moins *Dom Juan* et *le Malade imaginaire*. Ce volume fut reproduit par Wetstein en 1689.

Dix seulement des pièces plus anciennement publiées et les cinq pièces posthumes sont dans ce recueil factice datées de 1684[1]. *La Critique de l'École des femmes* l'est de 1679 ; *Sganarelle*, avec les Arguments, *le Sicilien, le Bourgeois gentilhomme, les Fourberies de Scapin* le sont de 1680 ; ces cinq dernières comédies étaient donc encore sorties des presses de Daniel Elzevier. *George Dandin* fut imprimé en 1681 dans l'officine appartenant à sa veuve. Les huit suivantes portent la date de 1683 : *l'Étourdi, Dépit amoureux, les Précieuses ridicules, le Médecin malgré lui, le Mariage forcé, l'Avare, les Femmes savantes, le Malade imaginaire*[2]. Mais pour simplifier les citations, chacun de ces textes a été d'ordinaire désigné dans les notes de notre édition, non par la date particulière qu'il porte, mais uniformément par la date du recueil dont il fait partie et l'initiale du lieu d'impression, par 1684 A. Toutefois le meilleur texte elzévirien du *Malade imaginaire* a toujours été indiqué par 1683 ; et quant au texte elzévirien du vrai *Dom Juan*, que nous n'avons vu que dans un volume détaché avec millésime de 1683, bien qu'il ait pu trouver place au recueil de 1684 dans quelques exemplaires de choix, nous l'avons appelé 1683 A.

M. Benjamin Fillon nous apprend, p. 20 de son étude ayant pour titre *le Blason de Molière* (1878 : plus loin, p. 232, 4e alinéa), que dans « un précieux recueil de lettres et autres pièces originales », découvert aux environs de Tours en novembre 1877, dont la provenance n'est pas autrement indiquée, il s'est trouvé « une lettre du 5 janvier 1686, adressée par le libraire parisien Thierry à un amateur de livres des environs de Blois. » Le libraire s'excusait de ne pouvoir satisfaire son correspondant à l'égard des « OEuvres de Molière en deux tomes in-folio, qu'avoient entreprise les associés. Il n'y a eu d'imprimé, ajoute-t-il, que la Préface et la Vie de l'auteur ; après quoi, les épreuves [ayant été] envoyées à l'approbation, il y a été si fort retranché, que M. Boileau et autres amis dudit auteur défunt qui y ont travaillé n'ont voulu entendre à continuer. Il a été en plus fait difficultés sur le privilège. Quand vos occupations vous permettront de venir ici en octobre..., vous verrez ces épreuves, et le portrait d'après M. Mignard, gravé pour être mis en avant du premier tome ; mais il vous sera recommandé de ne parler à qui ne le doit savoir de leur vue. » Il ne paraît pas que Boileau ait parlé à Brossette de ce projet d'édition.

---

1. Ces pièces imprimées en 1684 (excepté *la Princesse d'Élide* et *Dom Garcie de Navarre*) portent au bas du titre, non la formule ordinaire : *Suivant la copie imprimée à Paris*, mais l'adresse de Jacques le Jeune.

2. De même date est aussi *l'Ombre de Molière*, la comédie de Brécourt, donnée, comme en 1675, à la fin du tome V.

9. — *Les Œuvres de M. de Molière*, revues, corrigées et augmentées du *Médecin vengé* et des épitaphes les plus curieux sur sa mort, enrichies de figures en taille-douce à chaque pièce. A Lyon, chez Jacques Lions, libraire, rue Mercière, au Bon Pasteur, 1692, avec permission : 8 volumes in-12.

Le texte est celui des exemplaires cartonnés de l'édition de 1682. — Le premier volume a la *Préface* de 1682; il se termine par un « Recueil des épitaphes les plus curieux faits sur la mort surprenante du fameux comédien le sieur Molière, » auquel a été jointe une pièce de vers appelée, non comme au titre du volume *le Médecin vengé*, mais *les Médecins vengés ou la suite funeste du Malade imaginaire;* tout cet appendice paraît avoir été emprunté à un petit volume publié sous la rubrique de Cologne 1677[1]; il a été reproduit ailleurs (voyez plus loin, le 4ᵉ alinéa de la page 198); il a passé, à partir de 1710, dans les éditions dérivées du recueil de 1682.

Une autre édition, de même date, dont le titre est semblable, sauf que *épitaphes* y est suivi du féminin *curieuses*, et que le nom du libraire y est, à l'adresse du tome IV, écrit *Lyons*, offre d'assez nombreuses corrections qui permettent sans doute de la croire postérieure à l'autre[2]; elle a été dans une note au vers 1465 d'*Amphitryon* (p. 439 de notre tome VI) désignée par 1692 B.

Il est officiellement constaté à la fin du tome III de 1692 B : 1º que la réimpression des *Œuvres de feu Jean-Baptiste Poquelin de Molière* a été autorisée le 10 décembre 1692 par ce motif que « le second Privilège accordé à Denis Thierry pour six années le 10ᵉ (*lisez* le 15ᵉ) février 1680 est expiré »; 2º que la permission requise et obtenue par Jean Coutavoz, maître imprimeur de Lyon, a été par lui cédée au libraire Lions le 13ᵉ février 1693.

Nous avons vu des volumes d'une autre édition portant encore même date et dont le titre est plus court : *les Œuvres de Mʳ Molière*, revues, corrigées et augmentées. A Lyon, chez Jacques Lions, rue Mercière, au Bon Pasteur, 1692, avec permission. — Elle paraît aussi avoir précédé l'édition que nous appelons 1692 B.[3]

« Il y a des exemplaires, est-il dit dans la *Bibliographie moliéresque* (nº 283 : voyez encore le nº 285), auxquels le libraire avait ajouté, plus tard, comme tome IX, *la Vie de Molière* par Grimarest, publiée à Lyon, sous la date de 1692, in-12. Mais il est certain que ce volume supplémentaire est une contrefaçon faite en 1705, sous une fausse date, pour servir de complément à

---

1. *L'Enfer burlesque*. — *Le Mariage de Belphégor*. — *Épitaphes de M. de Molière*. Chez Jean le Blanc : petit in-12 (voyez plus loin, p. 191, 9ᵉ alinéa, et p. 192, fin du 1ᵉʳ alinéa). — Dans les papiers Tralage (tome III, fº 245 rº), à la fin d'une copie des *Médecins vengés*, se lit la date du 8 avril 1674.

2. Par exemple, c'est dans cette édition de Lyon (qu'il eût toujours fallu désigner par 1692 B) que nous avons relevé la correction : « .... j'en sais telle ici.... » au vers 139 de *Sganarelle*, et l'écriture *chaos* au vers 1465 d'*Amphitryon;* l'édition de Lyon où *épitaphe* est employé au masculin a : *j'en sais tel ici*, et *cahos*. — Au titre du recueil d'épitaphes, tome I, p. 307, la correction demandée à l'imprimeur de 1692 B n'a été exécutée qu'à demi : *Recueil des épitaphes les plus curieuses faits sur....*

3. Ainsi dans cette édition au titre abrégé on lit encore à la fin de la scène IV de l'acte III de *Tartuffe* : « ....je vais vuider d'affaire; » la fausse correction *je vais vuider l'affaire* a été faite dans 1692 B.

l'édition des OEuvres de Molière, réimprimées sans cesse à Lyon, depuis 1692, sous cette même date. Nous avons reconnu plus de six éditions ou tirages différents. »

10. — *Les OEuvres de Monsieur Molière*, édition nouvelle, enrichie de figures en taille-douce, et augmentée des *OEuvres posthumes*. A Amsterdam, chez Henri Wetstein, 1691. Avec privilège de Mgrs les états de Hollande et de West-Frise. 6 volumes petit in-12, à la marque de la Sphère. La vraie date de ce recueil factice (simple réimpression en général de celui de 1684 A) est 1693. Le millésime de 1691, apposé sur les titres généraux des volumes, constate uniquement le point de départ d'un privilège de quinze ans, qui est accordé pour les OEuvres de Molière à Henri Wetstein, le successeur de Daniel Elzevier, et qui est daté du 29 mars de cette année-là. Les cinq premiers volumes[1] ne comprennent que des réimpressions faites, sauf une seule, antérieurement ou postérieurement à 1691; la plupart des comédies ont à leur titre particulier la date de 1693, entre autres *l'Étourdi* et *Dépit amoureux*, dont le texte a été parfois cité dans nos notes et désigné par 1693 A.

Cette réimpression de Henri Wetstein offre des différences avec le recueil déjà réimprimé par lui en 1684. Au tome Iᵉʳ, après le *Remerciement au Roi*, vient un *Abrégé de la vie de M. Molière* emprunté à la *Préface* de 1682, et le poème de *la Gloire du dôme du Val-de-Grâce* que n'avaient point encore donné les recueils elzéviriens. Les Arguments de Sganarelle ont été supprimés. — Au tome III, le Festin de Pierre de Dorimond a enfin fait place au *Dom Juan* de Molière, non pourtant au texte complet publié dès 1683 par le même éditeur, mais seulement (dans les principaux passages du moins) au texte des exemplaires cartonnés du recueil français de 1682 (voyez plus haut, p. 20 et 21); le titre particulier de la pièce est : *Le Festin de Pierre*, comédie par J. B. P. de Molière. A Amsterdam, chez Henri Wetstein, 1693. La gravure est la même qu'au vrai *Festin de Pierre* de 1683, et qu'au *Festin de Pierre* de Dorimond encore introduit en 1684 par l'éditeur étranger dans le recueil des OEuvres de Molière. Au même tome III, *le Sicilien* ou *l'Amour peintre* a un titre daté de 1689, marqué de la Sphère ordinaire, et portant l'adresse, non d'Henri Wetstein ou de Jacques le Jeune, mais celle de Guillaume le Jeune. — Au tome IV, les *Placets au Roi* manquent toujours à la suite de la *Préface* de Tartuffe, duquel le titre est daté de 1693. *Le Bourgeois gentilhomme*, donné suivant la copie imprimée à Paris, sans adresse de libraire, avec la date de 1688, a encore le texte court de la Cérémonie turque, non le texte complet publié par les éditeurs de 1682. — Au tome V se trouve un *Malade imaginaire* donné, en 1690, suivant la copie imprimée à Paris : l'éditeur étranger a reproduit, non le texte authentique de 1682, mais, comme en 1683, le texte Sambix ou Loyson (notre 1674 C ou 1674 P); par une erreur plus grande, mais assez explicable chez lui, il a le premier, dans un recueil des OEuvres, substitué la Cérémonie amplifiée à la Cérémonie du livret original et de l'édition de 1682, n'en retranchant que les dernières interpolations, celles que sup-

---

[1]. Nous n'avons pu voir le tome VI, qui sans doute contient, avec *les Femmes savantes*, les cinq pièces posthumes données au tome VI du recueil de 1684 A.

prima également l'éditeur bruxellois de 1694 (voyez notre tome IX, p. 490, note 1, et ci-dessous, n° 11).

La même librairie fit paraître en 1698 un recueil des OEuvres à pagination suivie, où toutes les pièces, y compris les posthumes, réunies à la fin, sont contenues dans quatre volumes; les textes, croyons-nous, n'en ont point été modifiés.

11. — *Les OEuvres de Monsieur Molière*, nouvelle édition, corrigée, et augmentée des *OEuvres posthumes* et de très belles figures à chaque comédie, etc. A Brusselles, chez George de Backer, imprimeur et marchand libraire, aux Trois-Mores, à la Bergstraet, 1694. Avec privilège du Roi : 4 volumes in-12. Le privilège, dont un extrait se lit à la fin des volumes et qui fut donné à Bruxelles, au nom de Charles II, roi d'Espagne, duc de Brabant, etc., est daté du 5 février 1694. Les estampes sont signées de G. Harrewyn.

La composition de ce recueil est à peu près celle du recueil Henri Wetstein de 1693 (ci-devant, p. 77, n° 10). — Au tome Ier, le *Remerciement au Roi* a été omis, à dessein, on peut le croire, par ce temps de guerre. — Au tome II, le vrai *Dom Juan* de Molière a été reproduit d'après le texte complet de l'édition d'Amsterdam 1683, et avec le titre de celle-ci : « *Le Festin de Pierre, comédie*. Par J. B. P. de Molière. Édition nouvelle et toute différente de celle qui a paru jusqu'à présent; » l'adresse et le millésime sont naturellement les mêmes qu'aux autres pièces et qu'au titre général : « A Brusselles, chez George de Backer..., 1694... » (voyez notre tome V, p. 71 et note 1). — Au tome IV, *le Malade imaginaire* est toujours donné d'après les textes non authentiques de 1674; et comme l'avait fait H. Wetstein en 1690, l'éditeur de Bruxelles a admis dans l'intermède final, jusqu'à la prestation du serment (*Juras gardare statuta...*), les interpolations de la Cérémonie amplifiée (voyez notre tome IX, p. 490, note 1; ci-devant, la fin de la page 77; et plus loin, p. 173 et 174). — Chacune des pièces de ce recueil est paginée à part, mais datée, comme le titre général, de 1694 : les textes en ont été désignés dans nos notes par 1694 B, sauf le texte du *Malade imaginaire* qui l'a été par 1694 seul.

Sur les premières éditions, accompagnées de traductions allemandes, qui furent publiées à Nuremberg en 1694, 1695, 1696 et 1708, voyez plus loin, p. 101-104, aux numéros 2 et 3.

12. — *Les OEuvres de Monsieur de Molière*. Revues, corrigées et augmentées. Enrichies de figures en taille-douce[1]. A Paris, chez Denys Thierry..., Claude Barbin..., et chez Pierre Trabouillet..., 1697; 8 volumes in-12 : reproduction du recueil la Grange et Vivot de 1682, tel qu'il était après les cartons.

Le privilège, qui accompagne en entier le premier et le dernier tome et les

---

1. Il y a des exemplaires qui ne portent point au titre cette mention des estampes.

autres tomes en extrait, avait été sollicité et obtenu quatre ans et demi avant qu'il en fût fait emploi. En voici les passages intéressants :

« .... Notre bien amé Pierre Trabouillet... Nous a fait remontrer qu'il auroit ci-devant fait imprimer à grands frais *les OEuvres de Molière en huit volumes*, et *les Fables de la Fontaine en quatre volumes*, pour notre très cher et très amé fils le Dauphin[1], l'un et l'autre de ces livres enrichi de beaucoup de figures, pour lesquels il auroit fait de grandes dépenses tant pour acheter la cession des Privilèges que pour les autres frais qu'il est convenu faire pour l'impression desdits Livres. Mais comme ces privilèges sont près d'expirer[2], et qu'il lui reste beaucoup d'exemplaires qu'il n'a pu distribuer, tant par les contrefaçons que quelques libraires mal intentionnés de notre Royaume lui ont faites que par ceux (*sic*) des Pays étrangers, ce qui lui tourneroit en pure perte s'il n'y étoit pourvu par la continuation de nos Lettres de Privilèges....
A CES CAUSES, voulant favorablement traiter ledit Exposant, en considération de la perte qu'il a faite par l'incendie arrivé au Collège de Montaigu, où ses livres furent entièrement brûlés[3], et (*en considération de ce*) que Nous avons été informés qu'il n'a point eu, pour se dédommager en quelque manière de ses pertes, des continuations de Privilèges comme ses autres confrères qui étoient tombés dans le même malheur de l'incendie; et pour d'autres considérations à Nous connues, Nous lui... permettons... d'imprimer ou faire imprimer... *les OEuvres de Molière en huit volumes* et *les Fables de la Fontaine en quatre volumes*, et ce pendant le temps de vingt ans consécutifs, à compter du jour que chacun desdits Livres sera achevé d'imprimer en vertu des Présentes....

« Donné à Paris le 18ᵉ jour de septembre mil six cents quatre-vingt-douze et de notre règne le cinquantième....

« *Registré*... *le* 21ᵉ *octobre* 1692....

« Ledit Trabouillet a associé au Privilège des OEuvres de Molière Denys Thierry, ancien juge consul de Paris, et Claude Barbin, marchands libraires, chacun pour un tiers.

« *Achevé d'imprimer pour la première fois en vertu du présent Privilège, le* 22ᵉ *mars* 1697. »

12 bis. — *Les OEuvres de Monsieur de Molière*, revues, corrigées et augmentées. A Toulouse, chez Jean Dupuy, Dom. Desclassan et Jean-Fr. Caranove, marchands libraires, 1697, avec permission; 8 volumes in-12 : copie de l'édition de 1682 (voyez notre tome III, p. 172, note 1).

Le privilège de l'édition parisienne de 1682, octroyé à Denys Thierry, et son

---

1. Il nous paraît certain que ces derniers mots ne s'appliquent qu'aux *Fables* de la Fontaine : c'est au Dauphin en effet que le fabuliste a dédié son premier recueil en 1668, et le tome Iᵉʳ du premier recueil en quatre volumes qu'il publia en 1678-1679 (chez D. Thierry et Cl. Barbin, les associés ordinaires de P. Trabouillet) porte sur le titre les armes du prince.
2. Le dernier privilège accordé pour les OEuvres anciennes de Molière, et dont les lettres ont été jointes au recueil de 1682, avait pris fin en 1690, celui des OEuvres posthumes même plus tôt, dès le dernier octobre 1688 : voyez plus haut, p. 69, lignes 11 et 12 et 26-28; et p. 69 et 70; voyez aussi p. 76, 4ᵉ alinéa, et ci-après, p. 80, 1ᵉʳ alinéa.
3. Parmi ces livres détruits dans l'incendie arrivé à Montaigu le 21 mars 1675 (voyez plus haut, p. 65, 1ᵉʳ alinéa) se trouva très probablement un certain nombre d'exemplaires du recueil des OEuvres de Molière daté de 1674-1675, que sans nul doute P. Trabouillet débitait en tiers avec D. Thierry et Cl. Barbin.

achevé d'imprimer ont été joints aux volumes de Toulouse ; à la suite vient une demande de permission, à l'appui de laquelle Dominique Desclassan allègue, ce qui est exact (voyez plus haut, p. 76, 4ᵉ alinéa, et p. 79, note 2), que le temps de ce privilège accordé audit Thierry pour lesdits deux ouvrages (*les œuvres anciennes et les posthumes*) est expiré ; la permission fut accordée pour trois ans, le 14 avril 1696.

Cette édition de Toulouse 1697 fut réimprimée en 1699 pour Jean-François Caranove, cessionnaire de Desclassan, et cette fois les Œuvres parurent « enrichies de figures en taille-douce », dessinées et gravées par Ertinger.

Sur une autre réimpression mise par Caranove sous le même millésime de 1699, mais qui semble avoir été antidatée, voyez un article de M. Eugène Lapierre au *Moliériste* d'octobre 1886.

13. — *Les Œuvres de Monsieur de Molière.* Nouvelle édition, revue, corrigée et augmentée, enrichie de figures en taille-douce. A Paris, par la Compagnie des libraires associés, 1710 : 8 volumes in-12, sortis, comme il est indiqué à la fin du dernier, de l'imprimerie de Denys Thierry.

Au tome Iᵉʳ, il y a un frontispice gravé en regard du titre ; et après la *Preface* de 1682, au-devant de la *Vie de Molière* par Grimarest, se voit un portrait du poète, gravé par B. Audran d'après P. Mignard. Les estampes sont imitées de celles de 1682, mais beaucoup de détails ont été changés, rajeunis dans les costumes des personnages.

Dans cette édition, le texte de Molière dérive simplement de celui qu'offrent les exemplaires cartonnés du recueil de 1682 ou la réimpression de 1697 ; mais beaucoup de pièces accessoires ont été ajoutées à celles que donnaient les deux recueils. Au dernier volume se lit une Approbation de Danchet pour ces additions ; elle est accompagnée d'un privilège daté du 5 novembre 1708, d'une durée de quinze ans, et accordé à Michel David, qui en fait part à Guignard, Aubouyn, Cavelier, Charpentier, Osmont, Ribou, Clousier, Trabouillet et Consorts. Les augmentations sont énumérées dans la note suivante, placée en tête du tome Iᵉʳ.

« AVIS SUR CETTE NOUVELLE ÉDITION.

« On se flatte que le Recueil des Œuvres de M. de Molière dont l'on donne une nouvelle Édition satisfera d'autant plus le Public, qu'il se trouve enrichi de plusieurs choses qui n'ont paru dans aucune des précédentes Impressions. L'approbation universelle que la Cour et la Ville ont donnée[1] à cet excellent Auteur pendant sa vie, et qui est renouvelée encore aux représentations de ses Pièces, avoit engagé plusieurs personnes d'esprit d'écrire sur sa personne et sur ses Ouvrages. C'est ce qu'on trouvera rassemblé dans la présente Édition. L'on a pris tout le soin possible pour n'omettre aucune de ces Pièces, afin que les Curieux n'eussent rien à desirer.

« La Préface[2] qui est à la tête de ce premier volume a tenu lieu jusqu'à présent d'*Abrégé de la Vie de M. de Molière*, elle a même été copiée mot pour

---

1. *Donné*, sans accord, et un peu plus loin *avoient engagé*, dans le texte que nous reproduisons et dans la réimpression de 1718.
2. La *Préface* biographique de l'édition de 1682.

mot, et donnée sous ce titre dans quelques éditions faites dans les pays Étrangers. Mais, quoiqu'elle contienne plusieurs circonstances de la vie de cet Auteur, et quelques Remarques sur les temps et les occasions dans lesquelles il a donné quelques-unes de ses Pièces, cet Abrégé est fort imparfait : c'est pourquoi l'on a joint à cette Préface la *Vie de M. de Molière* composée depuis peu par Monsieur de Grimarest[1], laquelle a été reçue favorablement du Public, malgré la Critique[2] qui en a été faite par un Auteur anonyme. Pour la satisfaction des personnes qui aiment ces Pièces de dispute, cette Critique se trouvera ici, avec la réponse que M. de Grimarest y a faite sous le titre d'*Addition à la Vie de Monsieur de Molière, contenant une Réponse à la Critique que l'on en a faite*.

« Dans le quatrième Tome, à la suite de l'*Amphitryon*, on a mis le Jugement de M. Bayle sur cette Pièce, extrait de son Dictionnaire critique, seconde édition, page 210.

« Dans le huitième et dernier Tome, on a ramassé tout ce qui a été écrit de la personne de M. de Molière et de ses Ouvrages par les plus habiles Critiques, comme le P. Rapin[3], M. Baillet[4], M. Morery[5], M. Perrault[6], M. Bayle[7], etc. Et afin qu'il ne manquât rien pour la satisfaction des Lecteurs, on a mis à la fin de ce Tome toutes les Épigrammes, Épitaphes et autres Pièces en vers, soit Latines, soit Françoises, qui ont été faites dans le temps de la mort de cet illustre Auteur, et qu'on a pu recouvrer[8].

« Au reste, on a lu et corrigé avec toute l'exactitude possible cette nouvelle Édition; ainsi on a lieu de présumer qu'elle sera trouvée plus correcte que les précédentes, et surtout celles qui ont été faites dans les pays étrangers, dans lesquelles la négligence des imprimeurs avoit laissé quantité de fautes considérables, jusqu'à omettre ou changer des vers en beaucoup d'endroits. On a pris soin de les rétablir dans celle-ci. Le Public, qui fait assez connoître le goût et le plaisir qu'il trouve, soit dans la lecture, soit dans les représentations des pièces de M. de Molière, jugera de la qualité du service que lui rendent ceux qui ont eu la direction de ce nouveau Recueil en lui présentant ses Ouvrages dans leur pureté.

« On avertit le Lecteur que les vers qui sont marqués avec deux virgules renversées, qu'on appelle en terme d'imprimerie *guillemets*, sont des vers que

---

1. Publiée en 1705 : voyez plus loin, p. 200 et 201.
2. Publiée, ainsi que l'*Addition*, réponse de Grimarest, en 1706.
3. Dans les *Réflexions sur la Poétique d'Aristote et sur les ouvrages des poètes anciens et modernes;* Paris, 1674 (Achevé du 29 novembre 1673) : en sont rapportées les réflexions XXV et XXVI de la seconde partie, p. 204-219.
4. Dans les *Jugements des savants sur les principaux ouvrages des auteurs*, tome IV, 1686, 5ᵉ partie *des Poètes* (en réalité tome IX et dernier), p. 110-126 : de nombreux passages en ont été retranchés.
5. Ni la 1ʳᵉ édition, 1674, ni la 2ᵈᵉ, 1681, ni la 3ᵉ, 1683, du *Grand dictionnaire historique* de Moréri (mort en 1680), ne contiennent d'article *Molière*. Dans la 4ᵉ seulement, de 1687, l'oubli a été réparé par l'un des continuateurs : à quelques lignes de biographie, où la mort du poète est rapportée à l'année 1672 et où *Proclain* lui est donné pour nom de famille, a été ajoutée la fin de la Réflexion XXVI du P. Rapin; mais l'éditeur de 1710 a cité l'article de l'édition corrigée de 1704.
6. Dans *les Hommes illustres qui ont paru en France pendant ce siècle :* tome Iᵉʳ, 1696, p. 79 et 80.
7. Dans le *Dictionnaire historique et critique*, au mot POQUELIN : la 1ʳᵉ édition est de 1697; la 2ᵈᵉ, citée par l'éditeur de 1710, est de 1702.
8. Parmi ces pièces se trouvent *les Médecins vengés ou la suite funeste du Malade imaginaire* (voyez plus haut, p. 76, 2ᵈ al. et note 1). — Avant les Extraits des auteurs est encore donnée *l'Ombre de Molière*, la petite comédie en prose de Brécourt.

les comédiens ne récitent point dans leurs représentations, parce que les scènes seroient trop longues, et que ces vers, qui d'ailleurs ne sont pas absolument nécessaires, refroidissent l'action du théâtre. M. de Molière a suivi ces mêmes observations dans la représentation de ses pièces; ce qui se fait de même par les acteurs qui lui ont succédé. Cependant, comme ces vers sont de lui, et que tout ce qu'il a fait doit être estimé, on s'est contenté de les marquer, sans vouloir les retrancher, afin de donner tous ses Ouvrages dans leur entière perfection. »

14. — *Les OEuvres de M. de Molière.* Nouvelle édition, revue, corrigée et augmentée, enrichie de figures en taille-douce. A Paris, par la Compagnie des libraires, 1718 ; 8 volumes in-12 : reproduction de l'édition de 1710. — Dans les estampes refaites, toujours à l'imitation de celles de 1682, les habits et ajustements sont la plupart à la mode suivie par les acteurs de ce temps de la Régence.

15. — *Les OEuvres de Monsieur de Molière.* Nouvelle édition, revue, corrigée, et augmentée d'une *Nouvelle Vie de l'auteur*, et de *la Princesse d'Élide* toute en vers, telle qu'elle se joue à présent, imprimée pour la première fois ; enrichie de figures en taille-douce. A Amsterdam, chez Pierre Brunel [*ou* chez Rodolfe et Gérard Wetstein ; *ou* à la Haye, chez Pierre Husson], 1725. Avec privilège de Nosseigneurs les états de Hollande et de West-Frise. 4 volumes petit in-12. Les figures sont de G. Schouten.

Une *Nouvelle Vie de l'auteur*, placée au-devant du tome Ier, et qu'on peut avec certitude, sur le témoignage de Bruys[1], attribuer à Bruzen de la Martinière[2], a fait distinguer ce recueil ; elle a été en très grande partie composée

---

1. Il se trouve au tome Ier, p. 153 de ses *Mémoires historiques, critiques et littéraires;* Paris, 1751 : voyez notre tome Ier, p. XXIII, note *b*. Bruys avait été à même d'être très bien renseigné.

2. La Martinière, qui fut surtout connu comme auteur d'un *Grand Dictionnaire géographique, historique et critique* (la Haye, 1726-1730, 10 volumes in-folio) et comme éditeur (1730) des *Lettres choisies* de son oncle l'hébraïsant Richard Simon, a traduit librement de l'allemand, sous un pseudonyme, douze des *Entretiens dans l'empire des morts*, qui avaient été imprimés successivement à Leipsick et semblent avoir été beaucoup lus dans leur temps. Feu le docteur Schweitzer a donné quelques détails sur les originaux dans le premier fascicule (Leipzig 1879) de son *Musée Molière*, p. XCI. La traduction de la Martinière parut à Amsterdam, chez Herman Uytwerf, de janvier à décembre 1722, en trois volumes in-12, et sous le titre suivant : *Entretiens des Ombres aux champs Élysées sur différents sujets d'histoire, de politique et de morale*, ouvrage traduit de l'allemand par M. Valentin Jungerman. Nous citons ici ces *Entretiens* parce que le second, publié en février 1722 (l'original, intitulé *cinquième entrevue*, l'avait été dès 1719[a]), a pour interlocuteurs Sixte-

---

[a] Avec une estampe qui a été reproduite dans le *Musée Molière* de Schweitzer : là en est aussi donné le long titre, d'après un exemplaire de la bibliothèque royale de Dresde. — Pour le *Musée Molière*, voyez plus loin, p. 234, 5e alinéa.

par le rapprochement de passages empruntés à des ouvrages antérieurs : à l'*Histoire de la Guérin* (1688), à l'article de Charles Perrault (1696), à celui de Bayle (paru d'abord en 1697), plus particulièrement à la *Vie* de Grimarest (1705) et à la *Préface* de 1682 (il faut remarquer que le nouveau biographe croyait cette préface l'œuvre de Marcel[1] : il la cite perpétuellement sous ce nom). Des *additions*, exactement marquées, contiennent des observations de la Martinière et quelques récits de faits qu'il tenait, dit-il, « de personnes contemporaines qui ont vu et fréquenté Molière et qui n'avoient aucun intérêt à composer des romans sur son compte[2] ».

On a vu, p. 103 de notre tome IV, le cas qu'il faut faire de *la Princesse d'Élide* toute versifiée que le titre annonce et dont est grossi le dernier tome; il est singulier que la Martinière, qui en a bien jugé (p. 36 de sa *Nouvelle Vie de l'auteur*), n'en ait pas empêché l'insertion.

Pour le reste, ce recueil n'est qu'une réimpression en quatre volumes de petit format des huit volumes des éditions françaises de 1710 ou de 1718. Le *Dom Juan* y est donné, comme là, non d'après le texte de la bonne édition hollandaise de 1683, mais d'après le texte complètement expurgé de 1682. La comédie de Brécourt, *l'Ombre de Molière*, les mêmes *Extraits de divers auteurs*, le même *Recueil des épigrammes, épitaphes, ou autres pièces en vers* ont été rassemblés à la fin du dernier volume.

Le privilège accordé pour quinze ans, le 14 octobre 1723, à P. Brunel, Rodolfe et Gérard Wetstein et P. Husson, fut plus tard, comme on le voit dans une reproduction du recueil qui parut en 1735, cédé à J. Wetstein et W. Smith, H. Uytwerf et J. M. Husson.

---

16. — *Les OEuvres de Monsieur de Molière.* Nouvelle édition, revue, corrigée et augmentée ; enrichie de figures en taille-douce. À Paris, par la Compagnie des libraires, 1730. Avec privilège du Roi ; 8 volumes in-12 : réimpression, qu'on a eu l'intention de faire plus correcte, des recueils de 1710 et 1718.

Nous n'en avons pas d'abord pu voir tous les volumes, et quelques leçons n'en ont point été mentionnées dans nos notes : c'est à elle, par exemple, non à l'édition allemande de 1733, qu'il eût fallu rapporter (tome III, p. 427, note 1) la correction de deux fautes qu'avaient laissé imprimer les éditeurs de 1682 et qui furent reproduites de 1697 à 1718. Voyez encore, à la fin du 3e alinéa du numéro suivant, une faute bizarre de cette édition, et non signalée par nous à *la Princesse d'Élide*.

---

17. — *Les OEuvres de Monsieur de Molière.* Nouvelle édition, revue, corrigée et augmentée, enrichie de figures en taille-

Quint et Molière. Nous ne savons (le tome II de la traduction manquant à l'exemplaire qu'on en peut voir à la Bibliothèque nationale) si la Martinière a également imité le dix-huitième entretien, paru en 1720[a], et qui met en présence Charles Ier d'Angleterre et Mlle Molière.

1. Voyez notre tome Ier, p. xxii, note 3.
2. Voyez notre tome III, p. 122 et suivantes, et la *Notice biographique*, p. 288 et suivantes.

[a] Avec une estampe, à Leipzig, chez les héritiers de Cœrner, 1720 : le docteur Schweitzer en possédait un exemplaire.

douce. A Paris, chez Henry Charpentier, au second Pilier de la grande Salle[1] du Palais, proche la Chapelle, au Bon Charpentier, 1733. Avec privilège du Roi. 6 volumes in-8°.

Impression allemande, comme cela a été constaté dans la *Bibliographie moliéresque* (n° 314) : la pagination, commencée au tome Ier, va tout d'une suite à la fin du VIe, où la dernière page est marquée du chiffre 2034; l'air des figures est aussi tout germanique. Il est à peu près certain que ce recueil ne fait qu'un avec celui que Théophile Georgi, libraire de Leipzig, mentionne ainsi dans la Ve partie (1753), 1re section, p. 270, de sa *Bibliographie* (Bücher-Lexicon) *européenne générale :* « Année 1733 : OEuvres de Molière, 6 volumes in-8° avec figures; (Paris) Leipzig, Teubner; 128 feuilles, 4 feuillets ; 3 thaler. » *Paris* mis entre parenthèses indique sans doute que ce nom de lieu a été faussement porté sur le titre (ou sur une partie des titres), au lieu de celui de Leipzig, qui est le vrai. Et de compte fait, il y a juste 128 feuilles et 4 feuillets dans les 6 volumes de notre numéro 17, où aux 2034 pages chiffrées ont encore été ajoutés 11 feuillets liminaires.

L'édition procède des recueils de 1682 après les cartons, de 1710, de 1718 et de 1730, plus directement de ce dernier; elle comprend tous les accessoires joints aux OEuvres de 1710 à 1730 : 1° en tête du tome Ier, la *Vie* de Grimarest suivie de la *Lettre critique* et de l'*Addition* réponse); les *Extraits de divers auteurs;* le *Recueil des épigrammes, épitaphes ou autres pièces en vers;* 2° au tome III, le *Jugement sur Amphitryon* de Bayle; 3° à la fin du dernier volume, *l'Ombre de Molière* de Brécourt. Comme on a pu assez souvent le remarquer dans nos notes, elle a été dirigée avec plus d'attention au détail que mainte autre : voyez par exemple, tome V, p. 326, note 2; tome IX, p. 123, note 4; quant aux deux corrections qui lui ont été attribuées tome III, p. 427, note 1, et dont il eût été assez curieux qu'un imprimeur étranger se fût avisé le premier, elles n'étaient faites (comme il vient d'être dit au numéro précédent) qu'à l'exemple de l'édition française de 1730. De cette même édition de 1730 elle a reproduit la grosse faute qu'y a relevée l'éditeur de 1734 (p. iij de son Avertissement), *plaisirs* mis pour *palais* au vers 329 de *la Princesse d'Élide* (acte II, scène 1) :

Et de tous nos plaisirs la savante structure....

---

18. — *OEuvres de Molière.* Nouvelle édition. A Paris, 1734 (datée, à la fin du dernier volume, de 1733 par l'imprimeur). Avec privilège du Roi : 6 très beaux volumes in-4°, imprimés par Pierre Prault pour la Compagnie des libraires; ils sont accompagnés d'un portrait de Molière, gravé par Lépicié d'après Charles Coypel[2], et d'une suite d'estampes dont les dessins furent demandés à Boucher, et la gravure à Laurent Cars ; le texte même est orné de vignettes dessinées par Boucher, Oppe-

---

1. On lit « della grande Salle » au titre des deux premiers tomes.

2. Un renseignement qui concerne ce portrait paraît avoir été oublié et n'était pourtant point à négliger. On lit, p. 936 de l'article du *Mercure* que nous citons plus loin : « On avait oublié de parler du nouveau Portrait de Molière, peint par le sieur Coypel sur un ancien portrait que Mignard d'Avignon avoit fait autrefois; le sieur l'Épicié l'a gravé. » On sait que Mignard d'Avignon était frère de Pierre, son plus illustre cadet; il était mort dès 1668.

nor, Blondel, et gravées par Joullain. — Au tome IV, les fragments de la *Pastorale comique* ont été pour la première fois réunis aux Œuvres, et pour la première fois celles-ci ne sont plus divisées en anciennes et posthumes : l'éditeur a voulu les ranger suivant l'ordre chronologique, ne laissant à part que le *Remerciement au Roi* et *la Gloire du Val-de-Grâce*, qui terminent le dernier volume; il s'est d'ailleurs contenté, en général, de reproduire le texte qu'avait donné l'édition de 1682 après les cartons, ou son dérivé l'édition de 1730; il en a supprimé toutefois les guillemets indiquant certaines coupures qu'il était de tradition de faire à la scène. — Au-devant du tome Ier se lisent des *Mémoires sur la vie et les ouvrages de Molière* rédigés par la Serre (il est nommé à la Table générale, p. lxv). — Les pièces accessoires des éditions précédentes (*Préface* de 1682, *Lettre* de Visé *sur le Misanthrope*, *Jugement* de Bayle sur l'*Amphitryon*, l'*Ombre de Molière* de Brécourt, les *Extraits de divers auteurs*, le *Recueil des épigrammes et épitaphes*) ont été retranchées ; en revanche, des listes authentiques d'acteurs, chanteurs, musiciens, danseurs, des extraits assez librement empruntés aux relations officielles ou aux livrets-programmes de cour ont été joints en utiles appendices à plusieurs des comédies.

Ni le titre, ni le privilège (du 26 juillet 1720) accordé, à la fois pour ce recueil et nombre d'autres livres, au libraire Michel-Étienne David, ne nomment l'éditeur ; mais le *Mercure de France* le fit connaître au public dans son volume de mai 1735. « Nous ne pouvons plus ignorer, dit-il p. 932, que la nouvelle édition des OEuvres de Molière qui paroît aujourd'hui[1] en 6 volumes in-quarto ne soit de M. Jolly, assez connu d'ailleurs par ses comédies. » Antoine-François Jolly était auteur de l'opéra de *Méléagre*, mis en musique par Batistin et représenté à l'Académie royale en 1709, de la comédie de *l'École des amants* en trois actes, en vers, jouée à la Comédie-Française en 1718, imprimée en 1719 et en 1731, et de quelques autres pièces[2]. « Il y a lieu de croire, ajoute le *Mercure*..., que M. Jolly a suivi l'idée d'une personne, aussi recommandable par ses dignités que par son goût et ses lumières, qui a engagé les libraires à nous donner une magnifique édition des œuvres de Molière. » Le personnage que le *Mercure* désignait ainsi ne peut être que le garde des sceaux Chauvelin. Voltaire, quelques mois seulement avant l'achèvement de cette édition quasi officielle, en février 1734, écrivait encore à Formont (lettre 392 de l'édition Moland) : « Annoncez... que vous aurez la Vie de Molière et un abrégé historique et critique de ses pièces, le tout de ma façon, par ordre de Mon-

1. Le *Mercure* avait-il retardé l'insertion de l'annonce, ou ne s'agissait-il que d'une seconde impression ou d'un second tirage, seul livré au grand public, le premier ayant été réservé aux privilégiés? L'Approbation que Jolly lui-même signa, à titre de lecteur officiel, est du 23 juin 1734, et la première publication dut suivre de près.

2. Il mourut octogénaire en 1753. Titon du Tillet, au second Supplément (1755) de son *Parnasse françois*, dit que Jolly donna encore des éditions de Racine (en deux volumes in-12), de Corneille (en cinq volumes), du théâtre des Montfleury père et fils (en trois volumes accompagnés d'une biographie).

sieur le garde des sceaux[1], pour mettre à la tête de l'édition in-quarto de Molière. »

On a vu dans notre tome Ier, p. 10-12, que c'est à Voltaire qu'avait en effet, après le refus de J.-B. Rousseau, d'abord été demandé ce travail, mais que finalement le grand écrivain avait été supplanté par la Serre. Jean-Louis-Ignace de la Serre était un autre auteur dramatique, alors connu pour avoir fait, sous son nom, représenter en 1718, et imprimer en 1734, la tragédie d'*Artaxare*, œuvre de son ami l'abbé Pellegrin, et pour avoir donné à l'Opéra une demi-douzaine de grandes tragédies lyriques ; ce qui le recommandait sans doute aussi était sa qualité de censeur royal, et la connaissance qu'à son âge de soixante et douze ans il pouvait avoir d'anciennes traditions du théâtre.

Comme on l'a dit dans l'*Avertissement* de notre tome Ier, p. VIII, « cette édition est devenue le modèle de toutes celles qui ont suivi ; on en a adopté communément la disposition et le texte ». A l'égard du texte, Auger a été tout à fait en droit de dire (p. XXI et note 2 de son tome Ier) que c'est à celui de l'édition posthume de 1682 que Jolly l'a presque constamment conformé, et que, bien qu'il prétende l'avoir corrigé en beaucoup d'endroits, il n'a fait souvent qu'y introduire de nouvelles altérations : « Cet éditeur de 1734 dit dans son avertissement (p. iij) qu'afin de rectifier le texte de 1682, il a consulté les éditions originales, et il ajoute que, pour sa justification, il a déposé à la Bibliothèque du Roi sept volumes in-12, contenant les vingt-trois comédies qui ont été imprimées du vivant de l'auteur (*ces volumes sont ceux du recueil de 1673, lequel, on l'a vu plus haut, aux pages 62-64 du numéro 3, ne contient pas uniquement de vraies éditions premières ; mais à celles qu'il contient ont été jointes des réimpressions qui ne diffèrent que rarement et tout accidentellement des originaux*). Qui ne croirait, d'après de pareilles assurances, que le texte de 1734 est le véritable ? Il n'en est cependant rien. »

A l'égard de la disposition des scènes, et surtout à l'égard de la constatation des jeux de scène traditionnels, l'éditeur de 1734 a pris un soin dont il faut lui savoir beaucoup de gré. Voici comment il s'explique, dans son avant-propos (p. IX et X), sur cette partie de sa tâche :

« L'objet principal, dans l'impression des pièces de théâtre, doit être de mettre sous les yeux du lecteur tout ce qui se passe dans la représentation. Un regard, un geste d'un acteur, rend quelquefois sensible ce que l'auteur n'a peut-être qu'imparfaitement exprimé dans son dialogue. On a donc cru devoir distinguer jusqu'aux moindres mouvements, et développer avec soin tout ce qui pouvait contribuer à rendre plus parfaite l'imitation que la comédie se propose.... On a suivi, dans cette vue, les représentations des pièces de Molière qui se jouent actuellement sur notre théâtre ; on a encore consulté les comédiens sur ce qui auroit pu échapper. Si ce travail est inutile pour ceux qui fréquentent les spectacles, il ne l'est pas pour les étrangers, ni pour ceux qui se contentent de lire ces sortes d'ouvrages ; il pourra même être utile pour les siècles à venir....

« Par le même principe, on a marqué avec précaution et exactitude l'instant où les acteurs entrent sur le théâtre et celui où ils en sortent : le nombre

---

1. Le garde des sceaux était Chauvelin, cousin de Chauvelin de Beauséjour, et c'est vraisemblablement du haut dignitaire, plutôt que de l'ancien inspecteur de la librairie, que Voltaire se plaint dans la lettre citée par nous au tome Ier, p. 12, note 4. Dans son Avertissement public de l'édition qui parut en 1764 de la *Vie* et des *Sommaires*, Voltaire s'en prend à Rouillé, le successeur de Chauvelin de Beauséjour, de la préférence finalement donnée à son *rival* la Serre. Il y a apparence que le garde des sceaux ne se détermina que sur l'avis de son cousin, qui s'était d'abord si activement intéressé à l'édition, et que la décision prise fut signifiée par Rouillé.

des scènes a été considérablement augmenté dans plusieurs comédies ; disons mieux, on n'en a point augmenté le nombre, on n'a fait que distinguer celles qui y étoient. »

Dans notre édition, le texte de Molière a été ramené rigoureusement à son état primitif, tel que les plus anciens imprimés peuvent le faire connaître. Nos notes n'en ont conservé qu'avec plus d'exactitude toutes ces précieuses indications de 1734; on y a fait ressortir la nouvelle coupe des scènes, et souvent, en tête de l'une ou l'autre, repris, d'après 1734, l'énumération des acteurs, l'ordre suivant lequel elle est faite pouvant marquer la place que, suivant la tradition, chacun occupait sur le théâtre.

Il y a, portant même date, une réimpression ou un second tirage de l'édition, et nous avons plusieurs fois signalé des différences qui distinguent les deux textes. D'après Brunet, la première impression se reconnaît à la faute de COMTEESE non corrigée en COMTESSE à la page 360, ligne 12 du tome VI. L'exemplaire que possède la Bibliothèque nationale a cette faute; il a aussi la variante donnée page 436, note 2, de notre tome VI; l'omission des deux vers 91 et 92 de l'Étourdi, relevée page III, note 2 de notre tome Ier, n'y a point été faite, et l'on n'y trouve ni le vers faux relevé tome IV, p. 455, note 2, ni les variantes données tome IV, p. 465, note 3 et tome V, p. 338, note 3.

Jolly, en 1739, fit paraître in-douze une nouvelle édition, augmentée de quelques pièces accessoires : voyez le numéro suivant.

19. — OEuvres de Molière. Nouvelle édition. A Paris, chez (l'un des libraires associés), 1739. Avec approbation et privilège du Roi : 8 volumes in-12, imprimés par Pierre Prault pour le compte d'une compagnie de libraires et avec l'adresse de l'un ou de l'autre. L'Approbation, du 25 avril 1739, est, comme pour l'édition de 1734, signée par Jolly, et l'on y a joint le privilège même, accordé à Michel-Étienne David, en vertu duquel avait été publiée l'édition de 1734.

C'est une reproduction, en plus petit format, de l'édition de 1734 : mêmes textes et appendices; même Avertissement aussi de l'éditeur, qui était encore Jolly; mêmes *Mémoires* de la Serre *sur la vie et les ouvrages de Molière*. Mais il y a de plus une *Addition à l'Avertissement*, fort utile, qui devait naturellement trouver place au premier volume, qui néanmoins, ayant été imprimée tardivement, a été jointe au dernier dans plusieurs exemplaires. Jolly a donné là : 1° un extrait des *Nouvelles nouvelles*, qu'il attribue bien à Donneau de Visé (voyez plus loin, p. 120 et p. 180); 2° la *Lettre sur les affaires du théâtre* empruntée aux *Diversités galantes* du même Visé (plus loin, p. 130); 3° précédé d'un *Avis* et accompagné d'observations, un *Catalogue des critiques qui ont été faites contre les comédies de Molière, et de quelques apologies* : il y signale un grand nombre d'écrits du dix-septième siècle, qui depuis ont été consultés avec profit par les éditeurs et commentateurs.

Jusqu'à la page 197 du tome VIII, où se termine *la Gloire du Val-de-*

Grâce, tous les exemplaires sont semblables. Mais quelques-uns des libraires (entre autres Piget) ont fait précéder ce dernier tome d'une note, où il est dit qu'ayant « fait réflexion que les retranchements qui ont été faits (*dans l'édition de* 1734 : *voyez plus haut*, p. 85, *fin du* 1er *alinéa*) pourroient n'être pas du goût du public..., *ils se sont* déterminés à mettre à la fin de ce huitième tome *l'Ombre de Molière* (de Brécourt) et les différents écrits en prose et en vers qui avoient été imprimés dans les éditions antérieures à celle-ci. » D'autres libraires, parmi eux David l'aîné, préférèrent compléter le dernier tome en y insérant tout un petit volume qui venait de paraître, cette même année 1739, chez Prault fils, et qui est intitulé : *Vie de Molière, avec des jugements sur ses ouvrages,* c'est-à-dire le travail même de Voltaire (histoire et sommaires) auquel avait été préféré celui du « nommé la Serre » (voyez notre tome Ier, p. 12).

Les grandes gravures de l'in-quarto de 1734 ne furent pas réduites, comme elles l'ont été un peu plus tard en Hollande et en France[1], de façon à entrer dans le cadre des volumes de 1739; l'une ou l'autre des séries d'estampes précédemment préparées pour les éditions in-douze a été jointe aux exemplaires que nous avons vus.

20. — *Les Œuvres de M. de Molière.* Nouvelle édition, revue, corrigée et augmentée d'une *Nouvelle Vie de l'auteur* (celle de la Martinière), et de *la Princesse d'Élide*, toute en vers, telle qu'elle se joue à présent, imprimée pour la première fois. Ornée de très belles figures gravées d'après celles de l'édition de Paris in-4°. A Amsterdam, chez Arkstée et Merkus, 1741 : 4 volumes in-12. Cette édition n'est qu'une copie de celle d'Amsterdam, 1725 (plus haut, p. 82, n° 15) ; elle a été, dit la *Bibliographie moliéresque*, « réimprimée identiquement en 1743, 1744 et 1749, peut-être sur les mêmes formes ». Les figures, réductions de celles de Boucher (plus haut, p. 84, n° 18), sont l'œuvre de Jan Punt, qui en exécuta les dessins et la gravure de 1738 à 1740.

21. — *Œuvres de Molière.* Nouvelle édition, augmentée de la Vie de l'auteur et des remarques historiques et critiques par M. de Voltaire, avec de très belles figures en tailles-douces. A Amsterdam et à Leipzig, chez Arkstée et Merkus, 1765 : 6 volumes in-12. Première édition où aient été insérés la *Vie* et les *Sommaires* de Voltaire (voyez cependant ci-dessus, la fin du 1er alinéa de cette page). Les figures ont été gravées par N. Frankendael, d'après les réductions que Punt avait faites des estampes de Boucher : voyez le numéro précédent, et l'*Iconographie moliéresque*, n° 585.

---

1. Voyez le numéro suivant pour la Hollande. En France, c'est à l'édition parisienne de 1749, simple copie de 1739, que furent jointes des réductions de Boucher gravées par Fessard : voyez la *Bibliographie moliéresque*, n° 329, et l'*Iconographie moliéresque*, n° 583.

RECUEILS.

22. — *OEuvres de Molière*, avec des Remarques grammaticales, des Avertissements et des Observations sur chaque pièce, par M. Bret. A Paris, par la Compagnie des libraires associés, 1773 : 6 volumes in-8°, ornés chacun d'une jolie vignette de Moreau sur le titre, et auxquels ont été jointes, outre un portrait de Molière, que l'inscription dit « peint par P. Mignard, gravé par L.-J. Cathelin, tiré du cabinet de M. Molinier, » trente-deux belles estampes gravées d'après les dessins de J.-M. Moreau le jeune[1]. Le texte est en général celui qu'avait établi l'éditeur de 1734.

Au tome Ier, le *Discours préliminaire* est suivi de la *Vie de Molière* par Voltaire et d'un *Supplément* à cette *Vie*. Un certain nombre d'observations nouvelles furent ajoutées à une seconde édition ou second tirage publié en 1788. La *Bibliographie moliéresque* constate que le travail de Bret a reparu, de 1775 à 1821, dans de nombreuses éditions des OEuvres de Molière.

23. — *OEuvres de J.-B. Poquelin de Molière*. A Paris, de l'imprimerie de P. Didot l'aîné, 1791-1794 : 6 magnifiques volumes in-quarto, de la *Collection des auteurs classiques françois et latins*. On y retrouve le texte de l'édition de Bret, 1773. La *Vie de Molière* par Voltaire est au-devant du Ier volume.

M. Ém. Campardon a extrait du *Journal de Paris* du 17 thermidor an XI (5 août 1803), et *le Moliériste* de janvier 1884 a reproduit l'amusante annonce d'un *Molière au* XIXe *siècle*, c'est-à-dire d'un recueil de vingt-deux comédies de Molière que le signataire de l'article-annonce, F. Brunot, membre de l'*Athénée des arts*, s'était proposé d'épurer, de restaurer et rajeunir. Ce *Molière au* XIXe *siècle* a-t-il été en effet publié ?

24. — *OEuvres de Molière*, précédées d'un Discours préliminaire, de la Vie de l'auteur, avec des réflexions sur chacune de ses pièces, par M. Petitot. Paris, H. Nicolle, librairie stéréotype, et Gide fils, 1812 : 6 volumes in-8°.

De nombreux tirages ont été faits de ces volumes stéréotypes, depuis 1817 jusqu'en 1831, pour Gide fils et pour Aillaud (voyez le n° 375 de la *Bibliographie moliéresque*, où est encore cité un tirage de 1844). — Dans des titres successifs, le *Discours préliminaire* est devenu : en 1817, le *Tableau de la société pendant le dix-septième siècle*, et, en 1823, le *Tableau des mœurs du dix-septième siècle*; en 1823 aussi, les *Réflexions* ont reçu le nom d'un *Commentaire historique et littéraire*.

---

1. Moreau a composé pour les œuvres de Molière une seconde suite de dessins, que le libraire Renouard a fait graver et qu'il a, en 1814, publiée à part; cette seconde suite a été jointe à certains exemplaires de diverses éditions du format in-8° : voyez l'*Iconographie moliéresque*, n° 590.

25. — *Molière commenté d'après les observations de nos meilleurs critiques;* son éloge par Chamfort, et des remarques inédites du Père Roger, ex-jésuite. Ouvrage enrichi d'une Lettre de Molière sur *l'Imposteur*[1], de la scène du Pauvre du *Festin de Pierre*, etc. : pour faire suite à toutes les éditions de ses OEuvres. Orné du portrait de Molière (dessiné par Desenne d'après Mignard). Paris, Migneret, 1813 : 2 volumes in-12. L'épître dédicatoire à Regnaud de Saint-Jean d'Angely est signée J. Simonnin.

> Nous mentionnons ici cette compilation, publiée à part des OEuvres, parce qu'on y trouve (tome Ier, p. 336-344), reproduit d'après l'édition d'Amsterdam 1683, et ainsi remis en lumière, le texte des principaux passages de *Dom Juan* que la censure avait fait supprimer en 1682 après l'impression de l'édition originale (plus haut, p. 21, 3e alinéa).
> Simonnin, en 1825, a publié une édition de Molière en y joignant ses extraits : voyez plus loin, p. 93, le numéro 31.

---

26. — *OEuvres de Jean-Baptiste Poquelin de Molière*, dans la Collection des meilleurs ouvrages de la langue françoise dédiée (par Pierre Didot) aux amateurs de l'art typographique ou d'éditions soignées et correctes : Paris, 1817; 7 volumes in-8°.

> Nous avons, au tome IV, p. 478, note *c*, cité cette édition, où a été admise une variante intéressante, que d'Allainval a fait connaître, du vers 1142 du *Tartuffe*. — Pierre Didot y recueillit, tome III, p. 250-260, à la suite du texte vulgaire, conforme au texte réduit par des cartons en 1682, de *Dom Juan*, les précieuses variantes de l'édition d'Amsterdam 1683 (voyez plus haut, p. 20, alinéas 2-4, et p. 21, 3e alinéa).

---

27. — *OEuvres de Molière*, avec un Commentaire, un Discours préliminaire (sur la comédie), et une Vie de Molière, par M. Auger, de l'Académie françoise; à Paris, chez Th. Desoer (les deux derniers volumes chez sa veuve), 1819-1825 : 9 volumes in-8°, imprimés par Firmin Didot, dont les quatre premiers parurent en 1819. Dans un *Avertissement* du quatrième, p. 61, Auger put dire que pour « la première fois... en France *le Festin de Pierre était* publié tel que l'a composé Molière » : voyez plus haut, p. 21, fin du 3e alinéa. Le tome V parut en 1820, le VIe en 1821; les trois derniers suivirent de 1823 à 1825. Au tome IX, le *Sonnet* et la *Lettre à la Vayer sur la mort de son fils* ont, pour la première fois, pris place dans les *OEuvres de Molière :* voyez plus haut, p. 18 et 19, n° 14. Le Discours préliminaire et la Vie ne furent imprimés qu'après le tome IX, en 1827; on en fit un tirage à part, qui porte cette date. Un portrait de Molière

---

1. Sur cette *Lettre*, datée du 20 août 1667, que nous avons donnée en appendice au *Tartuffe*, tome IV, p. 529 et suivantes, voyez la *Notice*, même tome, p. 328.

d'après un dessin de Fragonard et une suite d'estampes, la plupart gravées d'après des peintures d'Horace Vernet (une d'après Devéria, deux d'après Hersent) furent joints à l'édition (*Iconographie moliéresque*, n° 592).

La première édition véritable qui ait été donnée de Molière tant à l'égard de la constitution que de l'explication du texte. Auger, par la multiplicité de ses consciencieuses recherches, l'exactitude des renseignements rassemblés dans ses notes et notices, a beaucoup abrégé la tâche des commentateurs qui sont venus après lui. Tout lecteur studieux de Molière reconnaîtra, comme l'ont fait Sainte-Beuve[1], M. Moland, Paul Lacroix, les mérites de ce travail.

Auger s'était engagé à suivre avec une scrupuleuse exactitude le véritable texte de Molière, et il n'a jamais voulu manquer à cette promesse. Seulement il n'a pas toujours eu à sa disposition, comme il le croyait, les seules éditions bien authentiques, les toutes premières, les vingt-trois publiées par Molière lui-même ou d'après les copies remises de sa main à l'imprimeur : la preuve en a été donnée dans notre tome IV, p. 504, note 3; aussi bien ne les a-t-il, probablement, pas recherchées autant qu'il aurait pu; il s'en est généralement tenu au recueil de 1673, qu'il regardait comme « entièrement conforme au texte des éditions séparées et originales » (p. xix, et xxi, note 2, de son *Avertissement* du tome Ier) : il se trompait ; une pareille assertion serait bien des fois démentie dans nos notes, et ne se justifierait que pour huit pièces seulement, qui sont les originaux mêmes, insérés aux tomes, factices, III, IV, V et VII (voyez plus haut, p. 63 et 64, au numéro 3). Il faut même ajouter qu'il lui est parfois arrivé d'admettre un changement, minime d'ailleurs et plausible, mais furtivement, sans en avertir; c'est ainsi qu'au vers 1517 du *Tartuffe*, il a par inattention ou examen hâtif, après rapprochement du vers précédent seul, non du passage entier, laissé passer une leçon (*contentement* au lieu de *consentement*) que n'autorise aucun texte ancien, qui n'est qu'une correction de 1730 et 1734; c'est ainsi qu'il a allongé le vers 760 des *Femmes savantes* d'un hémistiche entier, négligeant de dire qu'il empruntait ce remplissage aux mêmes éditions. Autre exemple de distraction : malgré l'assurance donnée d'avoir relevé au bas du vrai texte jusqu'aux « moindres variantes » de celui de 1682 et de 1734, il n'a pas signalé au vers 78 du *Dépit amoureux* une correction faite par les éditeurs de 1682, par la Grange sans doute, un changement de nom (*Gros-René* au lieu de *Jodelet*) qu'avait très probablement rendu nécessaire, du vivant même de Molière, un changement d'acteur. Il n'était donc pas superflu de recommencer, même après Auger, la collation des textes.

En 1825 parurent à la même librairie de la veuve de Th. Désoer les « *OEuvres de Molière*, nouvelle édition, où l'on a rétabli le texte original avec les variantes, augmentée d'un Discours préliminaire et d'une Vie de Molière par M. Auger » : 5 volumes in-8°, sans le commentaire, et qui ne furent complétés qu'en 1827 par le Discours et la Vie. — Sur une édition grand in-8°, publiée par Furne, en 1838, qui « ne contient qu'une très petite partie du commentaire d'Auger, » voyez le n° 434 de la *Bibliographie moliéresque*.

Sur les canevas de *la Jalousie du Barbouillé* et du *Médecin volant*, publiés en 1819, voyez plus haut, p. 51.

---

1. Voyez au tome II des *Portraits littéraires* (édition de 1862), MOLIÈRE, p. 12, note.

28. — *OEuvres de Molière*. Paris, Ménard et Desenne fils, 1822 ; 8 volumes in-18, accompagnés d'une suite d'estampes gravées d'après Alex. Desenne[1] ; ils font partie de la *Bibliothèque française*.

29. — *OEuvres complètes de Molière*, avec les notes de tous les commentateurs (publiées avec des notes nouvelles par Jules Taschereau, qui a signé l'*Avertissement* du tome Ier). Paris, Lheureux : 8 volumes in-8°, imprimés par Firmin Didot ; tomes I à VII de 1823 ; tome VIII et *Avertissement* destiné au tome Ier, de 1824. En tête du premier volume se trouvent l'*Éloge de Molière* par Chamfort, la *Vie de Molière* par Voltaire, et un *Supplément à la Vie de Molière* par Taschereau. Chaque pièce est suivie d'une *Notice critique et historique*, et de l'examen des *Imitations* (des emprunts plus ou moins certains faits par le poète). Au tome IV, à la suite du *Médecin malgré lui*, et au tome VI, à la suite de *George Dandin*, ont été donnés des fragments du *Médecin volant* et de *la Jalousie du Barbouillé*, deux canevas de farces récemment publiés (en 1819 : voyez plus haut, p. 51).

30. — *OEuvres complètes de Molière*, avec les notes de tous les commentateurs. Édition publiée (avec des notes nouvelles) par L. Aimé-Martin (elle fait partie de la belle *Collection des classiques françois* du libraire Lefèvre) : Paris, 8 volumes in-8°, imprimés par Jules Didot aîné ; tomes I à VI de 1824 ; tomes VII et VIII de 1826 ; un portrait (dont le graveur, Taurel, est seul nommé) et 18 estampes gravées d'après les dessins de Desenne y ont été joints[2]. Aimé-Martin a placé au-devant du Ier volume, après une *Préface*, la *Vie de Molière* par Grimarest, qu'il a accompagnée de notes étendues, et une *Histoire de la troupe de Molière*. — Au tome V, p. 426 et 427, il a le premier réuni aux *OEuvres* le *Sonnet au Roi sur la conquête de la Franche-Comté*, qui n'a encore été remarqué que par lui dans une réimpression d'*Amphitryon* datée de 1670, mais qui se lit aussi dans un vieux manuscrit de la Bibliothèque nationale, a été imprimé en 1678, à l'étranger ou à Rouen, dans la contrefaçon d'un recueil du libraire Gabriel Quinet, et se trouvera très probablement

---

1. Cette première suite de Desenne est de 20 figures ; il y en a une seconde de lui, comprenant 18 figures in-8° : voyez ci-dessous, n° 30, et l'*Iconographie moliéresque*, n°s 594 et 596.

2. Une première suite d'estampes, de moindre format, portant le nom du même artiste, avait accompagné une autre édition de Molière, publiée en 1822 : voyez ci-dessus, 1er alinéa, n° 28.

quelque jour dans le recueil original, publié dès 1668 : voyez plus haut, p. 29 et 30, n° 24.

Une seconde édition fut donnée par Aimé-Martin en 1837 : Paris, Lefèvre, 4 volumes in-8°; — et une troisième en 1845 : Paris, chez Lefèvre, et chez Furne : 6 volumes in-8°. Aimé-Martin avertit que pour cette dernière édition le texte a été revu sur un exemplaire non cartonné de 1682 ; au tome Ier, il a donné l'exemple de comprendre dans les *OEuvres de Molière* les canevas de *la Jalousie du Barbouillé* et du *Médecin volant* (publiés en 1819 : voyez notre tome Ier, à la page 14, et plus haut, p. 51); au tome VI, il a augmenté les *Poésies diverses* des *Quatrains* composés pour une image pieuse de Chauveau (voyez plus haut, p. 19, n° 15), et ajouté un *Supplément à l'histoire de la troupe de Molière*. Un portrait d'après le dessin de Chenavard et des estampes empruntées à des suites diverses, précédemment publiées, accompagnent cette troisième édition.

---

31. — *OEuvres complètes de Molière*, avec des notes extraites des meilleurs commentateurs par M. J. Simonnin. Paris, chez Mame et Delaunay-Vallée, et chez Gosselin, 1825 : 1 volume grand in-8°. Voyez plus haut, p. 90, n° 25.

---

32. — *OEuvres complètes de Molière*, ornées d'un portrait et de 30 vignettes dessinées par Devéria et gravées par Thompson. Paris, chez Delongchamps, chez Baudouin frères, chez Urbain Canel, 1825 : 1 volume grand in-8°.

---

33. — *OEuvres complètes de Molière*, avec une Notice par M. L.-B. Picard, de l'Académie française. Paris, Baudouin frères, 1825 et 1826 : 6 volumes in-8°, imprimés par Pierre Didot. Au tome Ier, la *Notice sur Molière* est suivie d'une *Histoire de la troupe de Molière*.

Un second tirage fut fait dès 1827. Dans un des suivants (celui de 1828, d'après la *Bibliographie moliéresque*, n° 412; celui de 1830, d'après la mention insérée dans la *Bibliographie de la France* ou *Journal général de la librairie*) on ajouta la « Dissertation sur *le Tartuffe* » qu'Étienne avait déjà fait paraître en 1824, chez Panckoucke, au-devant d'une édition de cette comédie (voyez plus haut, p. 34, 8° alinéa).

---

34. — *OEuvres complètes de Molière*, revues avec soin sur toutes les éditions, avec des notes extraites des meilleurs commenta-

teurs, et précédées de notices par Charles Nodier et A. Martin. Paris, chez Bouquin de la Souche (en 1831, chez Boulland), 1825-1831 : 1 volume in-18 compact, qui parut en 23 livraisons.

> Paul Lacroix avertit de ne pas confondre l'éditeur Alexandre Martin avec Aimé-Martin.

35. — *OEuvres de Molière*, précédées d'une Notice sur sa vie et ses ouvrages par M. Sainte-Beuve. Vignettes par Tony Johannot. Paris, Paulin, 1835 et 1836 : 2 volumes grand in-8°.

> La *Notice* de Sainte-Beuve a été insérée, avec la date de janvier 1835, dans ses *Portraits littéraires* (tome II, p. 1-63 de l'édition Garnier de 1862 : il renvoie là aux chapitres xv et xvi du livre III de son *Port-Royal*); on peut voir encore, au tome V des *Nouveaux Lundis*, p. 257-280, la causerie du 13 juillet 1863.

36. — *OEuvres complètes de Molière.* Édition illustrée de 140 vignettes par Janet Lange, augmentée d'une Vie de Molière et de Notices sur chaque pièce, par Émile de la Bédollière. Paris, Gustave Barba, 1851 : 1 volume in-4° à deux colonnes.

37. — *OEuvres complètes de Molière.* Édition *variorum*, précédée d'un Précis de l'histoire du théâtre en France, de la biographie de Molière rectifiée, accompagnée des variantes, pièces et fragments de pièces retrouvés dans ces derniers temps, de notices historiques et littéraires sur chaque comédie, du résumé des travaux critiques publiés sur Molière..., et de nouvelles Notes, par M. Charles Louandre. Paris, Charpentier, 1852 : 3 volumes in-18.

> Plusieurs tirages sont mentionnés au n° 487 de la *Bibliographie moliéresque*, particulièrement celui de 1869, pour lequel l'édition fut revue et complétée.

38. — *OEuvres complètes de J.-B. Poquelin Molière.* Nouvelle édition (avec une notice sur Molière, des notices sur chaque pièce, et des notes) par M. Philarète Chasles, professeur au Collège de France. Paris, Librairie nouvelle, 1855 et 1856 (plusieurs tirages ont été faits depuis pour la librairie Michel Lévy) : 5 volumes in-16.

39. — *OEuvres complètes de Molière* (précédées d'une Notice). Édition de Ch. Lahure. Paris, Hachette : 1855, 2 volumes; ou 1859, 3 volumes in-12.

RECUEILS.

40. — *OEuvres complètes de Molière*. Nouvelle édition, accompagnée de notes tirées de tous les commentateurs, avec des remarques nouvelles par M. Félix Lemaistre, précédée de la Vie de Molière par Voltaire, des appréciations de la Harpe et d'Auger ; ornée de vignettes gravées sur acier par Massard et F. Delannoy, d'après les dessins de Gustave Staal. Paris, Garnier frères, 1861 : 1 volume grand in-8° à 2 colonnes.

A été aussi publiée en 3 volumes in-18 (1862).

41. — *OEuvres complètes de Molière* (avec un choix de notes), dans la *Collection des classiques françois, collationnée sur les meilleurs textes*. Paris, Henri Plon, éditeur ; Brière, bibliophile ; 1862 : 8 jolis volumes in-32.

42. — *OEuvres complètes de Molière*. Nouvelle édition, très soigneusement revue sur les textes originaux, avec un travail de critique et d'érudition : aperçus d'histoire littéraire, biographie, examen de chaque pièce, commentaire, bibliographie, etc., par M. Louis Moland. Paris, Garnier frères : 7 volumes in-8°, accompagnés d'estampes gravées d'après les dessins de G. Staal ; tomes I à IV de 1863 ; tomes V à VII de 1864.

M. Moland a publié une seconde édition : voyez plus loin, p. 99, n° 59.

43. — *OEuvres complètes de Molière*. Nouvelle édition, collationnée sur les textes originaux, avec leurs variantes ; précédée de l'Histoire de sa vie et de ses ouvrages, par M. J. Taschereau. Paris, Furne et Cie, 1863 : 6 volumes in-8°. — Au-devant du tome Ier, p. III-XVI et 1-252, a été insérée l'édition définitive (la 5e) de l'*Histoire de la vie et des ouvrages de Molière* par Taschereau.

44. — *OEuvres complètes de Molière*, illustrées de nombreuses vignettes. Publication de A. Lahure. Paris, s. d. (1863) ; 2 volumes in-4° à deux colonnes.

45. — *Le Théâtre de Jean-Baptiste Poquelin de Molière*, collationné minutieusement sur les premières éditions et sur celles des années 1666, 1674 et 1682, orné de vignettes gravées à l'eau-forte d'après les compositions de différents artistes, par Fréderic Hillemacher. Lyon, Nicolas Scheuring éditeur, 1864-1870 : 8 beaux volumes in-8°, imprimés par Louis Perrin.

46. — *OEuvres choisies de Molière*, abrégées à l'usage de la jeunesse, illustrées de 22 gravures, d'après Ernest Hillemacher. Paris, Hachette, 1886 : 2 volumes in-16 (faisant partie de la *Bibliothèque rose*).

47. — *Réimpressions textuelles*, faites par les soins de M. Louis Lacour (avec des notices, notes et variantes), des éditions originales que Molière publia lui-même de 23 de ses pièces et de l'édition du *Malade imaginaire* que Cl. Barbin et Den. Thierry insérèrent, en 1675, au tome VII de leur recueil des *OEuvres* (plus haut, p. 65 et 66, au n° 4). Paris, Académie ou Librairie des bibliophiles, 1866-1880 : 24 volumes in-18 imprimés par D. Jouaust.

48. — *OEuvres complètes de Molière*. Nouvelle édition, imprimée sur celles de 1679 (*faut-il lire* 1673, 1674 *ou* 1676?) et de 1682, avec des notes explicatives sur les mots qui ont vieilli, ornée de portraits en pied coloriés représentant les principaux personnages de chaque pièce, dessins de MM. Geoffroy, sociétaire de la Comédie-Française, et Maurice Sand, gravures de MM. Wolf et Manceau, précédée d'une introduction par Jules Janin. Paris, chez F. de P. Mellado et Cie, 1868 ; puis chez Laplace, Sanchez et Cie, 1871 : 1 volume grand in-8°, à deux colonnes.

49. — *Les OEuvres de Molière*, avec notes et variantes (et précédées d'une notice), par M. Alphonse Pauly. Paris, Alphonse Lemerre, 1872-1874 : 8 volumes petit in-12 (format des Elzeviers) imprimés par J. Claye.

<small>Cette jolie édition, revue avec le plus grand soin sur les textes originaux, et où la ponctuation même de ces textes est fidèlement conservée, a été reproduite en 1888.</small>

50. — *OEuvres de Molière*. Nouvelle édition, revue sur les plus anciennes impressions, et augmentée de variantes, de notices, de notes, d'un lexique des mots et locutions remarquables, d'un portrait, de fac-simile, etc., par M. Eugène Despois, pour les trois premiers volumes, et une partie du quatrième, et par M. Paul Mesnard pour le quatrième volume depuis *le Tartuffe* et pour les volumes suivants. Paris, Hachette, 1873-1889 : 10 volumes in-8°, de l'imprimerie Lahure, faisant partie de la collection des *Grands Écrivains de la France*, publiée sous la direction de M. Adolphe Regnier, membre de l'Institut. — La *Notice bibliographique* et les *Additions et corrections* ont été reje-

RECUEILS. 97

tées dans le présent volume supplémentaire (tome XI, 1893); le *Lexique* formera deux derniers volumes, qui sont en préparation ainsi qu'un Album.

Le tome X contient (p. 1-488) la *Notice biographique sur Molière* par M. Paul Mesnard. — M. Eugène Despois est auteur des Notices et du Commentaire des trois premiers volumes, et encore des Notices et du Commentaire des deux premières pièces du tome IV. — M. Paul Mesnard est auteur, au tome IV, de la Notice du *Tartuffe*, et, aux tomes suivants, de toutes les Notices. — La constitution du texte et le relevé, fait en notes, des variantes ont été, pour les trois premiers volumes ainsi que pour les deux premières pièces du tome IV, l'œuvre de M. Adolphe Regnier fils, et, pour la fin du tome IV et les tomes suivants, l'œuvre de M. Henri Regnier. — Les autres notes au bas des pages et quelques notes additionnelles en appendice sont, à partir du second acte du *Tartuffe*, de M. A. Desfeuilles. Voyez l'*Avertissement* du tome IV.

On peut joindre à ces volumes et à l'Album qui les accompagnera une suite de 37 eaux-fortes dont Edmond Hédouin a emprunté les sujets au théâtre de Molière.

51. — *Molière mit deutschem Kommentar, Einleitungen und Exkursen, herausgegeben von Dr Adolf Laun, fortgesetzt von Dr Wilhelm Knörich*, « Molière, avec un commentaire en allemand, des introductions et des excursus, (recueil) publié par le docteur Adolf Laun, continué (*à partir du n° 13*) par le docteur Wilhelm Knœrich. » Berlin, G. van Muyden; Leipzig, Oskar Leiner, 1873-1885 : 14 volumes in-8° (de 200 et quelques pages au plus).

Les volumes publiés contiennent 22 comédies; pour les suivants, sont annoncés : *l'Étourdi*, *Dépit amoureux*, *Amphitryon*, *les Fourberies de Scapin*, *Mélicerte*. Ne paraissent pas devoir être compris dans le recueil : *Psyché*, *Dom Garcie de Navarre*, la *Pastorale comique*, *les Amants magnifiques*. — De secondes éditions du *Tartuffe*, du *Misanthrope* et du *Bourgeois gentilhomme* ont été revues par M. le docteur Knœrich.

Adolf Laun est mort en septembre 1881. Il a traduit en vers plusieurs des comédies de Molière : voyez plus loin, p. 106, n° 9, et p. 107, n° 12.

52. — *Molière's ausgewählte Werke...*, « Œuvres choisies de Molière, » publiées avec introductions et notes par M. C. Th. Lion. Leipzig, Teubner : in-8°. Nous trouvons mentionnés de ce recueil : *Tartuffe*, *le Misanthrope* (1877), *l'Avare*, *les Femmes savantes* (2de édition, 1885).

53. — Molière. *Ausgewählte Lustspiele. Erklärt von Hermann Fritsche.* « Molière. Comédies choisies, expliquées par Hermann Fritsche » (l'auteur du *Lexique*, mentionné plus loin, p. 244, 6º alinéa, *des noms propres qui se rencontrent dans Molière*). Berlin, Weidmann, 1877-1886 ; 7 volumes in-8º, comprenant : I, *Le Misanthrope*, précédé, comme toutes les autres pièces, d'une Introduction particulière, et en outre d'une étude sur *la Vie et les OEuvres de Molière*; II, *le Tartuffe*; III, *l'Avare* : au-devant est une étude sur *la Scène de Molière et son organisation*, dont on peut lire la traduction donnée par M. Metzger dans *le Moliériste* de juin, de juillet et d'août 1887 ; IV, *le Bourgeois gentilhomme*; V, *les Précieuses ridicules*; VI, *les Femmes savantes*; VII, *les Fâcheux*.

54. — Un choix de comédies de Molière commentées à l'usage des écoles est publié par M. le docteur C. Humbert, l'auteur des ouvrages mentionnés plus loin (p. 226; alinéas 5 et suivants). Ont déjà paru, avec introduction et notes (en allemand) *l'Avare* et *le Bourgeois gentilhomme*. Leipzig, Seemann, 1889 et 1890 : in-8º.

55. — *Théâtre complet de J.-B. Poquelin de Molière*, publié (avec des notes) par M. D. Jouaust. Préface par Desiré Nisard, de l'Académie française. Dessins de Louis Leloir, gravés à l'eau-forte par M. Flameng. Paris, Librairie des bibliophiles, 1876-1883 : 8 volumes grand in-8º, imprimés par D. Jouaust pour la collection des *Grandes publications artistiques*.

56. — *Les OEuvres de J.-B. P. Molière*, accompagnées d'une Vie de Molière, de Variantes, d'un Commentaire et d'un Glossaire, par M. Anatole France. Paris, Alphonse Lemerre, 1876 à... : l'édition doit avoir 7 volumes in-8º imprimés par Quantin; le tome IV a paru en 1890.

57. — *OEuvres complètes de Molière*, revues sur les textes originaux par Adolphe Regnier, membre de l'Institut. Paris, imprimerie Nationale, 1878 : 5 volumes in-4º.

Dans son *Avant-propos* (tome Iᵉʳ, p. v-xv), le plus autorisé des éditeurs a fixé la valeur des anciens textes de Molière, et déterminé le compte qu'il peut y avoir à tenir de leur orthographe et de leur ponctuation.

RECUEILS. 99

58. — *Théâtre choisi de Molière*, avec une notice par M. Poujoulat. Tours, Alfred Mame et fils, 1878-1879 : 2 volumes grand in-8°, ornés de 5o gravures par M. V. Foulquier.

59. — *OEuvres complètes de Molière*, collationnées sur les textes originaux et commentées par M. Louis Moland. Deuxième édition, soigneusement revue et considérablement augmentée. Une composition de Staal, gravée sur acier, accompagne chaque pièce. Paris, Garnier frères : 12 volumes in-8° ; les tomes II à XII ont paru de 1880 à 1884 ; le tome Ier (contenant : 1° *Introduction*; 2° *Molière, sa vie et ses ouvrages*; 3° *Histoire posthume de Molière*; 4° *le Théâtre et la Troupe de Molière*; 5° *Bibliographie*) a paru en 1885. Le tome XII se termine par un *Lexique*.

La 1re édition, qui parut en 1863 et 1864, est mentionnée plus haut, p. 95, n° 42.

60. — *Théâtre complet de J.-B. Poquelin de Molière*, publié par M. D. Jouaust, en 8 volumes (in-16 elzévirien), avec la Préface de 1682 annotée par M. G. Monval (et des notes). Paris, Librairie des bibliophiles, 1882-1883.

61. — *OEuvres de Molière*. Illustrations par Jacques Leman (du 1er au 17e fascicule, moins le 13e, et pour un fascicule supplémentaire), et par M. Maurice Leloir (à partir du 18e fascicule et pour le 13e). Notices par M. Anatole de Montaiglon. Paris, chez Jules Lemonnyer, 1883-1885 (fascicules 1-10), puis chez Émile Testard à partir du 11e fascicule, qui a paru en 1888. Imprimerie de Charles Herissey à Evreux. Les fascicules, du format grand in-quarto, seront au nombre de 32.

La publication, assez longtemps suspendue, de cette belle édition se poursuit régulièrement ; les fascicules 13°, 19° et 20° (contenant *Tartuffe, le Sicilien, Amphitryon*) ont été été mis en vente dans le courant de 1891.
Le texte du *Sicilien* a été tout entier mesuré en vers libres non rimés.

62. — Molière. *OEuvres choisies*, édition publiée (avec une Notice sur le poète) sous la direction de M. Henri Regnier. Paris, Hachette, 1886 : 1 volume in-8°, orné de gravures (dans la *Bibliothèque des écoles et des familles*).

63. — Molière. *Les Précieuses ridicules, le Misanthrope, l'Avare, les Femmes savantes, le Bourgeois gentilhomme, le Malade imagi-*

naire (avec une *Introduction*, un travail sur *Molière, sa vie et son théâtre*, des notices sur les pièces choisies), par M. Jules Favre, professeur agrégé de l'Université, docteur ès-lettres, lauréat de l'Académie française. Paris, Librairie générale de vulgarisation (A. Degorce), 1888 : 1 volume grand in-8°, accompagné de 31 portraits d'acteurs dessinés et gravés à l'eau-forte par M. L. le Riverend.

64. — *Les pièces de Molière* publiées séparément, avec notices et notes par Auguste Vitu (de *l'Étourdi* à *la Princesse d'Élide*, I-XII[1]), et par M. Georges Monval (à partir de *Dom Juan*, XIII). Dessins de Louis Leloir, gravés à l'eau-forte par M. Champollion (nouvelle reproduction des dessins déjà gravés par M. Flameng pour l'édition Jouaust grand in-8° de 1876-1883 : voyez plus haut p. 98, n° 55). Paris, Librairie des bibliophiles : volumes du format in-16 elzévirien, imprimés par D. Jouaust, dont les 15 premiers ont paru de 1888 à 1892.

III. — TRADUCTIONS.

On ne trouvera indiqués ici que les principaux Recueils. Pour les traductions séparées des diverses comédies, particulièrement pour les traductions arméniennes, danoises, roumaines, suédoises, tchèques, voyez la *Bibliographie moliéresque* de Paul Lacroix (section XVII), et le relevé qui a été fait à la fin de chacune des *Notices* de notre édition. Toutefois quelques versions détachées, omises dans la *Bibliographie moliéresque* ou publiées récemment, seront mentionnées.

Traductions allemandes.

1. — Ce fut dès 1670 qu'un traducteur fit connaître cinq comédies de Molière au public allemand, sans d'ailleurs lui apprendre le nom du poète. Ces cinq pièces, à savoir *les Précieuses ridicules*, *Sganarelle* ou *le Cocu imaginaire*, *l'Amour médecin*, *l'Avare* et *George Dandin* ou *le Mari confondu*, furent comprises dans le recueil en trois volumes intitulé : *Schaubühne Englischer und Frantzösischer Comödianten....* « Théâtre de comédiens anglais et français, sur lequel sont représentées les comédies les plus belles et les plus nouvelles qui ont, dans ces dernières années, été données, toujours devant de grandes assemblées, en France, en Allemagne et ailleurs. Elles sont ici mises au jour en faveur de tous les amateurs de la Comédie (*du théâtre*), ainsi que de tous

---

1. M. Auguste Vitu est mort en août 1891.

autres, et cela de telle sorte qu'elles peuvent facilement être remises en scène et jouées pour la récréation et le plaisir de l'esprit. Francfort (sur le Main), chez Jean-George Schiele, libraire, l'an 1670. »

Sur cette version, qu'il faut signaler comme la toute première qui ait paru en Europe de plusieurs pièces réunies de Molière, voyez (p. 7-11) l'intéressante *Introduction* que M. Paul Lindau a mise en tête de la traduction de Bierling (plus loin, p. 104 et 105, n° 4), réimprimée par ses soins en 1883 (Stuttgart, chez Cotta). On trouvera là des extraits d'une assez curieuse Préface, où a été mis à profit, dès 1670, maint passage de la *Préface de Tartuffe*, que Molière n'avait publiée que l'année précédente, et, comme échantillon de la manière du traducteur inconnu, le monologue d'Harpagon. Il manque à la description du recueil, outre l'indication du format, une énumération complète des pièces autres que celles de Molière qui s'y trouvent. Le docteur Schweitzer, le zélé fondateur du *Musée Molière*, qui n'avait de renseignements que sur le premier des trois volumes (est-il le seul conservé à la bibliothèque royale de Dresde[1]?), nous apprend qu'il contient, avec les trois premières des comédies de Molière mentionnées ci-dessus, les pièces suivantes, dont les auteurs ne sont pas non plus nommés : *la Cocue imaginaire* (de F. Doneau, 1660), *la Comédie sans comédie* (de Quinault, 1655), *la Jalouse d'elle-même* (de Bois-Robert, 1649), *la Mère coquette* (de Quinault, 1665), et encore une tragi-comédie d'*Antiochus* (sans doute celle de Thomas Corneille, qui est de 1666) : voyez au tome Ier, 1er fascicule (1879), p. xxxvi et xxxvii), du recueil allemand intitulé : *Molière und seine Bühne. — Molière-Museum*, « Molière et son théâtre. — Musée Molière ». Voyez aussi, p. 63 et suivantes, *les Comédies de Molière en Allemagne*, par M. Auguste Ehrhard (Paris, Lecène et Oudin, 1888) : quelques autres pièces du recueil y sont indiquées, toutes étrangères à notre théâtre français.

Le docteur Schweitzer supposait que Donneau de Visé n'était pas, en 1673, sans avoir entendu parler de cette première traduction allemande, et il renvoie à ce passage de l'*Oraison funèbre*, mêlée de bouffonneries, que le rédacteur du *Mercure galant* inséra, après la mort de Molière, dans son tome IV, p. 286-319 (l'endroit cité est p. 305 et 306) : « Ah! belles Œuvres, que vous êtes estimées partout! Et pour vous faire voir, Messieurs, que je dis vrai, les voilà en françois, en italien, en espagnol, en allemand; et par l'ordre du grand vizir l'on travaille à les traduire en turc. » Mais n'était-il pas dès lors présumable, ne devons-nous pas encore présumer que, sans qu'on en connût d'imprimée, plus d'une version partielle des œuvres de Molière avait déjà été essayée, sinon en turc, du moins en italien, en espagnol, et même en allemand?

2. — En 1694 parut à Nuremberg un recueil formé seulement de comédies en prose de Molière, texte et traduction ; sur seize qu'on en connaissait, treize avaient été choisies ; les trois laissées de côté étaient : *la Critique de l'École des femmes*, *l'Impromptu de Versailles* et *les Amants magnifiques*. *L'Ombre de Molière*, comédie de Brécourt, y était ajoutée. Le recueil est divisé en trois parties ou volumes : le texte français est donné tout d'une suite en tête de chacune[2].

---

1. George-Théodore Græsse, dans son *Trésor de livres rares et précieux* ou *Nouveau dictionnaire bibliographique* (Dresde, 1865 : en français), ne mentionne qu'un volume, et le dit in-octavo.
2. Du moins dans l'exemplaire appartenant à la bibliothèque municipale de Mayence qu'a examiné et décrit le docteur Schweitzer : voyez le premier fascicule (1879) du *Musée Molière* publié par lui, p. xxxviii.

Le titre qui se lit au-devant du texte français est : « *Les Comédies de Monsieur de Molière, comédien incomparable du roi de France.* Édition nouvelle, enrichie des figures en taille-douce. A Nuremberg, chez Jean-Daniel Tauber, libraire, 1694. » — Au-devant de la première partie du texte allemand a été mis un titre qui peut bien remplir toute une page; en voici le commencement, puis la traduction du tout : *Derer Comödien des Herrn von Molière, Königlichen frantzösischen Comödiantens ohne Hoffnung seines gleichen, erster Theil....* « Première partie des Comédies de M. de Molière, comédien du roi de France dont il n'y a point à espérer l'égal. Traduites en allemand par J. E. P., comme salutaire (*erbaulich*) récréation de l'esprit, en faveur des personnes tant de haute que de basse condition, et aussi en faveur de la jeunesse qui peut être désireuse d'apprendre la langue française, comme moyen d'arriver plus vite et aisément à l'intelligence de celle-ci. Ornées de belles figures sur cuivre, et ainsi imprimées pour la première fois. Se trouvent à Nuremberg chez Jean-Daniel Tauber, libraire, 1694. » Voyez la Préface du comte Baudissin, en tête du Ier volume de sa traduction des *Comédies de Molière*, p. vii, ou le *Musée Molière* du docteur Schweitzer, Ier fascicule, p. xxxviii, ou encore p. 78 et suivantes du livre de M. A. Ehrhard.

---

3. — Une traduction nouvelle des mêmes pièces, encore partagées en trois tomes, parut chez le même libraire dès l'année suivante 1695 : on l'a avec plus ou moins de vraisemblance (voyez l'ouvrage de M. Ehrhard, p. 90 et suivantes) attribuée à Maître Velthen, célèbre chef d'une troupe ambulante de comédiens (nous avons eu occasion de parler de lui tome Ier, p. 157, note 4[1]). Le docteur Schweitzer en a trouvé un exemplaire tout allemand à la bibliothèque royale de Berlin, et, à la bibliothèque royale de Stuttgart, un exemplaire augmenté d'un quatrième tome (voyez ci-contre, p. 103, fin du 2^d alinéa) et où le texte français a été mis en regard de l'allemand.

Le titre allemand, précédé de trois lignes en latin, a été donné tout au long par Baudissin (tome I, p. viii), par Schweitzer (fascicule 1, p. xxxix), et par M. Ehrhard, p. 84 : *Histrio Gallicus comico-satyricus sine exemplo, oder die überaus anmuthigen und lustigen Comödien des fürtrefflichen und unvergleichlichen Königl. Frantzösischen Comödiantens Herrn von Molière....* Il peut se traduire ainsi : « *Histrio Gallicus comico-satyricus sine exemplo*, ou les Comédies extrêmement agréables et gaies de l'excellent, de l'incomparable comédien du roi de France, M. de Molière; traduites de nouveau en pur allemand avec un grand soin et une particulière application à se conformer au génie moliérien : divisées en trois parties, ornées d'amusantes estampes sur cuivre, et pour la seconde fois imprimées de telle sorte, qu'elles peuvent être reliées soit français et allemand mis en regard, soit les deux textes séparés; fort utiles pour l'agréable récréation de l'esprit des personnes de haute et de basse condition, et non moins recommandables aux Allemands désireux d'apprendre la langue française qu'aux Français désireux d'apprendre la langue allemande, étant toutes propres à les faire arriver plus vite et aisément et comme en riant à la connaissance de l'une ou de l'autre de ces langues. Se trouvent à Nuremberg, chez Jean-Daniel Tauber, libraire, proche la rue des Cordonniers, 1695. » — Le texte français auquel cette traduction devait être jointe, mais

---

[1]. Rappelons ici les titres des sept comédies de Molière qui furent représentées par sa troupe allemande, en 1690, devant l'Électeur de Saxe : *la Comédie de Mascarilius* (l'Étourdi), *le Médecin malgré lui*, *la Jalousie fortunée* (Sganarelle), *le Bourgeois gentilhomme*, *Don Juan* ou *le Festin funèbre de Don Pedro*, *l'École des maris*, *le Mécontent* (le Misanthrope).

TRADUCTIONS.

qui peut aussi se trouver à part, est intitulé : « *Histrio Gallicus, comico-satyricus sine exemplo*, ou les Comédies de M. de Molière, comédien incomparable du roi de France ; divisées en trois tomes. Nuremberg, Jean-Daniel Tauber, 1695. »

M. Paul Lindau, p. 12 de l'*Introduction* dont il a fait précéder sa réimpression de la traduction de Bierling (plus loin, p. 105, 3ᵉ alinéa), a transcrit le titre allemand de la quatrième partie de ce recueil, laquelle fut réunie un peu plus tard aux trois autres : *Vierdter Theil der überaus anmuthigen Comödien des unvergleichlichen Königlich-Frantzösischen Comödiantens Herrn Johann Baptista Pockelin von Molière, in sich haltend...*, c'est-à-dire : « Quatrième partie des Comédies singulièrement agréables de l'incomparable comédien du roi de France, M. Jean-Baptiste Pockelin de Molière, contenant : 1° *les Amants magnifiques* ; 2° *la Princesse d'Élide* ou *les Plaisirs de l'Île enchantée*, avec la description des fêtes magnifiques et beaux carrousels donnés par le Roi à Versailles ; 3° *l'Imposteur faux dévot* ou *Tartuffe* ; 4° un Appendice traduit de l'*Arlequin* [empereur dans la lune]. Nuremberg, chez Jean-Daniel Tauber, libraire, demeurant proche la rue des Cordonniers, 1696. » Dans sa Préface, le traducteur faisait la promesse, qui ne fut point tenue, de donner encore onze autres pièces. Une quatrième partie française fut également publiée en 1696 pour accompagner la quatrième partie allemande (voyez ci-contre, p. 102, 1ᵉʳ alinéa du n° 3, et p. xxxiv de la *Notice* d'Édouard Fournier mise en tête de sa comédie de *la Valise de Molière*, 1868).

L'Appendice joint à cette quatrième partie, à l'allemande et à la française, contient des scènes françaises, ou la première des scènes françaises[1], qui furent en mars 1684 introduites dans la farce italienne d'*Arlequin empereur dans la Lune*, et que Gherardi avait publiées en 1695[2]. Ces scènes sont très probablement l'œuvre d'un conseiller à la cour des aides de Rouen, nommé M. de Fantouville ou de Fatouville, de lui et de ses amis[3] ; aucune, pas même celle de *la Fille de chambre* (quoi qu'en ait pensé Édouard Fournier, qui l'a transportée, après quelques coupures, dans la dernière scène de sa petite pièce *la Valise de Molière*[4]), ne pouvait avec la moindre vraisemblance être attribuée à Molière, comme il paraît qu'elle l'a été par le libraire de Nuremberg.

D'après une note communiquée à Paul Lacroix (n° 286 de la *Bibliographie moliéresque*), l'éditeur allemand, sans doute à l'exemple de l'éditeur hollandais de 1693 (voyez plus haut, p. 77, n° 10) et du bruxellois de 1694 (plus haut, p. 78, n° 11), a donné, en partie au moins, la Préface biographique de 1682, et imprimé le texte apocryphe de la Cérémonie amplifiée du *Malade imaginaire*.

Les trois premières parties de l'*Histrio Gallicus* allemand furent, dit M. Paul Lindau (p. 12) réimprimées par le même éditeur en 1700 ; et en 1721 parut une nouvelle édition revue des quatre parties (des trois de 1700 et de la quatrième de 1696) ; la *Vie de Molière* par Grimarest y a été jointe. Nous traduirons encore, après en avoir transcrit le début, le titre allemand de cette der-

---

1. Le numéro 286 de la *Bibliographie moliéresque* dit trois scènes ; Édouard Fournier ne parle que d'une ; il y en a quatre en tout dans la première édition (1695) du *Théâtre italien* de Gherardi.

2. Voyez au commencement du volume publié sous la rubrique de Genève 1695 et intitulé : *le Théâtre italien ou le Recueil de toutes les scènes françoises qui ont été jouées sur le théâtre italien de l'Hôtel de Bourgogne*.

3. Voyez les *Anecdotes dramatiques* (attribuées à Clément et à l'abbé de la Porte), 1775, tome Iᵉʳ, p. 98 et 99, et les *Mémoires de l'abbé le Gendre*, publiés par M. Roux en 1863, p. 10 et 11.

4. Représentée au Théâtre-Français le 15 janvier 1868 : voyez, dans le volume d'Éd. Fournier (mentionné plus loin, p. 226, 2ᵈ alinéa), les pages 37 à 40, et les pages xxxiv-xxxvi de la *Notice des Fragments*.

nière édition, tel qu'il est donné par le docteur Schweitzer (p. XLI) : *Des Herrn von Molière schertz- und ernsthafte Comödien, auf vieles Verlangen wieder... ins Teutsche übersetzt....* « Les Comédies facétieuses et sérieuses de M. de Molière, traduites à nouveau, pour la troisième fois, en allemand, afin de satisfaire à de nombreuses demandes, et ornées de jolies estampes. Nuremberg et Altdorf (*ville universitaire voisine*), chez les héritiers de feu Jean-Daniel Tauber, l'an 1721. En quatre parties. »

En 1708 avait aussi été réimprimé, en trois volumes petit in-octavo, le texte français, comprenant encore, comme en 1696, des scènes françaises (ou la première des scènes françaises) de l'arlequinade (ci-devant, p. 103, 3e alinéa). Pour cette réimpression l'éditeur composa un nouveau titre, que donne ainsi le docteur Schweitzer (p. XLIII, note continuée de la page précédente), d'après l'exemplaire conservé à la bibliothèque royale de Munich : « Les Divertissements pour grandes et basses gens, c'est-à-dire les Comédies sérieuses et comiques, autrefois représentées à la cour de Louis le Grand, roi de France, par J.-B. Poquelin de Molière, comédien incomparable de France. Édition nouvelle, soigneusement corrigée et enrichie, selon le style et l'orthographe d'aujourd'hui. Nuremberg, J.-D. Tauber, 1708. »

4. — Les premiers essais de traduction qui viennent d'être mentionnés ont été jugés fort imparfaits. Au contraire on fait encore cas en Allemagne d'une version en prose qui fut publiée en 1752 à Hambourg sous le titre suivant : *Des Herrn Molière sämmtliche Lustspiele. Nach einer freyen und sorgfältigen Uebersetzung.* Hamburg, bei Christian Herold, 1752. « Recueil complet des comédies de M. Molière, suivant une traduction libre et faite avec grand soin. Hambourg, chez Christian Herold, 1752 » : 4 volumes in-8º.

Le traducteur a signé son *Avant-propos*, daté du 15 mars 1752, des seules initiales F. J. B. ; mais on sait par la *Chronologie du théâtre allemand* de 1775 qu'il se nommait Bierling. Son titre promettait tout le théâtre : il n'a laissé de côté que *l'Impromptu de Versailles*, *Mélicerte*, la *Pastorale comique* et quelques prologues, quelques programmes de ballets ou de fêtes de cour ; il a gardé *l'Ombre de Molière*, la comédie de Brécourt, admise, à la suite des Œuvres, dans la plupart des éditions anciennes. Il paraît avoir suivi le texte de l'édition imprimée à Paris en 1749 pour la Compagnie des libraires, lequel était une simple reproduction de celui de 1734 et de 1739 (plus haut, nos 18 et 19 des Recueils). Ainsi la scène du Pauvre de *Dom Juan* est chez lui réduite à ce qu'elle est dans ces éditions, au peu qu'en avaient laissé subsister les cartons de 1682[1]. Comme lui-même nous l'apprend, il connaissait fort bien, par les éditions de Nuremberg, le texte apocryphe de la Cérémonie du *Malade imaginaire*, et il a eu le bon goût de n'en pas tenir compte. Au-devant du tome Ier, il a donné la traduction des *Mémoires sur la vie et les ouvrages de Molière*, ce travail de la Serre qu'avaient préféré à celui de Voltaire les directeurs de l'édition in-quarto de 1734[2]. — A l'exemple des éditeurs de 1749 (plus haut, au nº 19 des Recueils,

---

1. Nous avons sous les yeux la seconde édition de Bierling ; il est peu probable que la première en différât ici. M. Paul Lindau a dans sa réimpression (tome Ier, p. 252 et 253 : voyez p. 105, 3e alinéa) complété la scène d'après le texte non expurgé de 1682 et celui d'Amsterdam, 1683 ; il a bien infidèlement, à cette place, traduit « pour l'amour de l'humanité », comme s'il y avait « pour l'amour de Dieu ».

2. Dans une note, au bas des pages 41 et 42 de la traduction de ces *Mémoires*, Bierling crut devoir faire part au public lettré d'une scène, versifiée en français, qu'il tenait d'un auteur, savant gentilhomme allemand, auquel, a-t-il dit plus haut (p. 8 de son *Avertissement*), d'autres poésies françaises ont valu sa célébrité ; cette

p. 88, note), celui de Hambourg a joint à ses volumes une suite d'estampes, réductions, souvent peu intelligentes, de celles de Boucher qui ornent la grande édition de 1734; l'artiste a mis son nom à la première (c'est le portrait du poète), et ses initiales aux autres : *D. Martini a Drazowa Batavus delineavit et sculpsit. Hamb.* 1751.

Une réimpression « très améliorée » parut en 1769 chez la veuve de l'éditeur de 1752. La traduction n'est plus dite « libre », et de fait, sans être littérale, elle avait été mal qualifiée ainsi. Le titre nouveau est : *Des Herrn Moliere sämmtliche Lustspiele.* Nach einer sorgfältigen Uebersetzung. Zweite sehr verbesserte Ausgabe. Mit Kupfern.... Hamburg, bei Christian Herolds W[ittwe], 1769.

M. Paul Lindau a fait choix de cette traduction de Bierling pour le recueil de 14 comédies de Molière qu'il a publié en 1883, avec une Introduction intitulée *Molière en Allemagne :* Stuttgart, J. G. Cotta; 3 volumes petit in-8°, faisant partie de la *Bibliothèque de la littérature universelle.* Le tome Ier contient la traduction des *Mémoires* de la Serre; mais les notices des comédies en ont été détachées par le nouvel éditeur, et chacune placée en tête de la pièce à laquelle elle se rapporte.

5. — *Moliere für Deutsche...*, « *Molière pour les Allemands* », publié par August-Gottlieb Meiszner et Wilhelm-Christoph-Sigmund Mylius. Tome Ier, Leipzig, Weygand (1780) : 1 volume in-8°.

Ce volume unique d'un recueil projeté d'arrangements libres contient un Avant-propos et *le Mariage forcé,* par Meiszner; *l'Avare, l'École des maris,* une Biographie du poète, et deux longs examens de *l'Avare* et de *l'École des maris,* par Mylius.

6. — *Molieres Lustspiele und Possen.* Für die deutsche Bühne von Heinrich Zschokke. « *Comédies et farces de Molière.* [Arrangées] pour la scène allemande par Henri Zschokke. » Zurich, Heinrich Geszner, 1805 (tomes I-IV), 1806 (tome V), 1810 (tome VI) : 6 volumes in-8°, ornés chacun, au titre, d'une vignette de H. Lips.

Sauf pour *le Misanthrope,* auquel Zschokke n'a pas touché sans quelque scrupule, et dont il s'est, dit-il, efforcé de donner une traduction fidèle[1], c'est une œuvre d'adaptation qu'il a entreprise et qu'il a très librement poursuivie, transportant l'action dans le présent et dans son pays d'Allemagne[2], affublant les personnages de noms et de titres germaniques, modifiant[3], retranchant beaucoup,

scène faite, pensait-il, pour intéresser ceux mêmes qui n'en approuveraient point l'idée, n'est rien de moins qu'un dénouement nouveau pour *le Misanthrope :* on la peut voir réimprimée tout au long au *Moliériste* de juillet 1879, à la suite d'une note de M. le docteur Claas Humbert sur cette traduction de Bierling, ou aux pages 170 et 171 du livre de M. Auguste Ehrhard sur les comédies de Molière en Allemagne. L'auteur, disons le coupable, est bien probablement le baron de Baar, dont les *Épîtres diverses* sont mentionnées plus loin p. 205, 1er alinéa.

1. Il s'est même imposé la tâche de la mettre en vers (en ïambiques de cinq pieds). Il n'en a pas moins cru devoir, suivant son expression, « moderniser les noms » et, peut-on ajouter, plus d'un détail. Par exemple, Alkmar (Alceste) raille le marquis de Salle (Clitandre) sur sa tête blonde « à la Titus », son pardessus « à l'angloise », et la vaste cravate (cravate d'Incroyable évidemment) où il enfouit jusqu'à sa bouche.

2. Zschokke, né à Magdebourg en 1771, s'établit en Suisse en 1796; il est mort en 1848.

3. Il a été jusqu'à changer complètement le dénouement de *George Dandin.* Jus-

ne se faisant pas faute d'ajouter de son cru. Il a ainsi travesti plus ou moins 17 pièces, dont voici les titres :

Au tome Ier, *l'Avare, le Médecin merveilleux* (le Médecin malgré lui), *les Élégantes* (les Précieuses). — Au tome II, *le Sicilien, l'École des maris, Tout à contre-temps* (les Fâcheux). — Au tome III, *Tartuffe en Allemagne, la Cure sympathique* (l'Amour médecin), *le Mariage forcé, la Comtesse von Hohennasen* (la comtesse d'Escarbagnas). — Au tome IV, *Rit bien qui rit le dernier* (l'École des femmes), *Peter Rothbart* (George Dandin), *le Malade imaginaire*. — Au tome V, *Fou de noblesse* (le Bourgeois gentilhomme), *Jalousie dans tous les coins* (Sganarelle), *le Misanthrope*. — Au tome VI, *Baldrian von Schabernak* (Monsieur de Pourceaugnac).

Chaque pièce est suivie d'une Notice. La première moitié du dernier volume (p. 1-122) est occupée par une Biographie de Molière.

---

7. — *Moliere's dramatische Meisterwerke* übersetzt von L. von Alvensleben, « *Chefs-d'œuvre dramatiques de Molière* traduits par L. von Alvensleben. » Leipzig, 1837 : un volume, comprenant 6 versions, toutes en prose : *Tartuffe, l'Avare, le Misanthrope, l'École des maris, l'École des femmes, les Femmes savantes.*

---

8. — *Moliere's sämmtliche Werke*, « OEuvres complètes de Molière », traduites par L. Braunfels, F. Demmler, E. Duller, F. Freiligrath, W. von Lüdemann, M. Runkel, E. Weyden, O. L. B. Wolff, et publiées par Louis Lax. Aachen (Aix-la-Chapelle) et Leipzig, 1837 : 5 volumes in-18. Ce recueil fut, d'après la *Bibliographie moliéresque*, « réimprimé, d'abord la même année, et ensuite en 1841, en 1 volume grand in-8° ». Le poète Ferdinand Freiligrath n'y a point collaboré, bien que son nom soit porté sur le titre.

L'alexandrin rimé a été employé dans la traduction des comédies en vers.

---

9. — *Molière's Charakter-Comödien*, im Versmasz des Originals übertragen von Adolf Laun. « *Comédies de caractère de Molière*, traduites dans le mètre de l'original par Adolf Laun. » Hildburghausen (plus tard Leipzig), Institut bibliographique, 1865 : 1 volume in-8°, faisant partie de la Bibliothèque de classiques étrangers ; il ne comprend que *le Tartuffe, le Misanthrope* et *les Femmes savantes.*

Adolf Laun a plus tard donné une seconde traduction versifiée de ces mêmes pièces et de trois autres comédies en vers de Molière, et n'y a plus employé l'alexandrin (voyez ci-contre, p. 107, n° 12) ; il a aussi publié les *OEuvres de Molière* avec un commentaire en allemand (voyez plus haut, p. 97, n° 51).

---

10. — *Moliere's Lustspiele* übersetzt von Wolf Grafen Baudissin, « *Comédies de Molière* traduites par Wolf comte Baudissin[1] ». Leipzig, S. Hirzel, 1865-1867 : 4 volumes in-8°.

---

tice est faite : c'est la femme qui est confondue, et un divorce assuré délivrera le mari.

1. Bien connu déjà par la traduction de plusieurs des pièces de Shakspeare faisant partie du remarquable recueil qu'ont publié Guillaume Schlegel et Tieck. Il est mort à Dresde en avril 1878 dans sa quatre-vingt-dixième année.

TRADUCTIONS.

Cette traduction, reconnue excellente en Allemagne, comprend les vingt-cinq principales comédies de Molière ; six pièces sont restées en dehors : *Dom Garcie de Navarre*, *la Princesse d'Élide*, *Mélicerte*, les fragments de la *Pastorale comique*, *les Amants magnifiques* et *Psyché*. Baudissin a versifié la traduction des dix comédies en vers qu'il a données et a choisi, même pour *Amphitryon*[1], l'iambique de cinq pieds non rimé ; il a essayé de rendre dans le même mètre l'effet de la prose cadencée du *Sicilien*. Il a fait suivre chaque pièce de quelques notes explicatives. Il déclare être redevable à l'édition de M. Moland du fond de la notice biographique qu'il a insérée dans son premier volume et en général des notices qu'il a réunies au-devant de chaque volume sur les comédies qui y sont contenues.

Voici la composition des volumes : Baudissin regrettait de n'y avoir pu établir l'ordre chronologique[2]. — Tome I (1865) : *Avant-Propos*, où sont appréciées quelques traductions allemandes antérieures à la sienne. Notices. — *Molière, sa vie et ses œuvres*. — *L'École des maris*; *l'École des femmes*; *le Misanthrope*; *Tartuffe*; *les Femmes savantes*. — Tome II (1866) : *Avant-propos* (quelques traductions antérieures y sont mentionnées) et Notices. *Le Dépit amoureux*; *les Précieuses ridicules*; *les Fâcheux*; *la Critique de l'École des femmes*; *l'Impromptu de Versailles*; *le Mariage forcé*; *Dom Juan*; *l'Amour médecin*. — Tome III (1866) : *Avant-propos* et Notices. *L'Avare*; *George Dandin*; *le Bourgeois gentilhomme*; *la Comtesse d'Escarbagnas*; *le Malade imaginaire*. — Tome IV (1867) : *Avant-propos* et Notices. *L'Étourdi*; *Sganarelle ou le Cocu imaginaire*; *le Médecin malgré lui*; *le Sicilien*; *Amphitryon*; *Monsieur de Pourceaugnac*; *les Fourberies de Scapin*.

---

11. — *Molière's sämmtliche Werke....* Herausgegeben von Emilie Schröder. « OEuvres complètes de Molière. Publiées par Émilie Schrœder » (avec la collaboration d'Angusta Cornelius et de Malwine comtesse Maltzan). Leipzig, Philipp Reclam jeune, 1871 : 2 volumes in-16. — Il manque à ce recueil pour être complet, outre les canevas du *Médecin volant* et de *la Jalousie du Barbouillé* : 1° les fragments de la *Pastorale comique* et, omission singulière, le *Prologue d'Amphitryon*; 2° le *Remerciement au Roi*, les autres *Poésies diverses* et le poème de *la Gloire du Val-de-Grâce*.

Le premier volume est précédé d'une Introduction de M. le professeur docteur Heinrich Theodor Rötscher. Pour la traduction des comédies en vers a été employé l'iambique de cinq pieds non rimé ; des iambiques plus courts y sont mêlés dans l'*Amphitryon*.

---

12. — *Ausgewählte Lustspiele von Molière*, in fünffüszigen paarweis gereimten Jamben übersetzt von Adolf Laun. Mit Molière's Portrait nach dem Original von Mignard. « *Comédies choisies de Molière*, traduites en vers iambiques de cinq pieds et rimés par couples (à *rimes plates*), par Adolf Laun. Avec le portrait de Molière d'après Mignard. » Leipzig, Wilhelm Friedrich, 1880[3] : 1 volume in-8°.

---

1. Il suivait l'exemple d'Henri de Kleist, qui a écrit en mêmes vers iambiques un *Amphitryon* où est en partie imitée de près, en partie grandement modifiée, la comédie de Molière ; il a même emprunté à Kleist, ne pouvant, dit-il, mieux faire, tous les passages dans lesquels celui-ci a reproduit l'original français.

2. Il le recommande pour une seconde édition dans son dernier Avant-propos, qu'il data de septembre 1867.

3. Adolf Laun est mort en septembre 1881.

Les comédies choisies sont au nombre de six : *Sganarelle, l'École des maris, l'École des femmes, Tartuffe, le Misanthrope* et *les Femmes savantes*. Voyez plus haut, p. 106, n° 9.

Une traduction libre ou plutôt une imitation en prose du *Cocu imaginaire* a été publiée à Leipzig, en 1878, chez Philipp Reclam jeune, et a été représentée en Wurtemberg l'année suivante ; elle porte le titre de *Falscher Verdacht oder der Betrogene in der Einbildung*, « *Faux soupçon* ou *la Dupe imaginaire* » ; elle a pour auteur M. le docteur Alfred Friedmann, de Vienne. Voyez *le Moliériste* de juin et d'août 1879, p. 89 et 90 ; 151 et 152.

Un arrangement de *Tartuffe* par Kissling, publié pour la seconde fois à Heilbronn en 1845, est indiqué p. 327 du livre de M. Mahrenholtz, intitulé *Molière's Leben und Werke* (mentionné plus loin, p. 238, 4° alinéa).

Der Misanthrop... übersetzt und für die deutsche Bühne bearbeitet, « *le Misanthrope* traduit et adapté à la scène allemande », par M. le docteur Julius von Werther[1], a paru à Essen, chez A. Werther, en 1887, et a été représenté à Munich le 17 février 1890.

Der Geizige, *Lustspiel in fünf Aufzügen nach Molière u. A., neu bearbeitet von Hermann Humbert.* « *L'Avare*, comédie en 5 actes, nouvel arrangement d'après Molière et d'autres, par M. Hermann Humbert ; » Breslau, 1880 : in-8°.

Le Remerciement au Roi, le *Sonnet à la Mothe le Vayer sur la mort de son fils*, le *Sonnet au Roi sur la conquête de la Franche-Comté* ont été librement traduits en vers par M. Friedrich von Bodenstedt. Le docteur Schweitzer a inséré ces traductions dans son *Musée Molière* (plus loin, p. 234, 5° alinéa), au tome II, p. 1-13 du V° fascicule, qui est d'avril 1883.

Au tome II encore de ce même recueil, p. 1-15 du VI° et dernier fascicule (daté de mars 1884), a paru une traduction libre, en vers, due à M. Karl Stelter, de *la Gloire du Val-de-Grâce*. Cette version a-t-elle été complétée depuis ? On constate avec étonnement qu'on y a laissé de côté plus d'une centaine de vers (207-326), au nombre desquels se trouvent les plus beaux assurément de tout le poème (la comparaison de la fresque et de la peinture à l'huile).

Traductions anglaises.

Sur les plus anciennes traductions qui ont été publiées en Angleterre des Œuvres de Molière, voyez, p. VIII et suivantes, la Préface de M. Henri van Laun (mentionnée plus loin, p. 111, sous le numéro 5).

Sur les imitations de pièces ou de scènes de Molière faites par

---

1. Ancien directeur du théâtre de Mannheim devenu surintendant des théâtres de la cour de Bavière. La *Notice* des *Femmes savantes* mentionne de M. von Werther une traduction de cette dernière comédie qu'il prépara en 1879 pour la troupe ducale de Meiningen.

des auteurs anglais, imitations dont un bon nombre sont bien antérieures aux traductions qui vont être indiquées[1], voyez les *Notices* de notre édition, et en outre les *Notices* de la traduction de M. van Laun, et les cinq articles intitulés *les Plagiaires de Molière* qu'il a insérés au *Moliériste* (nos d'août et de novembre 1880, de janvier, de mai et d'août 1881).

1. — *Moliere's Plays*, translated by John Ozell. Londres, Bernard Lintott, 1714 : 6 volumes in-12. Il est dit à la fin de la dédicace au comte de Dorset que la traduction du *Misanthrope* et celle du *Malade imaginaire* sont de deux autres mains. — Sur John Ozell, voyez son article dans la *Biographia dramatica* de David Erskine Baker et de ses continuateurs, édition de 1812, IIe partie du tome Ier ; et dans *a Complete history of the stage* par Dibdin, tome V, p. 66.

2. — *Select Comedies of Mr de Moliere*. French and English.... With a frontispiece to each comedy. To which is prefix'd a curious Print of the Author, with his Life in French and English. Le titre général du tome Ier porte en outre cette épigraphe, empruntée à *l'Art poétique* d'Horace (vers 345 et 346) :

> Hic meret æra liber Sosiis; hic et mare transit,
> Et longum noto scriptori prorogat ævum.

Londres, John Watts, 1732 : 8 volumes factices in-12.

Ce choix comprend 17 comédies, dont la traduction, en prose, est donnée avec le texte français en regard. Tome Ier : *l'Avare*; *Sganarelle* ou *le Cocu imaginaire* (the Cuckold in conceit). — Tome II : *le Bourgeois gentilhomme* (the Cit turn'd gentleman); *le Médecin malgré lui* (a Doctor and no Doctor). — Tome III : *l'Étourdi*; *les Précieuses ridicules* (the Conceited ladies). — Tome IV : *l'École des maris*; *l'École des femmes*. — Tome V : *Tartuffe* ou *l'Imposteur* (the Impostor); *George Dandin* ou *le Mari confondu* (or the Husband defeated). — Tome VI : *le Misanthrope* (the Man-Hater); *Monsieur de Pourceaugnac* (Squire Lubberly). — Tome VII : *Amphitryon*; *le Mariage forcé*; *le Sicilien* ou *l'Amour peintre* (the Sicilian, or Love makes a painter). — Tome VIII : *le Malade imaginaire* (the Hypochondriack); *les Fâcheux* (the Impertinents).

Le recueil est dédié à la Reine (Caroline d'Anspach, femme de Georges II). Mais à chacune des pièces (elles sont paginées à part et précédées d'un grand titre) a été jointe une dédicace spéciale ; celle de ces épîtres qui est au-devant de *Sganarelle* (au tome Ier) est signée des initiales H. B.; celle qui est au-devant de *Tartuffe* (au tome V) est signée Martin Clare, nom inconnu d'après M. van Laun; au bas des autres on ne lit que ces mots: *le Traducteur*; par exception la dédicace générale à la Reine porte : *les Traducteurs* : comme tels on désigne d'ordinaire Henry Baker, membre de la Société royale, et le révérend James Miller (voyez ci-après au n° 3, p. 110 et note 3).

1. La plus curieuse par sa date est peut-être celle de *Tartuffe* que l'acteur renommé Matthew Medbourne fit représenter avec grand succès dès 1670, qui fut aussi imprimée cette année-là et que mentionnait déjà Gueret, pour le rôle qu'y a le valet Laurent, dans une note marginale de son manuscrit de *la Promenade de Saint-Cloud* (à la suite des *Mémoires de Bruys*, tome II, p. 209) : voyez l'article de M. H. van Laun au *Moliériste* de mai 1881, p. 59 et 60 ; voyez aussi, au mot MOLIÈRE, le *Bibliographer's manual* de Lowndes ; dans la Bibliographie anglaise c'est bien la date de 1670, non celle de 1690 comme dans la *Bibliographie moliéresque*, qui est assignée à la première impression in-quarto du *Tartuffe or the French puritan*.

La Préface (*a General Preface to the whole work*), portée à la table du tome I*er*, n'est point dans l'exemplaire que nous avons pu voir[1].

Le portrait de Molière d'après P. Mignard et les autres estampes, 2 d'après Hogarth, 2 d'après Dandrige, 2 d'après L. Rysbeck, 3 d'après Hambelton, 3 d'après Charles Coypel, et 5 d'après des compositions du graveur lui-même, ont été gravées par G. van der Gucht.

---

3. — *The Works of Moliere*, French and English.... Même épigraphe latine qu'au titre du numéro précédent. Londres, John Watts, 1739 : 10 volumes in-12, non factices.

La réimpression des pièces choisies pour le recueil de 1732, mentionné au numéro précédent[2], a été augmentée dans celui-ci des 13 comédies suivantes : le *Dépit amoureux* (the Amorous quarrel); *Dom Garcie de Navarre*; *la Critique de l'École des femmes* (the School for wives critis'd); *l'Impromptu de Versailles*; *Dom Juan* (Don John or the Feast of the statue); *l'Amour médecin* (Love's the best doctor); *les Amants magnifiques*; *Psyché*; *les Femmes savantes*; *les Fourberies de Scapin*; *Mélicerte*; *la Comtesse d'Escarbagnas*; *la Princesse d'Élide*. Il ne manque en somme à ce recueil des comédies de Molière que les fragments de la *Pastorale comique*; on y a joint, à la suite de *la Princesse d'Élide*, la relation des fêtes de Versailles en 1664. Le tout a été publié d'après l'édition de 1734, c'est-à-dire que le texte français qui a été mis en regard de la traduction et qui a été suivi pour celle-ci est le texte de 1682 après les cartons, comme on le peut vérifier à certaines scènes très écourtées de *Dom Juan*. Les *Mémoires* de la Serre *sur la vie et les ouvrages de Molière*, également empruntés à l'édition de 1734, ont été donnés, original et traduction, au-devant du tome I*er*; et pour compléter la suite des estampes de 1732, conservées, van der Gucht en a gravé 9 autres, réduites d'après celles que Boucher avait composées pour la grande édition française; le même graveur en a ajouté une d'après Charles Coypel, une encore de sa composition, et P. Fourdrinier deux d'après Boucher. La dédicace générale, où a été utilisée une partie de celle de 1732, n'est plus adressée à la Reine (elle était morte en novembre 1737), mais au prince et à la princesse de Galles. Les dédicaces particulières ont été remplacées par des Notices relatives aux pièces et extraites des *Mémoires* de la Serre.

On nomme les mêmes traducteurs, Henry Baker (qui mourut en 1774) et James Miller (qui mourut en avril 1744)[3]; cependant, d'après le titre d'une réimpression citée par la *Bibliographie moliéresque*, réimpression faite pour le même éditeur, J. Watts, le collaborateur de J. Miller était, non H. Baker, mais un certain Johnson; d'après le même titre l'un et l'autre étaient morts en 1753 : « *The Works of Moliere*, French and English; translated by the late Mr Miller

---

1. On en trouve un extrait dans le livre de M. le docteur Claas Humbert intitulé *England's Urtheil über Molière* (2*de* édition, Leipzig, 1884, p. 73 et 74 : voyez plus loin, p. 226, 7*e* alinéa). Certain passage où Molière est bien singulièrement loué de n'avoir pas craint d'atteindre de ses coups jusqu'au « conclave papal » peut expliquer le retranchement de cette préface en France.

2. *Les Précieuses ridicules* sont cette fois appelées *the Romantik ladies*, et *le Médecin malgré lui* a pris le titre de *the Mock Doctor*, qu'avait choisi Fielding pour son imitation de la même comédie.

3. Voyez, à l'article James MILLER, la *Biographia dramatica* de David Erskine Baker (fils de Henry) et de ses continuateurs, édition de 1812, II*e* partie du tome I*er*, p. 515; et, à l'article Henry BAKER, le *Dictionary of national Biography edited by Leslie Stephen*, tome III (1885), p. 10.

and the late Mr Johnson. London, J. Watts, 1753 » : 10 volumes in-12 avec portrait et figures. Henry Baker, qui n'avait ni en 1732 ni en 1739 voulu donner son nom, aurait-il en 1753 supposé celui de Johnson?

M. Henri van Laun, dans la Préface de sa traduction (voyez ci-dessous le n° 5), cite de ce même recueil de 1739 : 1° une édition publiée par l'éditeur primitif en 1748; 2° deux éditions publiées en 1748 et en 1755 par D. Browne et A. Millar (n'étaient-ils pas des associés de J. Watts, n'ayant mis leur adresse que sur un certain nombre d'exemplaires?); 3° une élégante réimpression du texte anglais seul, faite pour John Gilmour, en cinq volumes datés de Glasgow, 1751.

Le *Bibliographer's manual* de Lowndes mentionne, sans la faire suffisamment connaître, une traduction des OEuvres de Molière publiée à Berwick-on-Tweed en 1770 et formant 6 volumes in-12. M. H. van Laun n'a pu l'examiner. La *Bibliographie moliéresque* (n° 642) semble la donner pour une réimpression du recueil d'Ozell (plus haut, p. 109, n° 1). — Un volume imprimé précisément aussi à Berwick, mais en 1771, et contenant la traduction de cinq comédies de Molière, se trouve au British Museum; peut-être est-il détaché de cette édition de 1770 ou d'une réimpression : M. van Laun, qui en constate l'existence, ne le décrit point.

4. — Sept comédies de Molière forment le quatrième et le cinquième volume du *Comic theatre*, traduction des meilleures comédies françaises par l'acteur auteur Samuel Foote et deux collaborateurs : Londres, J. Coote et autres, 1762; d'après le *Bibliographer's manual* de Lowndes, 5 volumes in-12. Voyez, p. xv, la Préface de M. H. van Laun au-devant de sa traduction des *OEuvres dramatiques de Molière* (ci-dessous, n° 5)[1].

5. — *The dramatic Works of Molière* rendered into English by Henri van Laun, with a prefatory memoir, introductory notices, appendices and notes. Édimbourg, William Paterson, 1875 et 1876. Cette traduction est dédiée à M. Taine. 6 volumes in-8° (tomes I et II de 1875; tomes III-VI de 1876), dont l'impression est fort belle, et pour lesquels M. Ad. Lalauze a spécialement dessiné et gravé toute une suite d'estampes.

On trouve dans la Préface et dans les Notices de M. H. van Laun des renseignements de grand intérêt sur les traductions et les imitations qui ont été faites en Angleterre de pièces ou de scènes de Molière, et dans les Appendices, de longs extraits des imitations.

6. — D'après *le Moliériste* de janvier 1880, p. 319, une traduction anglaise des *OEuvres dramatiques de Molière* par M. Ch. Heron Wall venait de paraître, en trois volumes, à New-York; elle avait d'abord été publiée à Londres en 3 volumes in-8° datés de 1876 et 1877.

Une comédie de M. Bronson Howard, intitulée *Wives*, « les Femmes », et représentée à New-York en octobre 1879, est, suivant *le Moliériste* de janvier 1880, p. 317, « une adaptation de *l'École des maris* et de *l'École des femmes* combinées, fondues et amalgamées en une seule œuvre. »

1. M. van Laun a négligé de dire quelles sont les sept comédies. Dans ses articles du *Moliériste* (n°s d'août 1880 et de janvier 1881) il cite comme traduits par Foote

Traduction arabe.

La bibliothèque de la Comédie-Française possède une traduction arabe du *Tartuffe*, que lui a léguée Ernest Aniel : voyez *le Moliériste* d'octobre 1884, p. 221.

Traductions danoises.

Une traduction complète des *Comédies de Molière* par B. Arnesen Kall a paru à Copenhague en 1869 et 1870 : 3 volumes in-8°.

La traduction d'*Amphitryon* mentionnée p. 351 de la *Notice* de cette comédie est de M. Richard Kauffmann; elle a été représentée à Copenhague en 1879 : voyez *le Moliériste* de février 1880, p. 350.

Le Misanthrope traduit en vers par Haagen Isaac Larpent (1868) a été publié, après la mort du traducteur, par Julie Larpent. Christiania, 1881 : 1 volume in-8°.

Traduction espagnole.

Sur une saynète, représentée en 1680, à la suite d'une comédie de Calderon, devant la cour d'Espagne, et dont l'idée est prise du *Bourgeois gentilhomme*, voyez un article de M. Alfred Morel Fatio au *Moliériste* d'août 1886, p. 129 et suivantes. Cette petite farce, intitulée *el Labrador gentilhombre*, a été imprimée dans le recueil des *Comedias de Don Pedro Calderon de la Barca* publié par D. Juan Eugenio Hartzenbusch et faisant partie de la *Bibliothèque* Rivadeneyra *d'auteurs espagnols* : Madrid, tome IV du *Calderon* (1850, p. 393 et 394).

Traduction en grec ancien.

Le premier acte du *Médecin malgré lui* a été traduit en grec ancien par G. Wyndham : Paris, Maisonneuve, 1875, in-8° (à la bibliothèque de l'Université); le texte français est en regard. Des notes, tout en grec, commentent surtout la traduction, justifiant les mots, expressions et tours employés, et les rapprochant de ceux du grec moderne.

Traductions en grec moderne.

La *Bibliographie moliéresque* ne mentionne qu'un seul recueil : une traduction de trois chefs-d'œuvre de Molière : *le Misanthrope* (en vers), *le Tartuffe* (en

ou « sous ses auspices » : *l'Étourdi*, le *Dépit amoureux*, les *Précieuses ridicules* et *le Mariage forcé*.

TRADUCTIONS.

vers), *l'Avare* (en prose), par M. I. Isidoridis Skylissis. Trieste, 1871 : 1 volume in-8°. Voyez dans l'*Annuaire de l'Association pour l'encouragement des études grecques en France*, année 1873, p. 347 et suivantes, un article de M. le marquis de Queux de Saint-Hilaire.

En 1877, M. Jean Frankia a publié une traduction en vers d'*Amphitryon* (d'après un article de M. E. Miller inséré au *Journal des savants* de septembre 1883, p. 509).

Traductions hollandaises.

De nombreuses traductions des diverses pièces de Molière ont été publiées en Hollande ; on n'en signale aucune du théâtre complet.
D'après *le Moliériste* de juin 1879, p. 154, la 3ᵉ partie (qui venait d'être publiée) d'un Catalogue de la bibliothèque appartenant à la Société de littérature néerlandaise de Leyde contient de ces traductions un relevé plus complet encore que celui qui est donné dans la *Bibliographie moliéresque*.

Une traduction de *Tartuffe*, en vers alexandrins, par M. J. A. Alberdingk Thym, professeur à l'École des beaux-arts d'Amsterdam, a été représentée en 1880; elle avait été imprimée, avec une notice historique, à Amsterdam, l'année précédente : voyez l'intéressant article de M. A. G. van Hamel au *Moliériste* de juin 1880, p. 69-80.
M. Alberdingk Thym a aussi publié en 1886 une traduction nouvelle du *Misanthrope :* voyez encore un article de M. van Hamel inséré dans la *Revue d'art dramatique* de septembre 1886, p. 343 et suivantes.

« M. Waling Dykstra, qui avait déjà traduit *le Médecin malgré lui*..., vient de publier une traduction de *Tartuffe* en langue frisonne, dialecte qu'on parle dans le nord de la Hollande et du Hanovre. » (*Le Moliériste* de février 1885, p. 345 et 346.)

Traductions hongroises.

Une traduction de toutes les *Comédies de Molière* a été publiée par la Société littéraire Kisfaludy : Budapest, 1881-1883, 12 volumes in-8°, dont 5 (II-VI) factices.
Les traducteurs sont : M. Gábor Kazinczy, pour *le Tartuffe*, *l'Avare* et *George Dandin*; — M. Károly Szász, pour *le Misanthrope*, *l'École des maris*, *l'École des femmes*, *la Critique de l'École des femmes*, *les Précieuses ridicules*, *Sganarelle*, *le Mariage forcé*, et *Monsieur de Pourceaugnac*; — M. Károly Kemény, pour *les Fâcheux* et *Amphitryon*; — M. József Puki, pour *les Fourberies de Scapin* et *le Sicilien*; — M. István Perényi, pour *le Dépit amoureux*, *Psyché*, et *les Amants magnifiques*; — M. Gergely Csiky, pour *le Bourgeois gentilhomme*, *la Pastorale comique*, et *l'Impromptu de Versailles*; — M. Vilmos Györy, pour *la Princesse d'Élide*, *la Gloire du Val-de-Grâce*, et les *Poésies*

diverses; — M. József Lévay, pour *Mélicerte* et *Dom Juan;* — M. László Arany, pour *les Femmes savantes;* — M. Arpád Berczik, pour *le Malade imaginaire;* — M. Antal Várady, pour *l'Amour médecin;* — M. Ede Paulay, pour *l'Étourdi;* — M. Tihamér Almási, pour *le Médecin malgré lui;* — M. Miklós Markus, pour *la Comtesse d'Escarbagnas;* — M. József Sulkowski, pour *Dom Garcie de Navarre;* — M. László Toldy, pour *la Jalousie du Barbouillé,* et *le Médecin volant.*

Voyez *le Moliériste* de septembre 1879, p. 184 et suivantes; et dans le *Musée Molière* du docteur Schweitzer, au tome Ier, IIIe fascicule (février 1881), p. 79-96, un article de M. Julius Deutsch intitulé *Molière en Hongrie.*

Traductions italiennes.

1. — *Le Opere di G. B. P. di Moliere,* divise in quattro volumi ed arrichite di bellissime figure. Tradotte da Nic. di Castelli[1], secret[ario] di S[ua] A[ltezza] S[erenissima] E[lettorale] di Brand[eburgo]. In Lipsia a spese dell' autore ed appresso Gio. Lodovico Gledisch. L'anno 1698 (les titres particuliers des pièces ayant chacune sa pagination portent le millésime de 1697) : 4 volumes factices in-12. Les figures ont été gravées par Daucher (il en a du moins signé plusieurs), d'après celles d'Harrewyn qui accompagnent le recueil des *OEuvres* de Bruxelles, 1694 (plus haut, p. 78, n° 11).

La traduction est en prose. Pour *Dom Juan,* dans la scène du Pauvre notamment, elle est conforme au texte le plus complet imprimé à Amsterdam en 1683 et à Bruxelles en 1694. Elle l'est au texte de cette dernière édition, c'est-à-dire au texte non authentique, pour *le Malade imaginaire;* et dans la macaronée italienne de la Cérémonie ont été introduites les interpolations qu'avaient admises les recueils d'Amsterdam, 1693 (plus haut, p. 77, n° 10) et de Bruxelles, 1694 (plus haut, p. 78, n° 11). *La Princesse d'Élide* est encadrée dans la relation des *Plaisirs de l'Ile enchantée.* Mais non seulement la *Lettre* de Visé *sur la comédie du Misanthrope,* la *Préface* même du *Tartuffe* et les *Placets au Roi* ont été omis. A la fin du dernier volume a été donnée *l'Ombre de Molière* de Brécourt.

Une seconde édition, formant 4 volumes petit in-12, fut publiée en 1740; le titre en est identique avec celui de la première, sauf l'adresse de l'éditeur, qui est : *In Lipsia, appresso Mauritio Georgio Weidmann.*

2. — *Opere del Moliere,* ora nuovamente tradotte nell' italiana favella.... In Venezia, presso Giambattista Novelli, 1756 et 1757 : 4 volumes in-8°.

Cette traduction, aussi toute en prose, est dédiée par l'éditeur G. Novelli à Charles-Eugène duc de Wirtemberg et Teck, comte de Montbeillard, etc. Elle est attribuée à Gasparo Gozzi, qui, avec la collaboration de sa femme et de ses filles, en entreprit beaucoup d'autres. Elle paraît reproduire l'édition

---

[1]. On lit dans un article de M. J. de Filippi inséré au *Moliériste* de juillet 1884 (p. 106) que ce fut « le Père Biagio Augustelli qui, sous le pseudonyme de Nicolò di Castelli, traduisit tout Molière et le publia... à Leipzig ». Le même renseignement est donné dans le *Dizionario di opere anonime e pseudonime di scrittori italiani* de Melzi (là le nom est écrit *Angustelli*). Ce Père entrant au service de l'Électeur de Brandebourg avait apparemment quitté le froc ou la soutane. Un portrait donné pour celui de *Nic. di Castelli* accompagne le tome III de la seconde édition (mentionnée ci-après) et n'a rien absolument d'ecclésiastique.

de 1739, laquelle, comme on sait, n'est qu'une copie de celle de 1734 et dérive des exemplaires censurés (incomplets surtout pour la comédie de *Dom Juan*) de l'édition de 1682 (plus haut, p. 84, et p. 87, n°⁸ 18 et 19 des Recueils) Les comédies sont précédées de *Memorie intorno alla vita ed alle opere del Moliere* (dont l'auteur n'est point nommé, mais qui ne sont autres que les *Mémoires* de la Serre) et des trois pièces suivantes, qui, dans la seconde édition de Jolly, composent l'*Addition à l'Avertissement* (plus haut, p. 87, au n° 19) : 1° *Catalogo delle Critiche ed Apologie;* 2° *Alcune notizie... tratte da un libro intitolato* NUOVE NOVELLE; 3° *Lettera intorno agli affari di teatro*. On s'est dispensé de traduire *Dom Garcie de Navarre, la Princesse d'Élide, Mélicerte, les Amants magnifiques* et *Psyché*.

3. — M. Ch.-L. Livet, dans un article inséré au numéro de mai 1880 du *Moliériste*, p. 36 et suivantes, parle d'une *Bibliothèque théâtrale de la nation française*, qui fut publiée à Venise à partir de 1794 et qui contient diverses traductions de comédies de Molière.

4. — *Commedie scelte di Moliere*, tradotte da Virginio Soncini, con note critiche del professore Gaetano Barbieri. Milano, dalla tipografia di commercio, 1823 : 2 volumes in-16.

Le tome I⁰ʳ contient *le Misanthrope, l'Avare, les Précieuses ridicules*. Le tome II, *les Femmes savantes* (le Dottoresse), *l'École des femmes*, et *les Fâcheux* (i Seccatori).

Nous avons vu à la Bibliothèque de l'Arsenal une farce en trois actes, en prose, où *Monsieur de Pourceaugnac* est imité de très près. En voici le titre : *Il Gorgoleo ovvero il Governatore dell' Isole natanti*, commedia del signore GIROLAMO GIGLI, patrizio Sanese. In Siena l'anno 1753. Per Franc. Quinza ed Agostino Bindi : in-8°. Avec un Avertissement *A chi legge* de l'éditeur Vincenzo Pazzini Carli.

Le *Don Pilone* de ce même Gigli a été mentionné à la *Notice* du *Tartuffe* (tome IV, p. 367). Gigli a aussi traduit *les Fourberies de Scapin* et plusieurs tragédies et comédies françaises : voyez un article de M. J. de Filippi au *Moliériste* de juillet 1884, p. 106 et suivantes.

Traductions polonaises.

« *OEuvres complètes de Molière*, traduites en vers polonais, accompagnées d'une notice sur Molière, d'un parallèle de cet auteur avec d'autres écrivains, de remarques sur chaque pièce en particulier et d'une dissertation sur la comédie chez les anciens et les modernes, par François Kowalski. Krzemieniec [en Wolhynie], 1828 : 8 volumes in-8°. » (*Bibliographie moliéresque* de Paul Lacroix, n° 877.)

D'après la même *Bibliographie*, n° 878, une « nouvelle édition, revue et corrigée », également en 8 volumes in-8°, a paru à Wilna de 1847 à 1852.

Voyez au *Moliériste* d'août 1882, p. 149 et 150, une note de M. Charles Estreicher sur *Molière en Pologne*.

Traductions portugaises.

« CASTILHO. *Theatro de Molière.* Sexta e ultima tentativa : *O DOENTE DE SCISMA*, comedia em 3 actos, trasladada de prosa a verso ; represeutada pela primeira vez no theatro do Gymnasio, no dia 7 de março de 1874. Obra posthuma. Por ordem e na typographia da Academia real das sciencias de Lisboa. 1878 n : 1 volume in-16.

Sur cet essai d'un *Malade imaginaire* versifié, et, pour emprunter les expressions du critique, « rajeuni, nationalisé », sur les autres adaptations qui ont été publiées précédemment (de 1869 à 1879), par M. le vicomte de Castilho, du *Médecin malgré lui*, de *Tartuffe*, de *l'Avare*, des *Femmes savantes* et du *Misanthrope*, voyez, dans la *Revue du Monde latin*, numéro du 25 décembre 1883, tome Ier, p. 453 et suivantes, un article de M. F.-J. de Santa-Anna Nery.

Au tome II, IVe fascicule, p. 176, du *Musée Molière* du docteur Schweitzer, est citée une traduction de *l'École des femmes* qui fut publiée, in-quarto, à Lisbonne en 1782.

Traductions russes.

« La Société des auteurs dramatiques de Moscou a décidé que les OEuvres complètes de Molière seraient traduites sous sa surveillance et publiées sous son patronage. » (Note du *Moliériste*, au numéro de juin 1880, p. 96.)

Dans un intéressant article, publié par *le Livre*, n° du 10 novembre 1884, sous ce titre : *Les Influences françaises en Russie. Molière : ses traducteurs, ses imitateurs, ses critiques et ses interprètes en Russie*, M. Mikhaïl Achkinasi a annoncé la publication très prochaine (qui s'est en effet achevée à Saint-Pétersbourg avant la fin de l'année 1884) d'une traduction de Molière comprenant vingt comédies, et précédée d'une biographie du poète, œuvre de M. Alexis Vesselovsky, le professeur de l'Université de Moscou, l'auteur de remarquables études sur *Tartuffe*, *Dom Juan* et le *Misanthrope*.

« Au moment où nous traçons ces lignes, dit M. Achkinasi, p. 367, on annonce une grande édition des œuvres de Molière. Elle se composera de trois forts volumes in-8° de 500 pages. Le premier tome donnera la Biographie de Molière écrite par notre savant moliériste, M. Vesselovsky, et contiendra les huit pièces suivantes : *l'Étourdi*, le *Dépit amoureux*, les *Précieuses ridicules*, *l'École des maris*, *l'École des femmes*, la *Critique de l'École des femmes*, *l'Impromptu de Versailles* et le *Mariage forcé*. — Le second tome renfermera *Dom Juan*, le *Misanthrope*, le *Médecin malgré lui*, le *Tartuffe*, l'*Amphitryon* et *l'Avare*. — Le tome troisième donnera *George Dandin*, *Pourceaugnac*, le *Bourgeois gentilhomme*, *Scapin*, les *Femmes savantes* et le *Malade imaginaire*. — Ces traductions sont faites par différents écrivains ; les pièces en vers sont reproduites de même par quelques-uns de nos poètes en vogue : M. Minaev, qui s'est fait connaître également par des traductions de Victor Hugo et de Barbier ; M. Kourotchkine, habile traducteur de Béranger, et M. Grigoriev. En définitive, la Russie aura élevé à Molière, en 1884, un monument littéraire qu'elle lui devait depuis longtemps. — Molière a été aussi traduit en petit-russien, en arménien et dans la langue géorgienne. »

TRADUCTIONS.

Une traduction du *Médecin malgré lui* due à la princesse Sophie Alexievna Romanoff fut représentée à Moscou en septembre 1678. Voyez, p. 340, le premier des articles que M. Pierre de Corvin (Nevsky) a publiés, du mois d'août 1888 au mois d'avril 1889, dans *la Grande Revue, Paris et Saint-Pétersbourg*, sous le titre de : *Le Théâtre en Russie depuis ses origines jusqu'à nos jours, étude historique et littéraire*.

Sur une traduction des *Fourberies de Scapin* par Wasili Teploff, voyez *le Moliériste* d'avril et d'août 1882, p. 26 et 153 ; et sur le traducteur, voyez le même recueil, n° de mai 1882, p. 61.

D'après *le Moliériste* de septembre 1880, p. 189, une nouvelle traduction russe de *l'École des maris*, par M. Grigorieff, venait de paraître à Saint-Pétersbourg.

M. Likhatchew a fait représenter avec succès, le 2 janvier 1889, sur le théâtre Alexandra de Saint-Pétersbourg, une traduction nouvelle, en vers libres, du *Tartuffe* : voyez *le Moliériste* de février 1889, p. 352.

Traductions en turc.

Une traduction en turc du *Misanthrope* était en la possession d'Ernest Aniel, et a été par lui léguée à la Comédie-Française : voyez *le Moliériste* d'octobre 1884, p. 221.

Sur quelques imitations populaires de scènes de Molière, voyez l'article de M. Alphonse Thalasso au *Moliériste* de janvier 1888, p. 289 et suivantes : *Molière en Turquie*.

B.

OUVRAGES RELATIFS A MOLIÈRE.

I. — *Écrits relatifs aux pièces détachées du théâtre de Molière et à quelques-unes des poésies.*

L'Étourdi : voyez plus loin, p. 123, le numéro 6.

Dépit amoureux : voyez plus loin, p. 124, le numéro 7.

1. — *Les Précieuses ridicules.*

La Précieuse ou *le Mystère de la ruelle.* Dédiée à telle qui n'y pense pas[1] (par l'abbé Michel de Pure, qui a signé la dédicace du nom de Gelasire). Paris, Pierre Lamy, ou Guillaume de Luyne, ou Charles de Sercy, 1656-1658 : 4 parties ou volumes petit in-8°.

   Voyez la *Notice*, tome II, p. 22-25, et le *Cours de littérature dramatique* de Saint-Marc Girardin, tome V, p. 78 et suivantes.
   Voyez aussi, sur la comédie de *la Précieuse* que l'abbé de Pure avait fait jouer par les Italiens en 1656, l'article de M. Jules Couet inséré au *Moliériste* d'août 1880 : on trouve cité là un récit épisodique de la IIIe partie du roman (p. 473 et suivantes, particulièrement p. 494-499) qui peut donner quelque idée de l'un au moins des incidents de la comédie italienne.

La Muse historique de Loret, apostille à la lettre du 6 décembre 1659, et lettre du 30 octobre 1660 (citées dans notre tome II, p. 19 et 30).

---

1. Tel est le titre de la Ire partie (1656); celui de la II^{de} (achevée d'imprimer le 15 juin de la même année 1656), ainsi que celui de la IIIe (achevée le 30 décembre suivant), est : *la Précieuse* ou *les Mystères de la ruelle;* la IVe partie (achevée le 9 mai 1658) est intitulée *le Roman de la Précieuse* ou *les Mystères de la ruelle.*

Récit en prose et en vers de la farce des PRÉCIEUSES (par Mlle des Jardins, qui porta plus tard le nom de Mme de Villedieu). Paris, Claude Barbin, 1660; in-12. Il est reproduit en appendice dans notre tome II, p. 118 et suivantes.

La Déroute des Précieuses, mascarade. Paris, Alexandre Lesselin, 1659 : in-4°. A été réimprimée, avec une notice, par M. Victor Fournel, au tome II des *Contemporains de Molière*, p. 499 et suivantes.

Molière et Madeleine Béjart, deux portraits peints par Abraham Bosse, article de M. Alexis Martin (avec deux *fac-simile*), au *Moliériste* de novembre 1882, p. 22 et suivantes.

> Il s'agit de portraits représentant Molière en Mascarille et Madeleine Béjart en Madelon des *Précieuses ridicules*. Ainsi se trouve bien confirmée l'une des attributions de rôle faites dans *le Moliériste* d'avril 1882 (p. 30); tout à fait vraisemblable est aussi l'attribution du rôle de Cathos à *Catherine* de Brie, et celle du rôle de Marotte à *Marie* Ragueneau, la future femme de la Grange.

La Cocue imaginaire (par F. Doneau : ci-après, p. 121, au n° 2), 1660. Voyez le passage de l'avis *Au lecteur* cité tome II, p. 20.

Lettre de Thomas Corneille mal datée du 1er décembre 1659; au tome II, p. 751, colonne 1, du *Corneille* de l'édition grand in-octavo de Firmin Didot (1837), d'après le manuscrit français n° 12 763 de la Bibliothèque nationale. Passage cité tome II, p. 25, et plus complètement à la *Notice biographique*, p. 219 et 220, où la date, certainement postérieure à la reprise des *Précieuses* du 2 décembre, est discutée (note 2 de la page 219).

Les Véritables Précieuses, comédie (en un acte, en prose, par Antoine Baudeau de Somaize); Jean Ribou, 1660; petit in-12. La première édition fut achevée d'imprimer le 7 janvier, et la seconde le 6 septembre; celle-ci est augmentée d'un *Dialogue de deux Précieuses sur les affaires de leur communauté*.

Les Précieuses ridicules, comédie représentée au Petit-Bourbon. Nouvellement mises en vers (par le même Somaize). Jean Ribou, 1660 (achevé d'imprimer du 12 avril). — Seconde édition, Jean Ribou, 1661 (achevé d'imprimer du 12 mars); petit in-12. Voyez notre tome II, p. 48, note 3.

Le Grand Dictionnaire des Précieuses ou *la Clef de la langue des ruelles* (par le même Somaize). Jean Ribou, 1660 (achevé d'imprimer du 12 avril); in-12. — Seconde édition, revue, corrigée, et augmentée de quantité de mots. Estienne Loyson (associé au privilège de Jean Ribou), 1660 (achevé d'imprimer du 20 octobre); in-12.

Le Procès des Précieuses, en vers burlesques, comédie (par le même Somaize). Estienne Loyson (ou Jean Guignard), 1660 (achevé d'imprimer du 12 juillet); in-12.

Le Grand Dictionnaire des Précieuses, historique, poétique, géographique, cosmographique, chronologique et armoirique, où l'on verra leur antiquité, coutumes..., comme aussi les noms de ceux et de celles qui ont jusqu'ici inventé des mots précieux (le titre courant est : *le Grand Dictionnaire historique des Précieuses*). Dédié à Mgr le duc de Guise par le sieur de Somaize, secrétaire de Mme la connétable Colonna (Marie de Mancini, mariée depuis deux mois). Paris, Jean Ribou, 1661 (achevé d'imprimer du 28 juin); 2 volumes in-8° : une *Clef*, paginée à part, a été jointe au second.

> M. Livet a reproduit, en 1856, dans la *Bibliothèque elzévirienne* de P. Jannet, les deux *Dictionnaires*, les *Véritables précieuses* et *le Procès des Précieuses* de Somaize, et accompagné ce recueil d'une *Préface*, de notes, et d'une *Clef historique et anecdotique*. Des *Précieuses ridicules mises en vers*, il n'a naturellement donné que la dédicace à *Mlle Marie de Mancini* et la *Préface*.

Le Songe du Rêveur (opuscule en vers). Guillaume de Luyne, 1660; in-12 : voyez notre tome IX, p. 569-571.

Nouvelles nouvelles, divisées en trois parties, par Monsieur de******; Paris, Pierre Bienfaict, 1663 (privilège du dernier février 1662; achevé d'imprimer du 9 février 1663); 3 volumes in-12 : voyez la IIIe partie, p. 223 et 224.

> Sur ce livre, attribué, dans nos deux premiers volumes, au comédien de Villiers, mais qui appartient sans doute possible à Jean Donneau de Visé, voyez tome III, p. 112, note 1, et la *Notice biographique*, p. 220, note 1.

Menagiana, 1re édition, 1693. Page 278 (passage cité tome II, p. 14).

Segraisiana, 1721. Page 212 (passage cité tome II, p. 15 et 16).

La Société précieuse au dix-septième siècle, article de M. Ferdinand Brunetière, inséré au numéro du 15 avril 1882 de la *Revue des Deux Mondes*, puis au tome II des *Études critiques* de l'auteur *sur l'histoire de la littérature française*.

A propos des Précieuses ridicules, par M. Henri Dalimier. Saint-Lô, 1890 : brochure in-12.

D'après la *Bibliographie moliéresque* (n° 1692), la comédie des *Précieuses ridicules* mise en opéra-comique par P. L. Moline, musique de Devienne, fut représentée sur le théâtre des Variétés Montansier le 9 juillet 1791.

Les Précieuses ridicules, opéra-comique en un acte, livret de M. Valladier, d'après la pièce de Molière, musique de M. Paul Mériel, représenté à Toulouse en mars 1877. (*Dictionnaire lyrique* ou *Histoire des opéras* par Félix Clément et Pierre Larousse : au 4º Supplément, p. 938.)

---

2. — *Sganarelle* ou *le Cocu imaginaire.*

Nouvelles nouvelles (par Donneau de Visé : mentionnées ci-contre, p. 120), 1663 : IIIº partie, p. 225-226.

Documents inédits sur... Molière, découverts et publiés avec des notes... par M. Émile Campardon; Paris, Henri Plon, 1871 : voyez, p. 3-8, le procès-verbal d'un commissaire (du 28 août 1660) concernant l'édition frauduleuse de Jean Ribou.

Nouvelles pièces sur Molière et sur quelques comédiens de sa troupe, recueillies aux Archives nationales et publiées par M. Émile Campardon ; Paris et Nancy, Berger-Levrault, 1876 : voyez, p. 9-19, les deux Arrêts du Conseil privé (du 3 septembre et du 16 novembre 1660), concernant la même édition de Ribou, qui ont été analysés plus haut, p. 4.

La Cocue imaginaire, comédie (en un acte, en vers, calquée sur *le Cocu imaginaire,* par F. Doneau). Privilège du 25 juillet 1660. Imprimée d'abord, on le suppose, en septembre de la même année (voyez la *Notice biographique,* p. 231, note 1). Une édition in-douze, dont l'achevé d'imprimer *pour la seconde fois* est du 27 mai 1662, parut chez Jean Ribou. Le privilège lui donne le titre de *les Amours d'Alcippe et de Céphise;* et le titre intérieur, qui se lit au haut de la page 1 de la seconde édition, est aussi : *les Amours d'Alcippe et de Céphise* ou *la Cocue imaginaire.* — Voyez au tome II, p. 137 et 138, la citation d'un important passage de l'avis *Au lecteur.* — Dans *le Songe du Rêveur* (mentionné ci-contre, p. 120), qui parut à la fin de 1660, il est parlé, p. 22, de cette imitation du *Cocu imaginaire* comme d'un impudent larcin (voyez notre tome IX, p. 571, note 1) ; et d'autres passages pourraient donner à penser qu'on l'imputait encore à Somaize.

Bernabo, opéra bouffe en un acte d'après Molière (*d'après le Sganarelle de Molière*), paroles ajustées sur la musique de Cimarosa,

Paisiello, Guglielmi, Salieri, Farinelli, Grétry, par Castil-Blaze....
Paris, 1856; grand in-8° à deux colonnes.

Sganarelle ou *le Mari qui se croit trompé*, comédie en un acte et en vers de Molière, arrangée avec des scènes nouvelles, un nouveau dénouement, et mise en un acte, par J.-A. Gardy. Paris, Fages, an XI (1802). Voyez notre tome II, p. 142, note 2.

---

3. — *Dom Garcie de Navarre* ou *le Prince jaloux*.

Pièce italienne d'où Molière a tiré la sienne : LE GELOSIE FORTUNATE DEL PRINCIPE RODRIGO, opera di Giacinto Andrea Cicognini, Fiorentino. *In Perugia per Sebastiano Zecchini*, 1654, *in*-12 ; *et in Venetia per il Pezzana*, 1658, *in*-12 (d'après la *Drammaturgia* d'Allacci, 1666). Voyez notre tome II, p. 231 et 232, où est citée une édition de Venise, 1661 ; et sur Cicognini, auteur encore d'un *Convié de pierre*, voyez tome V, p. 21 et suivantes.

Les *Véritables Précieuses* de Somaize, 1660 (mentionnées plus haut, p. 119). Scène VII (passage cité tome II, p. 220).

Réponse à l'Impromptu de Versailles ou *la Vengeance des marquis*, comédie de Donneau de Visé, 1663 (mentionnée plus loin, p. 130). Scène V (passage cité tome II, p. 229).

Nouvelles nouvelles du même Donneau de Visé, 1663 (mentionnées plus haut, p. 120). IIIe partie, p. 230 (passage cité tome II, p. 219).

> Ces *Nouvelles nouvelles* et la comédie indiquée à l'alinéa précédent ont été, à tort, croyons-nous, attribuées à de Villiers : voyez tome III, p. 112, note 1.

Cours de littérature dramatique de Saint-Marc Girardin : tome V (édition de 1874), LXXXIV, p. 468 et suivantes.

---

4. — *L'École des maris*.

Sur ce que Molière peut devoir pour cette comédie aux *Adelphes* de Térence, voyez tome II, p. 339 et 340.

Dans la troisième nouvelle de la troisième journée du *Décaméron* de Boccace se trouve l'idée principale du second acte de *l'École des maris*.

ÉCRITS RELATIFS AUX PIÈCES.

La Muse historique de Loret, lettre du 17 juillet (datée, par erreur, du 17 juin) 1661 (passage cité tome II, p. 338).

Nouvelles nouvelles de Donneau de Visé, 1663 (mentionnées plus haut, p. 120 et 122). IIIe partie, p. 228.

Castil-Blaze, au tome II, p. 39-40, de *Molière musicien*, dit que Paër fit, en 1794, « représenter à Rome *l'École des maris*, comédie de Molière, devenue opéra bouffon sous le titre de *Una in bene, una in male* ».

5. — *Les Fâcheux*.

Une ancienne copie du *Prologue* de Pellisson, ayant pour titre : « Ouverture de la comédie des *Fâcheux* à Vaux », est indiquée tome III, p. 32, note 1. — Cette pièce de vers a été insérée, en 1671, au tome II, p. 309 et 310, du *Recueil de poésies diverses dédié à Mgr le prince de Conty par M. de la Fontaine*; Paris, Pierre le Petit; 3 volumes in-12. Le texte est là tout semblable au nôtre, sauf que l'indication des jeux de scène a été supprimée. Voyez le numéro 384 du Catalogue de la bibliothèque Rochebilière; M. Claudin y a signalé un exemplaire de ce second volume qui porte, pour les poésies de Pellisson et en particulier pour le *Prologue* des *Fâcheux*, des corrections autographes de l'auteur.

Lettre de la Fontaine à Maucroix du 22 août 1661 : *Relation d'une fête donnée à Vaux;* dans les *OEuvres diverses de la Fontaine*, 1729. Reproduite en appendice au tome III, p. 97 et suivantes.

La Muse historique de Loret, lettres du 20 août, du 27 août et du 19 novembre 1661 (passages cités tome III, p. 6; p. 13, note 1; et p. 14 et 15).

Menagiana, 1re édition, 1693. Page 38. — Un autre renseignement est au *Menagiana*, 2de édition, 1694, tome II, p. 13.

La Partie de piquet des Fâcheux, article de M. Eugène de Certain, inséré au tome V de *la Correspondace littéraire*, numéro du 10 avril 1861.

6. — *L'Étourdi* ou *les Contre-temps*.

Pièce imitée par Molière : *l'Inavvertito* de Nicolò Barbieri dit Beltrame, Turin, 1629. Voyez tome Ier, p. 89 et 90. La comédie italienne a été donnée en appendice, même tome, p. 241 et suivantes, d'après la seconde édition, de Venise, 1630.

Il y a un *Incauto* ou *Inavvertito* parmi les canevas que contient le volume de M. Bartoli publié en 1880 sous le titre de *Scenari inediti della commedia dell'arte* : plus loin, p. 235, 3e alinéa.

Élomire hypocondre ou *les Médecins vengés*, comédie par Monsieur le Boulanger de Chalussay. Paris, Charles de Sercy; achevée d'imprimer le 4 janvier 1670. La pièce fut reproduite en Hollande sous ce titre : « *Élomire, c'est-à-dire Molière, hypocondre, ou les Médecins vengés*, comédie. Suivant la copie imprimée à Paris, 1671 » ; petit in-12 à la Sphère, sorti, suivant M. Willems, de l'officine d'Abraham Wolfgang à Amsterdam. Voyez acte IV, scène II du *Divorce comique*, comédie en comédie (passage cité tome Ier, p. 88).

<small>Sur ce pamphlet, la gravure qui l'accompagne, les réimpressions assez récentes qui en ont été faites, voyez les renseignements donnés plus loin, p. 182 et 183, et note 1 de cette dernière page.</small>

Un jugement de Victor Hugo sur le style de *l'Étourdi* a été rapporté d'après M. P. Stapfer, p. 101, note 1, de notre tome Ier.

Sur une très intéressante reprise de *l'Étourdi* à la Comédie-Française, voyez la *Chronique théâtrale* de M. Francisque Sarcey insérée le 30 octobre 1871 dans le journal *le Temps*.

---

7. — *Dépit amoureux*.

Pièce italienne dont Molière a imité l'intrigue : L'INTERESSE, « la Cupidité », comédie en prose de Nicolò Secchi ; Venise, 1581 ; in-8° (voyez tome Ier, p. 381, note 1) ; réimprimée là même in-douze, en 1587 et en 1628.

Nouvelles nouvelles..., par Monsieur de ****** (Donneau de Visé : plus haut, p. 120), 1663. IIIe partie, p. 221.

Élomire hypocondre ou *les Médecins vengés*, comédie par le Boulanger de Chalussay (ci-dessus, 3e alinéa); Paris, 1670. Acte IV, scène II du *Divorce comique*, comédie en comédie (passage cité tome Ier, p. 388 et 389).

M. Goizet, dans son *Dictionnaire universel du théâtre en France et du théâtre français à l'étranger* (1867), mentionne les premières éditions et réimpressions de deux arrangements de la pièce en deux actes :

1° *Le Dépit amoureux*, comédie par Molière, réduite en deux actes (....par Colson, dit Bellecour, représentée sur le Théâtre-

Français...); 1770, Paris, veuve Duchesne ; in-8°. — *Idem*, nouvelle édition conforme à la représentation; 1786, Paris, veuve Duchesne ; in-12 et in-8°. — *Idem*, sans date; Paris, Barba; in-8° (*édition imprimée vers le commencement de la Révolution : voyez notre tome I*^{er}, *p*. 392, *note* 1). — *Idem*, an IX (1801), Paris, Fages ; in-8°.

2° *Le Dépit amoureux*, comédie de Molière, arrangée en deux actes... (par Letourneur, dit Valville, comédien français, représentée en province); 1773, Marseille, Jean Mossy ; in-8°. — *Idem*, nouvelle édition, conforme aux représentations du Théâtre-Français ; 1787, Toulouse, Broulhiet ; in-8°. — (Mentionnons ici une édition examinée par M. Moland : « *Le Dépit amoureux*, comédie en cinq actes et en vers, de Molière, retouchée et mise en deux actes par M. Valville, comédien français. *Nouvelle édition*. A Paris, chez Delalain, rue et à côté de la Comédie-Française, 1787 : in-8°. ») — *Idem*, nouvelle édition conforme à la représentation ; 1798, Paris, Chambon.

> Ces deux séries d'éditions ne paraissent guère différer que par une scène d'exposition, qui a été ajoutée au texte de Molière dans celles dont l'arrangement est attribué à Valville, et qui n'est pas dans celles qu'on met sous le nom de Bellecour. M. Moland a constaté qu'il y a dans la bibliothèque de la Comédie-Française un exemplaire de l'édition de Paris, Delalain, 1787 (ci-dessus, sous 2°), portant sur le titre le nom de Valville, et où se lit la scène postiche d'ouverture. Il est donc certain que, contrairement à ce qu'a dit Despois (tome Ier, p. 392), Valville aussi avait cru nécessaire, du moins pour un temps, d'avoir une scène *d'augmentation*, et peut-être est-ce celle même d'Armand qu'il avait conservée.
>
> La seule édition intéressante du *Dépit amoureux* mis en deux actes est celle qu'a donnée M. Moland, en tête du tome III de sa seconde édition des OEuvres de Molière. « Respectant l'arrangement traditionnel et les modifications essentielles qu'il a nécessitées, » il a fait disparaître du texte de Molière conservé par les adaptateurs les altérations étranges qu'il avait subies, et il a pris le soin de noter au bas des pages « les variantes des éditions anciennes de l'arrangement en deux actes, les corrections et indications du texte officiel (*du texte suivi à la Comédie-Française*), et enfin les mauvaises leçons du texte vulgaire. On verra de la sorte, ajoute M. Moland, comment une pièce de théâtre, même en vers, tend à s'altérer, soit dans les réimpressions, soit dans la récitation des comédiens peu soucieux d'exactitude. » Dans une note de sa *Notice préliminaire*, M. Moland a reproduit, d'après l'édition de 1787, la scène additionnelle, depuis longtemps supprimée à la scène, « où plusieurs passages de Molière sont intercalés. »

Le Dépit amoureux, rétabli en cinq actes. Hommage à Molière, par Cailhava, de l'Institut. Paris, Charles Pougens..., an IX (1801). Voyez notre tome Ier, p. 394 et 395.

La Fille crue garçon ou *le Dépit amoureux*, de Molière, comédie en cinq actes et en vers..., retouchée en 1800 par Cailhava, membre de l'Institut, et en 1862 par Auguste L. de B***. Chartres et Paris, 1862, in-12.

Vers la fin du tome Ier (volume factice in-8º, imprimé à Orléans et daté de 1811) des *Pièces de théâtre* de M. Alexandre Pieyre, correspondant de l'Institut, se lisent les indications nécessaires à un *Arrangement du* Dépit amoureux *en trois actes :* la pièce ainsi réduite a été, d'après Taschereau et la *Bibliographie moliéresque*, représentée, le 10 janvier 1818, sur le théâtre de l'Odéon.

Un *Dépit amoureux* réduit par Andrieux en un acte, et, paraît-il, représenté sur le théâtre du Gymnase le 17 février 1821, n'a pas été imprimé.

Cours de littérature dramatique de Saint-Marc Girardin, tome V (édition de 1874), LXXXIII.

---

8. — *L'École des femmes.*

Les *Nouvelles tragi-comiques* de Scarron, « tournées, dit le privilège, de l'espagnol en françois ». Paris, Ant. de Sommaville, 1661; in-8º [1]. Molière a pris le sujet de sa pièce de la première de ces histoires, qui a pour titre *la Précaution inutile*, et qui est traduite de la quatrième des *Novelas amorosas y exemplares* de doña Maria de Zayas y Sotomajor, dont un premier recueil parut à Madrid dès 1634, et un autre (qui est à la bibliothèque Mazarine) à Barcelone en 1646 : voyez, soit aux folios 86-119 de cette dernière édition, soit au tome XXXV (1847) de la collection Baudry des principaux auteurs espagnols, *el Prevenido engañado*, ou bien, sous le titre de *la Précaution inutile* emprunté à Scarron, la quatrième des « *Nouvelles* de doña Maria de Zayas traduites de l'espagnol » par Vanel (Paris, G. Quinet, 1680; 5 volumes in-12 : tome II, p. 98-119). — Voyez, p. 115 et 116 de la *Notice*, dans quels contes se trouvait déjà l'idée de la « confidence perpétuelle » qui profite si peu à Arnolphe.

Stances à M. Molière sur sa comédie de l'École des femmes, *que plusieurs gens frondoient*. Publiées d'abord dans la Ire partie, p. 176, d'un recueil de 1663 intitulé *les Délices de la poésie galante des plus célèbres auteurs de ce temps* (voyez nos tomes Ier, p. XX et III, p. 119; et plus loin, p. 180). Boileau les avait envoyées à Molière le 1er janvier de cette année 1663 : voyez la Remarque de Brossette au tome Ier, p. 433, des *OEuvres de M. Boileau Despréaux avec des éclaircissements historiques donnés par lui-même* (Genève, 1716; in-4º).

Loret, *la Muse historique*, lettre du 13 janvier 1663.

---

1. Le volume est factice : la Ire nouvelle y est de 2{de} édition, achevée d'imprimer le 26 novembre 1661; la II{de} nouvelle, de 1re édition, achevée dès le 26 octobre 1655.

ÉCRITS RELATIFS AUX PIÈCES.

Nouvelles nouvelles..., par Monsieur de ***** (par Donneau de Visé) : de février 1663 (plus haut, p. 120). III⁰ partie, p. 230 et suivantes.

Quatrième dissertation concernant le poème dramatique, servant de réponse aux calomnies de M. Corneille (par l'abbé d'Aubignac) : à la page 115 d'une seconde pagination dans le volume petit in-douze, achevé d'imprimer le 27 juillet 1663, où sont réunies les quatre *Dissertations* de l'auteur *concernant le poème dramatique*. Voyez notre tome III, p. 357, notes 1 et c.

Traité de la comédie et des spectacles, selon la tradition de l'Église tirée des conciles et des saints Pères (par le prince de Conty). Paris, Louis Billaine, 1666 (Achevé du 18 décembre) : in-8°; l'édition est posthume, le prince était mort le 21 février 1666. Voyez p. 23 et 24 de l'*Avertissement* précédant les *Sentiments des Pères de l'Église sur la comédie et les spectacles* (ces *Sentiments des Pères* avec la *Tradition de l'Église*, à laquelle ils font suite, ont été paginés à part dans le volume du *Traité de la comédie et des spectacles*) : le passage est d'ailleurs cité p. 202 de notre tome III, note a. — Une réimpression du *Traité* est mentionnée plus loin, p. 181.

Cours de littérature dramatique de Saint-Marc Girardin, tome V (édition de 1874), LXXXIII.

L'Arnolphe de Molière, par M. C. Coquelin, de la Comédie-Française. Paris, Paul Ollendorf, 1882 : 1 vol. in-16.

Molière et l'École des femmes, conférence par M. Henri Becque. Paris, Tresse et Stock, 1886 : in-18.

Recueil intitulé *Conférences faites aux matinées classiques du théâtre national de l'Odéon*.... Paris, A. Crémieux et H. Chateau, 1889-1891 : 3 volumes in-12. — Tome I⁰ʳ, pages 21 et suivantes : Conférence faite, le 22 novembre 1888, avant la représentation de *l'École des femmes*, par M. Ferdinand Brunetière.

L'École des femmes, conférence faite au théâtre de l'Odéon, le 6 mars 1890, par M. Hippolyte Parigot : au tome III (1891), p. 3 et suivantes, du recueil mentionné à l'alinéa précédent.

L'École des femmes. Quatrième des conférences faites à l'Odéon par M. Ferdinand Brunetière sur *les Époques du théâtre français* : insérée au numéro du 5 décembre 1891 de la *Revue politique et littéraire* (*Revue bleue*). Voyez plus loin, p. 247, 6ᵉ alinéa.

NOTICE BIBLIOGRAPHIQUE.

9. — *Remercîment au Roi.*

Liste de quelques gens de lettres françois vivants en 1662, *par* M. *Chapelain;* dans la *Continuation des Mémoires de littérature et d'histoire de* M. *de Salengre,* par le P. Desmolets. Paris, Simart; in-12 : tome II, 1726, p. 21-56. Voyez notre tome III, p. 286-287.

Liste des pensions pour l'année 1663...; dans le recueil des *Pièces intéressantes et peu connues pour servir à l'histoire et à la littérature,* par M. D. L. P. (de la Place); Bruxelles et Paris, Prault, 1781-1790; 8 volumes in-12 : tome Ier, p. 197-202. Voyez notre tome III, p. 293 et 294.

Mélanges publiés par la Société des bibliophiles français : tome IV (1826), pièce 5. Voyez notre tome III, p. 289.

Lettres, instructions et mémoires de Colbert, publiés par Pierre Clément : tome V (1868), *Appendice,* p. 466 et suivantes. Voyez notre tome III, p. 288.

Le Panégyrique de l'École des femmes, par Robinet (voyez ci-contre, p. 129, le dernier alinéa du numéro 10). Page 74 (passage cité au tome III, p. 291).

---

10. — *La Critique de l'École des femmes.*

Zélinde, comédie, *ou la Véritable critique de l'École des femmes, et la Critique de la Critique* (par Donneau de Visé[1]). Paris, Guillaume de Luyne, 1663; in-12. Dialogue en prose non représenté; achevé d'imprimer le 4 août.

Le Portrait du Peintre ou *la Contre-critique de l'École des femmes,* comédie (en un acte, en vers) représentée sur le théâtre royal de l'Hôtel de Bourgogne (en 1663, peut-être au commencement d'octobre, mais au plus tard le 19 : voyez ci-après), par Boursault. Paris, Ch. de Sercy, Jean Guignard, Ét. Loyson, 1663 (achevée d'imprimer le 17 novembre); in-12. Elle est dédiée à S. A. S. Monseigneur le Duc (le duc d'Enghien, fils du grand Condé). Elle a été imprimée et l'avis *Au lecteur* en a été écrit après la représentation de *l'Impromptu de Versailles.* — M. Victor Fournel l'a reproduite au tome Ier de ses *Contemporains de Molière.*

M. le docteur W. Mangold, au tome II, v^e fascicule, 1883, p. 171 et suivantes, du *Musée Molière* (*Molière-Museum*), publié par le docteur Schweitzer, a relevé

---

[1]. Et non par Villiers : voyez notre tome III, p. 112, note 1.

ÉCRITS RELATIFS AUX PIÈCES.

dans le Journal manuscrit de Christophe-Gaspard de Blumenthal, envoyé de Brandebourg à la cour de Louis XIV, bon nombre de faits et de dates intéressants pour notre histoire littéraire et qui se rapportent aux années 1663 et 1664, 1666, 1668 et 1669. Blumenthal paraît avoir été fort curieux des nouveautés du théâtre; ainsi nous voyons qu'il assista le 12 juin 1663 à la représentation de *l'École des femmes* et de *la Critique* (c'était, comme nous l'apprend la Grange, la troisième de cette dernière comédie); le 4 novembre, à la représentation (la première à la ville) de *l'Impromptu de Versailles;* le 19 février 1664, à la représentation (la troisième) du *Mariage forcé*. Il a noté que « le 19 octobre [1663], à l'hôtel de Bourgogne, *il vit* le *Nicomède* de M. de Corneille, *item* la nouvelle pièce appelée *le Portrait du Peintre*, dans laquelle *l'École des femmes*, ainsi que sa *Critique*, est daubée de la belle manière (*tapfer durchgehechelt wird*); » et que « le 16 décembre *suivant, il vit* jouer à l'Hôtel de Bourgogne le *Thrasibule* (*de Montfleury*) et *l'Impromptu* de ces comédiens », c'est-à-dire évidemment *l'Impromptu de l'hôtel de Condé*. Il est bien clair qu'il s'agit d'une des premières représentations des deux comédies satiriques de l'Hôtel; il est possible même que Blumenthal ait, comme le pense M. Mangold, entendu parler de la toute première du *Portrait du Peintre;* sur ce dernier point toutefois il n'y a pas certitude, les conclusions qu'on peut tirer du passage des *Amours de Calotin* cité par Despois (tome III, p. 131) ne sont pas absolument démenties, on n'est pas encore forcé de croire avec Bazin (p. 106), que « *le Portrait du Peintre* ne fut représenté qu'après *l'Impromptu de Versailles*[1] » : il semble que si la pièce de Boursault avait été jouée le mardi 9 octobre ou le vendredi 12, c'est-à-dire une huitaine avant la première représentation chez le Roi de *l'Impromptu de Versailles* (laquelle eut lieu au plus tôt le mardi, 16 octobre, et probablement le vendredi 19[2]), elle pouvait encore être dite nouvelle dix jours ou sept jours après, le 19 octobre, à sa cinquième ou à sa quatrième représentation[3]. — Blumenthal n'a fait aucune mention de *la Vengeance des marquis*.

Le Panégyrique de l'École des femmes, ou *Conversation comique sur les OEuvres de M. de Molière*, dialogue en prose (par Robinet : voyez tome III, p. 144, note 2); Paris, Pepingué, 1663 (écrit peu de jours après la première représentation du *Portrait du Peintre* et achevé d'imprimer le 30 novembre) : in-12.

11. — *L'Impromptu de Versailles.*

L'Impromptu de l'hôtel de Condé, comédie en un acte, en vers (d'Antoine Jacob Montfleury), représentée en 1663 (à la fin de novembre ou au commencement de décembre, au plus tard le 16 de ce dernier mois : voyez ci-dessus, le premier alinéa). Paris, Pepingué, 1664 (achevé d'imprimer du 19 janvier) : in-12. — A été réimprimé au tome Ier des *Contemporains de Molière* de M. V. Fournel.

1. Voyez notre tome III, p. 420, note 1.
2. Voyez la *Notice biographique*, p. 283 et 284.
3. Nous supposons *le Portrait du Peintre* joué sans interruption aux trois jours ordinaires des représentations (dimanche, mardi, vendredi) : voyez tome III, p. 395, note 1.

Réponse à l'Impromptu de Versailles ou *la Vengeance des marquis*, comédie en un acte, en prose (par Jean Donneau de Visé, avec la collaboration probable du comédien de Villiers [1]), représentée sans doute peu après la pièce de Montfleury, en décembre 1663 ; publiée dans la première partie des *Diversités galantes* : Paris, Claude Barbin, 1664 (achevé d'imprimer du 7 décembre 1663); in-12. — Réimprimé au tome Ier des *Contemporains de Molière* de M. V. Fournel.

Lettre sur les affaires du théâtre, dans *les Diversités galantes* (de Donneau de Visé). Paris, Claude Barbin, 1664 (achevé d'imprimer du 7 décembre 1663); in-12. Pages 83-91 de la seconde pagination.

Les Amours de Calotin, comédie (en trois actes, en vers, par Chevalier, comédien du Marais), représentée à la fin de 1663 ou au commencement de 1664. Paris, Gabriel Quinet et autres, achevée d'imprimer le 7 février 1664 ; in-12 : voyez l'acte Ier et la scène 1 de l'acte II, donnés par M. Victor Fournel au tome III des *Contemporains de Molière*. Voyez notre tome III, p. 131.

La Guerre comique, ou *la Défense de l'École des femmes*, dialogue en prose par (Philippe) de la Croix ; Paris, Pierre Bienfait, 1664, achevé d'imprimer du 17 mars ; petit in-12. Voyez notre tome III, p. 148 et note 2.

Mémoires pour servir à l'histoire du théâtre, et spécialement à la vie des plus célèbres comédiens françois, insérés au *Mercure de France* de mai 1738 : pages 820-831, sur Montfleury (en partie citées tome III, p. 380 et 381); pages 831-833, sur la Thorillière. — *Lettre sur la vie et les ouvrages de Molière, et sur les comédiens de son temps*, insérée au *Mercure de France* de mai 1740 : pages 840-843, sur Molière (citées tome III, p. 383); page 843, sur Mlle Molière [2]; pages 845 et 846, sur Mlle Duparc; page 846, sur Mlle Beauchâteau (citée tome III, p. 381 et 382). — *Seconde lettre*, insérée au *Mercure de France*, dans le Ier volume de juin 1740 : pages 1139-1141, sur Hauteroche (citées tome III, p. 382); pages 1141 et 1142, sur de Villiers (citées tome III, p. 382).

L'attribution qui a été faite à Mlle Poisson des Mémoires et Lettres adressés au *Mercure*, en 1738 et en 1740, sur les principaux comédiens français, est sans doute plus contestable qu'il n'a été dit dans notre tome III, p. 378 et

1. Voyez tome III, p. 112, note 1.
2. Sur ces portraits de Molière et de sa femme, voyez la *Notice biographique*, p. 352, note 3, et p. 348, note 2.

ÉCRITS RELATIFS AUX PIÈCES.

suivantes : voyez la Préface dont M. Monval a fait précéder l'édition qu'il a donnée de ces *Mémoires* et *Lettres* dans la *Nouvelle Collection moliéresque*, tome XV (1887).

12. — *Le Mariage forcé.*

La Muse historique de Loret, lettre du 2 février 1664.

Le Mariage forcé, comédie de M. de Molière, mise en vers par M***. A Paris, chez la veuve du Pont, rue d'Écosse, près le Puits-Certain, 1676. Avec permission. A la fin du volume, de format petit in-douze, se lit un permis d'imprimer du 28 juillet 1674, signé DE LA REYNIE.

13. — *La Princesse d'Élide.*

Comédie espagnole imitée par Molière : *el Desden con el desden*, « Dédain contre dédain », d'Augustin Moreto ; la plus ancienne impression paraît être de 1654.

Gazette, numéro du 21 mai 1664, intitulé : *Les Particularités des divertissements pris à Versailles par Leurs Majestés* : le passage le plus intéressant est cité tome IV, p. 127, note 5.

Relation des divertissements que le Roi a donnés aux Reines dans le parc de Versailles, écrite à un gentilhomme qui est présentement hors de France, par Marigny. Paris, Charles de Sercy et Claude Barbin, achevé d'imprimer du 17 juin 1664. Tout l'opuscule a été réimprimé dans notre tome IV, p. 251 et suivantes.

Siècle de Louis XIV, par Voltaire : chapitre xxv, tome II (XX des Œuvres), p. 146-150 de l'édition Beuchot.

La Troupe de Molière et les Plaisirs de l'Ile enchantée, extrait d'une étude inédite sur le théâtre de Molière, par M. Édouard Thierry, publié dans le *Bulletin de la Société des gens de lettres*, numéro d'août 1872, p. 22-29.

Nouvelles pièces sur Molière..., publiées par M. Ém. Campardon (1876) : IV, p. 41. Mention, dans un état de dépenses ordonnées par le Roi en 1664, 1° d'une somme de 4000 livres tournois accordée à Molière et à sa troupe « pour les comédies qu'ils ont représentées au château de Versailles, et pour leur séjour » ; 2° d'une somme de 2000 livres tournois accordée à Molière « pour une nouvelle comédie qu'il a faite et qui a été représentée par sa troupe à Versailles ». — VIII, p. 64 et 65. Deux ordonnances, chacune de 6000 livres, et une ordonnance de 12 000 livres, allouées pour les représentations, qui furent données en août 1669 à Saint-Germain, du ballet et de la comédie de *la Princesse d'Élide*.

La Princesse d'Élide, comédie. Toute en vers... : au tome IV, p. 393 et suivantes, de l'édition d'Amsterdam de 1725 (plus haut, p. 82 et 83, au n° 15 des Recueils).

La Princesse d'Élide, comédie galante de M. de Molière..., nouvellement continuée en vers par le S' D. L. (*le comédien du Lac*). Bruxelles, Nicolas Stryckwant, 1736; in-12.

Cette *Princesse d'Élide* fut « représentée à Bruxelles sur le Grand-Théâtre, le 11 février 1736, par la troupe du S' Huau ».

Autre *Princesse d'Élide* en cinq actes, mise en vers par V. C. D. V., dans un *Recueil de pièces dramatiques anciennes et nouvelles*, publié à Bouillon, Paris, Nancy, en 1785.

Sur la seconde de ces peu intéressantes traductions en vers, on peut voir *le Moliériste* de novembre 1880, p. 243 et suivantes, et sur les autres, la *Notice*, tome IV, p. 102-104. — Quant à celle qui fut récitée dans quatre représentations de la Comédie-Française à la fin de 1756 et au commencement de 1757 (tome IV, p. 103, note 3), elle n'a sans doute pas été imprimée.

La Princesse d'Élide, comédie-ballet de Molière, arrangée en trois actes et continuée en vers, au tome Ier (Orléans, 1811, in-8°) des *Pièces de théâtre* d'Alexandre Pieyre; cet arrangement inséré dans un volume factice doit être antérieur à 1811.

La Princesse d'Élide, ballet héroïque (en trois actes précédés d'un prologue) mis en musique par Villeneuve, représenté pour la première fois par l'Académie royale de musique le 20 juillet 1728. Partition achevée d'imprimer « le jour de la neuvième représentation avec tous les changements », par Jean-Baptiste-Christophe Ballard, 1728; in-4° oblong. Les paroles étaient de l'abbé Pellegrin.

M. J. Cohen a fait exécuter une musique nouvelle composée par lui pour les intermèdes de *la Princesse d'Élide*, le 23 avril 1869 : voyez tome IV, p. 97, note 3.

Pour les écrits relatifs au *Tartuffe*, publiés de 1664 à 1669, voyez plus loin, p. 153-161, sous le numéro 28.

---

16. — *Dom Juan ou le Festin de Pierre*.

Pièces composées avant celle de Molière sur la légende de Don Juan Tenorio : *el Burlador de Sevilla y Combidado de piedra*, « le

Trompeur de Séville et le Convié de pierre, » en trois journées, en vers, de Tirso de Molina (fray Gabriel Tellez), jouée avant 1620. Les impressions anciennes en sont, paraît-il, sans date; peut-être a-t-elle été insérée dans la VI* partie (1637?) d'un recueil publié par Don Francisco Lúcas de Avila, cousin (*sobrino*) de l'auteur. Elle est au tome V, p. 572-590, de la *Bibliothèque d'auteurs espagnols* de Rivadeneyra ; M. Alphonse Royer l'a comprise dans sa traduction du *Théâtre de Tirso de Molina*, 1863. Voyez notre tome V, p. 7-12. — *Il Convitato di pietra* («le Convié de pierre »), *opera esemplare* (ou *regia ed esemplare*, ou encore *famosissima ed esemplare*) *del signor Giacinto Andrea Cigognini*, comédie en trois actes, en prose, de date incertaine, mais antérieure à 1664, l'auteur n'étant plus vivant au mois d'avril de cette année (peut-être même était-il mort dès 1650). On en cite plusieurs éditions : de Venise, sans date, et 1691, in-12; de Trévise, sans date; de Ronciglione, 1671, in-12[1]. — Fragments du *scenario* d'un *Convitato di pietra*, en prose, en trois actes, imité de la comédie de Cicognini et joué par la troupe italienne de Paris : ils sont donnés, 1º dans l'*Histoire de l'Ancien Théâtre italien* des frères Parfaict, Paris, 1753, in-12, p. 265-280 (d'après la traduction abrégée d'un manuscrit de l'arlequin Dominique, traduction dont une copie est aux Manuscrits de la Bibliothèque nationale : voyez Fonds français, nº 9328, p. 153-169); 2º dans l'*Histoire anecdotique et raisonnée du Théâtre italien* de Desboulmiers, Paris, 1769, tome I, p. 85-94. Sur la comédie de Cicognini et sur le *scenario*, voyez tome V, p. 21-32. — *Il Convitato di pietra*, comédie en prose, d'Onofrio Giliberto de Solofra, publiée à Naples par Francesco Savio, 1652, in-12, mais devenue introuvable. Elle servit très probablement de modèle aux deux pièces françaises qui suivent. — *Le Festin de Pierre* ou *le Fils criminel*, tragi-comédie, en cinq actes, en vers, de Dorimond, comédien de Mademoiselle, représentée à Lyon en 1658, et à Paris, au théâtre de la rue des Quatre-Vents, en 1661; Lyon, Antoine Offray, 1659 (permission du 11 janvier) : in-12. Réimprimée à Paris et publiée chez J.-B. Loyson, en 1665, avec le sous-titre de *l'Athée foudroyé* substitué à celui du *Fils criminel*. Puis, mis par supercherie sous le nom de Molière, *le Festin de Pierre* ou *l'Athée foudroyé* de Dorimond fut trois fois réimprimé à Amsterdam *suivant la copie imprimée à Paris* : d'abord, en 1674 et en 1679, par Daniel Elzevier, qui l'inséra dans son recueil de 1675 (notre 1675 A : plus haut, p. 66,

---

1. Une autre comédie de Cicognini, imitée par Molière, a été citée plus haut, p. 122, au numéro 3.

n° 5), et dans son recueil de 1679; puis en 1683, par Henri Wetstein, qui l'inséra dans son recueil de 1684 (notre 1684 A : plus haut, p. 74, n° 8)[1]. — *Le Festin de Pierre* ou *le Fils criminel*, tragi-comédie en cinq actes, en vers, traduite de l'italien en français par de Villiers, comédien de l'Hôtel de Bourgogne ; représentée à l'Hôtel en 1659; Paris, Sercy, 1660; in-12; Amsterdam (pour A. Wolfgang, d'après M. Willems), 1660; petit in-12; la pièce est précédée d'une épître *A M. de Corneille à ses heures perdues*, et d'un avis *Au lecteur*. Sur les tragi-comédies de Dorimond et de Villiers, voyez tome V, p. 15-21.

Pièce composée quatre ans après celle de Molière : « *le Nouveau Festin de Pierre* ou *l'Athée foudroyé*, tragi-comédie (en cinq actes, en vers), du sieur de Rosimond, comédien du Roi, représentée sur le théâtre royal du Marais » en novembre 1669 (voyez la *Lettre en vers à Madame*, de Robinet, datée du 30 novembre); Paris, Pierre Bienfait, 1670, achevée d'imprimer le 15 avril; in-12 ; précédée d'une épître *A Monsieur**** et d'un avis *Au lecteur*. M. Victor Fournel l'a réimprimée au tome III des *Contemporains de Molière*. Voyez la *Notice*, tome V, p. 13 et 62. — Voyez également la *Notice*, p. 62-70, sur ce que peuvent devoir à Molière d'autres ouvrages de date plus récente.

La Muse historique de Loret, lettre du 14 février 1665.

La Description des superbes machines et des magnifiques changements de théâtre du Festin de Pierre *ou* l'Athée foudroyé *de M. de Molière :* annonce de spectacle distribuée en province et probablement antérieure à 1669. Pièce donnée en appendice dans notre tome V, p. 256 et suivantes.

Observations sur une comédie de Molière intitulée le Festin de Pierre, *par B. A. Sr de R.* (de Rochemont, dans les réimpressions), *avocat en Parlement*. Paris, N. Pepingué, 1665, permission du 10 avril; in-12. Données en appendice dans notre tome V, p. 217 et suivantes. Voyez là une première note sur les cinq impressions qui furent faites de ce pamphlet la même année, en particulier sur celle qui contient quelques adoucissements du texte primitif.

_{Sur l'auteur présumé du libelle, voyez la *Notice*, tome V, p. 40 et suivantes, et un article de M. Livet inséré au *Moniteur universel* du 14 mars 1878 sous le titre de *Problèmes moliéresques*.}

1. Henri Wetstein, en cette même année 1683, où il réimprima la tragi-comédie de Dorimond, publia la remarquable édition du vrai *Festin de Pierre* de Molière mentionnée plus haut, p. 20, 2^d alinéa, et appelée 1683 A dans nos notes. N'a-t-il inséré cette édition 1683 A, de même format que le *Festin de Pierre* de Dorimond imprimé par lui, dans aucun des exemplaires de ses recueils factices de 1684 et de 1693 ? Nous ne savons. Voyez plus haut, p. 74, au numéro 8, et p. 77, au numéro 10.

ÉCRITS RELATIFS AUX PIÈCES.

Réponse aux Observations touchant le Festin de Pierre *de M. de Molière*. Paris, Gabriel Quinet, 1665 (fin de juillet); in-12 (il y en eut deux éditions). Donnée en appendice, tome V, p. 232 et suivantes.

Lettre sur les Observations d'une comédie du sieur Molière intitulée le Festin de Pierre. Paris, Gabriel Quinet, 1665 (d'une dizaine de jours postérieure à la *Réponse* mentionnée ci-dessus). Donnée en appendice, tome V, p. 240 et suivantes.

Lettre en vers à Madame, de Robinet, datée du 9 août 1665 (citée dans notre tome V, p. 45).

Traité de la comédie et des spectacles selon la tradition de l'Église... (par le prince de Conty), 1666 (édition posthume, comme il a été dit plus haut, au n° 8, p. 127, 3ᵉ alinéa). Voyez p. 24 de l'*Avertissement* qui précède les *Sentiments des Pères de l'Église sur la comédie et les spectacles* (passage cité tome V, p. 43 et 44).

Le Festin de Pierre, comédie mise en vers, sur la prose de feu M. de Molière (par Thomas Corneille). Représentée le 12 février 1677 sur le théâtre de l'Hôtel Guénegaud. Imprimée avec un avis *Au lecteur*, en 1683 (achevé d'imprimer du 30 mars, d'après la *Bibliographie moliéresque*) : Paris, Thomas Guillain; in-12[1]. Insérée sous le simple titre de : « *Le Festin de Pierre*, comédie », mais avec le même *Avis*, dans la IVᵉ partie des *Poèmes dramatiques* de Thomas Corneille; Paris, Guillaume de Luyne, 1692; in-12.

Le Véritable et dernier Festin de Pierre, orné de ballets, de changements de théâtre et de machines, de la composition de l'illustre M. de Molière, mis en vers par le fameux M. de Corneille, et représenté par la seule Troupe royale de Chambord. Programme-annonce d'une troupe de campagne, imprimé vraisemblablement en 1684; reproduit, d'après un exemplaire conservé à la bibliothèque de Toulouse, dans *le Moliériste* d'avril 1886.

Les Don Juan, article de M. Xavier Marmier au tome VI, p. 73-82 (juin 1834), de *la Revue de Paris*.

Le Dom Juan de Molière au Théâtre-Français, article de Ch. Magnin dans la *Revue des Deux Mondes* du 1ᵉʳ février 1847.

---

1. *Dom Juan* ou *le Festin de pierre*, comédie de Corneille le jeune, est mentionné comme présenté par Thierry, en 1683, dans un Extrait des registres de la Chambre syndicale des libraires (aux Manuscrits de la Bibliothèque nationale, Fonds français, 2490, p. 90).

Don Juan converti, drame en sept actes, en prose, par Désiré Laverdant. Paris, Hetzel, 1864; in-12.

Le Festin de Pierre, article de M. Édouard Thierry au *Moliériste* de février 1881.

Examen de *Dom Juan*, dans une étude de M. Paul Janet sur la *Philosophie de Molière*, insérée au numéro du 15 mars 1881 de la *Revue des Deux Mondes*.

Le Romantisme des classiques, par M. Émile Deschanel, 1re série. Paris, Calmann Lévy, 1883 : 1 volume in-18. Voyez la 10e, la 11e et la 12e leçon : Molière. Don Juan. Les divers *Don Juan*.

Les Comédies de Molière en Allemagne, par M. Auguste Ehrhard (1888 : plus loin, p. 245, 3e alinéa). Voyez au chapitre x, p. 516 et suivantes : le Type de don Juan chez Hoffmann, Grabbe, Lenau, Paul Heyse.

Le Don Juan de Molière, causerie de M. Louis Ganderax. Numéros du 31 octobre et du 7 novembre 1891 de *la Revue politique et littéraire (Revue bleue)*.

---

17. — *L'Amour médecin.*

Pièce espagnole où Molière paraît avoir pris l'idée des scènes III et IV de l'acte II de *l'Amour médecin : la Venganza de Tamar*, comédie en trois actes, en vers, de Tirso de Molina (fray Gabriel Tellez); insérée dans la IIIe partie (1634) d'un recueil publié par Don Francisco Lúcas de Avila : voyez la scène 1 de l'acte II (citée tome V, p. 284 et 285).

Gazette du 19 septembre 1665 (passage cité tome V, p. 265).

Lettre en vers à Madame, de Robinet, datée du 20 septembre 1665.

Lettres de Gui Patin du 22 et du 25 septembre 1665 : au tome III, lettres 369 et 370, de l'édition en 3 volumes des *Lettres choisies*; Cologne, Pierre du Laurens, 1691; in-12 (passages cités tome V, p. 267 et 269).

Notes de Brossette, fo 13 vo d'un volume manuscrit du Fonds français de la Bibliothèque nationale coté 15 275, et p. 25 et 26 des *Récréations littéraires* de Cizeron Rival, publiées à Lyon, en 1765 (passages cités tome V, p. 270).

Élomire hypocondre ou *les Médecins vengés*, comédie par le Boulanger de Chalussay, 1670 (voyez plus haut, p. 124, au numéro 6) : scène III de l'acte Ier (passage cité tome V, p. 278 et 279).

L'Amour médecin, article de M. Édouard Thierry inséré au *Moliériste* de juillet 1881.

L'Amour médecin, comédie de Molière, retouchée et réduite en un acte, par Andrieux; représentée sur le théâtre de l'Odéon le 16 avril 1804; reprise au théâtre du Gymnase le 24 décembre 1820. (*Bibliographie moliéresque*, n° 1700 : cet arrangement est mentionné parmi ceux qui n'ont pas été imprimés.)

« Trois entr'actes pour *l'Amour médecin* », représentés à la Comédie-Française le 15 janvier 1850, et insérés au tome X, p. 489-527, du *Théâtre complet d'Alexandre Dumas*, édition Michel Lévy, 1864; in-18. Voyez notre tome V, p. 289.

L'Amour médecin, opéra-comique, en trois actes et un prologue, d'après MOLIÈRE, par M. Charles Monselet, musique de M. Ferdinand Poise; représenté sur le théâtre de l'Opéra-Comique le 20 décembre 1880 : Paris, Tresse, 1881; in-12. — La partition réduite pour chant et piano, chez Durand et Schœnewerk, 1880.

18. — *Le Misanthrope*.

Lettre écrite sur la comédie du Misanthrope (par Jean Donneau de Visé, dont les initiales I. D. D. V. se lisent au bas de la réimpression de 1682). Mise au-devant de la comédie de Molière dans l'édition originale de 1667 et reproduite de même par nous, tome V, p. 430 et suivantes.

Lettres en vers à Madame, de Robinet, datées du 12 juin et du 28 novembre 1666.

La Muse Dauphine de Subligny du 17 juin 1666.

La Vie de M. de Molière (par le Gallois de Grimarest), 1705 : pages 181-186.

Réflexions critiques sur la poésie et sur la peinture, par l'abbé du Bos, édition de 1740 (voyez plus loin, p. 204, derniers alinéas) : au tome II, p. 410-413.

Mémoires de Louis Racine : au tome Ier (1865) du *Racine* de la Collection des Grands Écrivains de la France, p. 223 et p. 228.

Lettre de *J.-J. Rousseau, citoyen de Genève, à M. d'Alembert...,
sur son article* Genève *dans le VIIe volume de l'Encyclopédie.*
Amsterdam, Marc Michel Rey, 1758; in-8°. Pages 54 et suivantes.

Lettre à *M. Rousseau, citoyen de Genève,* signée d'Alembert; p. 389
et suivantes du tome II des *Mélanges de littérature, d'histoire et
de philosophie.* Amsterdam, Zacharie Chatelain et fils, 1759;
in-12 : voyez particulièrement p. 421, 423, 424.

Mercure de France, volume de décembre 1758 : article de Marmontel sur la lettre de Rousseau aux pages 112-129.

Le Philinte de Molière ou *la Suite du Misanthrope,* comédie en
cinq actes, en vers, par Fabre d'Églantine, représentée sur le
Théâtre-Français le 22 février 1790; Paris, Prault, 1791; in-8°.

Dramaturgie de Hambourg par Lessing : numéro 28 (du 4 août 1767),
dernier alinéa.

Conversations avec Goethe... recueillies par Eckermann : vers la
fin de l'entretien du 28 mars 1827, tome Ier, p. 323 et 324 de la
traduction de M. Délerot.

Article de Goethe sur la *Vie de Molière* par Taschereau, 1828 :
tome V, p. 674 et 675 de l'édition grand in-8° des Œuvres de
Goethe, Cotta, 1863 (article reproduit à l'appendice, tome II,
p. 363 et 364, de la traduction mentionnée à l'alinéa précédent).

Lettre de Goethe à Zelter du 27 juillet 1828 : dans la Ve partie de
la *Correspondance entre Goethe et Zelter* publiée par Fr.-Wilh.
Riemer; Berlin, 1834 (passage également traduit au tome Ier de
M. Délerot, p. 325, note).

Abhandlung des Adjuncten Dr C. A. E. Gerth : Ueber den Misanthropen *des Molière, mit Bezugnahme auf das Urtheil von
A. W. von Schlegel,* « Étude sur *le Misanthrope,* et examen du
jugement de Guillaume de Schlegel, par le (professeur) adjoint
docteur Gerth. » Putbus, 1841. Un compte rendu de ce travail,
par M. Herrig, se lit au tome Ier (1846), p. 445-447, de l'*Archiv
für das Studium der neueren Sprachen.*

Deux *Lettres sur le Misanthrope* (sur le rôle d'Alceste), à la suite de
l'écrit intitulé : *De l'Influence des mœurs sur la comédie...,* par
Adrien Perlet, ancien acteur du Gymnase; Paris, 1848, in-8° :
pages 109-174.

*Des divers caractères du Misanthrope chez les écrivains anciens et
modernes,* par M. Auguste Widal; Paris, 1851; in-8°. Voyez notre
tome V, p. 385, note 1.

ÉCRITS RELATIFS AUX PIÈCES.

Molière et Bourdaloue, par Louis Veuillot; Paris, 1877 : pages 233-269.

L'Énigme d'Alceste, nouvel aperçu historique et moral sur le XVIIe siècle, par Gérard du Boulan[1]; Paris, Quantin, 1879; in-8°.

Artamène ou *le Grand Cyrus*, par Mlle de Scudery, septième partie, livre Ier, p. 507-510 de l'édition in-8° de 1653 : portrait de Mégabate-Montausier (cité tome V, p. 389 et 390).

Histoire de l'Académie françoise depuis 1652 jusqu'à 1700, par l'abbé d'Olivet, édition de 1729, in-quarto : tome II des deux *Histoires* réunies de Pellisson et de d'Olivet, p. 158.

Lettre de Boileau au marquis de Mimeure (1706) : au tome IV, p. 125 et 126 des *OEuvres de Boileau*, édition de Berriat-Saint-Prix.

Récréations littéraires de Cizeron Rival; Lyon, 1765 : pages 24 et 25 (passage cité tome V, p. 391).

Bolæana de Monchesnay; Amsterdam, 1742 : page 151 (passage cité tome V, p. 391).

Les Caractères de la Bruyère, chapitre *De l'homme*, § 155 (de 1690) : portrait de Timon ou le misanthrope; au tome II du *la Bruyère*, p. 71 (voyez la note 4 de M. G. Servois).

Journal du marquis de Dangeau (1684-1720), publié par MM. Eud. Soulié, L. Dussieux et de Chennevières, avec les additions inédites du duc de Saint-Simon, publiées par M. Feuillet de Conches; Didot, 1854-1861; in-8°. Tome III, p. 126, note de Saint-Simon (citée tome V, p. 388).

Écrits inédits de Saint-Simon, publiés, sur les manuscrits conservés au Dépôt des Affaires étrangères, par M. P. Faugère. Paris, Hachette, in-8°. Tome VI, 1883, p. 318 et 319 (passage en partie cité page 270 de la *Notice biographique*).

Menagiana, édition de la Monnoye (1729). Tome IV, p. 8.

Segraisiana, 1721 : page 65, et page 100 (passage cité tome V, p. 388).

Notes de Brossette sur Boileau, manuscrit français de la Bibliothèque nationale, n° 15275 : folio 18 verso; et à l'appendice du volume de la *Correspondance entre Boileau Despréaux et Brossette* publié par Laverdet (1858), page 522.

---

1. Nom d'emprunt de Romuald le Pelletier de Saint-Remy, mort, à soixante-treize ans, le 16 mars 1882 (renseignement donné au *Moliériste* d'avril 1882, p. 28).

Journal et Mémoires de Charles Collé (1748-1772), édition de M. Honoré Bonhomme; Didot, 1868; in-8º : tome Ier, p. 139 (passage de mars 1750, cité tome V, p. 400).

Lettre d'un homme de l'autre siècle, insérée, à la date du 15 juin 1776, dans *le Nouveau Spectateur* de le Fuel de Méricourt, tome Ier de 1776, p. 367-373 (les principaux passages sont cités tome V, p. 400 et 401).

Mémoires de M. Goldoni, pour servir à l'histoire de sa vie et à celle de son théâtre. Paris, veuve Duchesne, 1787 : 3 volumes in-8º. Tome III, p. 28-30.

Pour un texte du *Misanthrope* corrigé au temps de la Terreur, voyez plus loin, p. 219, 7e alinéa.

Sur un vers du Misanthrope, article de M. Ludovic Lalanne dans *la Correspondance littéraire* du 20 janvier 1859 (tome III, p. 82 et 83 : voyez notre tome V, p. 554 et 555).

Henri Lavoix. *La première représentation du Misanthrope* (4 juin 1666). Paris, A. Lemerre, 1877 : 1 volume petit in-12.

Étude sur le Misanthrope : articles de M. Francisque Sarcey publiés dans le journal *le Temps*, le 28 juillet, le 11, le 18 et le 25 août 1879. Voyez encore ci-contre, p. 141, 3e alinéa.

Examen du *Misanthrope* dans une étude de M. Paul Janet sur *la Philosophie de Molière*, insérée au numéro du 15 mars 1881 de la *Revue des Deux Mondes*.

Molière et le Misanthrope, par M. C. Coquelin, de la Comédie-Française. Paris, Paul Ollendorf, 1881 : 1 volume in-16.

Études sur Molière. — Le Misanthrope. Essai d'une nouvelle analyse de la pièce et examen de l'école créée par elle. Monographie, par M. Alexis Vesselovsky (professeur de littérature comparée à l'Université de Moscou). Moscou, 1881.

> Sur cet ouvrage écrit en russe, voyez un compte rendu de M. Pierre Boborykine inséré au *Moliériste* de juillet 1881, et une note de M. Louis Léger insérée au numéro de novembre suivant du même recueil. — Une autre étude de l'auteur est mentionnée plus loin, p. 160, 2d alinéa. Une étude de lui sur *Dom Juan* a été annoncée.

Molière's Misanthrope. Kritische Studie. « Le Misanthrope de Molière. Étude critique », par M. le docteur Mangold. Oppeln, Maske, 1882.

Le Misanthrope, articles de M. Édouard Thierry insérés au *Moliériste* d'août, de septembre, d'octobre 1883, d'octobre 1887 (*Célimène*), d'avril et de mai 1888 (*Mlle du Parc et Arsinoé*).

ÉCRITS RELATIFS AUX PIÈCES.

Alceste, dans les *Réflexions sur le théâtre*, au tome Ier, p. 349-356 des *Études et portraits* de M. Paul Bourget. Paris, A. Lemerre, 1889; 2 volumes in-16.

Conférence faite au théâtre national de l'Odéon par M. Albert Chabrier, le 6 février 1890, avant la représentation du *Misanthrope*. Au tome II, p. 107 et suivantes, du recueil mentionné plus haut (p. 127, 7e alinéa).

Le Misanthrope, conférence faite au théâtre de l'Odéon, le 13 novembre 1890, par M. Francisque Sarcey : au tome III (1891), p. 87 et suivantes, du recueil mentionné plus haut, p. 127, 7e alinéa. Voyez ci-contre, p. 140, 7e alinéa.

Les rubans verts du Misanthrope. Note de M. Ludovic Lalanne, au tome XVIII (1891), p. 125-127 du *Bulletin de la Société de l'Histoire de Paris et de l'Ile-de-France*.

C'est par faute que la *Bibliographie moliéresque* (n° 602) intitule *Misantropo* la comédie de Luisa Bergalli dont il est parlé à la fin de la *Notice* du *Misanthrope* (tome V, p. 425, note 1). La seconde édition (1755) de la *Drammaturgia* d'Allacci, que Bret avait sans doute consultée, mentionne comme œuvre de la Vénitienne une *Misantropa*; il faut donc s'en tenir au renseignement donné par Bret : dans l'imitation de Luisa Bergalli le *Misanthrope* est bien devenu *la Misanthrope*.

---

19. — *Le Médecin malgré lui*.

Anciens récits où se trouve l'idée de la pièce, du premier acte du moins : Fabliau du *Vilain Mire*, dans un manuscrit du Fonds français de la Bibliothèque nationale, coté 837 : aux folios 139 à 141. Donné par Barbazan au commencement du tome Ier des *Fabliaux et Contes des poëtes français des* xii, xiii, xiv *et* xve *siècles*; Paris, 1756; 3 vol. in-12. — Fabliau du *Mire de Brai*, aux folios 101-106 de la copie, conservée à la Bibliothèque nationale, du manuscrit 354 in-4° de Berne, copie actuellement cotée 1720 dans la collection Moreau. — Conte extrait des œuvres inédites de Jacques de Vitry, le chroniqueur et sermonnaire du treizième siècle; lu par M. Edmond le Blant dans la séance du 11 mai 1888 de l'Académie des inscriptions et belles-lettres, et reproduit dans *le Moliériste* d'octobre 1888, p. 214 (voyez encore notre tome VI, p. 14 et note 4). — Récit de la *Compilatio singularis exemplorum*, manuscrit du quinzième siècle, appartenant à la bibliothèque de Tours : au folio 147; la rédaction est du treizième siècle; le texte latin en a été imprimé dans la *Biblio-*

thèque de *l'École des chartes*, 6ᵉ série, tome IV (1868), p. 601.
— Récit de la *Mensa philosophica* de l'Irlandais Thibaut Anguilbert, écrite au quinzième siècle : *Tractatus quartus..., De honestis ludis et jocis*, chapitre xviii, *de Mulieribus*; au folio lviij r° de l'édition gothique de Paris, Denis Roce, sans date (le très court passage est cité p. 13 de notre tome VI). — *Opera nova piacevole et da ridere, in ottava rima..., di uno Villano lavoratore nominato* Grillo, *il qual volse diventar medico*. In Pavia, e ristampata in Torino, 1622 (on cite une édition bien antérieure, de Venise, 1521). — Récit recueilli dans l'ouvrage intitulé *Relation du voyage d'Adam Olearius en Moscovie, Tartarie et Perse..., traduit de l'allemand par A. de Wicquefort, résident de Brandebourg*; Paris, 1659; in-4° : au tome Iᵉʳ, p. 147 et 148 (tout le passage est cité p. 15 et 16 de notre tome VI). L'original allemand avait paru en 1647 et fut réimprimé en 1656, 1663 et 1671 : le conte est aux pages 187 et 188 de la seconde édition (Schleswig, in-4°), intitulée : *Vermehrte neue Beschreibung der Muscowitischen und Persischen Reyse*. Une première version française avait été publiée dès 1656 : le conte est là aux pages 94 et 95.

Comédie de Celui qui avoit épousé une femme mute, racontée par Rabelais au chapitre xxxiv du tiers livre (tome II, p. 167, de l'édition de M. Marty-Laveaux).

Lettre en vers à Madame, de Robinet, datée du 15 août 1666 : à l'Apostille.

La Muse Dauphine de Subligny, à la date du 26 août 1666.

Pour quelques représentations du *Médecin malgré lui* qui furent données à la cour de Weimar en 1778 et 1779, Friedrich-Hildebrand von Einsiedel se chargea de préparer une traduction allemande de la comédie. C'est à cette occasion que Goethe joua le rôle de Lucas : le fait a été rapporté, d'après M. Legrelle, p. 25 de la *Notice*; on le trouvera confirmé, avec des détails très précis, page 117 d'un volume de la Correspondance de la mère de Goethe publié par M. Robert Keil sous ce titre : *Frau Rath* (« Madame la conseillère ») : *Briefwechsel von Catharina Elisabeth Goethe*.... (Leipzig, Brockhaus, 1871, in-8°); ou page 344 du livre de M. Auguste Ehrhard sur *les Comédies de Molière en Allemagne* (Paris, Lecène et Oudin, 1888, in-8°).

Le Médecin malgré lui, comédie de Molière en trois actes, mise en vers par Joseph Racine; Paris, H. Dumineray, 1853; in-18.

Le Médecin malgré lui, mis en vaudeville par Carolet, représenté sur le théâtre des Marionnettes d'Alexandre Bertrand, à la foire

Saint-Germain, en 1715, non imprimé. — « C'est la même
pièce, dit-on, qui plus tard fut retouchée par de Montbrun
(pseudonyme de François Décomberousse), et jouée sur le théâtre
de l'Odéon, en décembre 1814. » (*Notice*, tome VI, p. 29 et 30.)

Le Médecin malgré lui, opéra-comique en trois actes, arrangé par
Désaugiers, musique de Désaugiers père, représenté sur le
théâtre de la rue Feydeau le 26 janvier 1792; non imprimé.
« C'est la comédie de Molière avec des couplets et quelques
morceaux d'ensemble.... L'air révolutionnaire : *Ça ira!* se
retrouve adapté dans cet ouvrage à une situation burlesque. »
(*Dictionnaire lyrique* ou *Histoire des opéras*, par Félix Clément et
Pierre Larousse, 1869.)

Le Médecin malgré lui, comédie de Molière, arrangée en opéra-
comique par MM. Jules Barbier et Michel Carré, musique de
M. Charles Gounod, représenté au Théâtre-Lyrique de Paris, le
15 janvier 1858. Paris, Michel Lévy. — La partition réduite
pour chant et piano, chez Colombier.

20. — Mélicerte.

Histoire de Sésostris et de Timarète, dont la partie principale, où
Molière a pris le sujet de sa pièce, est au livre second de la
sixième partie d'*Artamène ou le Grand Cyrus*, le long roman de
Mlle de Scudery : tome VI, p. 557-935 de l'édition in-8° de 1651,
publiée à Paris, chez Augustin Courbé.

Ballet des Muses. Dansé par Sa Majesté à son château de Saint-
Germain en Laye, le 2ᵉ décembre 1666. Paris, Robert Ballard,
1666, in-4°. Ce livret, qui est de Bensserade, fut plusieurs fois
remanié pendant le cours des représentations du ballet, dont la
dernière fut donnée le 19 février 1667. La première impression
constate que la comédie de *Mélicerte*, dont le nom d'ailleurs est
omis, formait la troisième entrée du grand *Ballet des Muses*. Une
impression postérieure indique que la *Pastorale comique* rem-
plaça *Mélicerte* dans la troisième entrée, et, donnant, avec le
canevas de cette pastorale, tous les vers qui y furent chantés,
nous les a ainsi conservés. Dans une des dernières réimpressions
(reproduite par nous, pour toute la partie utile, tome VI, p. 277
et suivantes), dont le titre porte toujours le millésime de 1666,
bien qu'elle doive dater de la seconde semaine de février 1667,
se trouvent l'analyse du *Sicilien* et les paroles des airs composés par Lulli pour cette comédie : on voit là que *le Sicilien*

remplissait une quatorzième entrée, ajoutée aux treize du ballet primitif. Quelques pages supplémentaires, jointes à certains exemplaires du livret en son dernier état, contiennent des vers de Bensserade sur le Roi et les autres personnages qui figurèrent, à la cour, dans la Mascarade des Maures, le dernier divertissement de la comédie du *Sicilien*. Quatre de ces livrets, de format in-quarto, sont à la Réserve de la Bibliothèque Nationale, sous la seule marque Y, et un cinquième, le plus complet, est contenu dans un volume in-quarto de la même Réserve coté Y 6048. Voyez notre tome VI, p. 126-134.

La partition que Lulli composa pour le *Ballet des Muses* — comprenant, à la troisième et à la quatorzième entrée, les morceaux de chant et de danse de la *Pastorale comique* et du *Sicilien* — remplit le tome XXIV de la collection manuscrite de Philidor, déposée à la Bibliothèque du Conservatoire.

Nouvelles pièces sur Molière, publiées par M. Ém. Campardon (1876): VII, p. 61. Ordonnance de 3000 livres accordées, en janvier 1669, par le Roi « à *sa* troupe de comédiens françois jouant au Palais-Royal..., à cause des représentations par eux faites au ballet dansé en *son* château de Saint-Germain en Laye, en l'année 1667 ».

Gazette du 4 décembre 1666 et du 25 février 1667 (passages cités tome VI, p. 128 et 209).

Lettre en vers à Madame, de Robinet, datée du 12 décembre 1666.

Myrtil et Mélicerte, « pastorale héroïque »; continuation et refonte de *Mélicerte*, en trois actes, en vers libres, par Nicolas-Armand-Martial Guérin, fils de la veuve de Molière et de son second mari; représentée le 10 janvier 1699, avec des intermèdes dont la Lande fit la musique; achevée d'imprimer le 15 avril suivant; Paris, Pierre Trabouillet; in-12.

Le Ballet des Muses, article de M. Édouard Thierry inséré au *Moliériste* d'avril 1884.

---

21. — *Pastorale comique.*

Livre du *Ballet des Muses* de second état (ci-devant, p. 143, n° 20, 2ᵈ alinéa, et tome VI, p. 131).

Gazette du 7 janvier 1667 (citée tome VI, p. 135).

Lettre en vers à Madame, de Robinet, datée du 9 janvier 1667.

ECRITS RELATIFS AUX PIÈCES.

22. — *Le Sicilien* ou *l'Amour peintre*.

Livre du *Ballet des Muses* de troisième état (ci-devant, p. 143 et 144, au numéro 20, 2ᵈ alinéa, et tome VI, p. 132).

Lettres en vers à Madame, de Robinet, datées du 13 et du 20 février et du 19 juin 1667.

Gazette du 18 février 1667 (passage cité tome VI, p. 208).

Il y a dans les manuscrits de Marc-Antoine Charpentier conservés à la Bibliothèque nationale (voyez notre tome IX, p. 503), au tome XVII, p. 1-6 d'une seconde pagination, sous le titre de *Sérénade pour le Sicilien* : 1° la partition d'une *Ouverture*; 2° un air *Pour le premier musicien* (une haute-contre); 3° et 4° un air pour voix de basse, précédé d'une *ritornelle*, et suivi d'un duo; 5° la partition d'un air de danse sans doute, pour les *Esclaves du Sicilien*. Rien n'indique que cette musique ait jamais été exécutée. Les paroles ne sont point celles de Molière; elles sont même tout à fait indignes d'être entendues dans la charmante comédie.

Le Sicilien ou *l'Amour peintre*, comédie en un acte, mêlée d'ariettes, représentée sur le théâtre de la cour, à Versailles, le 10 mars 1780; paroles arrangées par le Vasseur, musique de d'Auvergne; Paris, Ballard, 1780, in-8° : voyez tome VI, p. 227 et 228.

Sur le livret d'opéra-comique de Bretzner intitulé *Adraste et Isidore*, voyez *les Comédies de Molière en Allemagne*, par M. Auguste Ehrhard (plus loin, p. 245, 3ᵉ alinéa), p. 286 et 287. Cet arrangement du *Sicilien* parut à Vienne en 1780. L'auteur de la musique est Kospoth.

Le Sicilien ou *l'Amour peintre*, ballet-pantomime en un acte, par Anatole Petit, musique de Sor, ouverture et airs de danse de Schneitzhoeffer, représenté à l'Opéra le 11 juin 1827. Paris, Barba, 1827, in-8°.

« *Le Sicilien*, opéra-comique, d'après Molière, rhythmé par Castil-Blaze, musiqué par Justin Cadaux, ouvrage demandé, par conséquent reçu par la direction de l'Opéra-Comique, et reposant depuis trois ans passés dans les cartons de ce théâtre. » (Castil-Blaze, *Molière musicien*, 1852, tome I, p. 396.)

Le Sicilien, opéra-comique en un acte, musique de M. Joncières, représenté à l'École lyrique de la rue de la Tour-d'Auvergne en décembre 1859. (*Dictionnaire lyrique* ou *Histoire des opéras...*, par Félix Clément et Pierre Larousse, 1869.)

Le Sicilien ou *l'Amour peintre*, comédie-ballet de Molière, mise en musique par M. Eugène Sauzay. Précédée d'un essai sur une représentation du *Sicilien* au temps de Molière. Paris, Firmin-Didot, 1881; in-4°. Outre sa propre musique, M. Sauzay a donné dans ce volume toute celle que Lulli avait composée pour les concerts et ballets du *Sicilien*.

« M. Charles Monselet vient de remettre à M. Ferdinand Poise, l'élégant compositeur de *l'Amour médecin*, une nouvelle adaptation d'une comédie de Molière, *le Sicilien* ou *l'Amour peintre*, destinée à l'Opéra-Comique pour la saison 1882-1883. » (*Moliériste* d'octobre 1881, p. 224.)

Le Moliériste d'août 1886 a donné, p. 160, la distribution d'un *Sicilien* mis en musique par M. Weckerlin et dont on annonçait la représentation prochaine à l'Opéra-Comique.

LE SICILIEN, *à propos d'une nouvelle édition de Molière* (la nôtre) : article de M. Auguste Baluffe dans la livraison du 20 novembre 1881 de *l'Artiste*, p. 534-546.

Le Sicilien, article de M. Édouard Thierry inséré au *Moliériste* d'octobre 1882.

23. — Amphitryon.

Amphitryon de Plaute, modèle de la comédie de Molière, et qui l'avait été d'une comédie de Rotrou à laquelle Molière a fait des emprunts. Celle-ci, intitulée *les Sosies*, en cinq actes, en vers, fut représentée en 1636 sur le théâtre du Marais, et imprimée en 1638 : Paris, Antoine de Sommaville; in-4°. — Autres imitations de Plaute antérieures à la pièce de Molière : *Comedia de Amphitrion* de Perez de Oliva, en prose; 1529[1]. — *Os Anfitriões*, « les Amphitryons », comédie de Camoëns, en vers, dont on ne cite pas d'impression antérieure à 1587. — IL MARITO, *comedia di M. Lodovico Dolce*. *In Vinegia*, 1545, in-8°. — Voyez tome VI, p. 349, et le travail suivant, où ont été comparées de près avec l'*Amphitryon* de Molière les pièces de Plaute, de Rotrou, d'Oliva et de Camoëns : *Molière's Amphitryon im Verhältnis zu seinen Vorgängern*, article de M. N. Bock dans la *Zeitschrift für neufranzösische Sprache und Litteratur*, « Revue pour la langue et la littérature françaises modernes », fondée par MM. Koerting et Koschwitz; au tome X, p. 41-92 de la Ire partie (*Abhandlungen*, « Études »); Oppeln et Leipzig, 1888; in-8°. Voyez *le Moliériste* de mars 1889, p. 367 et 368.

---

1. Voyez l'*Histoire comparée des littératures espagnole et française* de M. Ad. de Puibusque, 1844, tome Ier, p. 474 et 475.

ÉCRITS RELATIFS AUX PIÈCES. 147

Dialogue entre Mercure et le Soleil, de Lucien, où Molière a pu prendre l'idée de son Prologue : *OEuvres de Lucien*, dans la Bibliothèque grecque Didot, VIII, p. 54 et 55, *Dialogue X des Dieux*.

Gazette de 1668, p. 71 et 72 (citée tome VI, p. 324).

Lettre en vers à Madame, de Robinet, datée du 21 janvier 1668.

Jugement succinct de Bayle sur l'*Amphitryon* de Plaute et celui de Molière : dans une note de son *Dictionnaire*, 2de édition, 1702, p. 210.

Cours de littérature dramatique de Saint-Marc Girardin, tome V, (édition de 1874), LXXII, p. 110-145.

Essai historique sur le sujet d'Amphitryon, par (le marquis de) Queux de Saint-Hilaire. Dunkerque..., 1861 : in-8º de 43 pages. (*Bibliographie moliéresque*, nº 1617.)

La Semaine dramatique de J.-J. Weiss, dans le *Journal des Débats* du 29 octobre 1883; article recueilli dans le volume intitulé *Autour de la Comédie-Française* (1892); voyez là p. 75 et suivantes.

Sur la libre imitation de Henri de Kleist, voyez *les Comédies de Molière en Allemagne*, par M. Auguste Ehrhard (1888), p. 420 et suivantes.

Est-ce de la comédie de Molière donnée avec des agréments de musique et de danse qu'il s'agit dans le passage suivant? Le mardi 25 février 1681, « Monseigneur et Madame la Dauphine... allèrent chez MM. Malo, près des Jésuites de la rue Saint-Antoine, voir un petit opéra de la comédie d'*Amphitryon* avec des entr'actes en musique. » (Lettre du marquis de Bussy à Bussy datée du 6 mars 1681, dans la *Correspondance de Bussy Rabutin*, édition de M. Ludovic Lalanne, tome V, p. 145.)

Amphitryon, opéra en trois actes, paroles arrangées par Sedaine, musique de Grétry; représenté à Versailles, devant le Roi et la Reine, le 15 mars 1786, puis à l'Opéra le 15 juillet 1788, et quatre autres fois. Le livret a été imprimé en 1786 chez P.-R.-C. Ballard, in-octavo, et en 1788 chez P. de Lormel, in-quarto. — La partition, en copie manuscrite, est à la Bibliothèque du Conservatoire et à celle de l'Opéra.

Une opérette d'*Amphitryon*, qui pouvait bien ne rappeler en rien la comédie de Molière, fut donnée le 5 avril 1875 à la salle Taitbout; les paroles étaient de MM. Beaumont et Nuitter, la musique de M. Lacome : voyez *les Annales du théâtre et de la musique* de MM. Éd. Noël et Edm. Stoullig, 1re année, p. 423.

25. — *George Dandin* ou *le Mari confondu.*

Anciens récits à rapprocher particulièrement du troisième acte de la comédie (voyez tome VI, p. 481-490) : Douzième conte de la *Disciplina clericalis*, écrite au douzième siècle par Pierre Alphonse ou d'Alphonse, traduite en prose au quinzième siècle sous le titre de *la Discipline de Clergie :* voyez p. 106-113 de l'édition du texte et de la version publiée par la Société des bibliophiles français (1824). — Conte de *Celui qui enferma sa femme dans une tor*, dans l'une ou l'autre des anciennnes traductions en vers français du livre précédent qui portent le titre de *Castoiement* ou *Chastoiement d'un père à son fils :* voyez p. 336 et suivantes du volume, cité ci-dessus, de la Société des bibliophiles; ou tome II, p. 99-107, de l'édition Méon (1808) des *Fabliaux et contes des poètes français...* recueillis par Barbazan. — Huitième conte dans l'ouvrage écrit en latin, à la fin du douzième siècle, par Dom Jean, moine de l'abbaye de Haute-Selve ou Haute-Seille, et intitulé *Dolopathos* sive *de Rege et septem sapientibus,* « *Dolopathos* ou *d'un Roi et de sept Sages :* » voyez p. 80-82 de la première impression, publiée à Strasbourg en 1873 par M. Hermann Œsterley. Même conte dans *li Romans de Dolopathos*, traduction en vers du livre précédent, faite au temps de Louis VIII par Herbers : voyez p. 353 et suivantes, particulièrement p. 375-379, de l'édition de MM. Charles Brunet et Anatole de Montaiglon (Paris, P. Jannet, 1856, in-16). — *Secundi magistri exemplum* dans l'*Historia septem Sapientum Romæ*, fos 11 et 12 de l'édition gothique de Delft, 1495; ce livre a été souvent reproduit en diverses langues depuis sa première impression latine de 1472; M. Gaston Paris le croit dérivé, ainsi que plusieurs rédactions en prose française, du vieux poème intitulé *li Romans des sept Sages :* dans ce dernier le conte est aux vers 2106-2317, p. 82-90 de l'édition donnée par M. Heinrich-Adelbert Keller à Tubingue, en 1836, d'après le manuscrit unique de notre Bibliothèque nationale. — Nouvelle IV de la VIIe journée dans *le Décaméron* de Boccace. Voyez aussi la nouvelle VIII de la même journée. — Hans Sachs, en 1553, avait mis le conte en action dans une de ses pièces de carnaval, *das Weib im Brunnen*, « la Femme dans le puits » (elle est au IVe fascicule, 1887, des *Fastnachtspiele* réimprimés par M. Edmond Goetze à Halle), et Molière lui-même dans *la Jalousie du Bar-*

bouillé, dont le canevas a été donné dans notre tome Ier, aux pages 21 et suivantes.

Le Grand divertissement royal de Versailles, livret de la fête du 18 juillet 1668. Paris, Robert Ballard, 1668 ; in-4° : voyez plus haut, p. 30, 2^d alinéa du n° 25.

Relation de la fête de Versailles du 18e *juillet* 1668, par Félibien ; Paris, Pierre le Petit, 1668 ; in-4°. — Seconde édition, in-folio, avec estampes de le Pautre, Imprimerie royale, 1679 : voyez plus haut, même page 30, même alinéa.

La Fête de Versailles du 18e *juillet* 1668. *A M. le marquis de la Fuente*. Relation sous forme de lettre ; au tome IX in-folio, p. 1109-1119, des papiers Conrart conservés à la bibliothèque de l'Arsenal : elle y est attribuée à l'abbé de Montigny. Imprimée en 1669 dans la troisième partie, p. 3 à 33, d'un *Recueil de diverses pièces faites par plusieurs personnes illustres*. A la Haye, chez Jean et Daniel Steucker ; petit in-12 : voyez *le Moliériste* d'octobre 1881, p. 205 et 206, et notre tome VI, p. 596 et 597.

Gazette du 20 juillet 1668 (passage cité tome VI, p. 475 et 476).

Lettres en vers à Madame, de Robinet, datées du 21 juillet et du 10 novembre 1668.

Sermon *sur l'Impureté*, de Bourdaloue, prêché devant le Roi le 1er mars 1682 : tome III, p. 86, dans l'édition de Versailles 1812.

De la Réformation du théâtre par Riccoboni, 1743, in-12 : pages 317 et 318.

Lettre de J.-J. Rousseau, citoyen de Genève, à M. d'Alembert..., sur son article Genève.... Amsterdam, 1758 (plus haut, p. 138, 1er alinéa) : page 52.

Lettre de d'Alembert *à M. Rousseau...* : tome II, p. 420, des *Mélanges* (1759) cités plus haut au numéro 18, p. 138, 2^d alinéa.

Article de Marmontel dans le *Mercure de France* de décembre 1758 (mentionné plus haut, p. 138, 3e alinéa) : pages 106 et 107.

J.-F. Boissonade. *Critique littéraire sous le premier Empire*, publiée par F. Colincamp. Paris, Didier, 1863 : 2 volumes in-8°. Tome II, p. 270-272.

Cours de littérature dramatique, de Saint-Marc Girardin, tome V (édition de 1874), LXXIII, p. 146-165.

Conférence faite par M. Henri Chantavoine, le 21 février 1889, avant la représentation de *George Dandin* : au tome Ier, p. 121 et suivantes du recueil mentionné plus haut, p. 127, 7e alinéa.

M. Eugène Sauzay a fait exécuter en 1874 les intermèdes de *George Dandin* mis en musique par lui.

La *Revue et Gazette musicale* du 17 octobre 1875 a publié une *Préface de la partition de* George Dandin *par M. Charles Gounod.*

Un opéra-comique en deux actes, tiré de *George Dandin* par M. Coveliers, dont la musique est de M. Mathieu, a été joué à Bruxelles, sur le théâtre de la Monnaie, en janvier 1879.

26. *L'Avare.*

Pièce imitée par Molière : *l'Aululaire* de Plaute. — Pièces dont certaines scènes ont été imitées dans *l'Avare* : *la Belle plaideuse*, comédie en cinq actes, en vers, de Boisrobert, jouée en 1654, imprimée en 1655 ; Paris, Guillaume de Luyne, in-12 : dans la scène II de l'acte IV se trouve l'idée de l'inventaire détaillé par la Flèche, acte II, scène I de *l'Avare*; et dans la scène VIII de l'acte Ier une situation toute semblable à celle de la scène II de l'acte II de *l'Avare.* — *I Suppositi*, « les Supposés », comédie de l'Arioste, en cinq actes, d'abord écrite en prose, puis mise en vers; il y en avait une ancienne traduction faite sur la prose : *La comédie des* Supposés *de M. Louis Arioste, en italien et en françois;* Paris, Estienne Groulleau, 1552 ; in-8° : Molière s'est approprié un assez long passage de la scène II de l'acte Ier au début de la scène V de l'acte II de *l'Avare.* — Sur quelques autres rapprochements qui ont été faits (avec *les Esprits* de la Rivey, etc.), voyez tome VII, p. 21 et suivantes. — Voyez encore *Die Quellen des Avare von Molière*, « *les Sources de* l'Avare *de Molière* », article de M. W. Knörich dans la revue allemande mentionnée plus haut (p. 146, 6e alinéa, fin), tome VIII (1886), p. 51-67.

Lettres en vers à Madame, de Robinet, datées du 15 et du 22 septembre, du 10 novembre 1668, et du 2 mars 1669.

Les Historiettes de Tallemant des Réaux, édition Monmerqué et Paulin Paris : tome II, 1854, p. 200.

Bolœana, Amsterdam, 1742. Page 105.

Lettre écrite par Fénelon (en 1714) *à l'Académie françoise.* Paris, 1718 (plus loin, p. 201, dernier alinéa). Au paragraphe VII.

De la Réformation du théâtre, par Riccoboni; 1743. Pages 15-17.

Lettre de *J.-J. Rousseau, citoyen de Genève, à M. d'Alembert*...; 1758 (voyez plus haut, p. 138, 1er alinéa) : pages 52 et 53.

Conversations avec Goethe... recueillies par Eckermann : 12 mai 1825; dans la traduction de M. Émile Délerot, tome Ier, p. 215.

Cours de littérature dramatique par Saint-Marc Girardin, tome Ier (1843), XIII, p. 262 et suivantes : *Des Pères dans la comédie, et surtout dans la comédie de Molière*.

Article de J.-J. Weiss, du 29 octobre 1863, recueilli dans le volume intitulé *Autour de la Comédie-Française* (1892) : voyez là p. 73-75.

Les Amours de Gombaut et de Macée, étude sur une tapisserie française du Musée de Saint-Lô, avec cinq héliogravures et neuf facsimilés d'estampes anciennes, par M. Jules Guiffrey. Paris, Charavay frères, 1882 : in-4°.

Le Dîner d'Harpagon, et la gastronomie française au XVIIe *siècle*, article de M. Charles-Julien Jeannel dans *le Correspondant* (revue) du 10 juillet 1870, p. 110-120.

Molière et les médecins, article de M. Alphonse Pauly au *Moliériste* de janvier 1887.

Molière's Avare, étude de M. le docteur C. Humbert dans les *Neue jahrbücher für philologie und pädagogik*, « Nouvelles annales de philologie et de pédagogie », publiées par MM. Alfred Fleckeisen et Hermann Masius chez B. G. Teubner à Berlin : année 1892, fascicule I, 2de partie, p. 46-59, et fascicule II, 2de partie, p. 90-96.

L'Avare, comédie de Molière... mise en vers avec des changements, par Mailhol. Bouillon, de l'imprimerie de la Société typographique, 1775; in-8°. Représenté pour la première fois le 24 août 1813 sur le Théâtre de l'Impératrice (Odéon). (*Histoire... de Molière* par Taschereau, 3e édition, *Bibliographie*, p. 295.)

<small>Paul Lacroix (n° 1709 de la *Bibliographie moliéresque*) semble attribuer cet *Avare* versifié à Hyacinthe Decomberousse; celui-ci y avait sans doute mis la main en 1813 : voyez les mentions qui sont faites très probablement (malgré une différence de prénom) de ce même adaptateur, plus haut, p. 143, 1er alinéa, et plus loin, p. 166, 7e alinéa.</small>

Mis en vers blancs par le comte de Saint-Leu (Louis Bonaparte, père de Napoléon III) : au tome Ier de son *Essai sur la versification française*; Rome, 1825; 2 volumes in-8°.

L'Avare... Mis en vers par Antoine Rastoul; Avignon, 1836; in-8°.

Mis en vers par Benjamin Esnault, membre de la Société royale d'Arras; Paris, Comptoir des imprimeurs unis, 1845.

Une scène de L'Avare *de Molière* (la scène v de l'acte Ier, coupée en quatre scènes, vii-x, dans l'édition de 1734) *mise en vers par M. F. Deschamps* : dans le *Précis analytique des travaux de l'Académie... de Rouen pendant l'année* 1845, p. 199-209.

L'Avare, comédie de Molière mise en vers par A. Malouin. Le Mans, 1859, in-8°.

Imitation en vers par Christian Ostrowski : au tome II du *Théâtre complet* de cet auteur (mort en 1882). Didot, 1862 : in-18. Réimprimée, avec quelques corrections, dans le *Magasin théâtral*, Paris, 1874, grand in-8°.

Mis en vers par M. Courtin, conseiller honoraire, lu en séance générale le 22 janvier 1869 : dans les *Mémoires de la Société d'agriculture, de sciences et d'arts de Douai*, 2e série, tome X (1867-1869, publié en 1871), p. 257-344.

Mis en vers par M. L. F. A. (Allart). Paris, Glady, 1875, in-8°.

A propos de l'Avare *mis en vers par M. L. F. Allart, de Brienne*. Lettre de M. Patrice Salin insérée au *Bulletin du Bouquiniste* du 15 septembre 1875.

<small>L'auteur y passe en revue les diverses traductions en vers qui ont été faites de *l'Avare*.</small>

---

27. — La Gloire du Val-de-Grâce.

Poème latin dont Molière s'est inspiré en maint passage : *Caroli Alfonsi du Fresnoy, pictoris, de Arte graphica liber, sive diathesis, graphidos et chromatices, trium picturæ partium, antiquorum ideæ artificum nova restitutio*. Lutetiæ Parisiorum, apud Claudium Barbin, 1668 (privilège de 1667); in-12. — Une autre édition de cette œuvre posthume parut la même année 1668, avec la traduction en regard, sous ce titre : *l'Art de peinture de Charles Alphonse du Fresnoy, traduit en françois* (par le peintre Roger de Piles), *avec des remarques nécessaires et très amples :* 1 volume in-8°, Paris, Nicolas l'Anglois, 1668.

Lettre en vers à Madame, de Robinet, du 22 décembre 1668 (citée tome IX, p. 522), et fin de celle du 6 avril 1669.

ÉCRITS RELATIFS AUX PIÈCES. 153

Sonnet à M. de Molière sur son poème de la Gloire du Val-de-Grâce : page 141 des *Poésies héroïques du sieur de Pinchesne....* Paris, André Cramoisy, 1670 : in-4°. Le sonnet a été donné au *Moliériste* de septembre 1883, page 181 de l'intéressant article que M. Paul d'Estrée y a inséré sur le neveu de Voiture.

Réponse à la Gloire du Val-de-Grâce de M. de Molière, réponse en vers, dans laquelle c'est la Coupe (la Coupole) elle-même qui parle; elle suivit sans doute d'assez près la publication du poème de Molière; une copie s'en trouve au tome Ier, f°s 95-114, du *Recueil de Tralage* conservé aux Manuscrits de la bibliothèque de l'Arsenal[1]; mais elle ne fut imprimée que beaucoup plus tard, aux pages 241 et suivantes de l'*Anonymiana* ou *Mélanges de poésies, d'éloquence et d'érudition* : Paris, Nicolas Pepie, 1700; in-12. Voyez tome IX, p. 514 (sur l'*Anonymiana*), et p. 523 et 524 (sur la *Réponse*). Une réimpression est mentionnée plus loin, p. 225, VII.

Récréations littéraires de Cizeron Rival; Lyon, 1765 : pages 153 et suivantes (passage cité tome IX, p. 530).

Notes du peintre Guérin : au tome IX (1825), p. 509 et suivantes de l'édition d'Auger (plus haut, p. 90, n° 27 des Recueils).

Portraits littéraires de Sainte-Beuve, édition Garnier, 1862 : tome II, MOLIÈRE (notice de 1835), p. 31-33.

Port-Royal de Sainte-Beuve, 3e édition, 1867 : tome III, p. 293-295.

Histoire des peintres, de Charles Blanc : *École française*, PIERRE MIGNARD, p. 13.

> La fresque de Mignard a été décrite dans *la Vie de Pierre Mignard* par l'abbé de Monville, Paris, 1730, in-12 (p. 77-82), et dans l'ouvrage de Charles Blanc cité à l'alinéa précédent (p. 10-13). — Les différents groupes en ont été gravés par Gérard Audran, d'après un dessin en grisaille de Michel Corneille.

---

28. — *Le Tartuffe* ou *l'Imposteur*.

Sur *l'Ipocrito* de l'Arétin, une nouvelle de Boccace, la *Macette* de Regnier, où Molière a pu prendre quelques traits, et sur deux autres pièces italiennes qu'on a voulu citer comme des sources

---

1. Le titre est là : *La Coupe du Val-de-Grâce à Monsieur de Molière*. — En tête des quatrains dont les deux premiers ont été cités, avec trois vers des deux derniers, au tome IX, p. 524, on lit : *Le Secrétaire de la Coupe à Monsieur de Molière*. Au lieu des vers 1 et 2 cités : « Toi qui possède en tout... », la vieille copie donne :
    Favori des neuf Sœurs, toi qui sais l'art de plaire,
    Esprit des plus brillants qui soient dans l'univers...;

du *Tartuffe* : *il Dottor bacchettone*[1] et *il Basilisco del Bernagasso*[2] ou *le Dragon de Moscovie*, voyez la *Notice*, tome IV, p. 348 et suivantes.

Dans l'article déjà cité (plus haut, p. 51, fin du 2^d alinéa) et qui est inséré au tome Ier (1883) du *Giornale storico della letteratura italiana*, M. Achille Neri a analysé *il Pédante*, un des vieux *scenari* du *Teatro* de Flaminio Scala[3] et y a signalé des rapports avec *le Tartuffe*. — Un compte rendu de cet article par M. Vesselovsky se lit, traduit en allemand, sous le titre de *Une nouvelle source de Tartuffe*, p. 97-101 du sixième et dernier fascicule (mars 1884) du *Molière-Museum* (plus loin, p. 234, 5e alinéa).

Polyandre, roman attribué à Charles Sorel; Paris, Augustin Courbé; deux gros volumes in-8° : édition unique, achevée d'imprimer le 15 mars 1648.

> *Le Moliériste* de juillet et d'août 1888 contient, sous le titre de *Madame Pernelle, Flipote et Monsieur Tartuffe dans un roman de Charles Sorel*, deux très intéressants articles, où M. Georges Monval a fait connaître de ce roman oublié un long passage (II^{de} partie, livre v) et d'assez nombreuses expressions qui prêtent aux plus curieux rapprochements. Voyez aussi, dans le numéro de septembre 1888 de ce même recueil, la lettre de M. Édouard Thierry à M. Monval.

Les Hypocrites, la seconde des *Nouvelles tragi-comiques* « tournées de l'espagnol en françois » par Scarron (plus haut, p. 126, 1er alinéa du n° 8); l'achevé d'imprimer de cette nouvelle est du 26 octobre 1655; elle n'est, comme M. de Roberville nous l'a appris, qu'une traduction du roman d'Alonso Jeronimo Salas de Barbadillo intitulé *la Hyja de Celestina*, « la Fille de Célestine », dont on cite quatre éditions publiées de 1612 à 1616 : voyez, à la Réserve de la Bibliothèque nationale, celle de Saragosse 1612, cotée Y² 2346, petit in-douze (l'épisode ici intéressant est aux folios 71 et suivants, auxquels répondent les pages 70 et suivantes de la traduction de Scarron); voyez aussi la page 311 de la *Notice biographique*, et le travail, indiqué là, que M. de Roberville a inséré dans la *Revue de Loir-et-Cher*

---

elle a encore une insignifiante petite variante au vers 8 : « Et j'en prends à témoin ton poème », au lieu de « Et j'en prends pour témoin ton poème ».

1. Un *Dottor bacchettone* se trouve parmi les canevas qu'a publiés M. Bartoli dans ses *Scenari inediti della commedia dell'arte* (1880) : voyez plus loin, p. 235, 3e alinéa.

2. D'après M. Bartoli, p. xxxv et note 7, c'est *Berganasso* qu'il faut dire.

3. *Il Teatro delle favole rappresentative, overo la Ricreatione comica, boscareccia et tragica, divisa in cinquanta giornate, composte da Flaminio Scala, detto Flavio, comico del Sereniss. Sig. duca di Mantova. In Venetia, appresso Gio. Battista Pulciani, 1611* : in-quarto par les signatures, mais de format in-octavo. Voyez *Giornata* 31 : IL PEDANTE, comedia.

ÉCRITS RELATIFS AUX PIÈCES.   155

(numéros de septembre, octobre et novembre 1887), puis publié en brochure à Blois. Sur ce que Molière doit à l'auteur ou au traducteur pour la scène vi de l'acte III de sa comédie, voyez la *Notice*, tome IV, p. 352-354.

La Fouine de Séville ou *l'Hameçon des bourses*, nouvelle traduite par d'Ouville de l'espagnol de D. Alonso de Castillo Solorzano (d'Ouville a écrit Souorçano). Paris, Louys Bilaine, ou Courbé, 1661 (Achevé du 16 juillet) : in-8°. Au livre III, p. 291-294, se lit un passage dont Molière a pu se souvenir (cité tome IV, p. 467 et 468, fin de la note 1 de la page 466). — L'original espagnol, *la Garduña de Sevilla y anzuelo de las bolsas*, publié d'abord en 1634, a été souvent réimprimé ; il est, dans la *Bibliothèque* Rivadeneyra *d'auteurs espagnols*, au tome II des *Novellistes postérieurs à Cervantes* : le passage qui peut être rapproché de la déclaration de Tartuffe se trouve là au chapitre xi, p. 203.

Relation des *Plaisirs de l'Ile enchantée...* ; Paris, Robert Ballart, 1664, in-folio (plus haut, aux Éditions détachées, p. 16 et 17, 2ᵈ alinéa du numéro 13) : antépénultième alinéa (voyez tome IV, p. 231 et 232).

Gazette de 1664, n° 59, du 17 mai 1664 : voyez tome IV, p. 232, note 2.

La Muse historique de Loret, fin de la lettre en vers du 24 mai 1664.

Le Roi glorieux au monde (qui est la gloire du monde), ou *Louis XIV le plus glorieux de tous les rois du monde* (par Pierre Roullé, curé de Saint-Barthélemy), 1664 ; in-12. Voyez tome IV, p. 282-286.

Vers 91-102 du *Discours* de Boileau *au Roi*, composé en 1665, inséré entre la vᵉ et la viᵉ satire dans le premier recueil publié par Boileau en 1666 (privilège du 6 mars) : *Satires du sieur D****; Paris, Claude Barbin ; in-12. — Vers 25 de la iiiᵉ satire, insérée dans le même recueil de 1666, et note ajoutée par Boileau en 1701 (cités tome IV, p. 289 et 290).

Notes de Brossette, rédigées en 1702, et reproduites d'après le manuscrit autographe (Bibliothèque nationale, fonds français, n° 15275, fᵒˢ 89 v° à 91 r°; et fᵒˢ 12 v° et 13 r°) par M. Laverdet à la suite de la *Correspondance entre Boileau Despréaux et Brossette*, 1858, in-8° : pages 563 et suivantes ; et pages 516 et 517.

Lettre à Mylord*** sur Baron et la Demoiselle Lecouvreur..., par George Wink (l'abbé d'Allainval) ; Paris, Antoine de Heuqueville, 1730, in-12. Voyez page 20 (passage cité tome IV, p. 327, note 2, et p. 477, note a).

Observations sur une comédie de Molière intitulée le Festin de Pierre, par B. A. S^r de R[ochemont], avocat en Parlement. Paris, N. Pepingué, 1665, permission du 18 avril (plus haut, p. 134, 5ᵉ alinéa). Voyez p. 279, et p. 287 et 288 de notre tome IV ; et p. 224 et 229 de notre tome V.

Lettre de Lionne à d'Alibert, bibliothécaire de la reine Christine de Suède, datée du 26 février 1666 (citée tome IV, p. 310 : voyez la note 1 de la page 309).

Lettre de Racine *aux deux apologistes de l'auteur des hérésies imaginaires*, datée du 10 mai 1666, imprimée seulement en 1722, à la Haye, au tome IV des *OEuvres de Nicolas Despréaux*. Voyez notre tome IV, p. 288 et 297, et le tome IV du *Racine*, p. 332.

Menagiana, 1ʳᵉ édition, 1693 : page 50. Voyez tome IV, p. 288.

Dialogue sur la musique des anciens, ouvrage posthume de l'abbé de Châteauneuf ; 1725 ; in-12 : pages 115 et 116. Voyez tome IV, p. 288 et 289.

Ordonnance de l'archevêque de Paris, Hardouin de Beaumont de Péréfixe, du 11 août 1667 (citée tome IV, p. 322).

> L'archevêque ayant, la même année, défendu la lecture du *Nouveau Testament* dit *de Mons* (voyez le *Port-Royal* de Sainte-Beuve, 3ᵉ édition, livre V, chapitre VI, tome IV, p. 378 et suivantes, et la *Lettre en vers à Madame*, de Robinet, datée du 3 décembre 1667), on fit l'épigramme suivante :
>
> > Molière est consolé de la rigueur extrême
> > Qu'on avoit exercé contre son bel écrit :
> > Qui censura *Tartuffe* a censuré de même
> > La parole de Jésus-Christ.
>
> Ce quatrain, trouvé par P. Lacroix, a été imprimé en 1863 dans *le Bulletin des Bibliophiles belges*, p. 104 ; il se lit au folio 63 verso du vieux manuscrit français 15 244 conservé à la Bibliothèque nationale (manuscrit déjà indiqué par nous plus haut, p. 29, au 2ᵈ alinéa du n° 24 des Éditions détachées).

Lettre sur la comédie de L'IMPOSTEUR, 1667, datée à la fin du 20 août ; in-12. Réimprimée en 1668, et, sous le titre d'*Observations sur la comédie de* L'IMPOSTEUR, en 1670. Reproduite tome IV, p. 529 et suivantes.

La Critique du Tartuffe, comédie en vers, en un acte, précédée d'une *Lettre satirique* (en vers) *sur* le Tartuffe, *écrite à l'auteur de la Critique*; Paris, Gabriel Quinet, 1670 (achevé d'imprimer du 19 décembre 1669) ; in-12. Voyez tome IV, p. 340-342.

Début de la *Lettre en vers à Madame*, de Robinet, datée du 6 août 1669. — Lettres du même datées des 9 février, 23 février et 6 avril 1669.

ÉCRITS RELATIFS AUX PIÈCES.

La Promenade de Saint-Cloud : Dialogue sur les auteurs. Par Gabriel Gueret; écrit en 1669; imprimé à la suite des *Mémoires historiques, critiques et littéraires par feu M. Bruys*; Paris, 1751; 2 volumes in-12 : voyez là, au tome II, les pages 204-211.

> A été réimprimé par M. Georges Monval en 1888, au tome XVI de la *Nouvelle Collection moliéresque* (plus loin, p. 225).

Passage d'une lettre (sans doute de 1669) de Saint-Évremond à Hervart, maître des requêtes. Dans *le Conservateur ou Collection de morceaux rares et d'ouvrages anciens, élagués, traduits et refaits en tout ou en partie*. Paris, Lambert, 1756-1761 : 38 volumes in-12. Tome d'avril 1758, p. 80 et 81.

Sorberiana, Toulouse, 1691 (Sorbière mourut en avril 1670) : in-12. Voyez pages 101 et 102; page 249.

Sermon de Bourdaloue *sur l'Hypocrisie*, pour le 7ᵉ dimanche après la Pentecôte; 1ʳᵉ partie : tome VI des *Œuvres complètes*, p. 213 et 214, dans l'édition de Versailles, J.-A. Lebel, 1812.

Jugements des savants de Baillet : tome IX (1686), p. 110 et suivantes (voyez plus loin la note 1 de la page 194).

Les Caractères de la Bruyère : chapitre *De la Mode*, § 24 (de 1691), portrait d'Onuphre; au tome II du *la Bruyère*, p. 154-159.

Lettre de Bossuet au P. Caffaro (mai 1694), 4ᵉ alinéa, et *Maximes et réflexions sur la comédie* (1694), § III.

Menagiana : 1ʳᵉ édition (1693), page 50, et 3ᵉ édition (1715 et 1729), tome Iᵉʳ, p. 144. — Autre renseignement : 2ᵈᵉ édition (1694), tome II, p. 308 et 309; 3ᵉ édition, tome IV, p. 174.

Le Tartuffe révolutionnaire ou *la Suite de l'Imposteur*, comédie en vers, en trois actes (d'après la *Bibliographie moliéresque*, mais en cinq, d'après la *Biographie universelle*), par Népomucène Lemercier; représentée sur le théâtre de la République le 21 prairial an III (9 juin 1795).

> « Des vers de circonstance, dit *la Gazette nationale ou le Moniteur universel* du primidi 1ᵉʳ messidor (19 juin), des applications de la copie à des originaux fameux ont été saisis et applaudis avec enthousiasme. L'auteur a été demandé et nommé. » La pièce fut supprimée par le Directoire après cinq représentations. D'après la *Bibliographie moliéresque* (n° 1706), elle n'a pas été imprimée.

Cours analytique de littérature générale, par Népomucène Lemercier, 1817 (voyez plus loin, p. 212, 1ᵉʳ alinéa). Au tome II, la xxvᵉ et dernière séance a cet intitulé : « Application des vingt-trois règles qui constituent le genre comique méthodiquement faite au *Tartufe*, chef-d'œuvre dont l'analyse complète prouve la perfection incontestable. »

Mémorial de Sainte-Hélène, ou *Journal où se trouve consigné... ce qu'a dit et fait Napoléon durant dix-huit mois*, par le comte de Las Cases. Paris, chez l'Auteur, 1823. Tome V, p. 357 et 358 (lundi 19 août 1816).

OEuvres de François-Benoît Hoffman. Paris, Lefebvre, 1831 : 10 volumes in-8°. Le tome VIII contient, p. 339-350, la réimpression d'un article, d'abord publié dans le *Journal des Debats*, sur la Notice qu'Étienne mit, en 1824, au-devant d'une édition du *Tartufe* (mentionnée plus haut, p. 34, antépénultième alinéa.

Conversations avec Goethe recueillies par Eckermann : Ire partie, 26 juillet 1826, 5e alinéa (traduction de M. Délerot, tome Ier, p. 243); et IIIe partie, 1er mai 1825, 5e alinéa. — Voyez encore dans les *OEuvres de Goethe*, parmi les articles de *Littérature étrangère*, celui qui concerne la comédie de Lemercier ayant pour titre *Richelieu* ou *la Journée des dupes* (1828) : tome V, p. 675 de l'édition grand in-8° de Cotta, 1863.

Briefe aus Paris, « Lettres écrites de Paris, » 2de édition, au tome IV des *OEuvres dramatiques et dramaturgiques* d'Édouard Devrient. Leipzig, J. J. Weber, 1846; petit-in-8°. Lettre du 1er mai 1839, p. 303 et 304.

L'auteur, comédien et écrivain de talent, y rend compte d'une représentation intéressante de *Tartuffe*, donnée la veille au théâtre de l'Odéon : Mlle Rachel, après avoir joué le rôle d'Hermione dans *Andromaque*, y parut en Dorine, en même temps que Mlle Mars en Elmire, Mlle Anaïs en Mariane, Mme Desmousseaux en Pernelle.

Au sujet d'une prétendue *Étude sur le Tartuffe*, qui est au tome Ier, p. 182-210, de l'ouvrage de M. Pierre Varin intitulé *la Vérité sur les Arnauld, complétée à l'aide de leur correspondance inédite* (Paris, Poussielgue-Rusand, 1847, 2 volumes in-8°), voyez la *Notice*, p. 296, note 4.

De l'Influence des mœurs sur la comédie, discours, suivi de deux études sur les rôles du Misanthrope et de Tartuffe, par Adrien Perlet, ancien acteur du Gymnase. Paris, 1848, in-8° : voyez, p. 175 et suivantes, la *Lettre sur le rôle de Tartuffe*.

Port-Royal de Sainte-Beuve : tome III, livre III, chapitres XV et XVI, p. 259-311 de la 3e édition (Hachette, 1867; la première édition pour cette partie du tome III est de 1848).

ÉCRITS RELATIFS AUX PIÈCES.

Les Parents de Tartuffe, article de M. Émile Deschanel dans *la Liberté de penser* du 15 décembre 1848.

Comment Molière fit Tartuffe, quatre articles d'Édouard Fournier au tome XI (1857), p. 105 et suivantes, p. 159 et suivantes, p. 227 et suivantes, p. 243 et suivantes de la *Revue française*.

Jacques du Lorens et le Tartuffe. Notice sur un Précurseur de Despréaux : 1583-1658. Par Prosper Blanchemain. Paris, Auguste Aubry, 1867 : in-8°. Extrait du *Bulletin du Bouquiniste* d'avril 1867.

Les Sources du Tartuffe, articles de M. l'abbé V. Davin dans le journal *le Monde* des 2, 13, 15 et 22 août 1873. — *Mme Pernelle.* — *Mme de Longueville :* articles du même dans *le Monde* des 27 août, 3, 5 et 19 septembre suivants.

* Voyez plus loin. p. 232, 1ᵉʳ et 2ᵈ alinéa, mention d'autres articles de M. l'abbé Davin.

Eugène Scribe. Conférence de M. Ernest Legouvé aux matinées littéraires de Ballande; insérée au journal *le Temps* du 24 février 1874.

M. Édouard Thierry. *La Seconde interdiction de Tartuffe* (5 *août* 1667). — *Lettre sur la comédie de l'Imposteur.* Cherbourg, imprimerie Auguste Mouchel, 1874 (extrait des *Mémoires de la Société académique de Cherbourg*) : in-8°.

Une mise en scène moderne du Tartuffe. Articles de M. Édouard Thierry au *Moliériste* de mai, de juin et de juillet 1879.

Molière et Tartuffe dans la Préface des Plaideurs, article de M. Édouard Thierry inséré au *Moliériste* d'avril 1880.

La Gloire du Val-de-Grâce, Tartuffe et la paix de l'Église, article de M. Édouard Thierry inséré au *Moliériste* de février 1883.

Le Silence d'Elmire, étude sur l'interprétation du rôle dans Tartuffe, deux articles de M. Édouard Thierry dans la *Revue d'art dramatique*, tome XII (octobre-décembre 1888), p. 129 et suivantes, p. 193 et suivantes.

Un Évêque réformateur sous Louis XIV. Gabriel de Roquette, évêque d'Autun. Sa vie, son temps et le Tartuffe de Molière, d'après des documents inédits, par M. J.-Henri Pignot. Paris, A. Durand et Pedone-Lauriel; Autun, Denis Renault, 1876 : 2 volumes in-8°. Particulièrement, au tome II, le chapitre vii intitulé *Roquette et Tartuffe*.

Études sur Molière. — LE TARTUFFE *par ordre de Louis XIV. Le véritable prototype de l'Imposteur. Recherches nouvelles. Pièces inédites publiées par* M. Louis Lacour. Paris, A. Claudin, 1877 : volume petit in-12 elzévirien. Voyez la *Notice*, p. 298 et 299.

Études sur Molière. — Tartuffe. *Histoire du type et de la pièce.* Monographie par M. Alexis Vesselovsky. Moscou 1879 : 1 vol. in-8°.

<small>Voyez sur cette étude, écrite en russe, un article de M. Louis Léger inséré dans la *Revue critique d'histoire et de littérature* du 22 novembre 1879, et reproduit dans *le Moliériste* de février 1880. — Une autre étude de M. Vesselovsky a été mentionnée plus haut, p. 140, 10ᵉ alinéa.</small>

Étude sur *le Tartuffe*, par M. J. N. van Hall, insérée dans la revue hollandaise *de Gids*, « le Guide » (*Moliériste* de juin 1880, p. 71).

Examen de *Tartuffe* dans une étude de M. Paul Janet sur *la Philosophie de Molière*, insérée au numéro du 15 mars 1881 de la *Revue des Deux Mondes*.

Un passage intéressant de Théophile Gautier sur le personnage de Tartuffe est cité par M. Moland (dans sa 2ᵈᵉ édition des Œuvres, au tome VI, p. 16 et 17; dans la 1ʳᵉ, au tome IV, p. 381-383).

Le Rôle de Tartuffe, par F.-P. Regnier, ancien sociétaire de la Comédie-Française : dans *le Moliériste* de décembre 1881.

Molière's Tartuffe. Geschichte und Kritik. « Le Tartuffe de Molière. Histoire et critique. » Par M. le docteur W. Mangold. Oppeln (Silésie), librairie Eugène Franck (Georg Maske), 1881 : in-8°.

Une question de droit à propos du Tartuffe (il s'agit de la donation faite par Orgon à Tartuffe), article de M. Livet dans *le Moliériste* d'avril 1882, p. 15-21.

Moliere e il suo « Tartuffe », article de feu Napoleone Caix, au tome XXXII (seconde série; Rome, 1882), p. 293-414, de la *Nuova Antologia di scienze, lettere ed arti*.

Tartuffe, par M. C. Coquelin, de la Comédie-Française. Paris, Paul Ollendorf, 1884 : 1 volume in-16.

Études littéraires et morales sur le dix-septième siècle. — *Louis XIV, Molière et le Tartufe*, par M. Ch. Revillout, professeur à la Faculté des lettres de Montpellier. Montpellier, 1888 : in-4° (extrait des *Mémoires de l'Académie des sciences et lettres de Montpellier*, section des Lettres, tome VIII).

M. René Doumic. *La Question du Tartuffe*, conférence faite au théâtre de l'Odéon, le jeudi 20 mars 1890 (extrait du *Correspondant*) Paris, E. de Soye et fils, imprimeurs, 1890 : brochure in-8°. Est aussi au tome II, p. 199 et suivantes du recueil mentionné plus haut, p. 127, 7° alinéa.

> M. Doumic combat les conclusions d'une conférence faite au même théâtre, le 10 février précédent, par M. Ferdinand Brunetière; le texte de celle-ci n'a pas, que nous sachions, été imprimé; mais la question du *Tartuffe* a été reprise dans l'article (mentionné plus loin, p. 247, 4° alinéa) que M. Brunetière a publié la même année sur *la Philosophie de Molière*.

Tartuffe et l'esprit jésuitique en France, conférence faite au théâtre de l'Odéon, le jeudi 18 décembre 1890, par M. Maurice Barrès : au tome III (1891), p. 143 et suivantes, du recueil mentionné plus haut, p. 127, 7° alinéa.

Tartuffe. Sixième des conférences faites à l'Odéon sur *les Époques du théâtre français* par M. Ferdinand Brunetière : insérée au numéro du 19 décembre 1891 de la *Revue politique et littéraire* (*Revue bleue*). Voyez plus loin, p. 247, 6° alinéa.

---

29. — Monsieur de Pourceaugnac.

Un dialogue de Plaute dans la scène II de l'acte III de *l'Asinaire*, vers 537-557, est à comparer avec le dialogue de Nérine et de Sbrigani dans la scène II de l'acte Ier de *Monsieur de Pourceaugnac*; et la scène V de l'acte V (vers 819 et suivants) des *Ménechmes* du même poète latin est à comparer avec la scène de la consultation (la VIIIe de l'acte Ier). Sur quelques autres contes dont Molière aurait pu garder souvenir, voyez tome VII, p. 220 et suivantes.

Gazette du 12 octobre 1669, p. 996 (passage cité tome VII, p. 212).

Lettres en vers à Madame, de Robinet, datées du 12 octobre et du 23 novembre 1669.

Nouvelles pièces sur Molière, publiées par M. Campardon (1876) : XI, p. 80-82. Ordonnance de 6263 livres allouées pour les représentations de « quinze comédies » données à Chambord en septembre et octobre 1669 ; et deux ordonnances, de 3000 livres chacune, accordées spécialement à la troupe du Palais-Royal, laquelle entre autres comédies joua *Monsieur de Pourceaugnac* (la première fois le 6 octobre). — XIII, p. 95-103. *État de la dépense pour le divertissement de Chambord* (Monsieur de Pourceaugnac) *et pour le dernier ballet* (les Amants magnifiques) *recommencé à Saint-Germain en Laye… depuis le 26° février jus-*

ques au 9ᵉ *mars* 1670 (dans cet intervalle la *Gazette* du 8 et du 15 mars mentionne, à la Cour, une représentation de *Monsieur de Pourceaugnac*, donnée le 6 mars, et deux représentations des *Amants magnifiques*, données le 4 et le 8).

« *Le Carnaval*, mascarade. Représenté par l'Académie royale de musique. On le vend à Paris, à l'entrée de la porte de l'Académie royale de musique, au Palais-Royal, rue Saint-Honoré. Imprimé aux dépens de ladite Académie. Par René Baudry, imprimeur, 1675 ; » in-4° : livret de l'opéra dont la partition est mentionnée à l'alinéa suivant.

« *Le Carnaval*, mascarade mise en musique par M. de Lulli..., représentée par l'Académie royale de musique en l'année 1675. Cette mascarade est un composé de différents Divertissements françois, espagnols, italiens et turcs. Partition générale, imprimée pour la première fois. De l'imprimerie de J. B. Christophe Ballard..., 1720 ; » in-folio.

Ce *Carnaval* contient tous les intermèdes de *Monsieur de Pourceaugnac*, à savoir : 1° le troisième et le second réunis et très développés, composant la IIIᵉ entrée (celle dont fut formé le *Divertissement comique* mentionné à l'alinéa suivant) ; 2° le quatrième, composant la seconde partie de la Vᵉ entrée ; et 3° le premier, composant la première partie de la VIIᵉ entrée, intitulée *les Nouveaux mariés*. Voyez tome VII, p. 344, note 1.

Pourceaugnac, divertissement comique par M. de Lulli... ; Paris, Christophe Ballard ; in-quarto oblong : partition écrite pour une refonte et amplification du IIIᵉ et du IIᵈ intermède de la comédie de Molière. Ce divertissement, donné à l'Opéra, en 1715, à la suite du ballet des *Fêtes de Thalie*, et repris le 16 juin 1722, avait peut-être été bien antérieurement détaché par Lulli même de son grand ballet du *Carnaval* qui vient d'être mentionné. Voyez tome VII, p. 229 et 230, et p. 346.

Une représentation de Monsieur de Pourceaugnac à Chambord, examen de deux fragments inédits paraissant appartenir à l'œuvre de Molière, par M. Ludovic Celler. Au tome LXIII (2ᵉ série, 1868), p. 699 et suivantes, de la *Revue contemporaine*.

Pour une imitation italienne de Gigli, publiée en 1753 sous le titre de *il Gorgoleo*, voyez plus haut, p. 115, 5ᵉ alinéa.

« *Il Signor di Pourceaugnac*, livret italien calqué sur la comédie de Molière et musiqué par Louis Jadin, fut représenté sur le théâtre Feydeau, par les excellents chanteurs italiens que Viotti dirigeait, le 23 avril 1792. » (Castil-Blaze, *Molière musicien*, tome Iᵉʳ, p. 375.) Aucune impression n'est indiquée.

ÉCRITS RELATIFS AUX PIÈCES.

Pourceaugnac de Molière, mis en musique par le citoyen Mengozzi, représenté en 1793 sur le théâtre de la Montagne (Montansier), au jardin de la Révolution (Palais-Royal). Aucune impression n'est indiquée.

Monsieur de Pourceaugnac, ballet-pantomime comique en deux actes, à grand spectacle, avec les intermèdes de Lulli, arrangé, d'après la pièce de Molière, par MM. Corally et ***, représenté sur le théâtre de la Porte-Saint-Martin le 28 janvier 1826; Paris, Barba, 1826, in-8°.

Monsieur de Pourceaugnac, opéra bouffon en trois actes, d'après Molière, paroles ajustées sur la musique de Rossini, Ch.-M. Weber, etc., par Castil-Blaze, représenté sur le théâtre de l'Odéon le 24 février 1827; Paris, Castil-Blaze, 1826, in-8°.

Molière et Monsieur de Pourceaugnac, conférence faite, le dimanche gras 11 février 1872, à la matinée littéraire du théâtre de la Gaîté, par M. Jules Claretie. Insérée dans la *Revue politique et littéraire, revue des cours littéraires*, n° du 16 mars 1872.

Molière et les Limousins par M. René Fage, avocat; seconde édition augmentée; Limoges, imprimerie-librairie de Mme veuve Ducourtieux, 1884; in-8°.

---

30. — *Les Amants magnifiques.*

Le *Don Sanche d'Aragon* de Corneille, qui est de 1650, a un sujet très comparable à celui des *Amants magnifiques*.

L'ode d'Horace : *Donec gratus eram tibi*, la IX° du livre III, a été imitée par Molière dans le dialogue intitulé *Dépit amoureux* que chantent Climène et Philinte vers la fin du III° intermède (p. 430 et 431 de notre tome VII).

Gazette du 8 février 1670 (passage cité tome VII, p. 351 et 352); quelques autres passages des 15 et 22 février, des 8 et 15 mars sont résumés p. 360.

Lettres en vers à Madame, de Robinet, datées des 8, 15 et 22 février 1670.

Nouvelles pièces sur Molière publiées par M. Ém. Campardon (1876) : XII, p. 88-91. Ordonnances, la dernière signée le 2 mars 1670, allouant diverses sommes pour les représentations des *Amants magnifiques* données à Saint-Germain en février 1670 (la représentation du 4, la première, celles du 13 et du 17 ont été constatées à la *Notice*, tome VII, p. 360) ; une somme de 6000 livres est particulièrement accordée à la troupe du Palais-Royal. — XIII, p. 95-103. État de dépenses, comprenant celles qui furent faites pour les représentations des *Amants magnifiques* données à Saint-Germain le 4 et le 8 mars 1670. Voyez plus haut, au n° 29, p. 161, la seconde partie du dernier alinéa.

Nouveau prologue et nouveaux divertissements pour la comédie des *Amants magnifiques*. Représentés pour la première fois le 21e juin 1704. Dans *les Œuvres de M. d'Ancourt*, 2de édition, Paris, 1711 : tome VI, p. 149-170.

---

31. — *Le Bourgeois gentilhomme.*

Voyez, tome VIII, p. 34 et 35, puis p. 154, note 5, et p. 165, note 2, quelques traits de ressemblance qu'on peut signaler dans *le Bourgeois gentilhomme* avec certains passages des *Nuées* d'Aristophane, du *Don Quichotte* de Cervantes, de *la Sœur* de Rotrou (au sujet de cette dernière comédie, voyez encore tome VIII, p. 172, note), d'une farce de l'Hôtel de Bourgogne jouée en 1617, et de *l'Asinaire* de Plaute.

Mémoires du chevalier d'Arvieux, envoyé extraordinaire du Roi à la Porte..., mis en ordre... par le R. P. Jean-Baptiste Labat, de l'ordre des Frères prêcheurs, édition de 1735, Paris ; in-12. Tome IV, p. 185 et p. 252-254.

Tableau général de l'Empire Othoman..., dédié au roi de Suède, par M. de M*** d'Ohsson (Mouradjea d'Ohsson) : tome IV, seconde partie, p. 616-686, particulièrement p. 634-637, de l'édition in-8° de Paris, 1791. Voyez notre tome VIII, p. 23 et p. 183.

La Vraie histoire comique de Francion, par Charles Sorel. Livre XI (publié en 1633) : mystification d'Hortensius, p. 454 et suivantes de l'édition de M. Colombey. Voyez notre tome VIII, p. 22.

La Muse historique de Loret, lettre du 18 décembre 1660 : mention d'un « récit turquesque », composé par Lulli pour un ballet de cour.

Gazette du 18 et du 25 octobre 1670 (passages cités tome VIII, p. 4 et 5, et p. 6).

Lettres en vers à Monsieur, de Robinet, datées du 27 septembre, du

ÉCRITS RELATIFS AUX PIÈCES.

18 octobre, du 15 novembre, du 22 novembre, du 20 décembre et du 27 décembre 1670.

État de la dépense faite pour la comédie-ballet intitulée le Bourgeois gentilhomme, *dansée à Chambord au mois d'octobre dernier* (1670)..., publié, d'après l'original, conservé aux Archives nationales, par M. Jules Clarctie, dans le journal *le Temps* (31 août 1880); déjà inséré par M. Moland à la suite de *Molière et la Comédie italienne* (2ᵉ édition, 1867), p. 363 et suivantes. Voyez tome VIII, p. 18 et note 1.

Lettre sur la vie et les ouvrages de Molière et sur les comédiens de son temps, insérée au MERCURE DE FRANCE de mai 1740 : page 843. Voyez plus haut, p. 130, 5ᵉ alinéa, et la *Notice biographique*, p. 348.

Lettre de J.-J. Rousseau A d'Alembert... sur son article Genève (1758) : page 52 (voyez la *Notice*, p. 8).

Récréations littéraires de Cizeron Rival (1765) : page 15.

La Cérémonie turque jugée par un Musulman, article de M. Georges Monval, inséré au *Moliériste* de février 1889, p. 336 et suivantes.

Nous extrayons de cet intéressant article une note de journal trouvée par M. Monval dans un recueil de pièces manuscrites, appartenant à la Bibliothèque nationale, intitulé et coté *Navigation et commerce* (1685-1740), Fonds français, Nouvelles acquisitions, n° 5095. Le nom de François Pétis de la Croix, inscrit au haut du premier feuillet des fragments recueillis du journal, indique que la rédaction en est due au célèbre orientaliste. Cette curieuse citation prouve bien que l'historiette rapportée d'après la Martinière, p. 9 et 15 de la *Notice* du *Bourgeois gentilhomme*, n'a pu être arrangée, au plus tôt, qu'en 1704, année où un envoyé de Tripoli, après avoir assisté à une représentation du *Bourgeois gentilhomme*, fit réellement de la cérémonie turque la critique attribuée à un envoyé turc de 1670.

F° 78 r°. « *Suite du Journal de l'envoyé de Tripoli* (Hadjy Mustafa).

« Le 13 (*juin* 1704), l'Envoyé fut invité par les comédiens du Roi d'aller voir la comédie. On joua *le Bourgeois gentilhomme*[1], où il prit un fort grand plaisir voyant représenter les manières de son pays. Il a trouvé seulement deux choses à redire : la première, que le personnage du Mufti ne devoit jamais sortir de la gravité qu'il avoit affectée en rentrant sur le théâtre, parce que les gambades et caracoles ne conviennent point à un Mufti; la seconde, que les bastonnades que l'on donna à Monsieur Jourdain ne se donnent point de cette manière. Voici comme il dit qu'il falloit les donner. Il falloit que deux personnes fissent deux grandes révérences à Monsieur Jourdain, et lui ôtassent le turban avec respect et gravité hors de dessus la tête, et missent le turban sur un buffet, et fissent encore une révérence au turban, puis que ces mêmes deux personnes levassent les deux pieds de Monsieur Jourdain, lui faisant heurter les fesses à terre, et missent ses deux pieds dans une corde attachée aux deux bouts du bâton, et tournant le bâton lui serrassent les pieds dans cette corde, en sorte que les

---

1. Le 32ᵉ Registre de la Comédie, cité par M. Monval, constate que les envoyés turcs vinrent au *Bourgeois gentilhomme* le vendredi 13 juin 1704. Paul Poisson jouait Monsieur Jourdain, et la Thorillière le Maître à danser.

plantes des pieds fussent tournées vers le ciel ; puis un troisième s'avance avec une baguette, et frappe sur la plante des pieds de Monsieur Jourdain, disant en musique *uno, doué, tré, quatro, cinqué, sei*, etc. Cela fait, on défait les pieds de Monsieur Jourdain et on l'assit sur un fauteuil, puis on salue le turban et on le lui remet sur la tête, puis on lui fait encore deux révérences, et ainsi finit la cérémonie de la bastonnade. Il trouve aussi que le Mufti ne devroit pas frapper sur le livre. — Il trouve tout le reste fort bien, mais la langue que l'on y parle n'est du tout point turque ni arabe, et ils n'y entendoient rien, excepté *eïvallah*. Il fut aussi fort charmé du petit ballet que l'on dansa à la fin de la comédie, et surtout des demoiselles habillées à l'espagnole. »

Le Moliériste, numéro de septembre 1884, p. 184-187 : article de M. René de Semallé, sur l'intention qu'aurait eue Molière de parodier dans la Cérémonie turque les cérémonies de la consécration des évêques (voyez la *Notice*, tome VIII, p. 22-24).

La Semaine dramatique, dans le *Journal des Débats* des 2 et 23 mars 1885 : articles de M. J.-J. Weiss sur la Cérémonie turque.

Molière et le cérémonial turc à la cour de Louis XIV, article de M. Albert Vandal dans la *Revue d'art dramatique* du 15 juillet 1888, tome XI, p. 65-80.

Pour certains jeux de la scène du Maître de danse (II^{de} de l'acte I), voyez au volume du *Deuxième Centenaire* mentionné plus loin, p. 236, 3e alinéa.

Conférence faite par M. Albert Chabrier, le 10 janvier 1889, avant la représentation du *Bourgeois gentilhomme* : au tome Ier, p. 75 et suivantes, du volume mentionné plus haut, p. 127, 7e alinéa.

Le Bourgeois gentilhomme, comédie de Molière... mise en vers par M*** (de Montbrun[1]), avec des divertissements par M. Hullin; représenté sur le théâtre de l'Odéon le 12 février 1814. (*Histoire... de Molière*, par Taschereau, 3e éd., *Bibliographie*, p. 297.)

La Testa riscaldata, opéra bouffe de Paër, traduit du *Bourgeois gentilhomme* et représenté à Parme en 1797 (d'après Castil-Blaze, au tome II, p. 39, de *Molière musicien*).

Sur le singulier arrangement musical qui fut entendu dans une représentation du *Bourgeois gentilhomme* donnée à l'Opéra en janvier 1852, voyez une lettre de M. Weckerlin adressée à M. Sarcey et publiée dans *le Temps* du 24 février 1890.

Psyché : voyez ci-après le numéro 33.

---

[1]. Pseudonyme, paraît-il, de François ou Hyacinthe Decombcrousse.

32. — *Les Fourberies de Scapin.*

Le *Phormion* de Térence a en partie servi de modèle à Molière (*Notice*, tome VIII, p. 389 et 390). — Quelques souvenirs des *Bacchides* et de *l'Épidique* de Plaute ont été relevés tome VIII, p. 473, note 1, et p. 476, note 3. — Tout au début de sa comédie, Molière a pour la seconde fois imité le dialogue d'exposition de *la Sœur* de Rotrou (1645[1]) : voyez la scène 1 de l'acte II de *Mélicerte*, tome VI, p. 171, et la citation faite là en note ; il a, scène II de l'acte II, p. 418, emprunté un trait à la dernière scène de l'acte Ier de la même comédie de Rotrou. — Sur la scène du sac (la II^{de} de l'acte III), dont l'idée a été prise soit des *Farces tabariniques* (comme on pourrait l'induire d'un passage célèbre de *l'Art poétique* de Boileau, chant III, vers 393-400), soit des *Facétieuses nuits* de Straparole, et dont une première ébauche se trouvait peut-être dans une ancienne farce, attribuée par conjecture à Molière et intitulée *Gorgibus dans le sac*, voyez la *Notice*, p. 390 et suivantes[2]. — Molière a tiré bon parti dans la scène VII de l'acte II de sa comédie (scène de la Galère) et dans la scène III de l'acte III (récit de Zerbinette) de deux scènes du *Pédant joué*, farce de Cyrano de Bergerac, composée probablement en 1645, imprimée in-quarto, chez Ch. de Sercy, en 1654 : nous avons donné en appendice, tome VIII, p. 519 et suivantes, les scènes de Cyrano (la IVe de l'acte II et la II^{de} de l'acte III). Sur une ressemblance qu'on a indiquée entre le début de la scène de la galère et certaines scènes italiennes, voyez la *Notice*, p. 398 et note 3.

Lettre en vers à Monsieur, de Robinet, datée du 30 mai 1671.

Nouvelles remarques sur tous les ouvrages du sieur D*** (par Pradon). La Haye, Jean Strik, 1685 : 1 volume petit in-4°. Page 36 (citée à la *Notice*, p. 394).

Joguenet ou *les Vieillards dupés*, contrefaçon des *Fourberies de Scapin*. Paul Lacroix l'a, d'après un ancien manuscrit, fait connaître, dans la *Revue des provinces* du 15 janvier 1865[3]. Il l'a fait imprimer en 1868, à Genève, dans sa *Collection moliéresque*, n'en ayant d'ailleurs fourni, comme il le reconnaît lui-

---

1. Imprimée in-quarto en 1646 (Achevé du 3 septembre).
2. Sur une correction proposée pour le vers 399 du chant III de *l'Art poétique*, voyez la *Notice*, p. 401.
3. *Un Manuscrit du souffleur de la troupe de Molière*, lettre à M. Édouard Fournier, p. 112-119, suivie, p. 120-131, de l'acte III de ce *Joguenet*.

même[1], qu'une copie « fautive et incomplète ». La *Revue critique d'histoire et de littérature* du 25 juillet 1868 contient, p. 58-61, sur cette publication, un article auquel M. C. Galusky répondit, le 5 septembre suivant, dans la même *Revue*, p. 157-160. Voyez, p. 393 de notre tome VIII, la *Notice* des *Fourberies de Scapin*.

Le Phormion de Térence et les Fourberies de Scapin de Molière, étude de M. le docteur C. Humbert, écrite en français et insérée dans le *Programme* de l'école réelle d'Elberfeld. Imprimerie de Sam. Lucas, août 1859 : in-4°.

Les Fourberies de Scapin, articles de M. Édouard Thierry insérés au *Moliériste* de décembre 1885 et de janvier 1886.

---

33. — *Psyché*.

La vraie source de l'histoire de Psyché et de l'Amour est, comme on sait, aux livres IV-VI des *Métamorphoses* d'Apulée. — Un *Ballet royal de Psyché*, ouvrage de Bensserade, avait été dansé à la Cour le 17 janvier 1656. — Deux ans avant la tragédie-ballet avait paru le roman de la Fontaine intitulé *les Amours de Psyché et de Cupidon* : Paris, Claude Barbin, 1669, achevé d'imprimer du dernier jour de janvier ; in-8°.

Gazette du 24 janvier 1671.

Lettres en vers à Monsieur, de Robinet, datées du 24 janvier, du 25 juillet, du 1er août, du 26 septembre, du 3 et du 24 octobre 1671, du 23 janvier et du 26 novembre 1672.

Idée des spectacles anciens et nouveaux (par l'abbé de Pure), 1668 ; in-12 : pages 311 et suivantes, y est décrite la salle du palais des Tuileries où la tragédie-ballet fut d'abord représentée (M. Marty-Laveaux a reproduit cette description dans sa *Notice* de *Psyché*, au tome VII du *Corneille*, p. 280-282).

Le livret de l'opéra de *Psyché* (voyez plus haut, p. 43, 4e alinéa) parut in-quarto, sans doute dès le 19 avril 1678 : « *Psyché*, tragédie. Représentée par l'Académie royale de musique. On la vend à Paris, à l'entrée de la porte de l'Académie royale de musique, au Palais-Royal, rue Saint-Honoré. Imprimé aux dépens de ladite Académie. Par René Baudry, imprimeur ordi-

---

1. Note au numéro 233 de sa *Bibliographie moliéresque*, dont on peut voir encore les numéros 232 et 1732.

ÉCRITS RELATIFS AUX PIÈCES. 169

naire du Roi et de ladite Académie; 1678 » : in-4°. — La partition ne fut publiée que quarante-deux ans plus tard : « *Psyché*, tragédie mise en musique par M. de Lully..., représentée par l'Académie royale de musique, en l'année 1678. Partition générale imprimée pour la première fois..., J.-B.-Christophe Ballard, 1720 » : in-folio.

Psyché, opéra-comique, en trois actes, représenté pour la première fois, au théâtre de l'Opéra-Comique, le 26 janvier 1857. Poème de MM. Jules Barbier et Michel Carré. Musique de M. Ambroise Thomas.... Partition piano et chant.... Paris, H. Lemoine, 1857 : in-8°.

Psyché, articles de M. Édouard Thierry insérés au *Moliériste* d'avril et de mai 1887.

---

34. — *La Comtesse d'Escarbagnas.*

Extraits, datés du 24 octobre, du 5 et du 12 décembre 1671, de la correspondance de l'agent brandebourgeois Beck, publiés par M. le docteur W. Mangold dans le *Musée Molière* (*Molière-Museum*) du docteur Schweitzer, tome II, v° fascicule (avril 1883), p. 174 et 175 (cités tome VIII, p. 529, note 2, et p. 532, note 5).

Gazette du 5 et du 12 décembre 1671, p. 1168 et 1191 (citée p. 532 et 533, et p. 534 et 535 du tome VIII).

Mémoires de Mademoiselle de Montpensier, édition Chéruel : tome IV, p. 311.

Lettre en vers de Robinet *à Monsieur*, datée du 20 février 1672.

Notes de Brossette sur Boileau, au manuscrit français de la Bibliothèque nationale n° 15 275 : folio 13 verso ; et à l'appendice du volume de la *Correspondance entre Boileau Despréaux et Brossette* publié par Laverdet (1858), page 517.

Recherches sur le séjour de Molière dans l'Ouest de la France en 1648, par Benjamin Fillon. Fontenay-le-Comte, 1871 : in-8°. Page 13 : voyez la *Notice*, tome VIII, p. 530 et 531.

Sur ce dont le Sage, dans *Turcaret* (1709), et Voltaire, dans *l'Enfant prodigue* (1736), peuvent être redevables à *la Comtesse d'Escarbagnas*, voyez la *Notice*, tome VIII, p. 542-544.

36. — *Les Femmes savantes.*

Les Visionnaires, comédie de Desmarets de Saint-Sorlin; Paris, 1637; in-4° : le caractère d'Hespérie, l'une des visionnaires, a été donné à la Bélise des *Femmes savantes* : voyez tome IX, p. 27 et 28, p. 79 et note 2, p. 86 et note 1. — Quelques détails ont été empruntés par Molière à *l'Asinaire* de Plaute (voyez tome IX, p. 74, note 1), au *Fedele* de Luigi Pasqualigo ou à la traduction qu'en a faite Larivey (voyez même tome, p. 98, note 3), au *Roman bourgeois* de Furetière (voyez même tome, p. 39). — Pour les rapprochements qui ont été faits avec *la Femme silencieuse* de Ben Jonson (1609), avec la comédie de Calderon intitulée *On ne badine point avec l'amour* (1637), avec *la Comédie des Académistes* de Saint-Évremond (1650), avec *l'Académie des femmes* de Chappuzeau (1661), voyez la *Notice*, tome IX, p. 38, p. 35-38, p. 43 et 44, p. 39-42.

Le Mercure galant (publié par Donneau de Visé), tome Ier, 1672, achevé d'imprimer le 25 mai : 1° lettre du 12 mars, p. 208 et suivantes; 2° lettre du 19 mars, p. 218 et 219. — *Le Mercure* de juillet 1723, p. 129 et 130.

Gazette du 24 septembre 1672 (passage cité tome IX, p. 32).

Lettre de Bussy au Père Rapin, du 11 avril 1673; dans l'édition de la *Correspondance* de Bussy donnée par M. L. Lalanne, au tome II, p. 241 et 242.

Menagiana : tome III, p. 23, avec une Addition de la Monnoye.

OEuvres de Boileau Despréaux, édition de Brossette, 1716, tome Ier, p. 31 : fin de la *Remarque* sur le vers 60 de la satire III.

La Ménagerie, dédiée « A S. A. R. Mademoiselle » ; s. l. n. d. (par l'abbé Cotin, vers 1659); in-12. Voyez tome IX, p. 18 et note 1.

<small>M. Willems, dans la première de ses *Annexes aux elzeviers*, sous le numéro 1753, mentionne une réimpression hollandaise du libelle. Il avertit que le nom du libraire est imaginaire : l'emploi d'un certain fleuron démontre que le volume a été imprimé par Abraham Wolfgang, à Amsterdam :</small>

La Ménagerie, par M. l'abbé Cotin, et quelques autres pièces curieuses. A La Haye, chez Pierre du Bois, au Palais, 1666 : petit in-12, à la Sphère, de 65 pages et 3 feuillets blancs. — *La Ménagerie* n'occupe que les 37 premières pages; à la suite viennent le *Chapelain décoiffé*, « en deux façons », dit M. Willems, et une pièce fort libre intitulée *Galanterie*.

ÉCRITS RELATIFS AUX PIÈCES.

Despréaux ou *la Satire des satires* (par l'abbé Cotin; de 1666 au plus tard); in-12. Voyez tome IX, p. 14 et 15.

<small>Cette *Satire des satires* a été récemment réimprimée, avec une notice et un commentaire, par M. l'abbé A. Fabre : brochure in-8°, chez É. Thorin, 1887.</small>

La Critique désintéressée sur les satires du temps (par l'abbé Cotin; de 1666 ou de 1667); in-8°. Voyez tome IX, p. 12, 13 et 15.

Œuvres galantes en prose et en vers de Monsieur Cotin. Paris, 1663, achevées d'imprimer le 16 décembre 1662; in-12. Page 386; page 443 et page 444. Voyez tome IX, p. 11 et note 1; p. 124 et note 1; p. 130 et note 2.

Dictionnaire françois de Richelet, tome II (1re édition, 1679), au mot REPROCHER, et édition de 1693, au mot S'ADRESSER (cité tome IX, p. 22).

Réponse aux questions d'un provincial (par Bayle). Rotterdam, Reinier Leers, 1704 : 5 volumes in-12. Tome Ier, p. 244 et suivantes, chapitre XXIX, *De l'abbé Cotin.*

Histoire de l'Académie françoise..., par Pellisson et l'abbé d'Olivet; 1729; in-4° : tome II, par l'abbé d'Olivet, p. 158 et suivantes.

Bolæana (1742) : page 34.

Mémoires... de Louis Racine (1747) : tome Ier du *Racine*, p. 262.

Sur la comédie des *Philosophes* de Palissot (1760), dont le plan a été calqué sur celui des *Femmes savantes*, voyez la *Notice*, tome IX, p. 45.

Essai sur le caractère, les mœurs et l'esprit des femmes dans les différents siècles, par Thomas, seconde édition, 1772; in-12. Voyez les pages 175 et suivantes.

Cours de littérature dramatique de Saint-Marc Girardin, tome V (édition de 1874), LXXI, p. 74-109.

Descartes et la princesse palatine, ou de l'influence du cartésianisme sur les femmes au xviie siècle, par A. Foucher de Careil. Paris, Durand, 1862 : in-8°. Particulièrement pages 35-38.

---

37. — *Le Malade imaginaire.*

CANDELAIO, *comedia del Bruno Nolano* (Giordano Bruno); Paris, 1582 : petit in-8°. Traduit dans « *Boniface et le Pédant*, comédie en prose, imitée de l'italien de Bruno Nolano »; Paris, 1633; in-12. Molière, à la fin du Ier intermède de sa comédie, a imité l'avant-dernière scène de la comédie italienne, et nous en avons donné en appendice, tome IX, p. 493 et suivantes, le texte original et la vieille traduction. Voyez encore le conte de la Fontaine (le xi° de la Ire partie) intitulé : *D'un Paysan qui avoit offensé son seigneur* (1665). — *Don Bertran de Cigarral*, comédie de Thomas Corneille, imitée de Francisco de Rojas; jouée en 1650, réimprimée dans la Ire partie (1661) des *Poèmes dramatiques* de l'auteur français : un récit de la scène iv de l'acte II a probablement suggéré à Molière le récit que fait Cléante à la scène v de l'acte II du *Malade imaginaire* (voyez la *Notice*, tome IX, p. 238). — Sur une comédie en un acte, en vers, intitulée *le Mari malade*, et portant le nom de *Molières* (*sic*), où Petitot (*Œuvres de Molière*, 1812, et encore nouvelle édition, 1823, tome VI, p. 436) dit avoir trouvé le modèle du rôle de Béline, voyez la *Notice*, p. 237.

Lettres en vers de Robinet *à Monsieur*, datées du 18 et du 25 février 1673.

Documents sur le Malade imaginaire. *État de la recette et dépense..., avec une introduction et des notes*, par M. Édouard Thierry ; Paris, Berger-Levrault, 1880; grand in-8°.

Le Fauteuil de Molière (dans *le Malade imaginaire*), article de M. Monval : voyez *le Moliériste* de mars 1880 et de novembre 1881.

Entretiens galants (anonymes). Paris, Jean Ribou, 1681 ; 2 volumes in-12. *La Musique*, VIe *Entretien* : au tome II, p. 91-96 (un passage en est cité tome IX, p. 244).

Lettre sur la vie et les ouvrages de Molière et sur les comédiens de son temps, dans le *Mercure de France* de mai 1740 : page 843 (passage cité tome IX, p. 244). Voyez sur cette *Lettre* plus haut, p. 130, 5e alinéa ; et, sur la page qui en est rappelée ici (où se lit le portrait de Mlle Molière), voyez la *Notice biographique*, p. 348.

Lettre à Mylord *** sur Baron et la Demoiselle le Couvreur..., par George Wink (l'abbé d'Allainval); Paris Antoine de Heuqueville, 1730, in-12 : pages 21 et 22 (passage cité tome IX, p. 245).

Ordre du Roi, du 7 janvier 1674, portant défense « à tous comédiens autres que ceux de la Troupe établie à Paris rue Mazarin... de jouer... la... comédie du *Malade imaginaire...* qu'après qu'elle aura été rendue publique par l'impression ».

ÉCRITS RELATIFS AUX PIÈCES.

Un *fac-similé*, réduit à demi-grandeur, de la lettre de cachet imprimée en placard, a été publié dans *le Moliériste* de septembre 1883, p. 177. Nous avons donné cette pièce, p. 542, note 2, de notre tome Ier, d'après les *Lettres, instructions et mémoires de Colbert* publiés par Pierre Clément (*Appendice* au tome V, 1868 ; p. 550).

Les Divertissements de Versailles donnés par le Roi à toute sa cour, au retour de la conquête de la Franche-Comté en l'année MDC LXXIV. Paris, Imprimerie royale, 1676; in-folio. Cette relation officielle, ornée de gravures de le Pautre, a été écrite par Félibien : voyez-en, tome IX, p. 500 et 501, l'extrait concernant la curieuse représentation du *Malade imaginaire* qui fut donnée devant le Roi dans la troisième journée des fêtes; voyez à l'Album la reproduction de l'estampe de le Pautre qui accompagne cette partie de la relation.

> Au témoignage de Félibien fixant cette représentation de Versailles au 19 juillet 1674 il y a à joindre celui de la *Gazette* (du 21), qui la date du 18 : on ne peut hésiter qu'entre ces deux jours, et il faut bien croire que la Grange a pu omettre sur son registre la première représentation donnée au Roi du *Malade imaginaire*, et que c'est une seconde représentation qu'il a constatée au 21 août. Voyez aux *Additions et corrections* une rectification faite à la note 2 de la page 248 de notre tome IX.

Le malade imaginaire représenté par la seule Troupe royale de Chambord. Programme-annonce d'une troupe de campagne, portant la date manuscrite d'avril 1684 ; reproduit, d'après un exemplaire conservé à la bibliothèque de Toulouse, dans *le Moliériste* d'avril 1886.

« *Receptio publica unius juvenis medici in Academia burlesca* Joannis Baptistæ MOLIERE, *Doctoris comici*. Editio deuxième, *revisa, et de beaucoup augmentata super manuscriptos trovatos post suam mortem*. A Rouen, chez Henri-François Viret, rue aux Juifs, près le Palais, devant la petite porte de l'Hôtel de Ville, 1673 »; in-12. A la page 18 (non chiffrée), l'enregistrement sur le livre de la Communauté des marchands libraires et imprimeurs de Rouen est daté du 17 mars, et l'Achevé d'imprimer pour la première fois, du 24 mars 1673. — *Editio troisième*, Amsterdam, Jean-Maximilien Lucas, 1673; in-12. — Il y a eu d'autres réimpressions, entre autres celle que Frédéric Hillemacher a fait exécuter à Lyon en 1870, et la dernière, de 1885, qui a été publiée in-octavo, comme *editio cinquiesma*, chez Alphonse Lemerre, et que Frédéric Hillemacher encore *editionavit et bonhommavit* : voyez la *Bibliographie moliéresque*, n°s 577 et 578. — C'est cette Cérémonie avec passages interpolés qui a été mise, au troisième intermède, à la place de la Cérémonie authentique du livret original, dans l'édition du *Malade imaginaire* que fit paraître Henri Wetstein à Amsterdam en 1690 et qu'il inséra dans son recueil des *OEuvres* en 1693. Il en a été de même dans l'édition de Bruxelles chez George de Backer, 1694. Dans l'une et l'autre édition, si on la compare avec celle de Rouen, on peut noter quelques variantes et, à partir du Serment, le retranchement des dernières interpolations (voyez tome IX, p. 490, note 1). — Nous avons rejeté en appendice, tome IX, p. 482 et suivantes, ce texte manifestement apocryphe de la Cérémonie : voyez la *Notice*, p. 231-234.

Les Médecins au temps de Molière, mœurs, institutions, doctrines, par Maurice Raynaud. Paris, 1862 : in-8°. Chapitre Ier, particulièrement p. 57 et suivantes.

L'Ancienne Faculté de médecine de Paris, par M. le docteur A. de Corlieu. Paris, 1877; in-8° : pages 80 et suivantes.

Statuta Facultatis medicinæ Parisiensis. Paris, 1660; petit in-12 : pages 34 et suivantes.

Ritus, usus et laudabiles Facultatis medicinæ Parisiensis consuetudines, par Baron. Paris, 1751 : petit in-12.

Quæstionum medicarum... series chronologica (par Hyacinthe-Théodore Baron). Paris, 1752; in-4°. Voyez notre tome IX, p. 229, note 1.

The Life of John Locke, « La Vie de J. Locke », par lord King. Nouvelle édition, Londres, 1830; 2 volumes in-8° : tome Ier, p. 118 et 119 (passage cité tome IX, p. 230).

Conversations avec Goethe... recueillies par Eckermann : entretien du 28 mars 1827, vers la fin (traduction de M. Émile Délerot, tome Ier, p. 322).

Les emprunts faits au *Malade imaginaire* dans *le Légataire universel* de Regnard ont été relevés p. 241 et 242 de la *Notice*.

II. — *Écrits et documents biographiques, et écrits littéraires sur Molière.*

Hercule mourant, tragédie de Rotrou. Paris, Anthoine de Sommaville, 1636 (Achevé du 28 mai) : in-4°. On trouve là un quatrain adressé à l'auteur par Madeleine Béjart. Voyez la *Notice biographique*, p. 77.

Contrat de société, du 30 juin 1643, entre les comédiens de l'*Illustre Théâtre*.

> Cet acte a été publié d'abord par Eudore Soulié dans *la Correspondance littéraire* du 25 janvier 1865, puis plus complètement par M. Louis Moland dans sa *Vie de Molière*, au tome Ier des *OEuvres complètes* (2e édition, 1885), p. 116-118; il est donné aux *Pièces justificatives* de la *Notice biographique*, p. 462 et 463.

Molière à Rouen en 1643. Discours de réception par M. E. Gosselin, suivi de l'impression d'un Acte authentique du 3 novembre 1643, et d'un fac-similé des signatures de la troupe de l'Illustre Théâtre dans cet acte. Dans le *Précis analytique des travaux de l'Académie des sciences, belles-lettres et arts de Rouen pendant l'année* 1869-70, p. 301-322.

> Ce même acte authentique de 1643, qui constate la présence de Molière à Rouen, a été encore publié en 1878 dans le *Musée des Archives départementales*. Voyez la *Notice biographique*, p. 83, note 3.
> Sur un autre séjour de Molière à Rouen, voyez plus loin, p. 177, antépénultième alinéa, et les premiers renvois faits à la suite de cet alinéa.

Artaxerce, tragédie de Magnon, que le titre dit avoir été « représentée par l'Illustre Théâtre ». Paris, Cardin Besongne, 1645 (Achevé du 20 juillet, privilège du 11). Voyez la *Notice biographique*, p. 86. — Sur l'Épître qui précède la tragi-comédie de *Josaphat* du même auteur (Paris, 1647), voyez également la *Notice biographique*, p. 104.

Stances adressées à Mgr le duc de Guise sur les présents qu'il a faits de ses habits aux comédiens de toutes les troupes. Elles se trouvent : 1° dans un *Recueil de diverses poésies* imprimé en 1646 : Paris, Toussaint du Bray; 2° dans un *Nouveau Recueil des bons vers de ce temps*, dédié à Mme de Hautefort par Pelletier : Paris, Cardin Besongne, 1646 (Achevé du 21 juin; privilège, de plus d'un an antérieur, du 30 avril 1645).

> Madeleine Béjart, Beys et Molière sont nommés ensemble dans une de ces stances : voyez la *Notice biographique*, p. 95 et note 1, et p. 483, addition à la page 95.

Le Dictateur romain. Tragédie dédiée à Mgr le duc d'Épernon. Paris, Toussainct Quinet, 1647. Pour le renseignement intéressant que contient l'épître, signée A. Mareschal, voyez la *Notice biographique*, p. 106 et 107.

Sur le séjour de Molière à Narbonne, voyez plus loin, p. 237, 10e et 11e alinéas.

Sur les séjours de Molière à Pézenas, voyez plus loin, p. 241, le dernier alinéa continué à la page 242, et p. 228, le 7e alinéa.

Article du livre des recettes et dépenses de la ville de Toulouse, constatant le séjour que fit là, vers la mi-mai 1649, la troupe de Molière : l'article relevé par M. Galibert a été publié dans le *Journal de Toulouse* du 6 mars 1864 ; il est reproduit page 118 de la *Notice biographique*.

Andromède, tragédie. Représentée avec les machines sur le théâtre royal de Bourbon. Rouen, Laurens Maurry, et Paris, Charles de Sercy 1651 (Achevé du 13 août) : 1 volume in-4°.

<blockquote>Sur un exemplaire de cette édition qui porte une distribution manuscrite des rôles, faite à Lyon, probablement en 1653, entre les acteurs de la troupe de Molière, voyez la *Notice biographique*, p. 135 et suivantes. — « Cet exemplaire, qui provenait de la bibliothèque de Pont-de-Vesle, et qui avait appartenu auparavant au marquis de Crozat, a été découvert parmi les livres de la bibliothèque dramatique de M. de Soleinne.... Il est conservé dans la famille d'un ancien magistrat, M. de Maindreville. On l'a vu reparaître, avec beaucoup d'intérêt, à l'exposition du Musée Molière, lors du jubilé organisé, au Théâtre-Italien, du 15 au 23 mai 1873. » (*Bibliographie moliéresque*, n° 1647.)</blockquote>

Lettre de Dassoucy « à Monsieur de Molières », dans le petit volume in-douze intitulé *Poésies et Lettres de M. Dassoucy, contenant diverses pièces héroïques, satiriques et burlesques*, et dont le frontispice gravé porte : *OEuvres mêlées de M. Dassoucy, pièces héroïques, satiriques et burlesques* : Paris, Jean-Baptiste Loyson, 1653 (privilège du 3 avril; Achevé du 13 juillet).

<blockquote>Cette lettre a été reproduite dans *le Moliériste* d'octobre 1881, et expliquée d'une façon tout à fait satisfaisante par M. Auguste Baluffe dans le numéro de septembre 1884 de la même revue. Voyez la *Notice biographique*, p. 127 et 128.

Voyez plus loin, p. 192, 2ᵈ alinéa; p. 185, 4ᵉ alinéa; p. 188, dernier alinéa.</blockquote>

Mémoires de Daniel de Cosnac..., publiés pour la Société de l'Histoire de France par M. le comte Jules de Cosnac. Paris, Jules Renouard, 1852 : 2 volumes in-8°. Au tome Iᵉʳ, p. 126-128 (année 1653), se trouve un intéressant passage qui concerne Molière; il a été reproduit dans la *Notice biographique*, p. 152 et 153.

<blockquote>Sur les relations du prince de Conty et de Molière, dont il est question dans les passages rappelés ici des *Mémoires* de Cosnac, voyez encore ci-contre, p. 177, 4ᵉ alinéa, et le très intéressant passage mentionné plus loin, p. 184, 5ᵉ alinéa, d'un livre de l'abbé de Voisin; et sur le temps où ces relations prirent fin, voyez p. 484 et 485 de la *Notice biographique*, dans une Addition à la page 171 de cette *Notice*, la citation empruntée à un article que M. Gazier a publié au numéro du 17 février 1890, p. 134 et 135, de la *Revue critique d'histoire et de littérature*.</blockquote>

Acte de baptême dressé à Montpellier le 6 janvier 1654, où Molière figure comme parrain. Dans un article de M. Léon Gaudin

ÉCRITS BIOGRAPHIQUES ET LITTÉRAIRES.

au journal *la République* de Montpellier, numéro du 10 mai 1876, et dans une note de M. L. de la Pijardière au *Moliériste* de mai 1879. Voyez plus loin, p. 234, 2ᵈ alinéa; p. 244, 4ᵉ alinéa; p. 246, 2ᵈᵉ alinéa.

Ballet des Incompatibles, dansé à Montpelier devant Mgr le prince et Mme la princesse de Conty. A Montpelier, par Daniel Pech, imprimeur du Roi et de la Ville, 1655 : livret in-4°. Il est donné en appendice, p. 525-535 de notre tome Iᵉʳ : voyez à la IIIᵉ entrée de la seconde partie, p. 532, les vers « pour le sieur Molières, représentant UNE HARENGÈRE ». Molière paraissait d'abord, et cette fois sous la figure d'un poète, dans la VIᵉ entrée de la première partie : voyez au même appendice, p. 529. — Il a été rappelé plus haut (p. 52, 2ᵈ al.) que les premiers vers composés pour ce ballet, le Récit de la Nuit, avaient été attribués à Molière.

Lyon dans son lustre... (par Samuel Chappuzeau). Lyon, Scipion Iasserme, 1656 (privilège, donné à Paris, du 10 décembre 1655) : 1 volume in-4°. Voyez page 43 (passage cité à la page 131 de la *Notice biographique*).

Lettre du prince de Conty à l'abbé de Ciron, datée de Lyon le 15 mai 1657. Passage donné par Sainte-Beuve au tome V (3ᵉ édition, 1867), p. 33, de son *Port-Royal*, et cité dans la *Notice biographique*, p. 188.

Les Historiettes de Tallemant des Réaux (écrites en 1657; il y a des additions faites de 1659 à 1672); 3ᵉ édition, entièrement revue sur le manuscrit original... par Monmerqué et Paulin Paris. Paris, Techener, 1854 et 1860 : 9 volumes in-8°. Voyez particulièrement tome VII, p. 177. — Puis tome II, p. 133; p. 200. — Tome IV, p. 204. — Tome VI, p. 12. — Tome VII, p. 227; p. 245 et p. 257.

La Pratique du théâtre (par l'abbé d'Aubignac). Paris, Ant. de Sommaville, 1657 (Achevé du 1ᵉʳ juin) : 1 volume in-4°.

La Bibliothèque nationale en possède un exemplaire contenant des additions et des corrections de la main de l'auteur. Voyez tome III, p. 357, note *a*.

Acte de location du jeu de paume des Marais à Paris, passé par Madeleine Béjart à Rouen, le 12 juillet 1658 : découvert par M. Ch. de Beaurepaire, archiviste de la Seine-Inférieure, et inséré au *Moliériste* de janvier 1886, p. 302 et 303.

Voyez la *Notice biographique*, p. 199 et 200. Voyez aussi plus loin, p. 236, derniers alinéas.

Sur un premier séjour de Molière à Rouen, voyez plus haut, p. 175, 3ᵉ alinéa.

Fin d'une *Lettre* de Thomas Corneille à l'abbé de Pure, datée de Rouen le 19 mai 1658; au tome II, p. 750, colonne 1, des *OEuvres complètes de P. Corneille, suivies des OEuvres choisies de Th. Corneille*, édition grand in-8° de Firmin Didot (1837); l'original autographe est aux Manuscrits de la Bibliothèque nationale, n° 12 763. (Passage cité à la *Notice biographique*, p. 195 et 196.)

Registre de la Grange (1658-1685), précédé d'une Notice biographique (par M. Édouard Thierry). Publié par les soins de la Comédie-Française. Janvier 1876. Paris, J. Claye, imprimeur éditeur : 1 volume in-4°. La Grange a intitulé son manuscrit : *Extrait des recettes et des affaires de la comédie depuis Pâques de l'année 1659. Appartenant au Sieur de la Grange, l'un des comédiens du Roi.*

Il y a un *Supplément* (de 31 pages in-4°) à la *Notice sur Charles Varlet de la Grange*; le titre est : *Dossier de la Grange, extrait des Archives de la Comédie-Française*, annoté par M. Édouard Thierry. Paris, imprimerie de Jules Claye, 1876.

M. É. Thierry a publié à part sa notice sur *Charles Varlet de la Grange et son registre*, et y a joint le *Dossier* : Paris, imprimerie de Jules Claye, 1876 ; in-8°.

Sur cet important registre et les autres registres conservés aux Archives de la Comédie-Française, voyez l'*Avertissement* de Despois au tome I, p. III-V. Voyez aussi sur la Grange et la notice de M. É. Thierry, l'article de Despois inséré dans la *Revue politique et littéraire* du 18 mars 1876, p. 265-271. — L'histoire du manuscrit de la Grange a été racontée avec des détails tout nouveaux par M. G. Monval, au *Moliériste* d'avril 1885.

Le *Premier registre de la Thorillière* (1663-1664) a été publié en 1890 par M. G. Monval, et forme le tome XVII de la *Nouvelle Collection moliéresque* (plus loin, p. 225, avant-dernier alinéa); l'éditeur annonce la publication du *Second Registre de la Thorillière* (1664-1665) et du *Registre d'Hubert* (1672-1673); il a reconnu dans certaines pages de ces manuscrits la main d'autres camarades de Molière et celle du poète même.

Un autre petit registre, parfois utile à consulter pour la distribution des rôles, le *Répertoire des comédies qui se peuvent jouer en 1685* (à la cour), se trouve à la Bibliothèque nationale sous le n° 2509 des Manuscrits français. Voyez notre tome I, p. 558.

La plupart des passages qui concernent Molière, à partir de 1659, dans *la Muse historique* de Loret (1650-1665) et dans les *Lettres en vers* de Robinet à *Madame* ou à *Monsieur* (1665 et années suivantes) ont été mentionnés parmi les Écrits relatifs aux pièces détachées.

Il est difficile de trouver un recueil complet de l'une ou de l'autre de ces gazettes rimées. La réimpression de la première a été commencée en 1857, chez P. Jannet, sous la direction de MM. J. Ravenel et Ed. V. de la Pelouze (tome Ier, contenant les années 1650-1654), et continuée en 1877 et 1878, chez Paul Daffis, sous la direction de M. Ch.-L. Livet (tomes II-IV, 1655-1665)[1].

1. *La Muse historique, ou Recueil des lettres en vers contenant les nouvelles du*

ÉCRITS BIOGRAPHIQUES ET LITTÉRAIRES.

Une seconde partie du tome IV contiendra la notice, les notes et le glossaire de M. Livet, ainsi qu'une table générale des matières. — Voyez sur Loret la notice de M. V. Fournel dans la *Nouvelle Biographie générale* Didot.

Les *Lettres en vers* de Robinet sont comprises dans la collection intitulée : « *Les Continuateurs de Loret*, lettres en vers de la Gravette de Mayolas, Robinet, Boursault, Perdou de Subligny, Laurent et autres (1665-1689), recueillies et publiées par le baron James de Rothschild. » Paris, Damascène Morgand, 1881 et 1882 : 2 volumes in-8°, reproduisant les gazettes publiées de mai 1665 à décembre 1667. Ces deux premiers volumes ont paru par les soins de M. Émile Picot ; ils sont accompagnés d'excellentes *Tables analytiques et alphabétiques*. Le premier volume est précédé d'un intéressant *Avant-propos* de feu M. J. de Rothschild ; le dernier contiendra un glossaire et des notices sur les auteurs des gazettes rimées.

Registre de la chambre syndicale des libraires, contenant la mention succincte de l'enregistrement des privilèges accordés de 1660 à 1673 : aux Manuscrits français de la Bibliothèque nationale, n° 21945. Voyez notre tome II, p. 153.

Les Affiches de spectacles au temps de Molière, article de M. Ch. Nuitter au *Moliériste* de juillet 1880.

Une affiche du Petit-Bourbon, annonçant très probablement une représentation de la farce de *Gorgibus dans le sac*, y a été restituée d'après un court fragment conservé aux archives de l'Opéra.
On lit encore, dans *le Moliériste* de mai 1836, une affiche des Comédiens du prince de Condé, annonçant une représentation du *Cocu imaginaire* donnée, probablement à Dijon, dès novembre 1662.

Un *Extrait d'une lettre écrite de la campagne* par Chapelle à *M. de Molière* (assez peu intéressant), et une Lettre du même au même, datant du printemps de 1659, également écrite de la campagne (en grande partie citée p. 146-148 de la *Notice biographique*) se trouvent, p. 37-39 et p. 40-45 d'une seconde pagination, au tome V du *Recueil des plus belles pièces des poètes françois, tant anciens que modernes, depuis Villon jusqu'à M. de Benserade* : Paris, Claude Barbin, 1692 ; in-12. — Dans la même partie du volume, p. 59-63, se lit une lettre de Chapelle *à M. le marquis de Jonzac* (mentionnée p. 58 de la *Notice biographique*). — La *Notice* qui précède les pièces de Chapelle est de Fontenelle.

L'édition donnée par M. Tenant de Latour des *OEuvres de Chapelle et de Bachaumont* (P. Jannet, 1854) a les trois lettres aux pages 198, 201, 206.

Le Songe du rêveur. Paris, Guillaume de Luyne, 1660 ; in-12 :

temps écrites à Son Altesse Mlle de Longueville, depuis duchesse de Nemours, 1650-1665, *par J. Loret*. Nouvelle édition revue sur les éditions originales et augmentée... : 4 volumes grand in-8° (1857-1878).

voyez le trait cité par M. Mesnard, dans la *Notice* des *Poésies diverses*, tome IX, p. 571, dernier alinéa.

Lettre de la Fontaine du 22 août 1661 (plus haut, p. 123, n° 5, al. 2).

Nouvelles nouvelles, divisées en trois parties, par Monsieur de ******. Paris, Pierre Bienfaict, 1663 (privilège du dernier février 1662, achevé d'imprimer du 9 février 1663) : 3 volumes in-12.

L'auteur est Jean Donneau de Visé : voyez notre tome III, p. 112, note 1.

— Aux pages 210 et suivantes de la IIIe partie (l'extrait en est donné aux *Pièces justificatives* de la *Notice biographique*, n° V, p. 464 et suivantes) se trouve le plus ancien document que nous ayons sur la vie de Molière. Voyez la *Notice biographique*, p. 220 et note 1.

Pour la *Lettre sur les affaires du théâtre* (1664), qui est du même Donneau de Visé, voyez plus haut, p. 130, 2^d alinéa.

Sur l'École des femmes. *Stances*. Envoyées à Molière par Boileau le 1er janvier 1663 (suivant une Remarque de Brossette au tome Ier, p. 433, de son édition des *OEuvres de Boileau*, 1716). Publiées, sans nom d'auteur, dans *les Délices de la poésie galante des plus célèbres auteurs de ce temps*, p. 176 de la Ire partie (achevée d'imprimer le 25 septembre 1663, chez Jean Ribou : in-12). Il est certain que ces *stances* furent tout de suite connues comme étant de Boileau ; et en 1682, les éditeurs amis de Molière tinrent à le rappeler au public en les réimprimant à la suite de leur *Préface;* cependant là encore manque le nom de l'auteur, qui ne les réunit qu'en 1701 à ses *OEuvres*. Voyez notre tome Ier, p. xx-xxii, et notre tome III, p. 119 et 120.

Dans le même recueil des *Délices de la poésie galante* (p. 125-128 de la II^{de} partie, achevée d'imprimer le 12 juillet 1664) parut la *Satire à M. Molière*. Elle est la seconde dans le premier recueil publié par Boileau sous le titre de *Satires du sieur D**** : Paris, Claude Barbin, 1666 (privilège du 6 mars); in-12.

D'autres passages de Boileau sont indiqués plus haut, p. 155, 7e alinéa, et plus loin, p. 190, derniers alinéas; p. 196, 3e alinéa. Voyez aussi plus loin, p. 199, alinéas 4 et suivants (notes de Brossette) p. 205, 4e alinéa (*Bolæana*); et p. 207, 6e alinéa (notes de Cizeron Rival).

Lettres de Racine. Au tome VI des *OEuvres*, p. 503 (lettre de novembre 1663) ; p. 505, p. 506 (lettre de la fin de novembre 1663).

Recueil de poésies de Mlle des Jardins. Augmenté de plusieurs pièces et lettres en cette dernière édition. Paris, Claude Barbin, 1664 : petit in-12. Page 98, dans une lettre *A Monsieur de....* (vers cités par M. Édouard Thierry, page 11 du *Moliériste* d'avril 1881). — Voyez encore, page 5 de ce même

ÉCRITS BIOGRAPHIQUES ET LITTÉRAIRES.

numéro du *Moliériste*, ou page 327 de la *Notice biographique*, une couple d'autres vers, à la louange de Molière, insérés par Mlle des Jardins dans la description de la fête royale du 13 juin 1665 qu'elle adressa au duc de Saint-Aignan[1].

Traité de la comédie et des spectacles selon la tradition de l'Église... (par le prince de Conty), 1666 (édition posthume). Voyez plus haut, p. 127, 3e alinéa, et p. 135, 4e alinéa.

M. Karl Vollmöller a réimprimé ce *Traité*, avec une introduction et des notes : Heilbronn, Henninger, 1881; in-8°.

Dissertation sur la condamnation des théâtres (par François Hedelin, abbé d'Aubignac). Paris, N. Pepingué, 1666 (Achevé du 23 août) : in-12.

Les OEuvres de M. de Montreuil. Paris, Claude Barbin (ou l'un des quatre libraires associés par lui à son privilège, Thomas Jolly...), 1666 (Achevé du 1er avril) : 1 volume in-12. Voyez, p. 546, l'épigramme adressée aux « ridicules censeurs » de « l'illustre Molière »; elle a été citée au *Moliériste* de juin 1886, p. 86.

Ad Molicrum. Pièce de 77 hexamètres latins, tout à la louange de Molière, et qu'on peut croire avoir été composée pour être jointe à un exemplaire du livre suivant : *Johannis Maury theologi*[2] *Theatrum universæ vanitatis, seu Excursus morales in Ecclesiasten Salomonis....* Paris, Billaine, 1668 (Achevé du 30 décembre 1667) : 1 volume in-12.

Ces paraphrases poétiques sur les douze chapitres de *l'Ecclésiaste* parurent ainsi complètes en 1668. Une épître liminaire nous apprend qu'une partie en avait été imprimée depuis fort longtemps et même réimprimée. Jean Maury a-t-il réellement fait hommage d'un des volumes de ses paraphrases à Molière? Son épître latine au poète a été imprimée pour la première fois, d'après une ancienne copie que Paul Lacroix déclare être autographe, à la fin de l'*Iconographie moliéresque* (p. 332-334); elle est là accompagnée d'une traduction due à M. Édouard Thierry. Le prêtre toulousain paraît avoir, sans doute au temps où il n'avait pas encore pris les ordres, fréquenté le théâtre de Molière.

Saint-Évremond. Voyez l'édition de ses *OEuvres mêlées*, revues, annotées..., par Charles Giraud. Paris, Techener, 1865 : 3 vo-

---

1. Une copie de cette relation est au tome XI, p. 469-473, du Recueil in-folio de Conrart conservé aux Manuscrits de l'Arsenal.

2. Jean Maury, né à Toulouse en 1625, mourut à Villeneuve-de-Rouergue en 1697, mais passa plusieurs années à Paris. L'abbé de Marolles lui donne le titre de théologien : voyez ses *Mémoires*, dans l'édition d'Amsterdam, 1755, tome Ier, p. 337, et tome III, p. 314, au Dénombrement des auteurs; il le mentionne « pour ses poésies latines qui sont en grand nombre sur divers sujets du temps, sans parler de ses belles Paraphrases en vers sur les livres de Salomon et de Job.... Il y a aussi de lui quelques vers françois ».

lumes in-12. Tome III, p. 83, fin de la lettre xxv, au comte de Lionne (1668). Même tome, p. 286, lettre LIV, à la duchesse de Mazarin (1692). — Au tome II, p. 370, dans un titre d'article, il est dit des comédies de Molière qu'on y « trouve le vrai esprit de la comédie ».

La Promenade de Saint-Cloud : Dialogue sur les auteurs. Par Gabriel Gueret; de 1669, mais imprimé d'abord en 1751, à la suite des *Mémoires historiques, critiques et littéraires* de Bruys : Paris, 2 volumes in-12. Voyez là, au tome II, les pages 212 et 213 continuant le passage indiqué plus haut, p. 157, 1er alinéa.

Poésies héroïques du sieur de Pinchesne. Où se voyent les éloges du Roi, des Princes et Princesses de son sang et de toute sa cour. Paris, André Cramoisy, 1670 : in-4°. Page 141 : *Sonnet à M. de Molière sur son poème de la gloire du Val-de-Grâce.*
Addition de quelques pièces nouvelles..., publiée un peu plus tard, mais la même année que le volume qui vient d'être mentionné. Page 31 : *A Monsieur de Molière*, sixain qui est là rangé parmi les *Civilités galantes de l'auteur en envoyant à ses amis les présents de son livre*, et qui avait accompagné un exemplaire des *Poésies héroïques* (voyez plus haut, p. 73, note 3).

Ces deux pièces ont été signalées et reproduites par M. Paul d'Estrée dans un article inséré au *Moliériste* de septembre 1883.

Histoire et Recherches des antiquités de la ville de Paris, par Henri Sauval (mort en 1670). Paris, Charles Moette; Jacques Chardon; 1724 : 3 volumes in-quarto par les signatures, mais in-folio d'apparence. Tome II, p. 209 et 210, sur la salle du Petit-Bourbon. — Tome II, p. 161-163, et tome III, p. 47, sur la salle du Palais-Royal.

Sorberiana (Samuel Sorbière mourut en 1670). Toulouse, 1691 : in-12. Pages 166 et 167 ; 101 et 102; 249.

Élomire hypocondre ou *les Médecins vengés*, comédie par le Boulanger de Chalussay. Achevée d'imprimer le 4 janvier 1670; réimprimée, l'année suivante, en Hollande, avec un titre où figure, non plus seulement l'anagramme du nom de Molière, mais ce nom même, et avec une note de l'auteur sur la suppression et la confiscation de sa pièce : voyez plus haut, p. 124, 3e alinéa.

Deux réimpressions en ont paru de nos jours : la première en 1869, à Turin, dans la *Collection moliéresque*, accompagnée d'une Notice par Paul Lacroix et d'un fac-similé de l'estampe qui se trouve jointe à certains exemplaires de l'édition originale[1]; l'autre en 1878, à Paris, de format in-18, chez Isidore Liseux, également avec une reproduction du frontispice, et une Note (de 88 pages) sur les ennemis de Molière, par M. Ch.-L. Livet.

Sur ce « libelle violent, élaboré dans la forme d'une comédie en cinq actes et en vers », d'où l'on « peut tirer au moins une véritable biographie de Molière comme ses ennemis l'entendaient », voyez (outre les deux notices mentionnées ci-dessus) les *Notes historiques sur la vie de Molière* par Bazin (1851), p. 160-163; la *Notice* dont M. Moland a fait précéder les principales scènes qu'il en a reproduites au tome V de sa 1re édition, au tome X de sa seconde édition des OEuvres de Molière; et l'article de M. Aimé Vingtrinier inséré au *Moliériste* de décembre 1888 sous le titre de *Un ennemi de Molière*. On en a lu des passages dans notre tome Ier, p. 88, p. 388-389; dans notre tome V, p. 278-279; et dans la *Notice biographique*, p. 207 et 208, p. 251, p. 264.

« *L'Enfer burlesque*, tiré des *Visions* de Dom F. de Quevedo, par M. C. I. [Jaulnay][2].... Sans nom de lieu ni de libraire; 1668 : petit in-12 de 81 pages, non compris le titre. — On y trouve un long passage satirique contre Molière. » (*Bibliographie moliéresque*, n° 1196.)

Ce poème burlesque, en vers de huit syllabes, reparut sous un titre assez bizarre :

Les Horreurs sans horreur, poème comique, tiré des *Visions* de Dom F. de Quevedo. Avec plusieurs Satires et Pièces galantes. Par M. Jaulnay. Paris, Jean-Baptiste Loyson, 1671 : 1 volume petit in-12[3], ayant 3 feuillets pour titre et *Préface*, 65 pages pour le *Poème comique*, et, de seconde pagination, 1 feuillet pour titre et 46 pages pour les *Poésies diverses*.

« J'avois, est-il dit dans la *Préface*, donné à ce poème avant cette impression le titre de *l'Enfer burlesque*...; mais comme quelques esprits éclairés d'une fausse lumière... se sont effarouchés d'abord à la vue de ces deux termes..., je me suis résolu de mettre à la tête de mon livre... *le titre des Horreurs sans horreur*, ne voulant pas scandaliser le prochain dès la première production de ma veine. »

1. Cette estampe est signée L. Weyen, et représente Scaramouche faisant imiter à Molière ses postures et grimaces. L'inscription est : *Scaramouche enseignant. Élomire étudiant;* et au bas on lit encore : *Qualis erit tanto docente magistro!* Le même frontispice, réduit, se voit au-devant de la réimpression hollandaise de 1671 (d'après le Catalogue Rochebilière, n° 383).
2. La *Nouvelle Biographie générale* Didot donne à l'auteur de *l'Enfer burlesque* le prénom de *Pierre*. Il ne saurait être confondu, bien qu'il semble avoir fait profession d'être dévot autant qu'esprit galant, avec un Charles Jaulnay qui fut doyen et chantre de Saint-Rieule à Senlis, et publia en 1642 une *Vie du patron de son église* (citée dans la *Bibliothèque historique de la France* du P. Lelong).
3. Viollet le Duc (voyez le *Catalogue de sa Bibliothèque poétique*, 1843) possédait de ce même Jaulnay un volume de prose publié aussi en 1671, chez J.-B. Loyson, relié avec le volume de vers, et portant ce titre : *Questions d'amour* ou *Conversations galantes dédiées aux Belles*.

Il y a là (p. 21-24), en 120 vers, une attaque grossière à Élomire, c'est-à-dire à Molière, qui est supposé avoir tout vivant ses entrées en Enfer.

Une 3ᵉ édition fut donnée à Cologne ou en Hollande six ans plus tard, bien probablement sans aucune participation de l'auteur. Voyez plus loin, p. 191, derniers alinéas, et p. 192.

Mélanges (aussi appelés *Mémoires*) *de M. Philibert de Lamare, conseiller au parlement de Dijon* (mort en 1687)..., *copiés sur le manuscrit original :* conservés aux Manuscrits de la Bibliothèque nationale sous le numéro 23 251 du Fonds français.

Là, p. 327, dans une note 1034, qui paraît avoir été transcrite d'une partie du recueil original datant de 1670, se lit l'invraisemblable anecdote du comte de la Feuillade méditant l'assassinat de Molière, et du Roi demandant au comte la grâce du poète, anecdote qu'on peut voir aux pages 229 et 230 de l'*Histoire* de Taschereau, 3ᵉ édition, note 8 du livre II.

La Défense du Traité de Mgr le prince de Conti touchant la comédie et les spectacles, ou la Réfutation d'un livre intitulé Dissertation sur la condamnation des théâtres[1]. Par le sieur de Voisin, prêtre, docteur en théologie, conseiller du Roi. Paris, Jean-Baptiste Coignard, 1671 (Achevé du 8 avril) : 1 volume in-4°. Page 419.

Voyez la *Notice biographique*, p. 170 et 171, où l'intéressant passage est cité.

Lettres de Mme de Sévigné. Voyez à la *Table alphabétique et analytique* de ces *Lettres*, tome XII, p. 410, le relevé des nombreuses allusions que Mme de Sévigné a faites à presque toutes les comédies de Molière : à dix-huit des vingt-trois qui furent imprimées du vivant du poète, au *Festin de pierre* imprimé en 1682 (mais ce titre était commun à plusieurs pièces), et au *Malade imaginaire* imprimé en 1674. Trois passages sont particulièrement à rappeler ici : celui de la lettre du 12 août 1671 (tome II, p. 318), où se trouve mentionnée une représentation de *Tartuffe* donnée, à Vitré, chez la duchesse de Chaulnes, par une troupe de campagne ; ceux des lettres du 1ᵉʳ et du 9 mars 1672 (même tome II, p. 515 et 524), où il est parlé de deux lectures des *Femmes savantes*, alors dans leur nouveauté, que Molière vint faire chez la Rochefoucauld et chez le cardinal de Retz.

Araspe et Simandre, nouvelle. Paris, Claude Barbin, 1672 (Achevé du 11 février) : 2 volumes in-12.

Paul Lacroix (n° 1106) a indiqué là un passage du tome II, p. 111-115, où une dame de province, des plus sottes et ridicules, qui a une raison à elle, comme on va voir, pour trouver peu justifiée la grande réputation qu'on a faite

---

1. Par l'abbé d'Aubignac (1666). Voyez ci-dessus, p. 181, 4ᵉ alinéa.

ÉCRITS BIOGRAPHIQUES ET LITTÉRAIRES.

à Molière, raconte qu'elle a assisté au Palais-Royal à une représentation de la comédie de *l'Arabe* (*l'Avare*), et donne un détail assez intéressant : « Quand elle fut finie, Mollière vint sur le bord du théâtre avec son habit de Tabarin, et salua fort civilement des Emplumés qui étoient dans la loge du Roi. Je lui fis une révérence fort honnête de celle où j'étois tout vis-à-vis... mais il ne me regarda pas. » — Voyez, sur Lulli, une autre citation (du tome II, p. 6) dans notre tome VII, p. 225.

Le Secrétaire inconnu, contenant des lettres sur diverses sortes de matières, par le sieur B. Piélat. Livre propre au profit et au divertissement de toute sorte d'esprit. Lyon, Adam Demen, 1672 : in-12. Pages 455 et 456.

Voyez notre tome III, p. 19 et 20, et l'article de M. G. Monval inséré au *Moliériste* d'octobre 1888, p. 193-200, sous le titre de *Éloge de Molière par un ministre protestant*.

Les Rimes redoublées de Monsieur Dassoucy. A Paris, de l'imprimerie de C. Nkgo[1], près Saint-Benoît, sur la Terre de Cambray; s. d. — Pages 118-125 d'une sorte d'appendice joint à certains exemplaires seulement, et qui paraît dater de 1672[2] : pièce de vers suivie d'une note, et lettre à *M. Molière* suivie également d'une note. Voyez la *Notice biographique*, p. 167 et 168.

Voyez plus haut, p. 176, 4ᵉ alinéa, mention d'une autre lettre de d'Assoucy; et plus loin, p. 192, 2ᵈ alinéa, mention de ses *Aventures*, publiées en 1677, mais où il s'agit d'un temps bien antérieur à celui des *Rimes redoublées*. Voyez encore plus loin, p. 188, dernier alinéa.

Requête à l'archevêque de Paris (*François de Harlay de Champvallon*), *et son Ordonnance pour l'enterrement de Molière*, au tome II, p. 384-387, du *Conservateur, ou Recueil de morceaux inédits d'histoire, de politique, de littérature et de philosophie, tirés des portefeuilles de* N. FRANÇOIS (de Neufchâteau), de l'Institut national. Paris, Crapelet, an VIII : in-8°. — On lit à la Table de ce tome second : « N. B. La pièce originale relative à Molière nous a été communiquée par le citoyen Palissot. »

La Requête et l'Ordonnance sont données aux *Pièces justificatives* de la *Notice biographique*, p. 475-477.

Pour Monsieur Boyvin, *prêtre*, *docteur en théologie*, *à Saint-Joseph*. Relation circonstanciée de l'enterrement de Molière, qui eut lieu « mardi, 21 février 1673, sur les neuf heures du soir, » faite, ce semble, par un témoin oculaire. Voyez la *Notice biographique*, p. 434 et 435. Cette pièce a été donnée par M. Benja-

---

1. Nom en l'air, ou plutôt assemblage burlesque de lettres? Un autre exemplaire, une réimpression probablement, qui n'a pas l'appendice, porte au titre : « de l'imprimerie de Claude Nego » et le millésime de 1671.
2. Il est par faute paginé 91-132, au lieu de 191-232.

min Fillon à l'*Appendice* de ses *Recherches sur le séjour de Molière dans l'Ouest de la France en* 1648 (1871 : voyez plus loin, p. 227, 7ᵉ alinéa).

« Le document, dit M. Fillon (p. 28 et 29 de l'*Appendice* de sa brochure), a été publié pour la première fois, il y a plus de vingt ans, dans mes *Considérations historiques et artistiques sur les monnaies de France* (Fontenay-le-Comte, 1850), p. 193.... Cette note, écrite peu de jours après la mort de Molière, n'est pas signée, mais elle a tous les caractères d'authenticité désirables. Elle a été adressée par un ecclésiastique à Louis Boivin, qui fut plus tard membre de l'Académie des inscriptions et belles-lettres. »

Nous ne mentionnerons ici que les principales épitaphes ou pièces faites à l'occasion de la mort de Molière. Le plus grand nombre et les plus insignifiantes se trouvent dans les volumes indiqués ci-après, p. 191, avant-dernier alinéa et p. 192, fin du 1ᵉʳ alinéa; p. 198, avant-dernier alinéa. Le recueil le plus complet a été publié par Paul Lacroix et M. Georges Monval aux tomes Iᵉʳ (1879) et XIV (1885) de la *Nouvelle Collection moliéresque*. Au tome XIV, qui contient aussi les actes relatifs à la mort du poète, M. Monval a dressé un « Catalogue alphabétique des Épitaphes, Épigrammes, Madrigaux, Stances, Sonnets, etc., sur la mort de Molière, avec les variantes, les indications des sources et les attributions ». M. Monval annonce pour un prochain volume la réimpression de quelques autres pièces encore, en particulier d'extraits de Robinet.

Épitaphe de Molière par la Fontaine (donnée p. 448 de la *Notice biographique*) :

Sous ce tombeau gisent Plaute et Térence....

Elle a été envoyée dès le 19 mars 1673 par Mlle Dupré à Bussy : voyez la *Correspondance* de ce dernier, tome II, p. 227 de l'édition de M. Ludovic Lalanne. Elle fut imprimée dans *le Mercure galant* de 1673 (tome IV, p. 275); elle est au tome Iᵉʳ, p. 81, de l'édition de 1729 des *OEuvres diverses* de la Fontaine.

Épigramme de Chapelle :

Puisqu'à Paris on dénie....

Tirée des papiers de Brossette et donnée comme « non imprimée », p. 72 des *Récréations littéraires*, de Cizeron Rival (Lyon, 1765). Elle ne se lit, en effet, ni dans le *Recueil* Barbin de 1692 (plus haut, p. 179, 7ᵉ alinéa), ni dans l'édition donnée par Saint-Marc en 1755 des *OEuvres de Chapelle et de Bachaumont*; elle a été omise dans celle de M. Tenant de Latour (1854).

Entretien sur Molière, et *Oraison funèbre de Molière* : au tome IV (in-12, achevé d'imprimer le 14 juin 1673), p. 267-319, du *Mercure galant*, fondé l'année précédente 1672 par Donneau de Visé et publié chez Claude Barbin.

L'*Oraison funèbre* est sur un ton, non pas précisément d'offense au génie du poète, mais de parodie et de bouffonnerie, pour nous fort déplaisant. — Dans l'Entretien qui précède, il est donné lecture de dix *Pièces en vers sur la mort de Molière*, entres autres (p. 275) de l'épitaphe composée par la Fontaine.

Lettres de Jean Chapelain..., publiées par M. Ph. Tamizey de Larroque dans la *Collection des documents inédits sur l'Histoire de France*. Voyez, tome II (1883), 225 ; et, p. 820, une lettre au professeur Ottavio Ferrari de Padoue, datée du 4 juin 1673, où Chapelain, rappelant la mort de Molière « au milieu de sa dernière action », l'appelle « le Térence et le Plaute de notre siècle ».

Molerius *poeta comicus, idemque comœdus, elatus nullo funere.* (« Molière, poète comique et acteur, porté en terre sans aucune pompe. ») Neuf intéressants distiques ainsi intitulés se trouvent, à la suite de sept autres *epigrammata* composés sur la mort de Molière, page 122 d'un volume posthume de poésies latines ayant pour auteur le Père Vavasseur : *Francisci Vavassoris, e Societate Jesu, multiplex et varia poesis, antea sparsim edita, nunc in unum collecta*. Paris, 1683 : in-8°. Une épître liminaire est signée de l'éditeur, le Père Jean Lucas, de la même Société.

La principale de ces épigrammes du P. Vavasseur :

Dulce decus scenæ, Moleri, et scriptor et actor,
Gallica cui plausus mille theatra dabant....

a été citée par M. l'abbé Vincent Davin dans son article sur la Mort de Molière, inséré en septembre 1877 dans *le Contemporain, revue catholique*. Elle a été réimprimée, avec les sept autres, par M. Monval, dans son *Recueil sur la mort de Molière*. — La pièce du Père Bouhours :

Ornement du théâtre, incomparable acteur,
Charmant poète, illustre auteur....

n'en est qu'une traduction, qu'ont fait connaître, sans faire mention de l'original latin, Ménage dès 1676 et Baillet d'après lui en 1686 : voyez du premier les *Observations sur la langue françoise*, seconde partie, chapitre IV, p. 15 de l'édition de Paris, Claude Barbin, in-12 ; du second, les *Jugements des Savants*, tome IV, v° partie (formant un IX° et dernier volume), article 1520.

Epitaphium pro Mollero comœdo : huit hendécasyllabes de Mézeray, que les éditeurs de 1682 ont donnés à la suite de leur Préface. Voyez p. xxii de notre tome Ier.

In obitum Johannis Baptistæ Poquelini Molerii, comicorum et comœdorum suæ ætatis facile principis. Épitaphe en deux distiques composée par Huet, sous-précepteur du Dauphin choisi par Bossuet, et évêque en 1689 :

Plaudebat, Moleri, tibi plenis aula theatris[1]....

Elle a été imprimée sans doute pour la première fois en 1694, à Utrecht, p. 46 du volume in-8° intitulé *Danielis Huetii Poemata latina et græca*

---

1. La Martinière l'a traduite dans sa *Vie de l'auteur* (édition des OEuvres d'Ams-

quotquot colligi potuerunt. Elle est là suivie d'une date assignée à la mort de Molière qui est tout à fait fausse[1], et que Leibnitz releva, dès la même année 1694, dans une lettre adressée au rédacteur d'une revue mensuelle allemande : « Je me trouvais, dit-il, moi-même à Paris au temps où Molière mourut ; je l'ai vu jouer, lui et plus tard son ombre » (allusion à la comédie de Brécourt, *l'Ombre de Molière,* dont Leibnitz vient aussi de parler, et où figure l'Ombre du poète). Voyez le *Jugement de l'Allemagne sur Molière,* par M. C. Humbert (mentionné plus loin, p. 226, 8ᵉ alinéa), p. 204 et 205 de la Iʳᵉ partie. M. Humbert y cite les *OEuvres allemandes* de Leibnitz, édition G. E. Guhrauer, in-8°, Berlin, tome II (1840), p. 463-466.

Joh. Bapt. Poquelini Molerii, comœdi et poetæ præstantissimi, tumulus. Quatre distiques de Ménage :

> *Deliciæ procerum, tota notissimus aula,*
> *Ille idem scenæ Pieridumque decus....*

Ils ne se trouvent point encore dans la 7ᵉ édition des *Poemata* (de Paris, 1680), mais se lisent dans la 8ᵉ (d'Amsterdam, 1687, in-12), seule, est-il dit au titre, reconnue par l'auteur : au livre des *Epigrammata,* p. 142, pièce cxxv.

Parerga, seu Horæ subsecivæ STEPHANI BACHOT, *medici, quibus continentur poemata latina et gallica.* Paris, imprimerie de Gabr. Martin, 1686 : 1 volume in-12.

Là, p. 30, sous le titre de *Molieri comœdi tumulus,* se lisent les distiques latins qu'avaient déjà cités, mais sans en faire connaître l'auteur, les éditeurs de 1682 vers la fin de leur *Préface* (p. xviii de notre tome Iᵉʳ) :

> *Roscius hic situs est tristi Molierus in urna....*

Voyez une note de M. G. Monval à cette *Préface,* dans le recueil mentionné plus haut, p. 99, n° 60.

Sur la mort imaginaire et véritable de Molière. Vers libres. Paris, Olivier de Varennes, 1673 : in-4° de 7 pages, contenant 11 petites pièces signées Polimène.

D'autres pièces de vers, signées de même, se trouvent dans les papiers Tralage et ont été imprimées au tome V de la *Nouvelle Collection moliéresque,* p. 19 et 20, et p. 22. Voyez, p. viii et ix, la *Préface* de M. Monval au tome XIV de la *Nouvelle Collection moliéresque.*

L'Ombre de Molière et son Épitaphe (par d'Assoucy). Paris, Jean-Baptiste Loyson, 1673 : plaquette in-4°, de 2 feuillets non chiffrés pour une épître en prose au duc de Saint-Aignan, de 6 pages pour le monologue rimé que débite l'Ombre de Molière, de 2 pages pour l'Épitaphe, et pour une petite pièce encore,

terdam, 1725, p. 108), et de nos jours M. Tivier (au *Moliériste* de juillet 1886, p. 107).

1. *Vixit ann.* LI, *mens.* VI, *obiit* XIII *cal. febr. a. r*[*ccuperatæ*] *s*[*alutis*] MDCLXXVIII.

ÉCRITS BIOGRAPHIQUES ET LITTÉRAIRES. 189

qui est censée avoir été adressée à *Monsieur Dassoucy*. Le nom de l'auteur se lit au bas de l'épître et de l'épitaphe.

<small>Voyez plus haut, p. 176, 4ᵉ alinéa; p. 185, 4ᵉ alinéa; et plus loin p. 192, 2ᵈ alinéa.</small>

L'Ombre de Molière, comédie (en prose, en un acte, précédée d'un prologue ; elle est de Brécourt, qui a signé la dédicace au duc d'Enghien). Paris, Claude Barbin, 1674 (privilège du 12 avril, Achevé du 2 mai); in-12. Elle a été jointe en 1675 au Recueil des *OEuvres* de 1674-1675, et gardée dans l'édition de 1682 et celles qui en dérivent : voyez plus haut, p. 65, fin du 2ᵈ alinéa et p. 70, fin. Elle fut représentée sur le théâtre de l'Hôtel de Bourgogne en mars 1674.

Descente de l'âme de Molière dans les Champs-Élysées (en vers et en prose). Lyon, Antoine Jullieron, 1674 : plaquette, devenue introuvable, de 22 pages in-8°.

<small>Voyez ce quedit de cet opuscule Paul Lacroix, au numéro 1200 de sa *Bibliographie moliéresque* ; il l'attribuait à Dorimond ; mais M. Monval fait remarquer que ce comédien était mort avant 1670.</small>

Sur la sépulture de Jean-Baptiste Poclin dit Molières, comédien, au cimetière des Mortnés (mort-nés) *à Paris*. Sonnet injurieux (voyez la *Notice biographique*, p. 445), donné comme « exemple », page 17 de *l'Apollon françois ou l'Abrégé des règles de la poésie françoise*, par L. I. L. B. G. N. (les Iles le Bas, gentilhomme normand, comme on le voit par deux pièces adressées à l'auteur et imprimées au-devant du volume). A Rouen, chez Julien Courant..., 1674 : in-12 de 39 pages.

Réflexions sur la Poétique d'Aristote et sur les ouvrages des poètes anciens et modernes (par le P. Rapin, qui n'a mis son nom ni sur le titre, ni à la fin d'une épître liminaire au Dauphin). Paris, François Muguet, 1674 (Achevé du 29 novembre 1673). Voyez, dans la seconde partie, la fin de la réflexion XXV, p. 210 et 211, et de la réflexion XXVI, p. 218 et 219. — Voyez encore les lettres du P. Rapin à Bussy, du 13 août 1672 (tome II, p. 147, dans l'édition Lalanne de la *Correspondance* de Bussy); du 13 février et du 15 mars 1673 (même tome, p. 216 et 232).

Correspondance de Bussy-Rabutin. Voyez, dans l'édition donnée par M. Ludovic Lalanne, les lettres de Bussy au Père Rapin datées du 24 août 1672 (tome II, p. 156), du 28 février 1673 (même tome, p. 225), et du 11 avril 1673 (même tome, p. 241 et 242).

<small>Il y a au même tome, p. 226, une lettre du comte de Limoges à Bussy (elle est, peut-être un peu inexactement, datée du 2 mars 1673), où ce passage</small>

est à relever : « Il est vrai que la perte de Molière est irréparable. Je crois que personne n'en sera moins affligé que sa femme ; elle a joué la comédie hier. » Sur la reprise des représentations au Palais-Royal, après la mort de Molière, voyez notre tome IX, p. 246. Il paraît certain, d'après la lettre qui vient d'être citée, que la veuve de Molière n'avait pas reparu sur la scène, pour y jouer *le Misanthrope* avec Baron, ni le vendredi 24 ni le dimanche 26 février. Avait-elle joué dans *les Fâcheux* le mardi 28, avant-veille du 2 mars ? Nous supposons plutôt que le comte de Limoges a écrit le 4 mars, et qu'il parle de la représentation du vendredi 3, où les camarades de Molière reprirent *le Malade imaginaire*, et où il faut bien croire qu'Armande se décida aussi à reprendre son rôle d'Angélique.

Mémoire de plusieurs décorations..., continué par Michel Laurent en 1673, manuscrit conservé au Fonds français de la Bibliothèque nationale, sous le numéro 24 330 : voyez notre tome Ier, p. 559 et 560. Des notes de ce manuscrit font connaître la mise en scène de 19 pièces de Molière, telle qu'elle était de 1673 à 1684, soit à l'Hôtel de Bourgogne, soit, à partir de la jonction de 1680, à l'hôtel Guénegaud ; ces notes ont été successivement reproduites dans les notices de notre édition ; elles ont été réunies par Despois à l'Appendice de son *Théâtre français sous Louis XIV*, p. 413-415 (voyez la mention de cet ouvrage, plus loin, p. 229, 7° alinéa).

La note suivante se lit au milieu de la page 9 ancienne du Registre : « Le 25 août 1680 les deux Troupes se sont unies ensemble, et ici commencent les pièces de l'Hôtel Guénegaud. » Il résulte de cette constatation qu'entre la mort de Molière et la jonction de 1680, les comédiens de l'Hôtel de Bourgogne ont représenté sur leur théâtre les pièces de Molière dont la mise en scène est donnée par le décorateur aux pages précédentes ; ce sont : *la Princesse d'Élide, le Misanthrope, Tartuffe, l'Avare, l'École des femmes*. Il paraît douteux que *le Malade imaginaire*, dont la mise en scène, plus longuement détaillée, remplit toute la page qui précède immédiatement celle de la note, et un *Agamemnon*, récemment donné à Guénegaud et mentionné au haut même de la page de la note, aient également été joués, avant leur arrivée à Guénegaud, par les comédiens de l'Hôtel de Bourgogne[1]. Ceux-ci, d'ailleurs, avaient dû s'emparer encore, même de bonne heure, de plus d'une des autres pièces de Molière dont on trouve la mise en scène ou le titre dans le registre ; mais mises là (ainsi que *les Plaideurs* de Racine) sous le nom de *petites comédies*, elles occupent des pages formant une suite à part et auxquelles il semble difficile d'assigner des dates.

L'Art poétique de Boileau, chant III, vers 393-400 :
C'est par là que Molière....

L'Art poétique parut pour la première fois dans l'édition de 1674 (Achevé du 10 juillet) des *OEuvres diverses du sieur D****.

Épître VII de Boileau *à Racine*, vers 19-39 :
Avant qu'un peu de terre....

1. Suivant la constatation de la Grange, *le Malade imaginaire* fut représenté

Composée en 1677, l'épître parut pour la première fois dans l'édition de 1683, achevée d'imprimer le 31 décembre 1682, des *OEuvres diverses du sieur D****.

Pour d'autres passages de Boileau, voyez plus haut, p. 180, alinéas 6 et 7, et les renvois faits à la suite de ces alinéas.

Le Théâtre françois, divisé en trois livres, où il est traité : I, *de l'Usage de la Comédie* ; II, *des Auteurs qui soutiennent le Théâtre* ; III, *de la Conduite des comédiens* (par Chappuzeau, qui, en tête du manuscrit autographe, a signé une dédicace à la troupe du Roi). Lyon, Michel Mayer, et Paris, René Guignard, 1674 : 1 volume in-12.

Le Théâtre françois a été réimprimé à Bruxelles en 1867, avec notes d'Édouard Fournier et notice de Paul Lacroix.

M. Georges Monval en a donné une excellente édition, accompagnée d'une Préface et de Notes. Paris, Jules Bonnassies, 1875 : 1 volume in-8°.

Sur le manuscrit autographe, portant la date de 1673, lequel est actuellement conservé à Moscou, dans la bibliothèque publique Roumiantseff, voyez au *Moliériste* de juin 1881, p. 81 et suivantes, un article de M. Alexis Vesselovsky.

Requête d'inscription de faux en forme de factum, présenté au Châtelet le 16 juillet 1676 par le sieur Guichard, intendant général des bâtiments de S. A. R. Monsieur, contre : Jean-Baptiste Lully, faux accusateur ; Sébastien Aubry.... Paris, 1676 ; in-4°.

Voyez la *Notice biographique*, p. 265-266 et p. 454. M. Livet, à l'*Appendice* de son édition du libelle intitulé *les Intrigues de Molière et celles de sa femme*, etc. (voyez plus loin, p. 195, 6° alinéa), a donné de longs extraits de ce factum de Guichard, particulièrement outrageant pour la femme de Molière et pour Molière ; il les a fait suivre d'autres pièces découvertes par lui et relatives à cette affaire. Pour l'appréciation d'une de ces pièces, l'arrêt d'absolution finalement rendu en faveur de Guichard, voyez *la Comédie de Molière*, par M. G. Larroumet, p. 177, note 1.

L'Enfer burlesque. — Le Mariage de Belphégor. — Épitaphes de M. de Molière. A Cologne, chez Jean le Blanc, 1677 : 1 volume petit in-12, de 3 feuillets pour le titre et la *Préface* de l'éditeur étranger qui a rassemblé ces Mélanges, et de 112 pages.

Dans *l'Enfer burlesque* (p. 1-70), dont c'est ici la 3° édition, huit vers nouveaux (p. 25), maladroitement cousus à la suite du passage (p. 21-24) qui s'attaquait à Molière vivant (voyez plus haut, p. 183, alinéas 3 et suivants, et p. 184, 1ᵉʳ alinéa), rappellent la fin du poète frappé à mort sur la scène même où il jouait le personnage de son Malade imaginaire. On y peut remarquer la forme tout exotique du dernier mot : *héréditage*. La main de l'éditeur étranger s'est encore trahie dans les quelques vers d'*exorde* qu'il a mis à la

dès le douzième jour après la jonction, le 6 septembre 1680, puis le 15. L'*Agamemnon* (d'Assézan) fut représenté les 20 et 22 septembre.

place de l'assez long préambule primitif, et surtout dans un morceau de prose, un édit de Lucifer inséré vers la fin, où aux noms de Luther et de Calvin que ne pouvait manquer d'amener l'énumération, faite par un auteur si ardent catholique, des suppôts et conseillers du roi infernal, il s'est donné la satisfaction de substituer les noms du « pape Alexandre VII° » (Chigi), de « Loyola, fondateur des jésuites », de « saint François, fondateur des cordeliers », de « saint Dominique, chef des capucins ». Un fontispice, au haut duquel, dans un tout petit cadre, est montré un coin de l'enfer burlesque, se trouve en tête du volume. Un jésuite y est reconnaissable. On apprend, en lisant la pièce (car rien dans l'insignifiante vignette ne caractérise le poète), que Molière y figure, assis sur une chaise élevée et se démenant sous l'action d'un soufflet qu'un démon lui applique à travers les barreaux et le fond de la chaise. — *Le Mariage de Belphégor* (p. 71-92) n'est qu'une réimpression de la traduction, en prose comme l'original, qu'avait donnée, en 1665, de la nouvelle de Machiavel Tanneguy le Fèvre, le père de Mme Dacier [1]. — Le recueil des *Épitaphes* (p. 93-104) en comprend un assez grand nombre ; il y en a une de tout à fait odieuse. Après les Épitaphes vient encore (p. 105-112) une pièce de vers contre les médecins, intitulée *les Médecins vengés ou la suite funeste du Malade imaginaire*, qui, d'après une copie Tralage (tome III du Recueil, f° 245 r°), paraît dater de 1674 et qui a été reproduite, à partir de 1692 et de 1710, dans nombre d'éditions des *OEuvres* (voyez plus haut, aux Recueils, p. 76, note 1 ; p. 81, note 8, et encore ci-après, p. 198, 4° alinéa.

Les Aventures de Monsieur d'Assoucy. Paris, Cl. Audinet, 1677 : 2 volumes in-12. Tome Ier, chapitre ix, p. 296 et 297, p. 314-317. Voyez la *Notice biographique*, p. 163-165 ; p. 171 et 172.

D'autres mentions de d'Assoucy ont été faites plus haut, p. 176, 4° alinéa ; p. 185, 4° alinéa ; et p. 188, dernier alinéa.

Couplet de Melpomène (le dernier), montrant Thalie en deuil, pleurant la perte irréparable de Molière, dans le Prologue de *la Princesse de Clèves*, tragédie de Boursault (1678).

La pièce fut représentée sur le théâtre de Guénégaud les 20 et 23 décembre 1678, neuf mois environ après la publication du roman de Mme de la Fayette, d'où elle est tirée ; elle n'a point été imprimée ; mais Boursault en a suite inséré le Prologue dans sa lettre « A Mme la marquise de B....... sur l'indigence du théâtre ». Voyez p. 314 et 315 des *Lettres nouvelles de M. Boursault* : Paris, 1697 ; in-12. Les frères Parfaict ont réimprimé la lettre et le Prologue dans leur tome XII, p. 130 et suivantes, et M. G. Monval ce couplet de Melpomène à la page 53 de son *Recueil sur la mort de Molière*. — Voyez d'autres preuves de l'admiration que Boursault professait alors pour Molière au début de cette même lettre à la marquise de B., p. 303-304, et dans une réponse à l'acteur Raisin, p. 264 et 265 du même volume des *Lettres nouvelles*.

Les Entretiens de Thémiste et de Lisias. Saumur, René Péan, 1678 : in-12. Page 24.

Cité dans le Catalogue de la bibliothèque Rochebilière par M. Claudin, et dans *le Moliériste* d'août 1884, p. 156.

---

1. A la suite de ses *Vies des poètes grecs en abrégé*, et paginée à part avec l'*Abrégé de la vie de Thésée*. Chez Charles de Sercy : in-12.

ÉCRITS BIOGRAPHIQUES ET LITTÉRAIRES.

De Petri Boessatii... vita amicisque litteratis libri duo, par Nicolas Chorier. Grenoble, 1680 : in-12. Pages 71 et 72 ; page 74 : passages se rapportant au séjour de Molière à Vienne et à l'arrivée de Nic. Heinsius, en 1651 (et non 1641, comme il est imprimé dans le texte même) : voyez la *Notice biographique*, p. 124-126.

Chorerii Viennensis J. C. Adversariorum de vita et rebus suis libri III. Ces notes de l'avocat Chorier sur sa vie ont été publiées par M. Gariel au tome IV (Grenoble, 1846), p. 145-262, du *Bulletin de la Société de statistique, des sciences naturelles et des arts industriels du département de l'Isère*. A la fin du chapitre xi du livre II, Chorier rappelle, à l'occasion de la mort de Molière, la connaissance qu'il avait faite du poète à Lyon et à Vienne.

Une traduction de ces *Adversaria* a été publiée par M. F. Crozet, ancien avocat, membre de l'Académie Delphinale : *Mémoires de Nicolas Chorier, de Vienne, sur sa vie et ses affaires*. Grenoble, imprimerie de Prudhomme, 1868 : in-8°.

Préface de l'édition des *OEuvres* de 1682. Cet important document biographique, dû à la Grange et à Vivot, a été reproduit, avec les pièces qui y sont jointes, dans notre tome Ier, p. xii à xxiv. Voyez aussi plus haut, p. 68 et suivantes, le n° 7 des Recueils.

Trois comédies de Plaute traduites en françois, avec des Remarques, et un Examen de chaque comédie selon les règles du théâtre. Par Mlle le Fèvre. Paris, Denys Thierry et Claude Barbin, 1683 (année où Anne le Fèvre épousa André Dacier) ; mais l'Achevé est du 31 décembre 1682 : 3 volumes in-12. Voyez, au tome Ier (volume d'*Amphitryon*), la *Préface*, feuillets 5 et 6 de la feuille *t*.

Nouveaux Dialogues des morts (par Fontenelle). Paris, C. Blageart, 3e édition, 1683 (Achevé du 11 septembre) : 2 volumes in-12. Au tome II, p. 208-226, le second des *Dialogues des morts modernes* a pour interlocuteurs *Paracelse, Molière* ; dans la 5e édition (1700), on lit de plus, à l'intitulé : *Sur la comédie*.

Nouvelles remarques sur tous les ouvrages du sieur D*** (par Pradon). La Haye, Jean Strik, 1685 : petit in-4°. Pages 35 et 36 (voyez la *Notice* des *Fourberies de Scapin*, tome VIII, p. 394).

Mercure galant d'avril 1685. Pages 291 et 292 (sur la retraite du comédien Hubert, son talent, ses rôles).

Jugements des savants sur les principaux ouvrages des auteurs (par Adrien Baillet, qui ne s'est pas nommé, dont on ne lit que les initiales dans l'Extrait du privilège : A.B.B.D.M.D.L., c'est-à-dire Adrien Baillet, bibliothécaire de M. de Lamoignon) ;

Paris, Antoine Dezallier, 1685-1686 : 9 volumes in-12. Voyez au tome IX et dernier[1], p. 110-126, l'article MDXX, intitulé : « M. de Molière (Jean-Baptiste Pocquelin), Parisien, mort en comédien vers l'an 1673, Poète françois. ».

En insérant cet article parmi leurs *Extraits de divers auteurs*, les éditeurs de 1710, et ceux qui ont réimprimé leurs volumes, ont eu soin naturellement de supprimer de très nombreux passages, particulièrement ceux que cite la *Notice* du *Tartuffe* (tome IV, p. 320 et 321).

Le Grand Dictionnaire historique, ou le mélange curieux de l'histoire sacrée et profane..., 4ᵉ édition divisée en deux tomes, revue... par M. Louis Moreri, prêtre, docteur en théologie. Lyon, 1687; in-folio. On ne trouve d'article MOLIÈRE qu'à partir de cette édition posthume : voyez plus haut, p. 81, note 5.

L'Art de prononcer parfaitement la langue françoise... (par J. Hindret), 1687 et 1696 : voyez notre tome II, p. 162, note 2, et, plus loin, une Addition à cette note.

Épitaphe de Chapelle par Bernier, envoyée à Mme de la Sablière; insérée au *Journal des savants* du 14 juin 1688, p. 35 et 36 (le principal passage est cité page 41 de la *Notice biographique*).

La Fameuse Comédienne, ou Histoire de la Guérin, auparavant femme et veuve de Molière. A Francfort, chez Frans Rottenberg, marchand libraire, près les Carmes, 1688 : 1 volume petit in-12 de 89 pages, y compris le titre et l'avis du *Libraire au lecteur* (lequel a été supprimé dans les autres éditions anciennes), et de 4 pages non chiffrées pour les *Portraits* (en huit quatrains) *des comédiennes de l'Hôtel de Guénegaud* (la Molière, la de Brie, la la Grange, la Dupin, la Champmeslé, la du Croisy, la Dauvilliers et la Guyot[2]). Il y a des réclames au bas de chaque page, et l'on croit que l'impression a été faite en Hollande.

Autre édition : *Les Intrigues amoureuses de M. de M**** et de Mad**** son épouse*. A Dombes, 1690 : in-12.

Autre édition : *Histoire des intrigues amoureuses de Molière et de celles de sa femme*. A Francfort, chez Frédéric Arnaud, 1697, avec une Sphère sur le titre : in-8º.

---

1. Volume portant pour titre, suivant la division adoptée par l'auteur : « Tome quatrième, contenant les Poètes. Cinquième partie. »

2. Ces portraits satiriques (un seul, celui de Mlle de Brie, était au contraire, on l'a vu tome IV, p. 356, tout à fait flatteur pour la vieille actrice) doivent dater de l'année de la jonction des troupes, 1680. — Le Portrait de « la Molière » a été cité p. 455 de la *Notice biographique*.

ÉCRITS BIOGRAPHIQUES ET LITTÉRAIRES.

Autre édition, sans lieu ni date, où il est remarquable que ne se trouvent point « les pages les plus honteuses » du livre (voyez la *Notice biographique*, p. 354) : *Les Intrigues de Molière et celles de sa femme :* in-12 plus grand que celui qui porte le millésime de 1688; il y a comme dans ce dernier des réclames à chaque page.

Sur ce « venimeux roman », voyez la *Notice biographique*, p. 301-302, 340-342, 345-346, 353-354, 456; 251, 253.

Trois réimpressions sont à mentionner :

La Fameuse Comédienne, ou Histoire de la Guérin..., réimpression conforme à l'édition de Francfort 1688, augmentée d'une Notice bibliographique par P. L. (Paul Lacroix). Genève, J. Gay, 1868 : petit in-12, faisant partie de la *Collection moliéresque* (voyez plus loin, p. 224).

La Fameuse Comédienne, ou Histoire de la Guérin..., réimpression conforme à l'édition de Francfort 1688, avec des Variantes des autres éditions et accompagnée d'une Préface et de Notes, par M. Jules Bonnassies. Paris, Barraud, 1870 : petit in-8°.

Les Intrigues de Molière et celles de sa femme, ou la Fameuse Comédienne, histoire de la Guérin. Réimpression conforme à l'Édition sans lieu ni date, suivie des Variantes des autres éditions, avec Préface et Notes, par M. Ch.-L. Livet. Paris, Isidore Liseux, 1876 : 1 volume in-12 imprimé par Jouaust.

Un arrangement du libelle a été inséré, en 1822, dans un des volumes (mentionné plus loin, p. 213, 4ᵉ alinéa) de la Collection des *Mémoires sur l'art dramatique*; il a été mal intitulé *Extrait des Mémoires de*, au lieu de *Extrait des Mémoires sur Mme Guérin, veuve de Molière;* là, p. 135 et 186, et p. 208, se trouvent deux anecdotes (rapportées p. 356, note 1, et p. 457 de la *Notice biographique*) qui n'ont été tirées d'aucune des éditions, jusqu'à présent connues, de la *Fameuse Comédienne*.

Les Caractères de la Bruyère : chapitre *Des Ouvrages de l'esprit*, § 38 (paragraphe datant de 1689), tome Iᵉʳ du *la Bruyère*, p. 128.

Essais de médecine..., par J. Bernier, conseiller et médecin ordinaire de feue Madame, duchesse douairière d'Orléans. Paris, 1689 : 1 volume in-4°. Voyez le chapitre v de la Iʳᵉ partie : *Des ennemis de la médecine et du jugement qu'on en doit faire*, particulièrement les pages 215-217 (le nom de MOLIÈRE se lit en marge de la première de ces pages).

M. Loiseleur, p. 354 et 355 des *Points obscurs de la vie de Molière*, a rapporté le principal passage; il se termine par la citation des distiques latins de Bachot (ci-dessus, p. 188, 5ᵉ alinéa), suivis d'une épitaphe française qui se trouve, avec des variantes, dans la plupart des recueils de ces pièces, et qui est une des premières qu'on fit courir (le comte de Limoges l'envoya dès le 2 mars 1673 à Bussy) :

Ci-gît un qu'on dit être mort,

ou : Passant, ici repose un qu'on dit être mort....

Menagiana, sive Excerpta ex ore Ægidii Menagii. Outre quelques passages, cités aux différentes comédies, voyez : Première édition (Paris, Florentin et Pierre Delaulne, 1693 : 1 volume in-12), p. 50. — Seconde édition (1694 : 2 volumes in-12), tome Ier, p. 70. — Troisième édition (1715 et réimpression de 1729 : 4 volumes in-12), tome Ier, p. 264, addition de la Monnoye. — Tome II (3e édition), p. 25, addition de la Monnoye. — Tome Ier, (2de édition), p. 313. — Ire édition, p. 211. — Tome II (2de édition), p. 5 ; p. 12 et 13. — Tome III (3e édition), p. 106, addition de la Monnoye; p. 147-156, additions de la Monnoye. — Tome II (2de édition), p. 308 et 309.

Boileau, *Réflexions critiques sur quelques passages du rhéteur Longin* (composées vers 1693, publiées en 1694). Voyez, au tome II, p. 114, de l'édition publiée par Brossette (Lyon, 1716, in-4°) des *OEuvres de M. Boileau Despréaux avec des éclaircissements historiques donnés par lui-même*, la *Réflexion première*, où Boileau parle de la « vieille servante à qui Molière lisait quelquefois ses comédies », et la Remarque de Brossette, qui nomme la Forest.

Voyez plus haut, p. 180, alinéas 6 et 7, et les renvois faits à la suite de ces deux alinéas.

Maximes et réflexions sur la comédie, par Messire Jacques Bénigne Bossuet, évêque de Meaux, conseiller du Roi en ses conseils, ci-devant précepteur de Mgr le Dauphin. Paris, Jean Anisson, directeur de l'Imprimerie royale..., 1694 : 1 volume in-12. Voyez particulièrement le chapitre III, p. 5 et 6, et le chapitre V, p. 18-20 ; ces chapitres sont en grande partie transcrits de la lettre de Bossuet au Père Caffaro, qui est de mai 1694 (3e, 4e et 14e alinéa).

Aux Docteurs anticomédiens..., Épigramme de Leibnitz, datée de 1694, année où Bossuet publia ses *Maximes et réflexions sur la comédie*.

Elle a été reproduite par le docteur Schweitzer au tome II, v^e fascicule (avril 1883), p. 134, de son *Musée Molière*. Nous donnerons ici cette petite pièce, peu connue, et les quelques lignes, également écrites en français, qui la précèdent dans le *Recueil des OEuvres de Leibnitz tiré des manuscrits de la bibliothèque royale de Hanovre*, publié par Georg Heinrich Pertz; Hanovre, 1847; in-8° : Première suite, *Histoire*, tome IV, p. 306.

1694. « AUX DOCTEURS ANTICOMÉDIENS,
A L'OCCASION DES LIVRES DES THÉOLOGIENS
CONTRE LE THÉATRE.

« Madame l'Électrice m'ayant envoyé des vers, voici l'extrait de ma réponse avec mes vers pour la comédie. Il me semble que la comédie fournit un excellent moyen d'instruire les hommes. C'est pourquoi je crois qu'il faut plutôt songer à la rectifier qu'à la rejeter.

> Sévères directeurs des hommes,
> Savez-vous qu'au siècle où nous sommes
> Un Molière édifie autant que vos leçons?
> Le vice bien raillé n'est pas sans pénitence,
> Il faut pour réformer la France
> La comédie ou les dragons.
>
> L. »

Diversités curieuses pour servir de récréation à l'esprit (par Bordelon). Paris, Urbain Coustelier, 1694-1697 : 7 volumes in-12, dont les deux derniers sont intitulés *Diversités curieuses en plusieurs lettres*. Réimprimées page par page à Amsterdam, pour André de Hoogenhuysen, en 1699. — Au tome II, 5ᵉ partie, p. 183 : sur la traduction de Lucrèce par Molière. — Au tome IV, p. 54 et suivantes : *Dialogue de Molière, Térence et Corneille*. — Au tome VI (Iᵉʳ des Lettres), p. 104 : somme de 1500 ᵗᵇ payée par le libraire Thierry à la veuve de Molière. Même tome, p. 220 et 221 : vente des livres de la Grange, après la mort de ce camarade de Molière (arrivée, à Paris, le 1ᵉʳ mars 1692); Bordelon ne fait là aucune mention de manuscrits du poète.

La Vie de Scaramouche, par le Sieur Angelo Constantini, comédien ordinaire du Roi dans sa troupe italienne, sous le nom de Mezetin. Paris, à l'Hôtel de Bourgogne et chez Claude Barbin, 1695 (Achevé du 15 mars) : in-12. Un portrait par Bonnart y est joint.

La Vie de Scaramouche, par Mezetin. Réimpression de l'édition originale (1695), avec une introduction et des notes par M. Louis Moland, et un portrait d'après Bonnart par Eugène Gervais. Paris, Jules Bonnassies, 1876 : 1 petit volume in-8°.

Livre sans nom, divisé en cinq dialogues : volume anonyme attribué à Cotolendi. Paris, Michel Brunet, 1695; in-12.

Comme on le lit à la Table du livre, l'auteur affirme, p. 6 et 7, que « les comédies des Italiens ont été les originaux des pièces de Molière ». Voyez *Molière et la Comédie italienne* de M. Moland, 2ᵈᵉ édition, 1867, p. 296 et suivantes.

Les Hommes illustres qui ont paru en France pendant ce siècle : avec leurs Portraits au naturel. Par M. Perrault, de l'Académie françoise : 2 volumes in-folio. Voyez au tome Iᵉʳ (achevé d'imprimer le 28 septembre 1696), p. 79 et 80, l'article JEAN-BAPTISTE POQUELIN DE MOLIÈRE.

Un très beau portrait y a été joint. D'après l'*Iconographie moliéresque* (n° 46), on connaît cinq états de cette gravure ; elle est du dernier dans le volume des *Hommes illustres*, c'est-à-dire que les bords en ont été beaucoup rognés, qu'une bordure ovale l'entoure, que le nom du peintre, les signatures du graveur et de l'imprimeur ont disparu, qu'enfin sur la bordure, en bas, a été posé un écusson ainsi composé : champ d'azur (la couleur est indiquée par les traits horizontaux qui le couvrent) portant trois miroirs et surmonté d'un masque d'où pendent des espèces de lambrequins. La gravure de quatrième état[1] n'a ni bordure ovale ni écusson, et l'on y remarque, sur la partie du fond qui, à gauche de la tête, a été plus tard retranchée, un cartel dont l'aiguille unique marque deux heures précises ; mais ce qui la rend surtout intéressante, c'est qu'elle porte date et signatures ; à gauche : *Petrus Mignard Trecensis pinxit*, et plus bas : *Friquet excudit C. P. (cum privilegio) Regis*; à droite : *Jo. Baptis. Nolin sculpsit* 1685. Voyez ce qui est dit de cette estampe et de la peinture originale, page 5652, colonne 3, et page 5653, colonnes 1 et 2, de l'étude d'Émile Perrin mentionnée plus loin, p. 240, 6ᵉ alinéa.

Il paraît qu'un opulent financier, l'intendant Michel Bégon, contribua aux frais, sans doute considérables, de ces deux volumes, qu'illustrent de fort belles gravures. Cependant, à comparer les dates, il semble que c'est, non dans ce recueil de 1697, mais dans une collection analogue, commencée déjà, pour lui-même, en 1689, et incomplète encore en 1705, qu'il refusa d'abord de donner place à un portrait et à une notice de Molière, ne jugeant pas que le poète dût « passer pour *un* des illustres du siècle ». Voyez, p. 24 et p. 128-129, le livre suivant : *Un Curieux du* XVIIᵉ *siècle : Michel Bégon, intendant de la Rochelle*. Correspondance et documents inédits..., publiés et annotés par M. Georges Duplessis. Paris, Aug. Aubry, 1874 : petit in-8°.

Dictionnaire historique et critique de Bayle. Rotterdam, Reinier Leers, 1ʳᵉ édition, 1697, 2 volumes in-folio ; 2ᵈᵉ édition, 1702, 3 volumes in-folio d'une seule pagination. Voyez au mot Poquelin, p. 2480 de la 2ᵈᵉ édition ; et, sur l'*Amphitryon*, p. 210.

Voyage de MM. de Bachaumont et de la Chapelle, avec un mélange de pièces fugitives tirées du cabinet de M. de Saint-Évremont. Utrecht, François-Galma, 1697, in-12 ; mais M. Claudin (n° 391 du Catalogue Rochebilière) dit ce volume imprimé en France. Il contient, aux pages 152 et 153, deux épitaphes latines ; aux pages 154-158, sept épitaphes françaises de Molière ; puis, aux pages 232-250 (mal chiffrées 132-150), un *Recueil des épitaphes les plus curieuses faites sur la mort surprenante du fameux comédien le sieur Molière*, suivi de la pièce de vers (déjà mentionnée plus haut, p. 76, 2ᵈ alinéa, p. 81, note 8, et p. 192, fin du 1ᵉʳ alinéa) qui a pour titre *les Médecins vengés ou la suite funeste du Malade imaginaire*.

Notes et documents sur l'histoire des théâtres de Paris au XVIIᵉ *siècle*, par Jean NICOLAS DE TRALAGE, extraits, mis en ordre et publiés d'après le manuscrit original (conservé à la bibliothèque de

---

[1]. Le cabinet des estampes de la Bibliothèque nationale la possède, ainsi que trois exemplaires avant la lettre.

ÉCRITS BIOGRAPHIQUES ET LITTÉRAIRES. 199

l'Arsenal[1]), par le bibliophile Jacob (Paul Lacroix), avec une Notice... Paris, librairie des Bibliophiles, 1880.

Voyez plus haut, sur Tralage, p. 72, 2ᵈ alinéa et note 2.

Ce cinquième volume de la *Nouvelle Collection moliéresque* (voyez plus loin, p. 225) contient dans sa première partie, qui est relative au *Théâtre français*, d'intéressants extraits sur Molière, sa femme, les acteurs de sa troupe et son théâtre.

Détails sur Molière recueillis de la bouche de Boileau par Brossette, en octobre et novembre 1702. Parmi les Notes de Brossette transcrites du manuscrit autographe qui est conservé à la Bibliothèque nationale (Fonds français, n° 15275[2]) et imprimées à la suite de la *Correspondance entre Boileau Despréaux et Brossette... publiée sur les manuscrits originaux* par Auguste Laverdet : Paris, Techener, 1858 ; 1 volume in-8°. Voyez p. 514-517 ; 519 ; 522 ; 533 ; 563-566.

Les lettres de Brossette du 8 mars 1706 et de Boileau du 12 mars suivant, où il est question de *la Vie de Molière* par Grimarest, se lisent, dans ce volume Laverdet, aux pages 211 et 214.

D'autres souvenirs de Brossette se trouvent consignés dans les Remarques de son édition des *OEuvres de M. Boileau Despréaux avec des éclaircissements historiques donnés par lui-même* : Genève, 1716 ; 2 volumes in-4°. — Deux de ces Remarques, des plus intéressantes, ont été en partie citées dans notre tome V, p. 357 et 392, à la *Notice* du *Misanthrope*, et tome IX, p. 75, au vers 258 des *Femmes savantes* ; d'autres sont citées plus haut, p. 180, 6ᵉ alinéa, et p. 196, 3ᵉ alinéa ; d'autres encore, p. 273 et 440 de la *Notice biographique*. — La Remarque relative au vers 394 du chant III de *l'Art poétique* contient un jugement de Boileau bien conforme à la réponse qu'il fit un jour au Roi et qui est rapportée, d'après le témoignage de Louis Racine, à la page 381 de la *Notice biographique*.

Des notes de Brossette ont aussi été recueillies dans les *Récréations littéraires* de Cizeron Rival (1765). Voyez plus loin, p. 207, 6ᵉ alinéa.

Voyez plus haut, p. 180, alinéas 6 et 7, et les renvois faits à la suite de ces alinéas.

---

1. Le Recueil Tralage forme actuellement 5 volumes, cotés 6541-6545. — J. Nicolas de Tralage mourut en novembre 1698.

2. Ce volume de la Bibliothèque nationale ne renferme qu'une partie du tome II des *Notes* de Brossette ; le reste du tome II et le tome III se trouvaient il y a quelques années dans le cabinet de M. Feuillet de Conches. Voyez l'Introduction de M. de Lescure au tome Iᵉʳ des *Journal et Mémoires* de Mathieu Marais (Didot, 1863, in-8°), p. 18, note 2, et p. 100.

La Vie de M. de Molière (par Jean-Léonor le Gallois, sieur de Grimarest, ainsi nommé au privilège[1]). Paris, Jacques le Febvre, 1705 (l'Approbation, de Fontenelle, est datée du 15 décembre 1704; le privilège, du 11 janvier suivant) : 1 volume in-12. — Un beau portrait y a été joint, qui a pour inscriptions : à gauche, *P. Mignard pinx.;* à droite, *B. Audran scul.;* et sur un socle, *Jean-Baptiste Poquelin de Molière.* Voyez ce qu'en a dit Ém. Perrin, p. 5653, colonne 1, de l'étude mentionnée plus loin, p. 240, 6ᵉ alinéa.

> Voyez, dans l'*Histoire* de Taschereau, aux *Notes* de la 3ᵉ édition (1844), p. 252 et 253, une lettre probablement adressée par Grimarest, non, comme le dit Taschereau, au premier président de Lamoignon, mais au premier président de Harlay, gendre de l'ancien premier président Guillaume de Lamoignon et beau-frère de Chrétien-François de Lamoignon, longtemps avocat général, alors (1705) président à mortier.
> Il y a sur cette *Vie* à citer l'appréciation de Brossette et celle de Boileau, dans leurs lettres du 8 mars et du 12 mars 1706 (voyez ci-devant, p. 199, 5ᵉ alinéa). Il est aussi question de l'ouvrage de Grimarest dans la Correspondance de Jean-Baptiste Rousseau et de Brossette (au 24 mars et au 9 avril 1731, tome II, p. 165 et 166, p. 171 et 172 des *Lettres de* (Jean-Baptiste) *Rousseau sur différents sujets :* Genève, 1749). Mais voyez la *Notice biographique*, p. 33, note 1, et le livre de M. Mangold mentionné plus loin, p. 239, 5ᵉ alinéa.
> Aimé-Martin a ajouté des notes aux réimpressions de la *Vie* de Grimarest qu'il a placées en tête de ses éditions des *OEuvres complètes de Molière* (plus haut, p. 92 et 93, n° 30 des Recueils).

Lettre critique à M. de *** *sur le livre intitulé* LA VIE DE M. DE MOLIÈRE. Paris, Claude Cellier, 1706 : 1 volume in-12. L'Approbation est du 18 novembre et le privilège du 22 novembre 1705.

> Sur cette *Lettre critique* de peu d'intérêt, qui commence par reprocher longuement au biographe de donner du Monsieur à Molière, Brossette tenait du fils même de Grimarest un renseignement assez singulier, auquel on peut hésiter à ajouter foi : « M. de Grimarét le fils, écrit-il en 1731 à J.-B. Rousseau, dans la lettre mentionnée ci-dessus, m'a avoué que la Critique que l'on fit à la suite de *la Vie de Molière* étoit aussi l'ouvrage de feu son père. »

Addition à la Vie de M. de Molière, *contenant une* Réponse *à la* Critique *que l'on en a faite* (par Grimarest). Paris, Jacques le Febvre et Pierre Ribou; 1706 (Approbation du 9 décembre 1705) : in-12 de 2 feuillets et de 67 pages.

---

[1]. M. Poulet-Malassis, dans sa Notice mentionnée un peu plus loin, dit que Grimarest est auteur : 1° d'un *Traité du récitatif dans la lecture, dans l'action publique, dans la déclamation et dans le chant; avec un traité des accents, de la quantité et de la ponctuation :* Paris, 1707, in-12; et 2° d'un *Traité sur la manière d'écrire des lettres et sur le cérémonial, avec un discours sur ce qu'on appelle usage dans la langue françoise :* Paris, 1719; in-12. Charles Thurot (*de la Prononciation française*, tome Iᵉʳ, *Introduction*, p. LXXVI) cite encore de lui des *Éclaircissements sur les principes de la langue françoise :* 1712; in-12. Grimarest mourut dans un âge avancé, en 1720.

ÉCRITS BIOGRAPHIQUES ET LITTÉRAIRES. 201

Là se trouve, vers la fin (antépénultième alinéa), un passage à remarquer sur les relations de Molière et de Monsieur le Prince (le grand Condé), et un mot du Roi sur la perte irréparable de Molière et de Lulli.

Les trois ouvrages qui viennent d'être mentionnés ont été réimprimés par M. Poulet-Malassis dans le volume suivant :

La Vie de M. de Molière, par... Grimarest. Réimpression de l'édition originale (Paris, 1705) et des pièces annexes[1], avec une *Notice*, par A. P.-Malassis, et une figure dessinée et gravée à l'eau-forte par Ad. Lalauze. Paris, Isidore Liseux, 1877 : 1 volume in-18.

Mémoires pour l'histoire des sciences et des arts. Recueillis par l'ordre de S. A. S. Mgr le prince souverain de Dombes (*le duc du Maine*). De l'imprimerie de S. A. S. à Trévoux. — Août 1705, p. 1384-1406 : sur *la Vie de Molière* par Grimarest. — Mars 1706, p. 456-459 : sur la *Lettre critique* concernant cette *Vie*. — Mai 1706, p. 874-877 : sur l'*Addition* de Grimarest. Voyez ci-contre, la page 200. — Avril 1717, p. 531 : passage sur Molière.

Histoire de la Poésie françoise (par l'abbé Mervesin, qui a signé une épître liminaire). Paris, 1706, in-12. Voyez p. 227-232.

Della perfetta poesia italiana..., da Lodovico Antonio Muratori. Modène, 1706 : 2 volumes grand in-8°. Tome II, livre III, chapitre VI, particulièrement pages 68-70 (pages ainsi résumées à la table : *Moliere, poeta francese nocivo al pubblico nelle sue commedie*), et page 74 (sur *l'Avare*).

La Vie de Jean-Baptiste Poquelin de Molière, très fameux comédien, tant par son personnage en théâtre que par ses œuvres qu'il a composés. A Bruxelles, chez Jean Smedt, à la Conversion de saint Augustin; 1706. Avec privilège.

Ainsi cité par Mercier, à la fin de la *Préface* de son drame de *Molière* (1776 : plus loin, p. 209, 5ᵉ alinéa).

Les OEuvres de Monsieur de Palaprat. Paris, Ribou, 1712 : 2 volumes in-12. Tome Iᵉʳ, *Préface* : voyez-en les pages, non chiffrées, 24-28 et 35 et 36 (fin de la feuille *d*, et feuillets 1, 2 et 6 de la feuille *e*).

Lettre écrite (en 1714) *à l'Académie françoise*, à la suite des *Dialogues sur l'éloquence*, par Fénelon. Paris, Florentin Delaulne,

---

1. La *Lettre critique*, la *Réponse à la Critique*, et une Clef des noms laissés en blanc par Grimarest.

1718 : in-12. Au paragraphe vii, *Projet d'un traité sur la comédie*, p. 351-355. Le passage est au tome XXI, 1824, de l'édition Lebel des *OEuvres de Fénelon*, p. 225-227.

Pèlerinage aux Saintes reliques d'Argenteuil. Paris, Chaubert, quai des Augustins ; 1719.

<blockquote>Petite brochure à couverture bleue, citée par M. Arsène Houssaye. Voyez l'extrait qu'il en a donné, p. 155 de *Molière, sa femme et sa fille* (mentionné plus loin, p. 236, 5e alinéa); il y est question de Mme de Montalant (la fille de Molière) et de son mari.</blockquote>

Sixte-Quint et Molière : le second des *Entretiens des Ombres aux champs Élysées...*, ouvrage traduit de l'allemand par M. Valentin Jungerman (pseudonyme de la Martinière). Amsterdam, Herman Uytwerf, 1722 : in-12. Voyez sur ces *Entretiens* et sur leur original allemand, plus haut, aux Recueils, p. 82, n° 15, note 2.

Nouvelle Vie de Molière, par Bruzen de la Martinière. Amsterdam, 1725. Voyez plus haut, p. 82 et 83, 2^d alinéa du n° 15.

Description du Parnasse françois exécuté en bronze, suivie d'une Liste alphabétique des poètes et des musiciens rassemblés sur ce monument..., par Titon du Tillet. Paris, de l'imprimerie de Jean-Baptiste Coignard, 1727 : 1 volume in-12. Voyez p. 31 et 32; p. 247-257; et, à l'article CHAPELLE, p. 141.

Le Parnasse françois, dédié au Roi, par Titon du Tillet. Paris, de l'imprimerie de Jean-Baptiste Coignard, 1732 : in-folio. Article CII, p. 308-320 : *J.-B. Pocquelin de Molière, le Prince des poètes comiques de France et célèbre acteur*.

Histoire du théâtre italien, par Louis Riccoboni. Paris, 1728-1731 : 2 volumes in-8°, avec figures.

Lettre de M. de Valincour, dans l'*Histoire de l'Académie françoise depuis 1652 jusqu'à 1700*, par l'abbé d'Olivet. Paris, J.-B. Coignard fils, 1729 : in-4°. Pages 331 et 332. Voyez encore le même volume aux pages 158, 188 et 309.

La Vie de Pierre Mignard, premier peintre du Roi, par l'abbé de Monville. Avec le poème de Molière sur les peintures du Val-de-Grâce, et deux dialogues de M. de Fénelon, archevêque de

Cambrai, sur la peinture. Paris, 1730 : 1 volume in-12. Page 55 (voyez la *Notice biographique*, p. 191).

Écrits inédits de Saint-Simon, publiés sur les manuscrits conservés au Dépôt des Affaires étrangères par M. P. Faugère. Paris, Hachette, Tome VI (1883), p. 318 et 319 : voyez la *Notice biographique*, p. 270 et 271.

Theatrum sitne vel esse possit schola informandis moribus idonea, oratio habita die xiii° Martii anno 1733° in regio Ludovici Magni collegio societatis Jesu, a Carolo Porée, ejusdem societatis. Paris, J.-B. Coignard, 1733 : brochure in-4°. Pages 35-39.

Discours sur les spectacles, traduit du latin du P. Charles Porée, de la Compagnie de Jésus, par le P. Brunoy, de la même Compagnie. Paris, de l'imprimerie de Jean-Baptiste Coignard fils, 1733 : in-4°. Pages 34-38.

On peut voir l'analyse de ce discours au tome XXI°, Ire partie, p. 106-115, du *Journal littéraire* de la Haye (année 1734).

Mémoires pour servir à l'histoire des Hommes illustres dans la république des lettres. Avec un catalogue raisonné de leurs ouvrages (par le P. Niceron, barnabite). Paris, Briasson, 1727-1745 : 43 volumes in-12. L'article JEAN-BAPTISTE POCQUELIN DE MOLIÈRE est au tome XXIX (1734), p. 169-205.

Mémoires sur la vie et les ouvrages de Molière, par la Serre. En tête du recueil de 1734 (n° 18). Voyez plus haut, p. 86, 2^d alinéa.

Là, tout à la fin, se lit pour la première fois le mot que dit Molière, ému par l'acte de probité d'un pauvre : « Où la vertu va-t-elle se nicher? »

Lettre de M** sur la vie et les ouvrages de Molière, insérée au *Mercure de France* d'août 1735, p. 1690-1710.

Pour les *Mémoires* et *Lettres* concernant l'histoire du théâtre, Molière et les comédiens de son temps, qui ont été insérés au *Mercure de France* de mai 1738, de mai et de juin 1740, voyez plus haut, p. 130, avant-dernier et dernier alinéa.

Sur tous ces articles du *Mercure*, consultez la Préface mise par M. G. Monval au-devant de la réimpression qu'il en a donnée au tome XV (1887) de la *Nouvelle Collection moliéresque*.

Observations sur la Comédie et sur le génie de Molière, par Louis Riccoboni. Paris, veuve Pissot, 1736 : 1 volume in-12.

Vie de Molière, avec des jugements sur ses ouvrages (par Voltaire). Édition originale : Paris, Prault fils, 1739; 1 volume in-12.

Voyez notre tome Ier, p. 10-12, et plus haut, n° 18 (1734), p. 85 et 86 et note de la page 86; voyez encore p. 88, 1er alinéa. D'autres éditions sont à signaler :

Seconde édition : « *Vie de Molière, avec des jugements sur ses ouvrages*, par M. de Voltaire, nouvelle édition, où l'on a rétabli, sur le manuscrit de l'auteur, les endroits qui ont été retranchés dans l'édition de Paris[1]. » Amsterdam, Jean Catuffe, 1739 : in-8°.

Une édition, certainement revue par Voltaire, parut dans un volume in-8° publié sans indication de lieu et intitulé : *Contes de Guillaume Vadé*, M DCC LXIV. Le titre particulier, p. 305, est : *Vie de Molière, avec de petits sommaires de ses pièces*. Il est suivi de cette note :

> « Cet ouvrage était destiné à être imprimé à la tête du *Molière* in-quarto. On pria un homme très connu de faire cette vie et ces courtes analyses. M. Rouillé donna la préférence à un nommé la Serre : c'est de quoi on a plus d'un exemple. L'ouvrage de l'infortuné rival de la Serre fut imprimé très mal à propos, puisqu'il ne convenait qu'à l'édition de Molière. On nous a dit que quelques curieux desiraient une nouvelle édition de cette bagatelle : nous la donnons, malgré la répugnance de l'auteur écrasé par la Serre. »

Une impression étrangère de 1765, qui fut jointe aux *OEuvres de Molière*, a été mentionnée plus haut, p. 88 au numéro 21.

Vie de Molière, donnée au public par M. de Voltaire. Lausanne, François Grasset et Cie, 1772 : plaquette in-8°. Copie de l'édition de 1764.

Quelques petites variantes (la plupart adoptées par Beuchot) sont à relever dans le texte de cette *Vie de Molière* et de ces *Sommaires* qui est donné au tome XLVII (1785) de l'édition in-octavo de Kehl.

Dans le *Siècle de Louis XIV* (1751), voyez l'article MOLIÈRE du *Catalogue des écrivains*, et au chapitre XXXII.

Réflexions critiques sur la poésie et sur la peinture, par l'abbé du Bos. Voyez, dans la 4ᵉ édition, revue, corrigée et augmentée par l'auteur (Paris, 1740, 3 parties ou volumes in-12), tome II, p. 410-413 ; 430-431 ; 554 ; 321.

> Dans le dernier passage indiqué, du Bos rapporte, « d'après plusieurs personnes dignes de foi..., que Molière avoit imaginé des notes pour marquer les tons qu'il devoit prendre en déclamant les rôles, qu'il récitoit toujours de la même manière ».

---

1. En effet, le dernier alinéa du *sommaire* des *Précieuses ridicules*, retranché dans l'édition parisienne de 1739, se lit dans l'édition hollandaise de la même année. On trouve de même dans cette dernière édition le 5ᵉ alinéa du *sommaire* de *Tartuffe*, et la fin tout entière (sauf cependant la toute dernière phrase) du *sommaire* de *Dom Juan*. D'après cela, certaines de nos notes mises au bas de ces *sommaires* sont à compléter ou à modifier (tome II, p. 46, note 1 ; tome IV, p. 369, note 1 ; tome V, p. 74, note 3).

ÉCRITS BIOGRAPHIQUES ET LITTÉRAIRES.

Épîtres diverses (en vers) *sur des sujets différents* (par le baron vestphalien George-Louis de Baar, mort en 1767) ; 3ᵉ édition..., revue, corrigée et augmentée. Londres, Philippe Changuion, 1750 : 3 volumes in-12.

> Le tome Iᵉʳ contient des *Épîtres à Alceste le misanthrope, à Tartuffe, à Jourdain, à Sganarelle médecin malgré lui, à George Dandin;* le tome IIᵈ, *à Marphurius philosophe pyrrhonien, à Thomas Diafoirus, à Harpagon, à Caritidès, à Monsieur de Pourceaugnac, à Armande, à Trissotin;* — le 3ᵉ volume contient des *Rêveries sur des sujets différents.*
>
> On cite une 1ʳᵉ édition (du tome Iᵉʳ seul sans doute), datée de 1740, une 2ᵈᵉ (première probablement du tome II), datée de 1745, et une 4ᵉ, de Francfort 1763; on cite aussi une traduction allemande publiée à Berlin en 1756. — Voyez plus haut, p. 104, n° 4, note 2.

Bolæana ou Bons mots de M. Boileau.... (par Monchesnay[1]). Amsterdam, Lhonoré, 1742 : in-12. Sur Molière, voyez p. 31-39 ; p. 50; p. 95 et 96; p. 104-105; p. 151.

De la Réformation du théâtre, par Louis Riccoboni. S. l., 1743 : in-12. Particulièrement la sixième partie, où est fait le départ des *comédies à conserver*, des *comédies à corriger*, des *comédies à rejeter*.

> Il y a une édition dite nouvelle, à laquelle on a ajouté l'*Essai sur les moyens de rendre la comédie utile aux mœurs*, par M. de B*** (de Busonnières) : Paris, Debure, 1767; in-12.

Histoire du théâtre françois, depuis son origine jusqu'à présent, avec la Vie des plus célèbres poètes dramatiques, un Catalogue exact de leurs pièces, et des Notes historiques et critiques (par les frères Parfaict). Paris, P. G. le Mercier et Saillant, 1745-1749 : 15 volumes in-12, dont le dernier « ouvre par l'année 1709 et finit en 1721 » ; à chacun a été jointe une table alphabétique des pièces de théâtre dont les extraits y sont donnés, une table des auteurs dont on y trouve la vie, enfin une table des acteurs et actrices dont il y est parlé.

> Les articles concernant les comédies de Molière se trouvent, à la date de leur représentation (à commencer par la petite pièce du *Docteur amoureux*, jouée à Paris le 24 octobre 1658), dans les tomes VIII-XI. — Dans ces mêmes tomes et dans les trois suivants (XII-XIV) se lisent des notices sur les comédiens et comédiennes qui furent camarades de Molière. — La Notice sur Molière a été insérée au tome X, p. 68-110. La Notice sur Mlle Molière, au tome XI, p. 305-325.
>
> D'utiles résumés et compléments des notices de cette *Histoire*, quelques résumés même de notices destinées à une continuation que les frères Parfaict avaient annoncée (tome XV, p. iij et iv) mais qu'ils n'ont pu faire paraître, ont été insérés dans leur *Dictionnaire des théâtres de Paris.*
>
> Il y a encore, des mêmes auteurs, une *Histoire de l'ancien Théâtre italien.* Voyez, pour ces deux ouvrages plus loin, p. 207, alinéas 1 et 2.

---

1. Le titre intérieur est : *Bolæana ou Entretiens de Monsieur de Monchesnay avec l'auteur.*

Réflexions critiques sur quelques poètes, par Vauvenargues : 4. MOLIÈRE. Pages 237 et 238 de l'édition des *OEuvres de Vauvenargues* donnée, avec notes et commentaires, par D. L. Gilbert : Paris, Furne, 1857; in-8° (la 1ʳᵉ édition est de 1746). — Il y a, p. 32-35 d'un tome complémentaire d'*OEuvres posthumes et OEuvres inédites*, publié par le même éditeur, un Dialogue entre *Molière et un jeune homme*.

Mémoires contenant quelques particularités sur la vie et les ouvrages de Jean Racine (par Louis Racine). Au tome IIᵈ d'un recueil intitulé au tome Iᵉʳ *Lettres de Racine et Mémoires sur sa vie*. Lausanne et Genève, Marc-Michel Bousquet et Cⁱᵉ, 1747; in-12. Réimprimés sur un exemplaire corrigé par l'auteur au tome Iᵉʳ (1865) du *Racine* de la collection des *Grands Écrivains de la France* : voyez là p. 224 et 225 ; p. 227; p. 228; p. 239; p. 261-263; p. 329 et 330.

Le Comédien. Ouvrage divisé en deux parties. Par M. Remond de Sainte-Albine. Paris, 1747 : in-8°. Nouvelle édition, 1749. Réimprimé, à la suite des *Mémoires* de Molé (1825), dans la *Collection des Mémoires sur l'art dramatique*.

<small>L'auteur constate, à la fin du 11ᵈ chapitre de la IIᵈᵉ partie, p. 146 de l'édition de 1747, que Molière se joue dans la solitude. Cependant, dit-il, *l'École des femmes*, reprise avec Baron, a fait « plusieurs chambrées complètes ».</small>

Histoire littéraire du règne de Louis XIV. Dédiée au Roi. Par M. l'abbé Lambert. Paris, Prault..., 1751 : 3 volumes in-4°. Tome IIᵈ; p. 348-355.

IL MOLIERE, *commedia di cinque atti in versi*[1]. Cette pièce de Goldoni fut jouée à Turin et à Venise en 1751. On la peut voir à la fin du tome III des *Commedie scelte di Carlo Goldoni* imprimées à Milan en 1821 par la Société typographique des classiques italiens.

<small>L'analyse s'en trouve au tome II, p. 96 et suivantes des *Mémoires de M. Goldoni...*; Paris, veuve Duchesne, 1787 : 3 volumes in-8°. Elle a été imitée deux fois par Mercier : voyez plus loin, p. 209, 5ᵉ et 6ᵉ alinéas.</small>

Variétés historiques, physiques et littéraires, ou Recherches d'un savant, contenant plusieurs pièces curieuses et intéressantes (attribuées à Boucher d'Argis). Paris, chez Nyon et chez Guillyn, 1752 : 3 volumes in-12. Tome Iᵉʳ, p. 536-573 : voyez ce que M. Georges Monval a dit de cette compilation dans la *Préface* qu'il a mise au-devant du tome XV (*Lettres au Mercure*) de la *Nouvelle Collection moliéresque*.

<small>1. En vers *martelliani*, de quatorze syllabes à rimes plates.</small>

Histoire de l'ancien théâtre italien, depuis son origine en France jusqu'à sa suppression en l'année 1697, suivie des extraits ou canevas des meilleures pièces italiennes qui n'ont jamais été imprimées. Par les Auteurs de l'*Histoire du théâtre françois* (les frères Parfaict : voyez plus haut, p. 205, 7° alinéa). Paris, Lambert, 1753 : 1 volume in-12.

Dictionnaire des théâtres de Paris, contenant toutes les pièces qui ont été représentées jusqu'à présent sur les différents théâtres françois et sur celui de l'Académie royale de musique; les Extraits de celles qui ont été jouées par les Comédiens italiens depuis leur rétablissement en 1716, ainsi que des opéra comiques et principaux spectacles des foires Saint-Germain et Saint-Laurent; des faits anecdotes... (préparé par les frères Parfaict, et publié, après la mort de l'aîné, par le plus jeune). Paris, Lambert, 1756 : 7 volumes in-12, dont un d'Additions et Corrections.

Voyez plus haut, p. 205, derniers alinéas, la mention de l'*Histoire du théâtre françois*, dont ce *Dictionnaire*, pour les articles relatifs à ce théâtre, est une sorte de répertoire et de courte continuation.

Bibliothèque françoise ou histoire de la littérature françoise..., par l'abbé Goujet. Paris, 1740-1756 : 18 volumes in-12. Au tome XVII (1756), p. 294-301, article de JEAN-BAPTISTE POCQUELIN MOLIÈRE.

Pour la lettre de J.-J. Rousseau à d'Alembert (1758), et la Réponse, voyez plus haut, p. 138, 1ᵉʳ et 2ᵈ alinéa.

Récréations littéraires, ou anecdotes et remarques sur différents sujets, recueillies par M. C. R*** (Cizeron Rival, qui a signé une épître liminaire). Paris et Lyon, 1765 : in-12. Nombre de notes sont de Brossette, qui avait beaucoup interrogé Boileau (plus haut, p. 199). Voyez sur Molière les pages 1-26, 64 et 65, 153-155.

Réflexions morales, politiques, historiques et littéraires sur le théâtre (par l'abbé de la Tour). Avignon, Marc Chave, 1763-1778 : 20 livres paginés à part qu'on trouve reliés en 7 volumes; in-12. L'abbé Migne les a réimprimés aux tomes IV et V des OEuvres complètes de la Tour, doyen du chapitre de la cathédrale de Montauban, réunies pour la première fois. Petit-Montrouge, 1855 : grand in-8° à deux colonnes numérotées. Particulièrement : livre V, chapitre VIII intitulé *Comédie du Tartuffe.* — Livre VIII, chapitre I, *Réformation de Riccoboni.* — Livre IX, chapitre I, *Réformation de Molière;* chapitre III, *l'Esprit de Molière;* chapitre V (sur l'*Éloge de Molière*, proposé par l'Académie). — Livre XII, chapitre V, sur l'*Éloge*, chapitre I, *Année séculaire de Molière.*

Éloge de Molière, discours qui a remporté le prix de l'Académie française en 1769; par M. de Chamfort. Paris, 1769 : brochure in-8°.

<small>On peut voir encore de Chamfort, au tome IV, p. 204-213, de ses *OEuvres complètes* publiées par P. R. Auguis (Paris, Chaumerot jeune, 1824-1825 : 5 volumes in-8°), parmi les *Ébauches d'une poétique dramatique*, l'article *Genre comique*.</small>

Discours et Mémoires, par l'auteur de l'*Histoire de l'Astronomie* (Jean-Sylvain Bailly). Paris, de Bure l'aîné, 1790 : 2 volumes in-8°. Au tome Ier, p. 93-138, se lit l'*Éloge de Molière*, qui « a eu un *accessit* au prix d'éloquence de l'Académie françoise, dans l'année 1769 ».

<small>L'*Éloge* de Bailly avait, d'après la *Bibliographie moliéresque*, été publié en 1770, d'abord à part, sans nom de lieu (mais l'impression est parisienne), puis dans un recueil d'*Éloges* de l'auteur : Berlin et Paris, Delalain; in-8°.</small>

Discours qui, au jugement de l'Académie française, a obtenu l'accessit en 1769.... *Éloge de Molière*. Au tome Ier, p. 184-212 des *Mélanges académiques, poétiques, littéraires, philologiques, critiques et historiques*, par M. Gaillard.... Paris, H. Agasse, 1806 : 4 volumes in-8° (publiés peu après la mort de l'auteur).
— On peut mentionner encore, au tome III de ces *Mélanges*, les pages 165-169, mises sous ce titre : *Des Caractères contrastants dans la comédie*.

De l'Art de la comédie, ou détail raisonné des diverses parties de la comédie, et de ses différents genres; suivi d'un traité de l'imitation, où l'on compare à leurs originaux les Imitations de Molière et celles des Modernes. Le tout appuyé d'exemples tirés des meilleurs Comiques de toutes les Nations. Terminé par l'exposition des causes de la décadence du Théâtre et des moyens de le faire refleurir. Par M. de Cailhava. Paris, Fr. Amb. Didot aîné, 1772 : 4 volumes in-8°.

De l'Art de la comédie, nouvelle édition. Ouvrage dédié à Monsieur. Par M. de Cailhava. Paris, de l'imprimerie de Ph.-D. Pierres, 1786 : 2 volumes in-8°. Suivant la déclaration de l'auteur (tome I, p. XII), « le second volume *est* consacré à l'Art de l'imitation, et *on y compare* Molière imitateur à Molière imité. »

<small>Voyez plus loin, p. 211, 3e alinéa, mention d'un autre ouvrage, souvent cité, de Cailhava.</small>

L'Assemblée, comédie en un acte et en vers, avec *l'Apothéose de Molière*, ballet héroïque. Représentés, pour la première fois, par les Comédiens François ordinaires du Roi, le 17 février 1773. Par M. l'abbé de Schosne, de l'Académie royale de Nîmes.... Paris, L. Cellot, 1773 : brochure in-8°.

La Centenaire de Molière, comédie en un acte, en vers et en prose, suivie d'un Divertissement relatif à l'apothéose de Molière, par M. Artaud. Représentée à Versailles, devant Sa Majesté, le mardi 3 mars 1773. Paris, veuve Duchesne, 1773 : brochure in-8° (la musique du vaudeville final y a été jointe).

Du Théâtre, ou *Nouvel Essai sur l'art dramatique* (par Louis-Sébastien Mercier). Amsterdam, E. van Harrevelt, 1773 : in-8°. Chapitre VII : *De Molière*.

Mercier a encore parlé de Molière aux pages 271 et suivantes du tome XI (Amsterdam, 1788, in-8°) de son *Tableau de Paris*, et dans la *Préface* de son drame de *Molière* (voyez l'alinéa suivant).

Molière, drame en cinq actes, en prose, imité de Goldoni[1], par Mercier. Amsterdam, 1776 : in-8°. La pièce est précédée d'une *Préface* de 16 pages et accompagnée de notes.

Onze ans plus tard, Mercier refit son drame sous un autre titre : « *La Maison de Molière*, comédie en cinq actes et en prose, représentée par les Comédiens-François ordinaires du Roi, le 20 octobre 1787, et à Versailles, devant Leurs Majestés, le 14 novembre de la même année. Par M. Mercier. » Paris, Guillot, 1788 : in-8°. — *La Maison de Molière*, réduite à quatre actes, comme elle l'était, paraît-il, habituellement au théâtre, se trouve, précédée et suivie de diverses notices, au tome XXXVI (1825) de la 3ᵉ série de la *Bibliothèque dramatique* publiée par Ch. Nodier, P. Lepeintre, L. Thiessé, A. Lesourd et L. Castel.

L'Esprit de Molière, ou Choix de maximes, pensées, caractères, portraits et réflexions tirés de ses ouvrages ; avec un Abrégé de sa vie, un catalogue de ses pièces, le temps de leurs premières représentations, et des anecdotes relatives à ces pièces (par Beffara, qui a signé une épître *à Messieurs les comédiens françois*). Londres et Paris, Lacombe, 1777 : 2 volumes in-12.

Voyez plus loin, p. 212, 5ᵉ et 6ᵉ alinéa.

Buste de Molière placé dans la salle de l'Académie françoise. Article de d'Alembert, secrétaire de l'Académie, inséré au *Mercure de France* du 15 décembre 1778.

Il s'agit d'un buste de Houdon offert par d'Alembert à l'Académie. L'article

---

1. Voyez plus haut, p. 206, 6ᵉ alinéa.

mentionne les inscriptions qui furent proposées pour ce buste, et constate le choix unanime qui fut fait du vers de Saurin :

Rien ne manque à sa gloire, il manquoit à la nôtre.

Le buste est aujourd'hui perdu. Il reste heureusement de Houdon celui qui appartient à la Comédie-Française.

Discours prononcé par Molière le jour de sa réception posthume à l'Académie française, avec la réponse (par Cailhava). Amsterdam et Paris, 1779 : in-8°.

Storia della letteratura italiana, par Tiraboschi. La 1re édition est de 1772-1781. Voyez, dans l'édition en 9 tomes (16 volumes) in-8°, publiée à Milan en 1824 par la Société typographique des classiques italiens : tome VIII (comprenant les volumes 14 et 15), p. 727 et 728.

Mémoires du baron de Tott *sur les Turcs et les Tartares;* Amsterdam, 1784 ; 4 parties in-8°. IIde partie, p. 178 et 179.

Éléments de littérature, par Marmontel, tome II (VIe des *OEuvres complètes*, édition revue et corrigée par l'auteur, 1787 ; in-8°), p. 138-180 : articles COMÉDIE et COMIQUE.

Encyclopédie méthodique ou par ordre de matières, par une Société de gens de lettres, de savants et d'artistes.... Ornée des portraits de MM. Diderot et d'Alembert, premiers éditeurs.... Paris, Panckoucke : in-4°, L'article MOLIÈRE, non signé, est au tome III (1788) de l'*Histoire*, p. 588 et 589.

Pièces justificatives sur la translation (en 1792) *des corps de Molière, de la Fontaine, de Boileau, de Montfaucon, au Musée des Monuments françois*, puis sur le *Transport* (en 1817) *des corps de Molière, de Jean de la Fontaine et d'Héloïse et d'Abailard au cimetière du Père-Lachaise.* Au tome VIII et dernier (1821), p. 161 et suivantes, du *Musée des monuments françois* d'Alexandre Lenoir : in-8°. Voyez la *Notice biographique*, p. 446 et 447.

Mes idées sur nos auteurs comiques. — Molière. Notes posthumes de Florian. Dans le volume in-18 des *Fables* de Florian qui fait partie de la petite *Bibliothèque française* Didot (1865), p. 371-379.

Lycée ou *Cours de littérature ancienne et moderne*, par J.-F. Laharpe. Paris, H. Agasse, an VII (1799) : in-8°. Voyez dans la Seconde partie (*Siècle de Louis XIV*), livre premier (*Poésie*), les sections I à V du chapitre VI, tome V, p. 385-487.

Cours de littérature dramatique ou Recueil par ordre de matières des feuilletons de Geoffroy. Paris, Blanchard, 2de édition, 1825 :

6 volumes in-8°. Voyez sur Molière le tome Ier, p. 269-279 ; p. 290-454 : articles écrits dans le *Journal des Débats* (devenu, en 1804, *Journal de l'Empire*) du 1er ventôse an IX (20 février 1801) au 16 décembre 1813.

Moliérana, ou Recueil d'aventures, anecdotes, bons mots et traits plaisants de Pocquelin de Molière, par C.... d'Aval (Cousin d'Avalon). Paris, Marchand, an IX (1801) : petit in-12.

Études sur Molière, ou Observations sur la vie, les mœurs, les ouvrages de cet auteur, et sur la manière de jouer ses pièces, pour faire suite aux diverses éditions des OEuvres de Molière. Par Cailhava, membre de l'Institut national de France. Paris, Debray, an X. — 1802. 1 volume in-8°. — On lit de plus sur le titre cette espèce d'épigraphe : « On commenta les mots, je commenterai l'art. »

Voyez plus haut, p. 208, alinéas 6 et 7.

Ueber dramatische Kunst und Litteratur. Vorlesungen von August Wilhelm Schlegel. « Sur l'art et la littérature dramatiques. Leçons d'August Wilhelm Schlegel. » Heidelberg, Mohr et Zimmer, 1809-1811 ; 3 parties ou volumes petit in-8°. Première impression d'un cours fait à Vienne en 1808. Tome II, p. 224 et suivantes, XIe leçon. — La 2e édition est de Heidelberg, 1817.

August Wilhelm von Schlegel's Vorlesungen über dramatische Kunst und Litteratur. « Leçons d'art et de littérature dramatiques, par August Wilhelm de Schlegel. » Troisième édition (en partie préparée par l'auteur) : Leipzig, Weidmann, 1846 : 2 volumes petit in-8°. Tome II, leçon XXII, p. 103-123.

Cours de littérature dramatique, par A.-W. Schlegel, traduit de l'allemand (par Mme Necker de Saussure, dont le travail a été en partie revu par l'auteur allemand). Paris et Genève, 1814 : 3 volumes in-8°. Tome II, XIIe leçon, p. 242-270.

Galerie historique des acteurs du Théâtre-Français, depuis 1600 jusqu'à nos jours. Ouvrage recueilli des Mémoires du temps et de la tradition, et rédigé par P. D. Lemazurier, de la Société philotechnique, etc. Paris, 1810 : 2 volumes in-8°.

Biographie de Molière, par Zschokke (1810) : voyez plus haut, p. 106, 3e alinéa.

Molière commenté d'après les observations de nos meilleurs critiques, etc. : 2 volumes in-12, publiés en 1813 par J. Simonnin. Voyez plus haut, p. 90, le numéro 25 des Recueils.

Cours analytique de littérature générale, tel qu'il a été professé à l'Athénée de Paris, par N.-L. Lemercier, membre de l'Institut de France (de l'Académie française). Paris, Nepveu, 1817 : 4 volumes in-8°, avec cette épigraphe, empruntée au Ier livre de *l'Énéide* (vers 342) : *Summa sequar fastigia rerum.* Voyez le tome II.

La dernière leçon du tome II (relative au *Tartuffe*) a été particulièrement mentionnée plus haut, p. 157, dernier alinéa.

L'Esprit du grand Corneille, ou Extrait raisonné de ceux des ouvrages de P. Corneille qui ne font pas partie du recueil de ses chefs-d'œuvre dramatiques:.., par M. le comte François de Neufchâteau.... Paris, Pierre Didot l'aîné, 1819 : 1 volume in-8° (suivi d'un second contenant uniquement l'*Ariane*, le *Comte d'Essex* et le *Festin de Pierre* de Thomas Corneille).

Sur le peu d'authenticité d'une anecdote, d'un dialogue de Molière et de Boileau rapporté là, tome Ier, p. 149 et 150, voyez la *Notice* du *Menteur*, au tome IV, p. 129, du *Corneille* de M. Marty-Laveaux.

Dissertation sur J.-B. Poquelin-Molière, sur ses ancêtres, l'époque de sa naissance, qui avait été inconnue jusqu'à présent ; sur son buste ; sur la véritable époque de son mariage...; sur la maison où il est mort... ; sur les comédiens et comédiennes Béjard, frères et sœurs de Mme Molière...; par L.-F. Beffara, ex-commissaire de police du quartier de la Chaussée-d'Antin. Paris, Vente, 1821 : brochure in-8°.

Il y a encore de Beffara : 1° sur le sujet de la maison natale de Molière, une lettre datée du 22 avril 1828, qu'a reproduite *le Moliériste* d'octobre 1882, et une lettre datée du 25 novembre 1833, qui a été adressée à l'éditeur de la *Revue rétrospective ou Bibliothèque historique* et insérée au tome Ier (1833), p. 394-398 de ce recueil ; — 2° une *Lettre* du 20 juin 1828, *à Messieurs les maires des communes de Ferrière et la Ferrière pour la recherche des manuscrits de Molière.* Voyez aussi plus haut, p. 209, 7e alinéa.

Dissertation sur le mariage du célèbre Molière ; à la suite d'une *Dissertation sur le passage du Rhône et des Alpes par Annibal* (par le comte, plus tard marquis, de Fortia d'Urban). Paris, 1821 : 1 volume in-8°.

Dissertation sur la femme de Molière (par le marquis de Fortia d'Urban). Paris, 1824 : brochure in-8°.

Lettre à M. le marquis de Fortia d'Urban, en réponse à ses dissertations sur Molière et sur sa femme, par Jules Taschereau. Paris, 1824 : brochure in-8°.

ÉCRITS BIOGRAPHIQUES ET LITTÉRAIRES.

Supplément aux diverses éditions des OEuvres de Molière ou *Lettres sur la femme de Molière*, et *Poésies du comte de Modène, son beau-père*. Paris, 1825 : 1 volume in-8°.

Ce volume, publié par le marquis de Fortia, comprend : 1° (p. 1-84) une lettre sur la femme de Molière, adressée à J. Taschereau par le marquis de Fortia; 2° (p. 85-88) quatre actes authentiques : l'acte de baptême, daté de 1638, d'une fille du comte de Modène et de Madeleine Béjart; l'acte de mariage de Molière; l'acte du mariage d'Armande Béjart, veuve de Molière, avec le comédien Guérin; l'acte d'inhumation d'Armande Béjart; 3° (p. 91-105) un recueil des *Poésies du comte de Modène* ; 4° (p. 109-125) une lettre sur la femme de Molière, adressée au marquis de Fortia par Hippolyte de la Porte, auteur de l'article MODÈNE dans la *Biographie universelle* ; 5° (p. 129-135) une troisième lettre sur la femme de Molière, en réponse à la lettre d'H. de la Porte; 6° des observations supplémentaires où ont été réunis des actes et renseignements concernant surtout la famille de Modène, mais où l'on remarque : page 136, une quittance d'un quartier des rentes de l'Hôtel de Ville donnée par la veuve remariée de Molière; pages 148-153, l'analyse de diverses pièces relatives à la grange ou terre de la Souquette et une lettre de la veuve de Molière, héritière de Madeleine Béjart, se rapportant aux droits qu'elle prétendait sur ce bien (voyez la *Notice biographique*, p. 139 et 140); enfin, pages 166-167, l'analyse d'un acte par lequel Armande Béjart, veuve de Molière, intervint comme créancière dans un procès engagé entre des héritiers du comte de Modène.

M. Henri Chardon, dans l'ouvrage mentionné plus loin, p. 243, 5° alinéa, a complété et rectifié les renseignements donnés par le marquis de Fortia et Hippolyte de la Porte.

Mémoires sur Molière et sur Mme Guérin, sa veuve; suivis des Mémoires sur Baron et sur Mlle Lecouvreur par l'abbé d'Allainval.... Paris, Ponthieu, 1822 : in-8°.

Ce volume, qui fait partie de la *Collection des Mémoires sur l'art dramatique*, contient, après un article *sur Molière* (p. I-XXVII) signé D. (Desprès), et un *Avertissement des éditeurs* (p. XXIX-XLIII) : 1° la réimpression de *la Vie de Molière* par Grimarest ; — 2° sous le titre fautif d'*Extrait des Mémoires de Mme Guérin, veuve de Molière* (lisez *Extrait des Mémoires sur Mme Guérin....*), une compilation où ont été employés de nombreux passages du pamphlet de *la Fameuse comédienne* ou *Histoire de la Guérin* (plus haut, p. 194 et 195), et recueillies (p. 185 et 186, p. 208) deux anecdotes dont on ne cite aucune autre source (voyez la *Notice biographique*, p. 356, note 1, et p. 457) ; — 3° une réimpression de la *Lettre à Mylord *** sur Baron et la Demoiselle Lecouvreur* (plus haut, p. 155, dernier alinéa); — 4° une réimpression de la *Lettre sur la comédie de l'Imposteur*, 1667 (voyez à la fin de notre tome IV).

Notice sur Molière, par Picard, 1825 : voyez plus haut, p. 93, le n° 33.

Histoire de la vie et des ouvrages de Molière, par Jules Taschereau. 3e édition, revue et augmentée. Paris, J. Hetzel, 1844 : 1 volume in-18. Cette édition est accompagnée de notes nombreuses, et d'une *Bibliographie de Molière*.

La 1re édition, in-octavo, a paru en 1825; la 2e, de même format, en 1828; la 4e, in-quarto et illustrée, en 1851 (voyez le Catalogue Rochebilière, n°s 395 et 396).

L'édition définitive, la 5e, se trouve en tête du tome Ier des *OEuvres com-*

plètes de Molière publiées à la librairie Furne en 1863 : voyez plus haut, p. 95, le numéro 43 des Recueils.

« Comme il n'entrait pas dans le plan des nouveaux éditeurs, dit Taschereau dans sa dernière *Préface* de 1863 (p. III), d'admettre les notes justificatives qui suivaient nos éditions précédentes, nous avons dû consentir au retranchement de ces preuves, pour la vérification desquelles le lecteur... pourra se reporter à la 3ᵉ édition, celle de 1844. Mais ayant recueilli considérablement de faits et de détails nouveaux, nous avons tenu à ce que toute cette partie complémentaire qui est venue prendre place dans notre récit fût accompagnée de notes au bas des pages indiquant nos sources et justifiant nos dires. »

Plusieurs des principaux passages où Goethe a exprimé la grande admiration qu'il avait pour Molière ont été mentionnés plus haut, aux Pièces détachées, p. 138, alinéas 6-8 ; p. 151, 3ᵉ alinéa ; p. 158, 4ᵉ alinéa ; et p. 174, 8ᵉ alinéa. Un des plus frappants encore se lit vers le milieu de la *conversation* du 29 janvier 1826 recueillie par Eckermann (tome Iᵉʳ, p. 235 de la traduction de M. Délerot) ; un autre, à la fin de la *conversation* du 28 mars 1827 (tome Iᵉʳ, p. 323-325 de M. Délerot) ; voyez aussi à la fin de la *conversation* du 1ᵉʳ avril 1827 et à la fin de celle du 14 mars 1830 (Délerot, I, 331 et II, 200). — Dans les *Œuvres* de Goethe il faut principalement citer : parmi les courts articles de *Littérature étrangère*, celui qui est intitulé *Spectacle français à Berlin*, tome V, p. 674, de l'édition grand in-octavo de Cotta, 1863 ; — aux *Annales*, le 2ᵈ alinéa de l'année 1805, tome IV, p. 741 (voyez encore au début de ces *Annales*, p. 693, le paragraphe de 1765-1768) ; — aux Mémoires intitulés *Vérité et poésie*, un court passage vers la fin du IIIᵉ livre, tome IV, p. 39 ; — parmi les *Notes* qui suivent la traduction du *Neveu de Rameau*, celle qui concerne Palissot, 3ᵉ alinéa, tome V, p. 219.

Préface du *Cromwell* de Victor Hugo (octobre 1827). Pages XLV et XLVI de l'édition de 1828 (Ambroise Dupont ; in-8º).

Discours sur la Comédie, et Vie de Molière, extraits de l'édition des Œuvres de Molière avec commentaires (plus haut, p. 90, nº 27), par Auger, secrétaire perpétuel de l'Académie française. Paris, imprimerie de Firmin Didot, 1827 : 1 volume in-8º. — Auger avait déjà, en 1821, inséré une notice sur Molière au tome XXIX de la *Biographie universelle* Michaud.

Mélanges de philosophie, d'histoire et de littérature, par Ch.-M. de Féletz. Paris, Grimbert, 1828 : 6 volumes in-8º. Au tome II, p. 31-45, se lit un article sur l'édition des *Œuvres de Molière*, donnée par Auger.

ÉCRITS BIOGRAPHIQUES ET LITTÉRAIRES.

Article de Walter Scott sur Molière, à propos de l'édition d'Auger et de l'*Histoire* de Taschereau : inséré au tome II (1828), p. 306-351, de la *Foreign quarterly Review.*

Traduit par Defauconpret, au tome XI des *OEuvres complètes* de sir Walter Scott (Paris, Charles Gosselin, 1828, in-12), sous le titre d'*Essai sur Molière;* l'article vient à la suite de l'*Histoire générale de l'art dramatique.*

Critical and historical essays, by William H. Prescott. Seconde édition, Londres, Richard Bentley, 1850 : 1 volume petit in-8°. Pages 247-280 : MOLIÈRE, article d'octobre 1828.

Sainte-Beuve. — MOLIÈRE, notice, datée de janvier 1835 (plus haut, p. 94, n° 35), insérée au tome II des *Portraits littéraires*, p. 1-63, de l'édition Garnier de 1862.

Port-Royal (publié de 1840 à 1859), troisième édition, Hachette, 1867 : 6 volumes in-8°; il y a en outre 1 volume de Table (1871), où sont relevées de nombreuses mentions que Sainte-Beuve a faites de Molière. Voyez particulièrement au tome III, p. 259-311, les chapitres xv et xvi (datant de 1848) du livre III; au tome V, chapitre vii du livre VI (datant de 1859), les pages 484 et suivantes; au tome VI, chapitre xi du même livre VI, la page 125.

Causeries du lundi. Édition Garnier : 15 volumes in-18 et un 16e volume de Table. Article du 12 juillet 1852, tome VI, p. 240 de la 1re édition, p. 294 et 295 de la 3e (le passage est cité p. 153 de la *Notice biographique*). Voyez, en outre, la table du tome XVI.

Nouveaux lundis. Édition Lévy : 13 volumes in-18. Article du 13 juillet 1863, tome V (1866), p. 259-276.

Molière à Lyon et à Vienne, note attribuée à M. Collombet, et insérée p. 113-116 du tome Ier, 1835, de la *Revue du Lyonnais.*

Molière à Lyon, 1653-1657, par M. A. Péricaud. Lyon, imprimerie de G. Rossary, 1835 : brochure in-8°.

Notice sur le fauteuil de Molière, par M***. Seconde édition. Pézenas, 1836 : brochure in-8°.

> L'exemplaire de la Bibliothèque nationale lui a été envoyé par M. Astruc, « propriétaire du fauteuil de Molière à Pézenas ». Taschereau nomme comme auteurs Astruc et Sabatier. — Voyez l'article suivant, et plus haut, p. 172, 4e alinéa.

Les Fauteuils de Molière, au tome VI (1836) de la 2de série de la *Revue rétrospective*, p. 154-160, et p. 476 et 477. — Voyez l'article précédent.

The Genius of Molière. Dans les *Miscellanies of Literature* d'Isaac d'Israeli. Tome II, p. 379-392, de l'édition de Paris, Baudry, 1840.

Introduction to the Literature of Europe in the fifteenth, sixteenth and seventeenth Centuries. By Henry Hallam. Paris, Galignani, 1839 : 4 volumes in-8°. Tome IV, p. 267-272.

Histoire de la littérature de l'Europe pendant les xve, xvie *et* xviie *siècles*. Traduit de l'anglais de Henry Hallam par Alphonse Borghers. Paris, Ladrange ou Baudry, 1840 : 4 volumes in-8°. Tome IV, p. 328-333.

Esquisse d'une philosophie, par F. Lamennais. Paris, Pagnerre. Tome III (1840), seconde partie, livre IXe, *De l'Art;* chapitre II, *Poésie*, p. 405 et 406.

Découverte d'un autographe de Molière. Réfutation impartiale de quelques points de controverse élevés à ce sujet. Avec un tableau comparatif des variations qu'offre l'écriture de Molière dans les signatures qu'on a de lui (par P. Jul. Fontaine). Paris, Ch. Tresse, 1840 : brochure in-8°. (*Bibliographie Moliéresque*, n° 1645.)

Histoire philosophique et littéraire du Théâtre français depuis son origine jusqu'à nos jours, par Hippolyte Lucas. Paris, Charles Gosselin, 1843 : 1 volume in-18.

Le Monument de Molière, poème par Mme Louise Colet, précédé de l'Histoire du monument élevé à Molière, par Aimé-Martin, avec une vue du monument.... Paris, Paulin, 1843 : in-8°. (*Bibliographie moliéresque*.)

Ce poème obtint le prix de l'Académie française au concours de 1843.

Académie française : Concours de poésie française de 1843. *Le Monument de Molière*, par Alfred Desessarts. Paris, Lange-Lévy, 1843 : in-8°. (*Bibliographie moliéresque*.)

Cette pièce et la suivante, par une exception très rare, dit le rapport de Villemain, ont paru mériter non pas seulement des mentions, mais des médailles.

Épître à Molière, qui a obtenu, au jugement de l'Académie française, une médaille d'or, dans le concours de poésie de 1843; par A. Bignan. Paris, Saint-Jorre, 1843 : in-8°. (*Bibliographie moliéresque*.)

Le Monument de Molière, par Prosper Blanchemain, pièce mentionnée honorablement par l'Académie française au concours de poésie de 1843.

> Publié dans les journaux du temps. Réimprimé dans les *Poèmes et Poésies* de l'auteur; Paris, Masgana, 1845 : in-12. (*Bibliographie moliéresque*.)

Poquelin à la Censure, ou le Monument de Molière (en vers), par J. Lesguillon, envoyé au concours de l'Académie pour ne pas concourir. Paris, Pinard, 1843 : in-8°. (*Ibidem.*)

Le Monument de Molière, poème, par Dumersan. Paris, imprimerie Breton, 1843 : in-8°. (*Ibidem.*)

L'Apothéose de Molière, poème, par Charles Malo, lu en séance publique à l'Athénée des arts, le 18 juin 1843. Paris, Villet, 1843 : grand in-8°. (*Ibidem.*)

Le Monument de Molière (en vers), par Arthur de Beauplan. Paris, Breteau et Pichery, 1843 : in-8°. (*Ibidem.*)

Molière à Lyon, discours en vers, par Florimond Levol, prononcé sur le Grand-Théâtre de Lyon le 15 janvier 1844, jour de l'inauguration de la statue de Molière à Paris et 222e anniversaire de sa naissance. Lyon, imprimerie de L. Boitel, 1844 : in-8°. (*Ibidem.*)

Notice sur le Monument érigé à Paris[1], *par souscription, à la gloire de Molière.* Suivie des pièces justificatives et de la liste générale des souscripteurs. Publiée par la Commission de souscription. Paris, Perrotin, 1844 : grand in-8°.

> Les pièces justificatives sont nombreuses : lettre de Regnier (de la Comédie-Française), rapport de Vitet à la Chambre, procès-verbal d'inauguration (du 15 janvier 1844), discours d'Étienne, d'Arago, de Samson (de la Comédie-Française), etc.; Taschereau en a donné plusieurs dans la 3e édition de son *Histoire de Molière*, aux notes du livre IV, p. 270-274.

Molière. Discours prononcé par François Arago le 15 janvier 1844, lors de l'inauguration du Monument élevé à Molière par souscription nationale. Dans les *OEuvres complètes* de François Arago publiées... par J.-A. Barral..., tome IIIe (1855), p. 553-567.

> Arago était vice-président de la commission de souscription.

---

1. A l'angle de la rue Richelieu et de la rue Traversière (à présent rue Molière). Visconti en donna le dessin; Seurre aîné est l'auteur de la figure principale en bronze, et Pradier des statues allégoriques en marbre placées l'une à gauche, l'autre à droite du piédestal.

Histoire de la littérature française, par D. Nisard. Paris, Firmin-Didot, 10ᵉ édition, 1883 (la première est de 1844) : 4 volumes in-12. Tome III, livre III, chapitre ix, p. 84-128.

Geschichte der dramatischen Literatur und Kunst in Spanien, « Histoire de la littérature et de l'art dramatiques en Espagne », par Adolf Friedrich von Schack. Berlin, 1845 et 1846 : 3 volumes in-8°.

> Tome II, p. 680-686; l'auteur y signale, d'une manière qu'on peut trouver curieuse, qui renchérit encore sur celle de Schlegel, les plagiats dont nos poètes dramatiques, en particulier Molière, se sont rendus coupables à l'égard des poètes espagnols.

Lexique comparé de la langue de Molière et des écrivains du XVIIᵉ siècle, suivi d'une lettre à M. A. F. Didot sur quelques points de philologie française, par F. Génin, professeur à la Faculté des lettres de Strasbourg. Paris, Firmin Didot frères, 1846 : 1 volume in-8°. — Le *Lexique* est précédé (p. xi-lxxxvi) d'une *Vie de Molière*.

Notes historiques sur la vie de Molière, par A. Bazin, auteur de l'*Histoire de Louis XIII*. 2ᵉ édition, revue par l'auteur et considérablement augmentée. Paris, Techener, 1851 : 1 volume, qui a été imprimé en deux formats, in-octavo et in-douze.

> Ces notes d'Anaïs Bazin de Raucou avaient paru pour la première fois dans la *Revue des Deux Mondes* du 15 juillet 1847 et du 15 janvier 1848. Après la mort de l'auteur (1850), M. Paulin Paris prit soin de cette seconde édition, comme il nous l'apprend dans une Note placée en tête du volume.

Que sait-on sur la vie de Molière ? Note de Walckenaer dans ses *Mémoires sur Mme de Sévigné*, quatrième partie, 1ʳᵉ édition (1848), p. 367-379.

Étude médicale sur Molière..., par le docteur Fauconneau-Dufresne. Insérée aux numéros des 20, 23 et 27 mai 1848 de l'*Union médicale*.

Geschichte der deutschen Schauspielkunst, « Histoire de l'art dramatique en Allemagne, » par Édouard Devrient. Leipzig, J.-J. Weber, 1848 : 3 volumes in-16. Tome Iᵉʳ, p. 230-232; p. 262 et 263; p. 308 et 309. Tome II, p. 119 et 120.

Histoire de la troupe de Molière, par J. Taschereau.... La première partie seulement de ce travail a paru en vingt articles dans le journal *l'Ordre*, du 11 décembre 1849 au 4 mai 1850, et n'a pas été réimprimée en volume. (M. Claudin, au numéro 389 du Catalogue de la bibliothèque Rochebilière.)

ÉCRITS BIOGRAPHIQUES ET LITTÉRAIRES.

Molière, drame en quatre actes (représenté pour la première fois sur le théâtre de la Gaîté le 10 mai 1851), par George Sand. Paris, E. Blanchard, 1851 : in-18.

Molière élève de Gassendi, article de M. Francisque Bouillier, dans la *Revue du Lyonnais*, tome IV (1852) de la nouvelle série, p. 370-382.

Molière musicien, notes sur les œuvres de cet illustre maître, et sur les drames de Corneille, Racine, Quinault..., Beaumarchais, etc.; où se mêlent des considérations sur l'harmonie de la langue française, par Castil-Blaze.... Paris, Castil-Blaze... 1852 : 2 volumes in-8°.

Les Échos poétiques. Exposition des plus riches dépouilles rapportées d'Athènes et de Rome par les princes du Parnasse français, par J. Planche, professeur émérite de rhétorique au collège de Bourbon.... Paris, Firmin Didot frères, 1852 : 1 volume in-8°. *Molière*, p. 99-212.

Histoire de la littérature française depuis ses origines jusqu'à la Révolution, par Eugène Geruzez. Paris, Didier, 1852; 8ᵉ édition, 1869. Tome II, livre II, chapitre I, p. 157-173 de la 8ᵉ édition.

Influence de l'Italie sur les lettres françaises depuis le XIIIᵉ siècle jusqu'au siècle de Louis XIV..., par E. J. B. Rathery. Paris, Firmin Didot, 1853 : in-8°. MOLIÈRE, p. 187-189.

Histoire de la littérature dramatique, par Jules Janin. Paris, Michel Lévy, 1853 : 6 volume in-12.

<small>Voyez, au tome II, les chapitres I-IV; au tome V, p. 44-49. Il y a aussi au tome IV, chapitre XIII, p. 273 et suivantes, un amusant relevé des corrections qu'avait subies le texte du *Misanthrope* dans les représentations données au temps de la Terreur, et que Jules Janin trouva notées sur un exemplaire de la comédie [1].</small>

Molière et les médecins, lecture faite à l'Académie d'Amiens... par M. Alexandre, docteur médecin..... Amiens, 1854 : brochure in-8°.

Pourquoi Molière n'a pas joué les avocats, article de M. Ch. Truinet au tome Iᵉʳ (1855), p. 84 et suivantes, de la *Revue historique du droit français et étranger*. A été aussi publié à part : Paris, Auguste Durand; in-8°.

Le 234ᵉ anniversaire de la naissance de Molière, article de Regnier (de la Comédie-Française) au numéro 3 de *l'Ami de la maison*,

---

[1]. Ce curieux volume, daté de 1778, est porté, sous le numéro 866, au Catalogue de la bibliothèque d'Armand Bertin (Techener, 1854).

revue hebdomadaire illustrée, tome Ier (1856), p. 45 et suivantes. Renseignements sur la solennité du 15 janvier à la Comédie-Française.

P.-L. Jacob, bibliophile (Paul Lacroix). *La Jeunesse de Molière*, suivie du *Ballet des Incompatibles*, pièce en vers inédite de Molière. Avec une lettre au bibliophile Jacob par Félix Delhasse. Bruxelles, A. Schnée; Paris, Ad. Delahays; 1858 : 1 volume in-16.

Notice sur Gassendi, par M. B. Aubé, au tome XIX (1858) de la *Nouvelle Biographie générale* Didot.

Histoire des pérégrinations de Molière dans le Languedoc, d'après des documents inédits, 1642-1658, par M. Emmanuel Raymond (nom d'emprunt de L. Galibert). Paris, Dubuisson, 1858 : 1 volume in-18.

Molière et l'idéal moderne, article de M. Ernest Hello au tome XII (1858) de la *Revue française*, p. 230-239.

Molière et sa troupe, par H.-A. Soleirol, chef de bataillon du génie en retraite. Paris, chez l'auteur, 1858 : 1 volume grand in-8°.
— Voyez la note de M. Mahérault mentionnée plus loin, p. 230, 5ᵉ alinéa.

Précieux et précieuses, caractères et mœurs littéraires du XVIIᵉ siècle, par M. Ch.-L. Livet. Paris, Didier, 1859 : 1 volume in-8°.

Histoire des théâtres de Bordeaux..., par M. Arnaud Detcheverry, archiviste de la mairie de Bordeaux. Bordeaux, 1860 : 1 volume in-8°. Pages 12-16.

Louis XIV et la révocation de l'édit de Nantes (tome XIII, 1860, de l'*Histoire de France*), par J. Michelet. Chapitres IV-VII, et, à la fin du volume, la note 1.

Mais voyez à la *Notice* de *Tartuffe*, tome IV, p. 275, note 2; à la *Notice* du *Misanthrope*, tome V, p. 358, note 14; à la *Notice d'Amphitryon*, tome VI, p. 322; et à la *Notice biographique*, p. 266 et 267, p. 335 et 336.

La Langue du droit dans le théâtre de Molière, par M. Eugène Paringault, docteur en droit, procureur impérial à Beauvais. Paris, A. Durand, 1861 : brochure in-8° de 51 pages.

Poëtes du siècle de Louis XIV, par A. Vinet. Paris, chez les éditeurs, rue de Rivoli, 174; 1861 : 1 volume in-8°. Molière, p. 364-469.

Corneille, Racine et Molière. Deux cours sur la poésie dramatique française au XVIIᵉ siècle, par Eugène Rambert, ancien profes-

ÉCRITS BIOGRAPHIQUES ET LITTÉRAIRES.

seur à l'Académie de Lausanne, professeur à l'École polytechnique fédérale de Zurich. Lausanne, 1861 : 1 volume in-8°. Seconde partie : MOLIÈRE, p. 307-514.

Les Médecins au temps de Molière, mœurs, institutions, doctrines, par Maurice Raynaud, docteur en médecine, docteur ès lettres. Paris, Didier, 1862 : 1 volume in-8°.

L'auteur de cet excellent et agréable livre est mort en 1881.

Recherches sur Molière et sur sa famille, par Eud. Soulié. Paris, Hachette, 1863 : 1 volume in-8°. A la suite des sept chapitres où l'auteur a exposé le résultat de ses patientes et sagaces recherches, il a donné le texte de soixante-cinq documents authentiques découverts par lui.

Sainte-Beuve, dans un de ses plus charmants articles (d'abord inséré au *Constitutionnel* du 13 juillet 1863, et reproduit au tome V, 1866, p. 259 et suivantes, des *Nouveaux lundis*), s'empressa de faire connaître tout le prix du livre et tous les mérites de l'auteur.

Rapport de M. Eudore Soulié... sur des recherches relatives à la vie de Molière. Ce rapport, daté du 14 décembre 1863, a été inséré aux pages 481-495 du tome Ier (1864) de la seconde série des *Archives des missions scientifiques et littéraires, Choix de rapports et instructions* publié sous les auspices du ministère de l'Instruction publique (in-8°).

L'Illustre théâtre et la Troupe de Molière, article de M. Eudore Soulié dans *la Correspondance littéraire* du 25 janvier 1865 (9e année), p. 79-85 (voyez plus haut, p. 175, 1er et 2^d alinéa).

Voyez plus loin, p. 223, 4e alinéa de la fin.

Les Contemporains de Molière. Recueil de comédies, rares ou peu connues, jouées de 1650 à 1680, avec l'histoire de chaque théâtre, des notes et notices biographiques, bibliographiques et critiques, par M. Victor Fournel. Paris, Firmin Didot frères, fils et Cie, 1863-1875 : 3 volumes in-8°.

Tome premier (1863) : *THÉÂTRE DE L'HÔTEL DE BOURGOGNE.* Pièces reproduites : De PHILIPPE QUINAULT : *l'Amant indiscret, ou le Maître étourdi*, comédie en cinq actes. — De F. LE METEL DE BOISROBERT : *la Belle invisible, ou la Constance éprouvée*, tragi-comédie en cinq actes. — D'EDME BOURSAULT : *le Médecin volant*, comédie en un acte ; *le Portrait du Peintre*, comédie en un acte. — De LAMBERT : *la Magie sans magie*, comédie en cinq actes. — D'Antoine JACOB MONTFLEURY : *les Bêtes raisonnables*, comédie en un acte ; *l'Impromptu de l'Hôtel de Condé*, comédie en un acte ; *l'École des jaloux*, ou *le Cocu volontaire*, comédie en trois actes. — De VILLIERS : *Réponse à l'Impromptu de Versailles*, ou *la Vengeance des marquis*, comédie en un acte ; *les Coteaux*, ou *les Marquis friands*, comédie en un acte. — De Samuel CHAPUZEAU : *la Dame d'intrigue*, ou *le Riche vilain*, comédie en trois actes. — De Raymond POISSON : *le Baron de la Crasse*, comédie en un acte ; *le Poète basque*, comédie en un acte ; *les Faux Moscovites*, comédie en un acte. — De Guillaume Marcoureau de BRÉCOURT : *le Jaloux invisible*, comédie en trois actes ; *l'Ombre de Molière*, comédie en un acte.

Tome deuxième (1866) : *THÉATRE DE L'HOTEL DE BOURGOGNE* (suite). Pièces reproduites : De Gabriel GILBERT : *les Intrigues amoureuses*, comédie en cinq actes. — De Ch. Chevillet de CHAMPMESLÉ : *les Grisettes* ou *Crispin chevalier*, comédie en un acte. — De Noel le Breton de HAUTEROCHE : *Crispin médecin*, comédie en trois actes ; scènes détachées de *Crispin musicien*, comédie en cinq actes. — *THÉATRE DE LA COUR*. Choix de *Ballets* et *Mascarades*, précédé d'une *Histoire du Ballet de cour*.

Tome troisième (1875) : *THÉATRE DU MARAIS*. Pièces reproduites : De TRISTAN L'HERMITE : *le Parasite*, comédie en cinq actes. — De Philippe QUINAULT : *la Comédie sans comédie*, en cinq actes (l'acte Ier formant Prologue, et l'acte III formant la petite comédie burlesque du *Docteur de verre*). — De GILLET DE LA TESSONNERIE : *le Campagnard*, comédie en cinq actes. — De CHEVALIER : *la Désolation des filous*, comédie en un acte ; *les Amours de Calotin* (l'acte Ier et la 1re scène du II[d] formant Prologue). — De Samuel CHAPUZEAU : *l'Académie des femmes*, comédie en trois actes. — De BOUCHER : *Champagne le coiffeur*, comédie en un acte. — De J. de la FORGE : *la Joueuse dupée*, ou *l'Intrigue des académies*, comédie en un acte. — De ROSIMOND : *le Nouveau Festin de Pierre*, ou *l'Athée foudroyé*, tragi-comédie en cinq actes. — De CYRANO DE BERGERAC : *le Pédant joué*, comédie (fragments). — De SCARRON : *l'Écolier de Salamanque*, ou *les Généreux ennemis*, tragi-comédie (fragments) ; *le Marquis ridicule* (fragments). — *THÉATRE DU PALAIS-ROYAL*. Pièces reproduites : De Jean Donneau de VISÉ : *l'Embarras de Godard*, ou *l'Accouchée*, comédie en un acte. — D'Adrien Perdou de SUBLIGNY : *la Folle Querelle*, ou *la Critique d'Andromaque*, comédie en trois actes. — De Thomas CORNEILLE et de Donneau de VISÉ : *la Devineresse*, ou *les Faux enchantements* (extraits). — Voyez l'article suivant.

Petites comédies rares et curieuses du XVIIe *siècle*, avec notes et notices par M. Victor Fournel. Paris, A. Quantin, 1884 : 2 volumes in-16.

Cette sorte de complément du recueil précédent comprend les 12 pièces suivantes. Au tome Ier : *Le Jugement de Job et d'Uranie*, de Bertaut, neveu de Jean. *La Comédie de la comédie*, de Dorimon. *La Critique du Tartuffe* (plus haut, p. 156, avant-dernier alinéa). *Le Comédien poète*, d'Antoine Montfleury. *Crispin bel esprit*, de la Tuillerie. *Les Bouts-rimés*, de Saint-Glas. *Les Mots à la mode*, de Boursault. — Au tome II : *L'Avocat sans pratique*, de Rosimond. *Les Plaintes du Palais*, de Jacques Denis. *La Rue Saint-Denis*, de Champmeslé. *Les Fontanges*, de Ch. Perrault (comédie inédite). *Le Bateau de Bouille*, de J. Jobé. — Voyez plus loin, p. 241, 2e alinéa, et p. 247, fin.

Molière est-il venu à Nantes? par Louis de Kerjean. Nantes, 1863 : brochure in-8°. Extrait de la *Revue de Bretagne et de Vendée*.

ÉCRITS BIOGRAPHIQUES ET LITTÉRAIRES.

Le Roman de Molière, suivi de fragments sur sa vie privée d'après des documents nouveaux, par Édouard Fournier. Paris, E. Dentu, 1863 : 1 volume in-18.

L'Espagne et ses comédiens en France au XVIIe *siècle,* article d'Édouard Fournier au numéro de septembre 1864 de la *Revue des provinces,* tome IV, p. 483 et suivantes.

Holberg considéré comme imitateur de Molière, par M. A. Legrelle. Paris, Hachette, 1864 : 1 volume in-8°.

Les Renaissances de Don Juan, histoire morale du théâtre moderne, par Désiré Laverdant. Paris, Hetzel, 1864 : 2 volumes in-18.

Don Juan converti, drame en sept actes. Paris, Hetzel, s. d. (1864) : 1 volume in-18.

> Voyez encore, dans notre tome V, à la *Notice* du *Misanthrope,* p. 423, note 1.

Conférences de l'hôtel de ville de Versailles, 1864-1865. — *Les Femmes dans les comédies de Molière,* deux conférences par M. A. Aderer, professeur de rhétorique au lycée de Versailles. Saint-Cloud, 1865 : brochure in-8°.

Notice sur Molière, par M. Victor Fournel, dans la *Nouvelle Biographie générale* Didot, au tome XXXV (1865).

Les Origines du théâtre de Lyon. Mystères, farces et tragédies. Troupes ambulantes-Molière. Avec fac-simile, notes et documents, par C. Brouchoud, avocat.... Lyon, N. Scheuring, 1865 : 1 volume in-8°.

Molière et sa troupe à Lyon, article de M. Eudore Soulié daté du 3 mars 1866, et suivi d'une *Lettre* à lui adressée par M. C. Brouchoud. Lyon, typographie d'Aimé Vingtrinier : brochure in-8°, formée d'extraits de la *Revue du Lyonnais,* tome Ier de la 3e série, p. 234-240; p. 282-297; et p. 298-309.

Cours de littérature dramatique, ou *de l'Usage des passions dans le drame,* par Saint-Marc Girardin. Paris, Charpentier, édition de 1866-1874 : 5 volumes in-18.

> Tome Ier : XIII, *Des pères... dans la comédie de Molière.* — Tome III, p. 334-336. — Tome V : LXXI-LXXIII, *le Mariage au théâtre dans Molière.* LXXIII et LXXXIV, *De la jalousie et du dépit amoureux dans Molière.*

Molière, par M. Étienne Arago. Notice insérée dans *le Livre d'or des peuples, Plutarque universel,* publié sous la direction de M. Pierre Lefranc. Paris, s. d. (1866?) : 2 volumes in-4° à deux colonnes. Au tome Ier, p. 36-55.

La Science du droit dans les comédies de Molière, par M. Jules Cauvet (professeur à l'École de droit), étude insérée aux *Mémoires de l'Académie des sciences, arts et belles-lettres de Caen*, année 1866 : p. 196-212.

Le Médecin volant. Étude médico-littéraire par M. Ern. Hamy. Insérée aux numéros des 24 et 26 juillet 1866 de *l'Union médicale*.

Petite comédie de la critique littéraire, ou Molière selon trois écoles philosophiques, par Paul Stapfer. Paris, Michel Lévy frères, 1866 : 1 volume in-12.

Molière et la Comédie italienne, par M. Louis Moland. Ouvrage illustré de vingt vignettes représentant les principaux types du théâtre italien. Deuxième édition. Paris, Didier, 1867 : 1 volume in-12.

La Morale de Molière, par M. C.-J. Jeannel. Paris, Ernest Thorin, 1867 : 1 volume in-8°.

Molière. — Les valets de comédie. Conférence de Marc-Monnier faite à Genève. Insérée au numéro du 18 mai 1867 de la *Revue des cours littéraires de la France et de l'étranger*.

Collection moliéresque, publiée de 1867 à 1875, chez J. Gay et fils, à Genève, Turin ou San-Remo, par Paul Lacroix. Réimpressions, avec notices, dans le format petit in-douze, des ouvrages suivants :

Le Songe du rêveur (voyez plus haut, p. 120, 5° alinéa).
Le Roi glorieux au monde (plus haut, p. 155).
Élomire hypocondre ou *les Médecins vengés* (plus haut, p. 182, dernier alinéa).
Joguenet ou *les Vieillards dupés*, comédie en 3 actes, par Molière ; première forme des *Fourberies de Scapin*, publiée d'après un manuscrit contemporain et qui paraît être autographe... (deux notes concernent ce manuscrit aux n°ˢ 232 et 233 de la *Bibliographie moliéresque*). — Mais voyez notre tome VIII, p. 393.
La Guerre comique, ou *la Défense de l'École des femmes* (plus haut, p. 130, 4° alinéa).
L'Enfer burlesque. — *Le Mariage de Belphégor*. — *Les Épitaphes de M. de Molière*. Avec le fac-similé de la gravure de l'édition de Cologne (voyez plus haut, p. 191, dernier alinéa).
Le Ballet des Incompatibles (plus haut, p. 177, 2ᵈ alinéa).
Zélinde (plus haut, p. 128, 6° alinéa).
Les Véritables Précieuses (plus haut p. 119, 7° alinéa).
La Critique du Tartuffe, comédie (plus haut, p. 156, avant-dernier alinéa).
La Fameuse Comédienne, ou *Histoire de la Guérin, auparavant femme et veuve de Molière* (plus haut, p. 194 et 195).
Observations sur... la Festin de Pierre, et *Réponse aux Observations touchant le Festin de Pierre* (plus haut, p. 134, avant-dernier alinéa, et p. 135, 1ᵉʳ alinéa).

ÉCRITS BIOGRAPHIQUES ET LITTÉRAIRES.

Réponse à l'Impromptu de Versailles ou *la Vengeance des marquis* (plus haut, p. 130, 1ᵉʳ alinéa).

Le Mariage sans mariage, comédie en cinq actes, en vers, de Marcel (représentée sur le théâtre du Marais ; imprimée pour la première fois le 18 janvier 1672).

La Cocue imaginaire (plus haut, p. 121, avant-dernier alinéa).

Les Amours de Calotin, comédie de Chevalier (plus haut, p. 130, 3ᵉ alinéa).

Lettre sur la comédie de l'Imposteur (plus haut, p. 156, 3ᵉ alinéa de la fin).

Les Fragments de Molière, comédie de Champmeslé (plus haut, p. 21, 4ᵉ alinéa, et p. 42, 6ᵉ alinéa).

Lettre sur les affaires du théâtre, et Extrait des *Nouvelles nouvelles* (plus haut, p. 130, 2ᵈ alinéa et p. 180, alinéas 3 et 4).

L'Impromptu de l'hôtel de Condé (plus haut, p. 129, dernier alinéa).

Nouvelle Collection moliéresque, publiée chez Jouaust (librairie des Bibliophiles), de 1879 à 1884, par Paul Lacroix, et continuée, à partir du tome XIV (1885), par M. Georges Monval. Réimpressions, avec notices et notes, dans le format in-18 raisin, des ouvrages suivants :

I. *Oraison funèbre de Molière* (extrait du *Mercure galant* de 1673 : voyez plus haut, p. 186, dernier alinéa, et p. 187, 1ᵉʳ alinéa), suivie d'un *Recueil d'épitaphes et d'épigrammes* (d'autres pièces sur la mort de Molière ont été rassemblées au tome XIV par M. Monval).

II. *Mélisse*, tragédie-ballet attribuée à Molière.

III. *Récit de la Farce des Précieuses*, de Mlle des Jardins (voyez plus haut, p. 119, 1ᵉʳ alinéa).

IV. *Le Portrait du Peintre*, de Boursault (plus haut, p. 128, avant-dernier alinéa).

V. *Notes et documents sur l'histoire des théâtres de Paris au XVIIᵉ siècle*, extraits des papiers de Jean Nicolas de Tralage (plus haut, p. 198 et 199).

VI. *L'Ombre de Molière*, comédie de Brécourt (plus haut, p. 189, 3ᵉ alinéa).

VII. *La Coupe du Val-de-Grâce*, attribuée à Mlle Chéron (plus haut, p. 153, 2ᵈ alinéa, et note 1).

VIII. *La Folle querelle* ou *la Critique d'Andromaque*, comédie attribuée à Molière et à Subligny. — Voyez la *Notice biographique*, p. 368 et 369.

IX. *La Veuve à la mode*, comédie de Donneau de Visé : la *Notice* est de M. Édouard Thierry.

X. *Myrtil et Mélicerte*, pastorale terminée par le fils de la veuve de Molière et de Guérin d'Estriché son second mari (plus haut, p. 144, 6ᵉ alinéa) : la *Notice* est de M. Édouard Thierry.

XI. *Le Panégyrique de l'École des femmes* (plus haut, p. 129, 2ᵈ alinéa).

XII. *La Satire des satires*, et *la Critique désintéressée sur les satires du temps*, par l'abbé Cotin (plus haut, p. 171, alinéas 1-3).

XIII. *Le Médecin volant*, comédie de Boursault (voyez notre tome Iᵉʳ, p. 47 et 150).

XIV. *Recueil sur la mort de Molière*, pièces diverses. Dans ce volume et les suivants, les notices et notes sont dues à M. Georges Monval.

XV. *Lettres au* MERCURE *sur Molière, sa vie, ses œuvres, et les comédiens de son temps* (1735-1740 : voyez plus haut, p. 203, alinéas 9-11).

XVI. *La Promenade de Saint-Cloud : Dialogue sur les auteurs*. Par Gabriel Guéret (plus haut, p. 132, 2ᵈ alinéa).

XVII. *Premier Registre de la Thorillière* (1663-1664), publié (en 1890) avec notice, notes et index.

Sont, entre autres pièces, annoncées pour paraître à la suite : le *Second Re-*

gistre de la Thorillière (1664-1665); le *Registre d'Hubert* (1672-1673); *le Théâtre et la Troupe de Molière*, extraits des gazettes en vers de Loret, de Boursault, de Subligny, de Robinet, etc.

La Valise de Molière, comédie en un acte, en prose, avec des fragments peu connus attribués à Molière; représentée au Théâtre-Français le 15 janvier 1868, pour le 246ᵉ anniversaire de sa naissance; précédée d'une Introduction historique et suivie de notes d'après des documents nouveaux et inédits, par Edouard Fournier. Paris, E. Dentu, 1868 : in-18.

<small>Voyez plus haut, p. 103, au 4ᵉ renvoi.</small>

La Médecine et les Médecins dans le théâtre de Molière. Étude critique, insérée par M. le docteur Ludovic de Parseval aux numéros de mai et juin 1869 de la *Revue de Marseille et de Provence*, publiée à Marseille. Voyez plus loin, p. 229, 3ᵉ alinéa.

Molière, Shakspeare und die deutsche Kritik, « Molière, Shakspeare et la critique allemande, » par M. le docteur C. Humbert. Leipzig, B. G. Teubner, 1869 : 1 volume in-8° de 510 pages.

<small>M. Humbert a publié, comme suite à cet important ouvrage, les deux livres suivants, où sont rassemblés en de longues citations la plupart des jugements qui ont été portés sur Molière en Angleterre et en Allemagne :</small>

Englands Urtheil über Molière, den einzigen Nebenbuhler Shakspeare's und den grössten Komiker aller Zeiten, « Jugement de l'Angleterre sur Molière, le seul rival de Shakspeare et le plus grand comique de tous les temps, » par M. le docteur C. Humbert. 1ʳᵉ édition 1878; 2ᵈᵉ édition, Leipzig, 1884 : 1 volume in-8° de 124 pages.

Deutschlands Urteil über Molière, « Jugement de l'Allemagne sur Molière, » par M. C. Humbert. Oppeln, 1883 : 1 volume in-8° de 206 pages.

<small>Ce volume forme la première partie du livre et ne nous fait encore connaître que les jugements portés antérieurement à « l'avènement d'Auguste-Guillaume de Schlegel »; il se divise en deux livres, comprenant les deux périodes de 1670 à 1770 et de 1770 à 1800.
Voyez plus loin, p. 242, 3ᵉ et 4ᵉ alinéa.</small>

Galerie historique des portraits des comédiens de la troupe de Molière, gravés à l'eau-forte, sur des documents authentiques, par Frédéric Hillemacher. Avec des détails biographiques succincts, relatifs à chacun d'eux. Dédié à la Comédie-Française. Seconde édition. Lyon, Nicolas Scheuring, 1869 : 1 volume in-8°.

Molière en province, conférence faite à Niort... par M. Léon Robert. Niort, 1869 : brochure in-8°.

Poésies diverses attribuées à Molière ou pouvant lui être attribuées, recueillies et publiées par P. L. Jacob, bibliophile (Paul Lacroix). Paris, Alphonse Lemerre, 1869 : in-12.

Les Décors, les Costumes et la Mise en scène au dix-septième siècle — 1615-1680 — par Ludovic Celler. Paris, Liepmannssohn et Dufour, 1869 : in-12.

Histoire universelle du théâtre, par Alphonse Royer. Paris, A. Franck, 1869-1878 : 6 volumes in-8°. Particulièrement, au tome III, le chapitre xxviii.

Documents inédits sur J.-B. Poquelin Molière, découverts et publiés avec des notes, un index alphabétique et des fac-simile par M. Émile Campardon, archiviste aux Archives nationales. Paris, Henri Plon, 1871 : 1 volume petit in-12.

M. Campardon a publié d'autres documents en 1876 : voyez plus loin, p. 230.

Recherches sur le séjour de Molière dans l'Ouest de la France en 1648, par M. Benjamin Fillon. Fontenay-le-Comte, P. Robuchon, 1871 : brochure in-8°. — Sur le document de grand intérêt donné à l'*Appendice*, voyez plus haut, p. 185, dernier alinéa.

Dictionnaire critique de biographie et d'histoire..., d'après des documents authentiques inédits, par A. Jal; 2ᵉ édition, corrigée et augmentée d'articles nouveaux. Paris, Henri Plon, 1872 : 1 volume grand in-8° de iv et 1357 pages à 2 colonnes. — Voyez l'article Molière, et ceux auxquels renvoie l'auteur à la fin de cet article : Béjart, Poquelin, la Grange, etc.

Les Portraits de Molière, article de M. Henri Lavoix, au tome V de la seconde période de la *Gazette des Beaux-Arts*, livraison de mars 1872, p. 230-250; il est illustré de 6 portraits.

La Philosophie dans les comédies de Molière, mémoire de M. Paul Janet lu à l'Institut et inséré au numéro du 26 octobre 1872 de la *Revue politique et littéraire*.

Molière. *Eine Ergänzung der Biographie des Dichters aus seinen Werken*. « Molière. Complément de la biographie du poète, tiré de ses œuvres, » par M. Paul Lindau. Leipzig, 1872 : brochure in-8°.

Molière à Fontainebleau (1661-1664), simple note historique, suivie de la Biographie du comédien de Brie, par Charles Constant. Meaux, 1873 : brochure in-8°.

Jubilé de Molière, du 15 au 23 mai 1873, organisé au Théâtre-Italien (salle Ventadour) par M. Ballande, fondateur des Matinées littéraires. Musée Molière : *Catalogue*. Paris, imprimerie Jouaust, 1873 : in-8° de 8 pages. (*Bibliographie moliéresque*, n° 1733.)

<blockquote>
Voyez la note que Paul Lacroix a jointe à ce numéro de sa *Bibliographie*. « Le Catalogue du Musée Molière, dit-il, réuni à la hâte à l'occasion du Jubilé..., ne contient que 80 numéros.... Ce musée, aujourd'hui dispersé..., renfermait les reliques de Molière les plus précieuses en tous genres : autographes, meubles, tapisseries, portraits peints, dessinés et gravés, tableaux, bustes, médailles, etc.... »
</blockquote>

Les Amours de Molière, par M. Henri de Lapommeraye. Paris, librairie des Bibliophiles : in-16 de 46 pages.

<blockquote>
Au volume de cette conférence de M. de Lapommeraye, l'une de celles qui furent faites lors de la célébration du jubilé de Molière, du 15 au 23 mai 1873, a été joint le Programme des journées du Jubilé.
</blockquote>

Molière, sa vie et ses œuvres, par M. Jules Claretie. Paris, Alphonse Lemerre, 1873 : 1 volume petit in-12. — Une seconde édition, revue, corrigée et augmentée d'un appendice, a paru en 1874.

Molière's Tod vor zweihundert Jahren (17. Februar 1673) *und sein letztes Werk* LE MALADE IMAGINAIRE, « la Mort de Molière il y a deux cents ans et sa dernière œuvre *le Malade imaginaire*, » par le docteur Schweitzer. Conférence faite et imprimée à Wiesbaden en 1873.

Rapport sur la découverte d'un autographe de Molière, présenté à Monsieur le préfet de l'Hérault par M. de la Pijardière, archiviste du département. Montpellier, 1873 : brochure in-8°.

<blockquote>
Voyez le reçu dont il s'agit, daté de Pézenas le 24 février 1656, à la page 173 de la *Notice biographique*. — Voyez plus loin, p. 241, dernier alinéa.
</blockquote>

La Littérature française au dix-septième siècle, par Paul Albert. Paris, Hachette, 1873 : 1 volume in-8°. Pages 241-264 : MOLIÈRE.

La Véritable édition originale des OEuvres de Molière, par P. L. Jacob, bibliophile (Paul Lacroix). Paris, A. Fontaine, 1873 : brochure in-18.

Tableaux des représentations de Molière depuis Louis XIV jusqu'en 1870, travail annexé par Eugène Despois au tome Ier (1873) de la présente édition, p. 537-557.

Quatre mois du théâtre de Molière (novembre 1664 à mars 1665), par M. Édouard Thierry. Article inséré en 1873 dans les *Mémoires de la Société nationale académique de Cherbourg*, p. 145-170.

M. Édouard Thierry. — *La Seconde interdiction de Tartuffe. Lettre sur la comédie de l'Imposteur* (1667). Cherbourg, imprimerie Auguste Mouchel, 1874 : brochure in-8°. Article extrait des *Mémoires de la Société académique de Cherbourg*.

<small>Voyez mention d'autres articles de M. Éd. Thierry, plus loin, p. 235.</small>

Quelques notes à ajouter au commentaire des comédies de Molière, articles insérés par M. le docteur Ludovic de Parseval aux numéros de juillet et août 1873, et de juin 1874 de la *Revue de Marseille et de Provence* publiée à Marseille. Voyez plus haut, p. 226, 4ᵉ alinéa.

La Troupe de Molière à Agen d'après un document inédit, par M. Adolphe Magen. Agen, 1874 ; extrait de la *Revue de l'Agenais*, numéro de mars : brochure in-8°. — Une seconde édition a paru en 1877.

Molière, son portrait physique et moral, leçon de M. Ch. Lenient faite à la Sorbonne, et reproduite dans la *Revue politique et littéraire* du 16 mai 1874, p. 1084-1090.

Introduction à l'étude du théâtre de Molière, leçon d'ouverture du cours de littérature française (professé à la Faculté des lettres de Clermont), par M. Ch. Hanriot. Clermont-Ferrand et Troyes, 1874 : brochure in-8°.

Le Théâtre français sous Louis XIV, par Eugène Despois. Paris, Hachette, 1874 : 1 volume in-16.

<small>Une seconde édition de cet instructif et charmant livre a paru en 1882, et une troisième en 1886.</small>

La Comédie-Française. Histoire administrative (1658-1757), par M. Jules Bonnassies. Paris, Didier, 1874 : in-12.

La Musique à la Comédie-Française, par M. Jules Bonnassies. Paris, Baur, 1874 : brochure de 43 pages grand in-8°.

Les Auteurs dramatiques et la Comédie-Française à Paris aux xviiᵉ *et* xviiiᵉ *siècles;* d'après des documents inédits extraits des archives du Théâtre-Français, par M. Jules Bonnassies. Paris, Léon Willem et Paul Daffis, 1874 : in-16.

Les Spectacles forains et la Comédie-Française, d'après des documents inédits, par M. Jules Bonnassies.... Avec une eau-forte par Edmond Hédouin. Paris, E. Dentu, 1875 : in-18.

Un Portrait de Molière en Bretagne. Étude sur quelques comédiens, farceurs et bouffons français et italiens au xviiᵉ siècle, par M. le baron de Wismes. Nantes, s. d. (1874) : brochure in-8°.

Le Style des premières comédies de Molière, article de M. Paul Mesnard inséré au *Journal des Débats* du 11 septembre 1875.

Bibliographie moliéresque, par Paul Lacroix (bibliophile Jacob), conservateur de la bibliothèque de l'Arsenal. Seconde édition, revue, corrigée et considérablement augmentée. Paris, Auguste Fontaine, 1875 : 1 volume in-8°.

<small>La 1re édition, imprimée à Turin, avait paru à Nice, chez J. Gay et fils, en 1872 : in-8° et in-12.</small>

Iconographie moliéresque, par Paul Lacroix (bibliophile Jacob). Seconde édition, revue, corrigée et considérablement augmentée. Paris, A. Fontaine, 1876 : 1 volume in-8°.

<small>L'auteur, à la suite de sa propre *Étude sur les portraits de Molière*, placée en tête du volume, a donné (p. xxxvi-xxxix) une *Note* intéressante de M. Mahérault *sur la collection de portraits formée par M. de Soleirol et vendue en* 1861.</small>

<small>La 1re édition de cette *Iconographie*, imprimée à Turin, avait paru à Nice, chez J. Gay et fils, en 1872 : in-8° et in-12.</small>

Préface et Notices de M. H. van Laun jointes à sa traduction de Molière (1875 et 1876) : plus haut, p. 108 et 109; p. 111, n° 5.

Nouvelles pièces sur Molière et sur quelques comédiens de sa troupe, recueillies aux Archives nationales et publiées par M. Émile Campardon. Paris et Nancy, Berger-Levrault, 1876 : 1 volume petit in-8°. Voyez plus haut, p. 227, 5e alinéa.

La troupe du Roman comique dévoilée et les Comédiens de campagne au xviie *siècle*, par M. Henri Chardon. Le Mans, Monnoyer ; Paris, Champion ; 1876 : 1 volume in-8°.

Des Influences provençales dans la langue de Molière, par M. le docteur Adelphe Espagne. Paris, Maisonneuve, 1876 : brochure in-8°. Extrait de la *Revue des langues romanes* (2e série, tome II, p. 70 à 88).

La Salle de théâtre de Molière au port Saint-Paul, avec le plan du jeu de paume de la Croix-Noire et celui de l'hôtel Barbeau et des autres propriétés détruites pour l'établissement du nouveau marché de l'Ave-Maria, par M. Philéas Collardeau.... Paris, Bonnassies, 1876 : brochure in-8°.

<small>Voyez au *Moliériste* d'octobre 1879, p. 218 et suivantes, un article de M. Alfred Copin, et au *Moliériste* de juillet 1880, p. 108 et suivantes, un article de M. Jules Claretie.</small>

Molière et la médecine, par M. le docteur L. Carcassonne. Nîmes, 1877 : brochure in-8°. Extrait des *Mémoires de l'Académie du Gard*, année 1876.

ÉCRITS BIOGRAPHIQUES ET LITTÉRAIRES. 231

La famille de Molière était originaire de Beauvais, par M. Mathon. Paris, 1877 : in-8°.

<blockquote>Brochure devenue introuvable. Clément Caraguel, qui en rendit compte dans la *Semaine dramatique* du *Journal des Débats* (n° du 12 août 1878), dit qu'elle fut publiée par la librairie Hénaux, et semble lui donner un autre titre : *Recherches sur l'origine de la famille de Molière*.
Voyez encore une note de l'auteur sur *l'Écusson des Poquelin de Beauvais* au *Moliériste* de juin 1882, p. 79-81.</blockquote>

MOLIÈRE JUGÉ PAR SES CONTEMPORAINS [comprenant] : *Conversation dans une ruelle de Paris sur Molière défunt*, par Donneau de Visé (1673). — *L'Ombre de Molière*, par Marcoureau de Brécourt (1674). — *Vie de Molière en abrégé*, par la Grange (1682). — *M. de Molière*, par Adrien Baillet (1686). — *Poquelin de Molière*, par Charles Perrault (1697); etc. Avec une Notice par A. P.-Malassis, et un fac-similé des Armoiries de Molière. Paris, Isidore Liseux, 1877 : in-18.

Les Points obscurs de la vie de Molière. Les années d'étude, les années de lutte et de vie nomade, les années de gloire. — Mariage et ménage de Molière. Par M. Jules Loiseleur..., avec un portrait de Molière gravé à l'eau-forte par Ad. Lalauze. Paris, Isidore Liseux, 1877 : 1 volume in-8°.

<blockquote>Voyez plus loin, p. 243, 1ᵉʳ alinéa.</blockquote>

Molière et Bourdaloue, par Louis Veuillot. Paris, Palmé, 1877 : in-12.

Molière et Bossuet, réponse à M. Louis Veuillot, par M. Henri de Lapommeraye. Paris, Ollendorf, 1877 : 1 volume in-18.

Molière poète et comédien, étude au point de vue médical, par le docteur A.-M. Brown. Traduit de l'anglais par George Lennox. Bruxelles, H. Manceaux, 1877 : brochure in-8°.

Les Dernières recherches sur la vie de Molière. Article d'août 1877, inséré (p. 95-155) dans la 1ʳᵉ série des *Études critiques sur l'histoire de la littérature française*, par M. Ferdinand Brunetière. Paris, Hachette, 1888 : 1 volume in-16.

<blockquote>Voyez plus loin, p. 241, 5ᵉ alinéa, et p. 247, alinéas 4-6.</blockquote>

Avant-propos de M. Adolphe Regnier mis au-devant de la belle édition in-quarto qu'il a donnée en 1878 (plus haut, p. 98, numéro 57).

Un Bisaïeul de Molière, recherches sur les Mazuel, musiciens des XVIᵉ et XVIIᵉ siècles, alliés de la famille Poquelin, par M. Ern. Thoinan. Paris, Claudin, 1878 : 1 volume petit in-12 elzévirien.

L'Éducation de Molière, par M. l'abbé Vincent Davin : I. *La Maison paternelle.* — II. *Le Collège de Clermont.* — III. *Les trois Années de grammaire.* — IV. *Les Humanités.* — V. *La Philosophie.* — *La Sortie du collège.* — VI. *Le Droit.* Articles insérés au journal *le Monde* des 4, 5, 19, 25, 28 septembre et 3 octobre 1878.

La Mort de Molière. — *La Tombe de Molière.* Articles de M. l'abbé V. Davin dans *le Contemporain, revue catholique,* de septembre 1877 (p. 472-500) et de septembre 1878 (p. 450-472).

<small>Voyez plus haut, p. 159, 4ᵉ alinéa, mention d'autres articles de l'auteur.</small>

Le Blason de Molière, étude iconographique, par M. Benjamin Fillon. Paris, Quantin, 1878 : extrait de la *Gazette des Beaux-Arts* de mars ; in-4°.

Le Musée de la Comédie-Française, par M. René Delorme. Paris, Paul Ollendorf, 1878 : grand in-8°.

Les Comédiens du Roi de la troupe française pendant les deux derniers siècles. Documents inédits recueillis aux Archives nationales par M. Émile Campardon. A Paris, chez H. Champion, libraire de la Société de l'Histoire de Paris, 1879 : in-8°.

Le Molière, journal hebdomadaire. Cette petite feuille, à laquelle ont collaboré MM. Pifteau, Burani, et dont le rédacteur en chef était M. Georges Berry, a eu vingt-cinq numéros. Elle a paru de mars à septembre 1879. (*L'Intermédiaire des chercheurs et curieux,* 1888, colonnes 313 et 314.) Le journal s'occupait-il de questions moliéresques ? Le titre ne l'indique peut-être pas.

Le Moliériste, revue mensuelle, publiée avec le concours de MM....., par M. Georges Monval, archiviste bibliothécaire de la Comédie-Française. Paris, d'avril 1879 à mars 1889 : 10 volumes in-8°.

<small>On peut encore espérer que la publication de cet excellent et si utile recueil n'est que suspendue.

« Nous avons appris, non sans regret, que notre Revue mensuelle, créée et si bien dirigée par notre ami M. Monval, va dans deux mois prendre sa retraite. J'ai lieu d'espérer que du moins, sous une forme quelle qu'elle soit, dans une autre publication, dût-elle être plus sommaire, le moliériste par excellence que je viens de nommer, l'homme incomparable dans la connaissance de l'histoire de notre théâtre, voudra bien de temps en temps continuer à nous ouvrir son inépuisable source de renseignements. » (*Toast à Molière* de M. Paul Mesnard, président le banquet des moliéristes du 15 janvier 1889.)</small>

Le Pavillon des Singes, articles de M. J. Romain Boulenger[1], au *Moliériste* de juillet et d'octobre 1879. Voyez l'alinéa suivant.

---

1. Mort en août 1881.

Maison natale de Molière, rue Saint-Honoré, article de M. Auguste Vitu, au *Moliériste* de septembre 1879.

    Cet article et celui de M. Boulenger, mentionné à l'alinéa précédent, ont établi, non que le poète soit né dans cette *Maison des Singes,* qu'on a vue jusqu'en 1802 rue Saint-Honoré, au coin droit de la rue des Vieilles-Étuves (actuellement rue Sauval), mais seulement que le jeune Molière y habita chez son père en 1636, 1637, 1638 : voyez la lettre de M. Georges Monval à M. H. de Lapommeraye, insérée au *Moliériste* d'octobre 1882, et la *Notice biographique,* p. 4 et suivantes.

Madame Molière, article de M. Auguste Vitu, inséré le 24 mai 1879 au journal *le Gaulois.*

Les Comédiennes de Molière, par M. Arsène Houssaye. Paris, Dentu, 1879 : 1 volume in-8°, avec 10 portraits gravés.

Molière et les registres de l'état civil, avec fac-similé d'un acte signé par Molière, par M. Henri Moulin, ancien magistrat. Paris, Charavay, 1879 : in-8°.

Les Maîtresses de Molière, amours du grand comique, leur influence sur son caractère et son œuvre, par Benjamin Pifteau. Paris, Léon Willem, 1879 : 1 volume petit in-8°.

Molière en province, étude sur sa troupe ambulante, suivie de *Molière en voyage,* comédie en un acte, en vers, par Benjamin Pifteau. Paris, Léon Willem, 1879 : 1 volume petit in-8°.

L'Instruction en province avant 1789. Histoire littéraire de la ville d'Albi, par Jules Rolland, avocat à la Cour d'appel de Paris. Toulouse, 1879 : in-8°. Là, Ire partie, p. 205-216, la fin du chapitre VIII, intitulée *Molière est-il venu à Albi ?*

    Voyez le *Moliériste* de mars 1879, p. 15 et suivantes.

La Famille de Molière et ses représentants actuels, d'après les documents authentiques, par E. Révérend du Mesnil. Paris, Isidore Liseux, 1879 : 1 volume in-8°.

Les Aïeux de Molière à Beauvais et à Paris, d'après les documents authentiques, par E. Révérend du Mesnil, ancien juge de paix. Paris, Isidore Liseux, 1879 : petit in-8°.

Molière's Streit mit dem Hôtel de Bourgogne und seinen Verbündeten in Folge der « École des femmes » (Ende 1662 bis Anfang 1664), « Querelle de Molière avec l'Hôtel de Bourgogne et ses alliés à l'occasion de *l'École des femmes* (de la fin de 1662 au commencement de 1664), » articles de M. le docteur W. Mangold dans la *Zeitschrift für neufranzösische Sprache und Litteratur,* « Revue de langue et de littérature françaises modernes, » dirigée par M. le professeur Körting et M. le docteur Koschwitz : Oppeln (Silésie), chez Maske. Voyez au tome Ier (1879), p. 186-223 et 305-338.

Molière parrain à Montpellier (en janvier 1654) : article de M. L. de la Pijardière au *Moliériste* de mai 1879.

<small>Là se trouve le texte d'un acte déjà signalé et commenté, dans *la République*, journal de Montpellier (numéro du 10 mai 1876), par M. Léon Gaudin, bibliothécaire de la ville (plus haut, p. 176, dernier alinéa).</small>

Molière et ses ennemis, article de M. J.-N. van Hall, dans la revue hollandaise *de Gids*, « le Guide », du 1er juillet 1879 : voyez *le Moliériste* d'août 1879, p. 155.

Molière und seine Bühne. Molière-Museum. Sammelwerk zur Förderung des Studiums des Dichters in Deutschland, unter Mitwirkung der Herren..., in zwanglosen Heften herausgegeben von Dr Heinrich Schweitzer, früher in Paris, z. Z. in Wiesbaden. « *Molière et son théâtre. Musée Molière.* Recueil, non périodique, destiné à favoriser l'étude du poète en Allemagne ; publié, avec la collaboration de MM...., par le docteur Heinrich Schweitzer, résidant autrefois à Paris, actuellement à Wiesbaden. » Wiesbaden, chez l'auteur ; Leipzig, en commission chez Theodor Thomas : 2 volumes in-8°, qui ont paru, en 6 fascicules, chacun paginé à part et accompagné d'une gravure, de septembre 1879 à mars 1884.

<small>Pour sa part, l'éditeur a donné au recueil une étude sur le génie de Molière et l'ensemble de son œuvre, une biographie étendue, mais restée inachevée, du poète, des relevés de bibliographie moliérienne, divers comptes rendus. Outre une foule de renseignements sur les livres et les représentations théâtrales concernant Molière, outre d'utiles et d'intéressants articles, dont les principaux sont dus à MM. Fritsche, Cl. Humbert, Knœrich, Laun, Mahrenholtz et Mangold, on trouve dans ce *Musée Molière* certaines œuvres du poète (*la Gloire du Val-de-Grâce*, des *Poésies diverses* ou *attribuées*) traduites pour la première fois en allemand ; des traductions aussi ou des analyses détaillées de documents, d'articles écrits en français (d'extraits du *Moliériste* entre autres) ou en russe (d'études de M. Vesselovsky) ; on y trouve enfin des réimpressions complètes, avec introductions et notes, de textes français devenus rares, et introuvables en Allemagne (de l'*Élomire hypocondre* de le Boulanger de Chalussay, du *Roi glorieux au monde*, pamphlet du curé Roullé, du *Festin de Pierre* de Dorimond...).

Heinrich Schweitzer, qui était docteur en médecine, est mort dans un grand âge au commencement d'avril 1884 : voyez une notice de M. Fritsche insérée au *Moliériste* d'août de la même année.</small>

Molière, by Mrs Oliphant and F. Tarver, M. A. — Édimbourg et Londres, Blackwood et fils, 1879 : in-16. Étude biographique et littéraire faisant partie de la collection des *Foreign Classics for English Readers*.

Molière et les Italiens, à propos du tableau des Farceurs appartenant à la *Comédie-Française*, et où se voit un portrait de Molière : article de M. Auguste Vitu au *Moliériste* de novembre 1879.

Les Comédiens du Roi de la troupe italienne pendant les deux derniers siècles. Documents inédits recueillis aux Archives nationales par M. Émile Campardon. Paris et Nancy, Berger-Levrault, 1880 : 2 volumes in-8°.

Scenari inediti della commedia dell'arte. Contributo alla storia del teatro popolare italiano di Adolfo Bartoli. In Firenze, G. C. Sansoni, 1880 : 1 volume in-8°.

> Contient, entre autres canevas, qui ont été recueillis dans un manuscrit du dix-huitième siècle mais peuvent avoir une origine fort ancienne, ceux de *l'Incauto* ovvero *l'Inavvertito* (p. 91 et suivantes), d'*il Medico volante, commedia fatta da commedianti* (p. 105 et suivantes), d'*il Dottor bacchettone* (p. 289 et suivantes : voyez sur ce dernier la *Notice* du *Tartuffe*, tome IV, p. 350). Le manuscrit est conservé à la bibliothèque *Magliabechiana* de Florence.

Molière et sa troupe au Palais-Royal. Suite d'articles de M. Édouard Thierry insérés au *Moliériste* :
La Thébaïde au Palais-Royal (1664) : numéro d'octobre 1880.
L'Alexandre de Racine (1665) : numéro de juillet 1882.
Molière et Tartuffe dans la Préface des Plaideurs : numéro d'avril 1880.
Le Favori, tragi-comédie en cinq actes, en vers, de Mlle des Jardins : numéro d'avril 1881.
Les deux Mères coquettes (1665) : numéro de janvier 1882.
Le Festin de Pierre : numéros de janvier et de février 1881.
L'Amour médecin : numéro de juillet 1881.
Le Misanthrope : numéros d'août, de septembre, d'octobre 1883 ; d'octobre 1887 (*Célimène*) ; d'avril et de mai 1888 (*Mlle du Parc et Arsinoé*).
Le Ballet des Muses : numéro d'avril 1884.
Le Sicilien : numéro d'octobre 1882.
Gros-René petit enfant et *l'Embarras de Godard* : numéro de novembre 1888.
La Gloire du Val-de-Grâce, Tartuffe et la paix de l'Église : numéro de février 1883.
Les Fourberies de Scapin : numéros de décembre 1885 et de janvier 1886.
Psyché : numéros d'avril et de mai 1887.

> Voyez plus haut, p. 228, dernier alinéa et 229, 1er alinéa; puis p. 172, 3e alinéa; et p. 178, alinéa 2-4.

La Maison mortuaire de Molière, d'après des documents inédits, avec plans et dessins, par M. Auguste Vitu. Paris, Alphonse Lemerre, 1880 : 1 volume in-8° de 480 pages.

La Relique de Molière du cabinet du baron Vivant Denon, par M. Ulric Richard-Desaix. Paris, Vignères, ou Armand et Labat, 1880 : brochure grand in-8°. Lettre adressée à M. Georges Monval et d'abord insérée au *Moliériste* de juin 1880.

Deuxième centenaire de la fondation de la Comédie-Française (21 octobre 1880[1]). — L'Impromptu de Versailles, le Bourgeois gentilhomme, *précédés d'une notice par P. Regnier, ancien sociétaire de la Comédie-Française et d'un à-propos en vers par F. Coppée.* Paris, librairie des Bibliophiles (D. Jouaust) et librairie P. Ollendorf, 1880 : in-16. — A l'appendice sont indiqués certains jeux de scène traditionnels, exécutés dans *le Bourgeois gentilhomme* par le Maître de danse : voyez notre tome VIII, p. 71, note 1.

Comédiens de campagne à Carcassonne en 1649 et 1655 : article de M. L. de la Cour de la Pijardière au numéro de décembre 1880 du *Moliériste*.

Molière, sa femme et sa fille, par M. Arsène Houssaye, ancien directeur de la Comédie-Française. Paris, Dentu, 1880 : 1 volume in-folio, magnifiquement illustré.

Ce livre a déjà été mentionné plus haut, p. 202, 3ᵉ alinéa, pour un renseignement nouveau qui y est donné sur la fille de Molière.

La Troupe de Molière et les deux Corneille à Rouen en 1658, par M. F. Bouquet. Paris, A. Claudin, 1880 : 1 volume petit in-12 elzévirien, avec trois eaux-fortes par M. Adeline et un fac-similé de signatures.

Un premier travail de M. F. Bouquet : *Molière et sa troupe à Rouen*, avait été publié au tome V (1865), p. 143-156, de la *Revue de la Normandie*.

Le Jeu de paume des Braques (où la troupe de Molière donna des représentations, à Rouen, en 1658) : article de M. F. Bouquet au *Moliériste* d'avril 1886. — Voyez au *Moliériste* de janvier précédent (1886) l'article de M. G. Monval : *Molière... à Rouen*, p. 301 et suivantes. — Voyez plus loin, p. 245, 4ᵉ alinéa.

Voyez encore plus haut, p. 175, 3ᵉ alinéa, et p. 177, 3ᵉ alinéa de la fin.

---

1. C'est le 25 août 1680 que les deux troupes de Bourgogne et de Guénegaud « se sont unies ensemble » à l'Hôtel Guénegaud (voyez plus haut, p. 190, 3ᵉ alinéa). Mais du 21 octobre suivant est datée la lettre de cachet qui constitua définitivement la troupe unique des Comédiens-Français.

Molière et Gui Patin, par M. le docteur F. Nivelet. Paris et Nancy, Berger-Levrault, 1880 : in-8°.

Eugène Noël. *Molière, son théâtre et son ménage :* 3° édition. Paris, A. H. Bécus, 1880 : in-18. La 1re édition est de 1852.

M. A. Willems. *Les Elzevier* (1880); voyez plus haut, p. 2, note 2.

Molière's Wanderungen in der Provinz (1646-1658), « Voyages de Molière en province. » Articles de M. le docteur W. Mangold, insérés dans la *Revue de langue et de littérature françaises modernes* publiée par M. le professeur Körting et M. le docteur Koschwitz (plus haut, p. 233, dernier alinéa), tome II (1880), p. 26-42 ; 166-182 ; une carte a été jointe au second article. — M. Mangold a complété cette étude au tome VIII (1886) de la même *Revue*, p. 179-184.

Molière, sein Leben und seine Werke, « Molière, sa vie et ses œuvres », par M. Ferdinand Lotheissen (mort en décembre 1887). Francfort-sur-le-Main, 1880 : 1 volume in-8°.

Ce que Molière doit aux anciens poètes français, par M. le docteur Wilke. Lauban (Silésie), 1880 : brochure in-4°.

De la Prononciation française depuis le commencement du XVIe siècle, d'après les témoignages des grammairiens, par Charles Thurot, membre de l'Institut. Imprimerie nationale ; 2 volumes grand in-8° : tome Ier de 1881 ; tome II et *Index*, de 1883 ; au-devant de l'Index est une *Préface* de M. Gaston Paris.

Le Médecin de Molière, par M. le docteur Achille Chereau. Paris, 1881 (extrait de *l'Union médicale*) : brochure in-8°.

La Philosophie de Molière, article de M. Paul Janet dans la *Revue des Deux Mondes* du 15 mars 1881, p. 323 et suivantes.

Documents inédits. Molière à Narbonne en 1649, 1650 et 1656. Article de M. G. Monval au *Moliériste* d'avril 1881.

Molière et les troupes de comédie de passage à Narbonne au milieu du XVIIe siècle. Nouveaux documents inédits. Article de M. V. Mortet au *Moliériste* d'avril 1886.

Ces deux articles contiennent plusieurs documents importants, les uns découverts par M. Mortet, les autres heureusement rétablis par lui.

Armande Béjart, sa fille et ses deux maris, article de M. H. Moulin au *Moliériste* de mai 1881.

Voyez plus haut, p. 233, 5e alinéa.

Molière en Amérique, article de M. J. Brander Matthews, inséré au *Moliériste* d'août 1881.

<blockquote>Un travail du même auteur intitulé Molière : *The life and the legend*, a paru à Philadelphie, dans le *Lippincotts Magazine* (une revue illustrée) d'avril 1879.</blockquote>

Louise de la Vallière et la jeunesse de Louis XIV, d'après des documents inédits, avec le texte authentique des lettres de la duchesse au maréchal de Bellefonds, par M. Jules Lair. Paris, Plon, 1881 : in-8°.

Molière's Leben und Werke vom Standpunkt der heutigen Forschung, « Vie et œuvres de Molière, d'après les dernières recherches, » par R. Mahrenholtz. Heilbronn, Henninger frères, 1881 : 1 volume in-8°.

Les Tombeaux de Molière et de la Fontaine, rapport présenté, le 28 décembre 1881, par M. Georges Monval au Comité des inscriptions parisiennes. Il est inséré au *Moliériste* d'avril 1882.

Catalogue de la Bibliothèque de feu M. A. Rochebilière (rédigé par M. A. Claudin; précédé d'un *Avant-propos* de M. Alphonse Pauly). Ire partie (1882) ; in-18.

Une Hérésie littéraire, article de M. Edmond Scherer au tome VIII, p. 51-72, de ses *Études sur la littérature contemporaine*. Paris, Calmann Lévy, 1885 : in-18.

<blockquote>Cette vive critique du style et de la versification de Molière est datée de février 1882, et parut d'abord dans le journal *le Temps* du 19 mars de cette année-là.</blockquote>

La Morale de Molière, dans les *Essais de critique idéaliste*, par Victor de Laprade. Paris, Didier, 1882 : in-12. Voyez V, p. 172-227.

Molière. La Critique idéale et catholique. Par M. Auguste Charaux, professeur de littérature française aux Facultés catholiques de Lille. Lille, J. Lefort (1882); in-12.

Molière à Vienne, article de M. C. Brouchoud au *Moliériste* de juin 1882.

Molière et l'opéra comique, par M. Arthur Pougin. Paris, J. Baur, 1882 : brochure in-8°.

Étude sur Molière. Le Mariage forcé; les Fourberies de Scapin. Par M. Alphonse Leveaux. Compiègne, 1882 : in-8°.
M. Moland mentionne du même auteur : *les Premières de Molière*. Compiègne, 1882 : brochure in-8°.

<blockquote>Voyez plus loin, p. 240, 3e alinéa.</blockquote>

ÉCRITS BIOGRAPHIQUES ET LITTÉRAIRES. 239

La Jeunesse de Fléchier, par M. l'abbé A. Fabre. Paris, Didier, 1882 : 2 volumes in-8°.

Archéologie moliéresque. — *Le Jeu de paume des Mestayers ou l'Illustre Théâtre* (1595-1883), d'après des documents inédits, avec plans de restitution, par M. Auguste Vitu. Paris, Alphonse Lemerre, 1883 : 1 volume in-8°.

<small>Voyez quelques observations du *Moliériste* de décembre 1883, p. 279-281. — Voyez ci-après, p. 240, 8ᵉ alinéa, et les renvois faits à la suite.</small>

Deutsche Quellen zur Molière-Biographie. « Sources allemandes pour la biographie de Molière », article de M. le docteur W. Mangold au tome II, vᵉ fascicule (avril 1883), p. 170-178, du *Musée Molière* (plus haut, p. 234, alinéas 5-7). On trouve là plusieurs intéressants extraits des rapports ou journaux d'agents allemands ayant résidé en France entre 1663 et 1671 : voyez plus haut, p. 128 et 129, alinéa 3 du n° 10, et p. 169, 1ᵉʳ alinéa du n° 34.

Grimarest's Vie de Molière, ihre Glaubwürdigkeit und ihr Werth. « La *Vie de Molière* par Grimarest, degré de confiance qu'elle mérite, sa valeur. » Article de M. le docteur W. Mangold, au tome II, vᵉ fascicule (avril 1883), p. 105-131, du *Musée Molière* (plus haut, p. 234, alinéas 5-7).

Molière in Deutschland, « Molière en Allemagne, » par M. Paul Lindau. Introduction mise au-devant du tome Iᵉʳ des *OEuvres choisies de Molière*, en 3 volumes, de la vieille traduction de Bierling, publiées à Stuttgart en 1883 (voyez ci-dessus, p. 105, dernier alinéa du n° 4).

<small>Un premier travail, portant le même titre, de M. P. Lindau, a paru à Vienne en 1867 : brochure in-8° (extrait du n° 4 de l'*Internationale Revue*).</small>

Molière et les classiques allemands, article de M. Paul Lindau au *Moliériste* de juin 1883.

Molière et Marivaux, article de M. Émile Boully au *Moliériste* d'avril 1883.

La Sépulture de famille des Béjart dans l'ancien cimetière Saint-Paul, article de M. l'abbé Valentin Dufour au *Moliériste* de mai 1883, p. 48-55.

<small>Mais voyez, p. 72, note 1, de *la Comédie de Molière*, par M. G. Larroumet (mentionnée plus loin, p. 243, 8ᵉ alinéa), sur l'âge de Marie Hervé, veuve de Joseph Béjart, une citation plus exacte de *l'Épitaphier de Paris*.</small>

Article *Molière*, par M. Andrew Lang, au tome XVI (1883) de l'*Encyclopædia britannica...*, p. 624-630 de la 9ᵉ édition : Édimbourg, in-8°.

Théâtre complet de M. Alexandre Dumas fils. Édition des comédiens..., revue, corrigée et augmentée de variantes et notes inédites. Paris, Calmann-Lévy : grand in-8°. Voyez au tome III, 1883, la note A du *Fils naturel*, p. 223 et suivantes.

La Morale de Molière, à propos d'une récente préface de M. Alexandre Dumas. Article signé de l'initiale L........ au *Moliériste* de mai 1883.

L'Enseignement moral dans les comédies de Molière, par M. Alphonse Leveaux. Compiègne, 1883 : 1 volume in-16. (*Catalogue manuscrit de la Bibliothèque nationale.*)

Molière auteur et comédien. Sa vie et ses œuvres. Par M. Léon Dumoustier. Paris, Laplace, Sanchez et Cie, 1883 : in-18.

Molière et le duel, par M. Charles Lavenir. Lyon, 1883; brochure in-8° (extrait de la *Revue lyonnaise*, année 1883, tome VII).

Deux Portraits de Molière, par M. Émile Perrin, membre de l'Académie des beaux-arts, lu dans la séance publique annuelle des cinq Académies du 25 octobre 1883. — Cette étude a été insérée au *Journal officiel*, dans le numéro du 1er novembre 1883, p. 5651-5654.

Autour de la Comédie-Française, recueil posthume d'articles de J.-J. Weiss, insérés dans le *Journal des Débats* de 1883 à 1885. Paris, Calmann Lévy, 1892; in-18. Particulièrement p. 73-82; p. 139 et 140.

La Maison des Pocquelins et la maison de Regnard aux piliers des Halles, 1633-1884, par M. Auguste Vitu : extrait des *Mémoires de la Société de l'histoire de Paris et de l'Ile-de-France*, tome XI (1884), p. 249 et suivantes.

<small>Voyez des mentions d'autres ouvrages et articles de M. A. Vitu, plus haut, p. 233, 1er et 3e alinéa; p. 234, dernier alinéa; p. 236, 1er alinéa; p. 239, 2^d alinéa.</small>

Les Deux Masques. Tragédie.— Comédie. Par Paul de Saint-Victor. Paris, Calmann-Lévy : 3 volumes in-8°, 1880-1884. Tome III (1884), chapitres v et vi du *Théâtre moderne*, p. 418-509 : MOLIÈRE.

A Short History of French literature, par M. George Saintsbury. Seconde édition, Oxford, 1884 : 1 volume in-8°. Pages 309-318.

Annals of the French stage from its origin to the death of Racine, par M. Frederick Hawkins. Londres, Chapman et Hall, 1884 :

ÉCRITS BIOGRAPHIQUES ET LITTÉRAIRES.

2 volumes in-8°. Voyez l'*index* très détaillé qui termine le tome II, au mot MOLIÈRE.

Biographie de Molière par M. Alexis Vesselovsky (1884) : en tête de la traduction russe mentionnée plus haut, p. 116.

Personnages de jeunes filles dans le théâtre de Molière, par M. Henri de la Ville de Mirmont, maître de conférences à la Faculté des lettres de Bordeaux, étude insérée dans le *Bulletin de la Société des sciences, lettres et arts de Pau*, 2ᵉ série, tome XIII (1884), p. 266-288.

Études sur la vie et les œuvres de Molière, par Édouard Fournier, revues et mises en ordre par Paul Lacroix, et précédées d'une Préface par Auguste Vitu. Paris, Laplace, Sanchez et Cie, 1885 (mais certainement, malgré ce millésime porté sur le titre, publiées avant l'article suivant) : 1 volume in-18.

Trois Moliéristes, article de M. Ferdinand Brunetière dans la *Revue des Deux Mondes* du 1ᵉʳ décembre 1884.

Voyez plus haut, p. 231, 10ᵉ alinéa; et plus loin, p. 247, alinéas 4-6.

Études historiques et critiques sur les classiques français du baccalauréat, par MM. Urbain et Jamey. Paris, Lecène et Oudin, 1884 ; 2 volumes in-12. MOLIÈRE, p. 571-751 du tome II.

Molière, sa vie et ses ouvrages. — Histoire posthume de Molière. — Le Théâtre et la Troupe de Molière. Par M. Louis Moland. Précédé d'une *Introduction*, cet important ouvrage occupe les 464 premières pages du tome Iᵉʳ (1885) de la seconde édition des *OEuvres complètes de Molière* qu'a donnée l'auteur (plus haut, p. 99, n° 59).

Dans la première édition de M. Moland (plus haut, p. 95, n° 42), *Molière, sa vie et ses ouvrages* se lisait au tome Iᵉʳ (1863); l'*Histoire posthume* au tome VII (1864), et *le Théâtre et la Troupe de Molière* au tome II (1863). Une autre édition a été donnée à part : Paris, Garnier frères, 1887 : 1 volume in-4° avec gravures; et une édition in-douze a paru en 1892.

De Malherbe à Bossuet. Études littéraires et morales sur le XVIIᵉ *siècle*, par M. Victor Fournel. Paris, Firmin-Didot, 1885 : 1 volume in-12. Voyez III : *Molière et l'érudition contemporaine;* et IV : *Le culte de Molière et ses reliques.* — Voyez plus loin, p. 247, fin.

Histoire des comédiens de la troupe de Molière, par M. Alfred Copin. Paris, Frinzine, 1885 : 1 volume in-8ᵉ.

Molière à Pézenas en 1650-1651. Un nouvel autographe de Molière, découvert aux archives du département de l'Hérault et publié par M. L. de la Pijardière. Pons, 1886 : brochure in-8° (extrait du *Moliériste* de novembre 1885).

<small>Le reçu, daté du 17 décembre 1650, dont il s'agit, est donné page 122 de la *Notice biographique*. — Voyez plus haut, p. 228, 7ᵉ alinéa.</small>

On trouve d'intéressants détails sur les représentations de pièces de Molière en Allemagne dans un article de M. Cl. Humbert (fragment sans doute d'un ouvrage qu'il prépare) intitulé : *Molière der Vater der deutschen Schauspielkunst oder die deutsche Bühne und Molière*, « Molière père de l'art dramatique allemand, ou le théâtre allemand et Molière, » et inséré au numéro d'octobre 1885 d'une Revue de Berlin appelée *Central-Organ für die Interessen des Realschulwesens*, « Organe central des intérêts des écoles réelles ». — Voyez plus haut, p. 226, alinéas 5 et suivants.

Schlegel und Molière, eine historische Studie, « Schlegel et Molière, étude historique, » de M. C. Humbert, dans la *Revue de langue et de littérature françaises modernes* (mentionnée plus haut, p. 233, dernier alinéa) : voyez le fascicule supplémentaire du tome VII (novembre 1885).

Molière à Poitiers et à Rouen, d'après des documents authentiques. Article de M. G. Monval au *Moliériste* de janvier 1886.

<small>Voyez plus loin, p. 244, 2ᵈ alinéa. — Voyez aussi plus haut, p. 175, 3ᵉ alinéa ; p. 177, antépénultième alinéa ; p. 236, derniers alinéas.</small>

Lettre de M. G. Monval aux membres de la commission des autographes de Molière ; elle donne le relevé chronologique des signatures authentiques de Molière. Elle est insérée au numéro de mai 1886 du *Moliériste*, p. 36-40. Voyez la même Revue, numéro d'octobre 1886, p. 219. — Voyez encore plus haut, p. 178, fin du 6ᵉ alinéa, une constatation faite par M. Monval. — Sur de faux autographes, voyez *le Moliériste* de septembre 1880, p. 187.

Nouveaux documents sur les relations de Molière et du prince de Conty, article de M. A. Huyot au *Moliériste* de janvier 1886.

Molière : dans *les Grands Maîtres du dix-septième siècle*, études littéraires et dramatiques, par M. Émile Faguet. Paris, Lecène et Oudin, 3ᵉ édition, 1886 : 1 volume grand in-8°. Pages 105-128.

Molière inconnu. *Sa vie*. Tome Iᵉʳ (1622-1646), par M. Auguste Baluffe. Paris, Perrin, 1886 : petit in-8°.

<small>Sont annoncés un tome second pour la *Vie* (1647-1658), et deux tomes pour l'*Œuvre* du poète.</small>

ÉCRITS BIOGRAPHIQUES ET LITTÉRAIRES.

Molière. *Nouvelles Controverses sur sa vie et sa famille*, par M. Jules Loiseleur. Orléans, H. Herluison, 1886 : 1 volume in-18.

<small>Voyez plus haut, p. 231, 5ᵉ alinéa.</small>

MM. Ch. Nuitter et Er. Thoinan. *Les Origines de l'Opéra français*. Paris, Plon, 1886 : in-8°. Chapitres x, xi et xii.

L'Art de Molière, six articles de M. Louis Vivier publiés dans *le Moliériste* d'octobre, de novembre et de décembre 1886, de janvier, de février et de mars 1887.

Nouveaux documents sur les comédiens de campagne et la vie de Molière, par M. Henri Chardon. — Tome Iᵉʳ : *M. de Modène, ses deux femmes, et Madeleine Béjart*. Paris, Alphonse Picard, 1886 : 1 volume in-8°.

<small>Voyez plus haut, p. 213, alinéas 1-3.</small>

Le Génie et les Chefs-d'œuvre de Molière, articles de M. Marius Sepet dans le journal *le Monde*, numéros des 14, 17 octobre, 1ᵉʳ, 10 et 11 novembre 1886.

La Comédie de Molière, l'auteur et le milieu, par M. Gustave Larroumet, maître de conférences à la Faculté des lettres de Paris. *La famille de Molière.* — *La bourgeoisie parisienne au* xviiᵉ *siècle.* — *La femme de Molière, son origine et sa légende.* — *Les amis de Molière.* — *Madeleine Béjart.* — *La Grange.* — *Les mœurs théâtrales au* xviiᵉ *siècle.* — *Molière et Louis XIV.* — *Molière, l'homme et le comédien.* — *Les biographes de Molière.* Paris, Hachette, 1886 ; 2ᵉ édition, 1887 : 1 volume in-16 (réunion d'articles publiés d'abord dans la *Revue des Deux Mondes*).

L'Illustre Théâtre, article de M. W. Mangold dans la *Revue de langue et de littérature françaises modernes* (mentionnée plus haut, p. 233, dernier alinéa), tome VIII (1886), p. 43-50.

Molière's Bühne und ihre Einrichtung, « La Scène de Molière et son organisation, » étude mise par M. Hermann Fritsche en tête de son édition de *l'Avare* (Berlin, 1886) : plus haut, p. 98, n° 53. Elle a été traduite par M. Metzger dans *le Moliériste* de juin, de juillet et d'août 1887.

Le Laquais de Molière, par M. Georges Monval. *Provençal à Chambord.* — *Troupes de campagne.* — *Vingt ans à la Comédie-Française.* — *Le Premier Pompier de France.* — *Un portrait de Molière.* — *Les Du Périer, de Malherbe au général Du Mouriez.* Paris, Tresse et Stock, 1887 : 1 volume petit in-8°. Il se trouve là des détails de beaucoup d'intérêt et entièrement nouveaux.

Molière et Shakespeare, par M. Paul Stapfer, professeur à la Faculté des lettres de Bordeaux. Paris, Hachette, 1887 : in-16.

Molière à Poitiers et les comédiens dans cette ville de 1646 à 1658, par M. E. Bricauld de Verneuil, membre titulaire de la Société des archives historiques du Poitou. Publié par M. Alfred Richard, président de la Société, avec une notice biographique sur l'auteur. Paris, Lecène et Oudin, 1887 : brochure in-8°.

<small>Voyez *Molière à Poitiers*, article de M. G. Monval, au *Moliériste* de janvier 1886, p. 300 et 301.</small>

Molière, son séjour à Montpellier en 1654-1655. — Inscription commémorative. Rapport adressé à M. Alexandre Laissac, maire de Montpellier, par M. Louis de la Pijardière, archiviste du département de l'Hérault et de la ville de Montpellier. Montpellier, 1887 : brochure in-8°. — D'abord inséré au numéro de mars 1887 du *Bulletin municipal de la ville de Montpellier*.

<small>Voyez plus loin, p. 246, 2^d alinéa.</small>

Molière-Studien. — Ein Namenbuch zu Molière's Werken mit philologischen und historischen Erläuterungen, von Hermann Fritsche. « Études sur Molière. — Dictionnaire de noms propres pour les Œuvres de Molière, avec des éclaircissements philologiques et historiques, par Hermann Fritsche; » 2de édition, corrigée et augmentée. Berlin, Weidmann, 1887 : 1 volume in-8°.

<small>La première édition avait été publiée à Dantzick en 1868.
Un petit nombre de corrections à faire dans ce très recommandable livre ont été signalées à l'auteur : voyez le *Moliériste* de décembre 1887, p. 282-283, et un article de M. Gaston Paris, au second semestre, p. 426, de la *Revue critique* de 1888.</small>

Molière und kein Ende. Ein Mahnwort an Deutschlands Molieristen. Nebst einem Anhang : MOLIÈRE IN DEUTSCHLAND. « Molière et toujours Molière. Un mot d'avis aux Moliéristes d'Allemagne. Avec un appendice : MOLIÈRE EN ALLEMAGNE (dialogue entre morts et vivants). » Par le docteur O.-W. Stichling. Berlin, August Hettler, 1887 : brochure in-12.

Molière en Turquie. Étude sur le théâtre de Karagueuz. Par M. Adolphe Thalasso. Paris, Tresse et Stock, 1888 (extrait du *Moliériste* de décembre 1887 et de janvier 1888).

Étude sur la vie et les œuvres du P. le Moyne (1602-1671), par le P. H. Chérot, S. J. — Paris, Alphonse Picard, 1887 : un volume grand in-8°. Voyez aux pages 14-16 et 463 et 464. — Voyez aussi une *Addition* à la page 23 de la *Notice biographique*.

Molière's Leben und Werke nach den neuesten Forschungen dargestellt, « Vie et œuvres de Molière d'après les plus récentes recherches, » par le P. W. Kreiten, S. J. — Fribourg en Brisgau, Herder, 1887 : 1 volume grand in-12 de xxxvi et 732 pages, avec un portrait de Molière.

<blockquote>L'étude du Père jésuite a paru d'abord, à partir de janvier 1884, aux tomes XXVI et suivants de la revue catholique publiée à Fribourg sous le titre de *Stimmen aus Maria-Laach*, « Voix de Maria-Laach [1] ».</blockquote>

Catalogue des livres composant la bibliothèque de feu M. le baron James de Rothschild (complété et publié par M. Émile Picot). Paris, Damascène Morgand, 1884 et 1887; 2 volumes in-8° : voyez, pour Molière, tome II, p. 71 et suivantes.

Points obscurs et nouveaux de la vie de Pierre Corneille, étude historique et critique, avec pièces justificatives, par M. F. Bouquet. Paris, Hachette, 1888 : 1 volume in-8°. Pages 180-183; 217 et 218. — Voyez plus haut, p. 236, alinéas 7 et suivants.

Les Comédies de Molière en Allemagne, le théâtre et la critique, par M. Auguste Ehrhard. Paris, H. Lecène et H. Oudin, 1888 : 1 volume grand in-8°.

Les Comédiens français à la cour de Bavière, étude de M. Karl Trautmann, formant la 2de partie du *Jahrbuch für Münchener Geschichte*, « Annuaire pour l'histoire de Munich ». — Munich, J. Lindauer, 1888 : 1 volume in-8°. Voyez *le Moliériste* d'août 1888, p. 155 et 156, et la *Revue critique d'histoire et de littérature*, p. 9 du 2d semestre de 1890.

Impressions de théâtre, par M. Jules Lemaître. Paris, Lecène et Oudin; in-18. — Première série, 1888 : à y relever ici quatre articles, où il est parlé du *Misanthrope*, de *Psyché*, de *Dom Juan*, et d'une comédie de MM. Adolphe Aderer et Armand Ephraïm intitulée *la Première du Misanthrope*. — Troisième série, 1889 : deux articles. I. *Les Fâcheux*. II. *Le Misanthrope*. Une lettre de M. Alexandre Dumas. — Quatrième série, 1890 : trois articles. I. Conférence de M. Ferdinand Brunetière sur *l'École des femmes* et *le Malade imaginaire*. II. Conférence de M. Henri Chantavoine sur *George Dandin*. III. Représentation de retraite de M. Coquelin aîné. *Tartuffe*. — Sixième série, 1892 : cinq articles. I. *Térence et Molière. Phormion* et *les Fourberies de Scapin*. II. Conférence de M. Francisque Sarcey sur *le Misanthrope*. III. *Le Malade imaginaire*. IV. *Un Moliériste. M. Georges Monval*. V. *Jean-Jacques Rousseau et le théâtre*.

---

1. Célèbre abbaye, à trois lieues ouest d'Andernach.

Études littéraires et morales sur le xviie *siècle.* — *Boursault et la comédie des Mots à la mode.* Par M. Ch. Revillout. Montpellier, 1888 : dans la brochure mentionnée plus haut, p. 160, avant-dernier alinéa.

Molière à Montpellier en 1654-1655, article de M. Gaston Rabaud, maître de conférences à la Faculté des lettres. Inséré au *Bulletin de l'Association générale des étudiants de Montpellier*, numéro de décembre 1888.

<small>Voyez plus haut, p. 244, 4° alinéa.</small>

La Versification de Molière, par M. Maurice Souriau. Extrait du tome IV (1887) du *Monde poétique*, revue de poésie universelle. Paris, imprimerie A. Lanier, 1888 : brochure de 113 pages in-quarto (très grand in-octavo par les signatures).

Un point de littérature dramatique : les Dénouements de Molière, article de M. Lucien Mulhfeld dans la *Revue d'art dramatique* du 15 septembre 1888.

Molière à Nantes, titre du second chapitre des *Souvenirs d'un vieux Nantais*. Nantes, Vier, 1889 : petit in-8° carré, avec une gravure représentant l'ancien jeu de paume Saint-Léonard, « où la tradition veut que Molière ait joué au printemps de 1648 ». (*Le Moliériste* de mars 1889.) — Voyez plus haut, p. 222, dernier alinéa.

Molière et la famille, conférence faite à l'Odéon, le 28 mars 1889, par M. Henri de Lapommeraye. Au tome Ier, p. 217 et suivantes, du recueil intitulé *Conférences faites aux matinées classiques du théâtre national de l'Odéon*. Paris, A. Crémieux et H. Chateau, 1889 : in-12.

Autour de Molière, par M. Auguste Baluffe. Paris, E. Plon, Nourrit et Cie, 1889 : in-18.

Molière, par M. H. Durand, agrégé des lettres, inspecteur général honoraire de l'Instruction publique. Dans la *Collection des classiques populaires* publiée par Lecène et Oudin, 1889 : 1 volume in-8°, orné d'un portrait et de plusieurs reproductions de Moreau le jeune.

<small>Principales divisions : *La vie et les œuvres de Molière. Personnages de la comédie de Molière. La composition et le style.*</small>

Études et Portraits, par M. Paul Bourget. Paris, Alphonse Lemerre, 1889 : 2 volumes in-16. Voyez, au tome Ier, parmi les *Réflexions sur le théâtre* : III. *De l'Emploi des vers au théâtre*, p. 329-340. — V. *Alceste*, p. 349-356.

ÉCRITS BIOGRAPHIQUES ET LITTÉRAIRES.

Le théâtre en France, histoire de la littérature dramatique depuis ses origines jusqu'à nos jours, par M. L. Petit de Julleville. Paris, Armand Collin, 1889 : 1 volume in-18 jésus. Chapitre VII : Molière et ses contemporains.

Notice biographique sur Molière, par M. Paul Mesnard : tome X de la présente édition : 1889.

Les Jeunes Filles dans Molière, deux articles de M. Ernest Legouvé insérés aux numéros des 20 et 21 février 1890 du journal *le Temps*.

La Philosophie de Molière, article de M. Ferdinand Brunetière dans la *Revue des Deux Mondes* du 1er août 1890. Inséré dans la 4e série des *Études critiques* de l'auteur *sur l'histoire de la littérature française*. Paris, Hachette, 1891 : in-16.

Voyez plus haut, p. 231, 10e alinéa, et p. 241, 5e alinéa.

Les Époques du théâtre français (1636-1850), par M. Ferdinand Brunetière. Recueil des conférences faites au théâtre de l'Odéon de novembre 1891 à février 1892. Paris, Calmann Lévy, 1892; 1 volume in-18. Voyez particulièrement, p. 73-95, la conférence sur *l'École des femmes* (déjà mentionnée plus haut, p. 127), et, p. 119-141, la conférence sur *Tartuffe* (déjà mentionnée plus haut, p. 161).

Histoire de la littérature anglaise, par M. H. Taine. Paris, Hachette, 5 volumes in-16; 1re édition 1864; 8e édition, 1892. Sur Molière, tome III, p. 99 et suivantes de la 8e édition.

Le Théâtre au XVIIe siècle. La Comédie. Par M. Victor Fournel. *La Comédie avant Molière. — Les Types de la vieille comédie. — Molière. — La Comédie contemporaine de Molière. — Les Successeurs de Molière. — La Monnaie de Molière. Un Cadet de Molière. Un Vaudevilliste au XVIIe siècle.* Paris, Lecène et Oudin, 1892 : 1 volume in-18. — Paraîtra du même auteur : *La Tragicomédie et la Pastorale au XVIIe siècle.* — Voyez plus haut, p. 221, fin, p. 222, et p. 241, 11e alinéa.

Les Stances libres dans Molière, par M. Charles Comte. Versailles, Aubert, 1893 : brochure de 87 pages in-8º.

A. DESFEUILLES.

TABLE ALPHABÉTIQUE

DE LA

NOTICE BIBLIOGRAPHIQUE

Nota. — Les chiffres arabes renvoient aux pages de la *Notice*.

A

ACHKINASI (Mikhaïl). *Les Influences françaises en Russie : Molière*, 116.
ADERER (A.). *Les Femmes dans les comédies de Molière*, 223.
AIMÉ-MARTIN (L.). Éditeur de Molière, 92 ; Histoire du monument élevé à Molière, 216 ; Catalogue de sa bibliothèque, 28.
ALBERT (Paul). *La Littérature française au XVIIe siècle*, 228.
ALEMBERT (d'). Article sur un *Buste de Molière*, 209 ; Lettre à J.-J. Rousseau, 138, 149. Voy. *Encyclopédie*.
ALEXANDRE (le docteur). *Molière et les médecins*, 219.
ALLAINVAL (l'abbé d'), sous le nom d'emprunt de George Wink. *Lettre à Mylord*** sur Baron et Mlle Lecouvreur*, 155, 172, 213.
ALLART (L. F.). *L'Avare en vers*, 152.
ALPHONSE (Pierre d'). *Disciplina clericalis* (XIIe siècle), 148.
ANCOURT (d'). Prologue et divertissements nouveaux pour *les Amants magnifiques*, 164.
ANDRIEUX. *Dépit amoureux* réduit, 126 ; *L'Amour médecin* réduit, 137.
ANGUILBERT (Thibaut). *Mensa philosophica* (XVe siècle), 142.
Anonymiana, 153.

APULÉE. *Métamorphoses*, 168.
ARAGO (Étienne). Notice sur *Molière*, 223.
ARAGO (François). Discours d'inauguration du monument de Molière, 217.
Araspe et Simandre (1672), nouvelle, 184.
ARÉTIN. *L'Ipocrito*, 153.
ARGIS (d'). Voyez BOUCHER D'ARGIS.
ARIOSTE. *Les Supposés* (eu italien et en françois, 1552), 150.
ARISTOPHANE. *Les Nuées*, 164.
ARNESEN KALL (B.). Traducteur danois, 112.
ARTAUD. *Le Centenaire de Molière*, comédie (1773), 209.
ARVIEUX (le chevalier d'). *Mémoires*, 164.
ASSOUCY (d'). Lettre « à M. de Molières » (1653), 176 ; *Les Rimes redoublées* (pièce de vers et lettre à Molière), 185 ; *L'Ombre de Molière et son épitaphe* (1673), 188 ; *Les Aventures de monsieur d'Assoucy* (1677), 192.
Athée foudroyé (l'). Voyez DORIMOND et ROSIMOND.
AUBÉ (B.). *Notice* sur GASSENDI, 220.
AUBIGNAC (l'abbé d'). *La Pratique*

du théâtre (1657), 177 ; *Dissertation sur la condamnation des théâtres* (1666), 181 ; *Quatrième dissertation concernant le poème dramatique*, 127.
AUDRAN (B.). Portrait de Molière d'après Mignard, 80.
AUGER. Édition de Molière, 90 ; *Vie de Molière* publiée séparément ; Notice dans la *Biographie universelle*, 214.
Autographes. Voyez MONVAL ; DE LA PIJARDIÈRE ; FONTAINE.
AUVERGNE (d'). Musique du *Sicilien* de le Vasseur, 145.
AVAL (C.... d'), Cousin d'Avalon. *Moliérana*, 211.

B

BAAR (le baron de). Nouveau dénouement pour *le Misanthrope*, 104 ; *Épîtres diverses sur des sujets différents*, 205.
BACHOT (Étienne). Épitaphe latine, 188.
BAILLET. *Jugements des savants* (1685-1686), 157, 193-194.
BAILLY (Jean-Sylvain). *Éloge de Molière*, 208.
BAKER (Henry) et James MILLER. Traducteurs anglais, 109 et 110.
BALLANDE. Organisateur du jubilé de Molière, 228.
Ballets et Divertissements : Le Ballet des Incompatibles, 52, 177, 224 ; *Ballet des Fâcheux*, 7 ; *Ballet du Mariage forcé*, 15 ; *Les Plaisirs de l'île enchantée* (la Princesse d'Élide), 16, 17, 155, 131 ; *Ballet de l'Amour médecin*, 22 ; *Ballet des Muses* (Mélicerte, Pastorale comique, le Sicilien), 25, 26, 27, 143 et 144, 145, 235 ; *Le Grand Divertissement royal de Versailles* (George Dandin), 30, 149 ; *Les Fêtes de l'Amour et de Bacchus* de Lulli, 26, 31, 36 ; *Le Carnaval* de Lulli, 26, 38, 162 ; *Pourceaugnac* de Lulli, 162 ; *Le Divertissement de Chambord* (M. de Pourceaugnac), 35 ; *Le Divertissement royal* (les Amants magnifiques), 36 ; Le Bourgeois gentilhomme, la *Cérémonie turque, le Ballet des Nations*, 37 et 38 ; *Ballet de Psyché*, 42-43 ; *Ballet des ballets* (la Comtesse d'Escarbagnas), 26, 31, 36, 37, 43, 44 ; Le Malade imaginaire, *la Cérémonie*, 46 et suivantes ; *La Cérémonie apocryphe*, 173 ; *Les Divertissements de Versailles* (en l'année 1674), 173.
BALUFFE (Auguste). *Molière inconnu*, 242 ; *Autour de Molière*, 246 ; article sur *le Sicilien*, 146.
BARBADILLO (Alonso Jeronimo Salas de). *La Hyja de Celestina* (1612), 154.
BARBIER (JULES) et MICHEL CARRÉ. Opéra-comique du *Médecin malgré lui*, 143 ; de *Psyché*, 169.
BARBIERI (Nicolò) dit BELTRAME. *L'Inavvertito*, 123.
Barbouillé (la Jalousie du), canevas d'une farce de Molière à rapprocher de *George Dandin*, 148 et 149.
BARON. *Ritus Facultatis medicinæ*, 174 ; *Quæstionum medicarum series chonologica*, ibidem.
BARRÈS (Maurice). *Tartuffe et l'esprit jésuitique*, 161.
BARTOLI (Adolfo). *Scenari inediti...* 235. Là se trouvent : *Il Medico volante*, 51 ; *L'Inavvertito*, 124 ; *Il Dottor bacchettone*, 154, note 1.
Basilisco del Bernagasso ou *di Berganasso* (il), ou *le Dragon de Moscovie*, 154.
BAUDISSIN (le comte). Traducteur allemand, 106.
BAYLE. *Dictionnaire historique et critique*, 147, 198 ; *Réponse aux questions d'un provincial*, 171.
BAZIN. *Notes historiques sur la vie de Molière*, 218.
BEAUCHAMP. Musique des *Fâcheux*, 7.
BEAUMONT et NUITTER. Opérette d'*Amphitryon*, 147.
BEAUPLAN (A. de). *Le Monument de Molière*, 217.
BEAUREPAIRE (Ch. de). Publication d'un Acte passé par Madeleine Béjart à Rouen (1658), 177.
BECK, agent brandebourgeois. Extraits de sa correspondance, 169.

# TABLE ALPHABÉTIQUE.

Becque (Henri). *Molière et l'École des femmes*, 127.
Bédollière (Em. de la). Éditeur de Molière, 94.
Beffara. *L'Esprit de Molière*, 209; *Dissertation sur Molière*, 212; *Lettres*, ibidem.
Béjart (Madeleine). Son quatrain à Rotrou, 174; Acte de location, 177.
Bellecour (Colson dit). *Le Dépit amoureux* réduit en deux actes, 124 et 125.
Belphégor (le Mariage de), 191, 224.
Beltrame. Voyez Barbieri.
Benserade. *Ballet des Muses*, 143 et 144. Ballet royal de *Psyché*, 168.
Bergalli (Luisa). *La Misanthrope*, 141.
Bernier (J.). *Des ennemis de la médecine...* (1689), 195.
Bibliographies de Molière : 1739, Appendices de l'édition de Molière, par Jolly, 87; 1844, Jules Taschereau, 3ᵉ édition de l'*Histoire de la vie et des ouvrages de Molière*, 213; 1872, Paul Lacroix, *Bibliographie moliéresque* (2ᵉ édition, 1875), 230; 1872, Paul Lacroix, *Iconographie moliéresque* (2ᵉ édition, 1876), 230; 1881, Mahrenholtz, *Bibliographies* jointes au volume intitulé : *Vie et Œuvres de Molière*, 238; 1885, Louis Moland, 5ᵉ partie du tome Iᵉʳ des *Œuvres complètes de Molière* (2ᵉ édition), 99. Voyez Claudin; Picot (Ém.); Willems.
Bibliophiles français (*Mélanges publiés par la Société des*), 128.
Bida (Alexandre). Compositions inspirées de Molière, 72.
Bierling. Traducteur allemand, 104.
Bignan (A.). *Épître à Molière*, 216.
Biographies principales de Molière : 1663, *Nouvelles nouvelles* de Donneau de Visé, 180; 1682, Préface de la Grange et Vivot, 71; 1705, *Vie* de Grimarest, 200; 1706, *La Vie de... Molière, très fameux comédien*, 201; 1710, Notices énumérées par les éditeurs du Recueil de cette année (Bayle, etc.), 81; 1725, *Nouvelle Vie* de la Martinière, 82; 1734, *Mémoires* de la Serre, 85, 203; 1739, Voltaire, *Vie de Molière*, 203 et 204; 1745-1749, *Histoire du théâtre françois* des frères Parfaict, 205, 207; 1821, Notice d'Auger dans la *Biographie universelle*, 214; 1824, Aimé-Martin, *Vie* de Grimarest annotée, 92; 1825, Jules Taschereau, *Histoire de la vie et des ouvrages de Molière* (5ᵉ édition, 1863), 43, 92; 1827, *Vie* d'Auger, 90, 214; 1835, Notice de Sainte-Beuve, 94, 215; 1847, *Notes historiques* de Bazin (2ᵉ édition, 1851), 218; 1848, Note de Walckenaer, 218; 1858, Paul Lacroix, *La Jeunesse de Molière*, 219; 1863, *Recherches* d'Eud. Soulié, 221; 1863, Édouard Fournier, *Le Roman de Molière*, 223; 1863, Louis Moland, *Molière, sa vie et ses ouvrages* (2ᵉ édition, 1885), 95, 99, 241; 1865, Victor Fournel, Notice dans la *Nouvelle Biographie générale*, 223; 1872, Paul Lindau, *Complément de la biographie de Molière*, 227; 1873, Jules Claretie, *Molière, sa vie et ses œuvres*, 228; 1877, Jules Loiseleur, *Les Points obscurs de la vie de Molière*, 231; 1877-1878, l'abbé V. Davin, Articles biographiques, 232; 1877, Brunetière, *Les Dernières recherches sur la vie de Molière*, 231; 1879, Schweitzer, Biographie inachevée, 234; 1880, Lotheissen, *Molière, sa vie et ses œuvres*, 237; 1881, Mahrenholtz, *Vie et œuvres de Molière*, 238; 1883, Mangold, *Sources allemandes pour la biographie de Molière*, 239; Étude sur la *Vie* de Grimarest, ibidem; 1884, Edouard Fournier, *Études sur la vie et les œuvres de Molière*, 241; 1884, Brunetière, *Trois Moliéristes*, 241; 1884-1887, le P. Kreiten, *Vie et œuvres de Molière*, 245; 1886, Jules Loiseleur, *Nouvelles Controverses*, 243; 1886, G. Larroumet, *La Comédie de Molière, l'auteur et le milieu*, 243; 1889, Paul Mesnard, *Notice biographique*, 246.

BLANC (Charles). *Histoire des peintres*, 153.
BLANCHEMAIN (Prosper). *Le Monument de Molière*, 217; *Jacques du Lorens et le Tartuffe*, 159.
BOCCACE. *Décaméron*, 122, 148, 153.
BOCHER (Em.) Édition de *Psyché*, 44.
BOCK (N.). Sur les *Amphitryons* de Molière et de ses prédécesseurs, 146.
BOILEAU. Stances sur *l'École des femmes* (1663), 126, 180; *Satire à M. Molière* (1664), 180; *Discours au Roi* (1665), 155; *Art poétique* (1674); *Épître VII à Racine* (1677), 190; *Réflexions sur Longin* (1693), 196; Lettres de Boileau et Brossette (1706, sur la *Vie de Grimarest*), 199, 200. — Mentionné, 50. Voyez BROSSETTE, *Bolæana*, et CIZERON RIVAL.
BOISROBERT. *La Belle Plaideuse* (1654), 150.
BOISSONADE (J.-F.). *Critique littéraire sous le premier Empire*, 149.
Bolæana (1742), 139, 150, 171, 205.
Boniface et le Pédant (1633), traduction du *Candelaio* (1582) de Giordano Bruno, 171.
BONNASSIES (Jules). *La Comédie-Française : Histoire administrative* (1658-1757), 229; *La Musique à la Comédie-Française*, ibidem; *Les Auteurs dramatiques et la Comédie-Française aux* XVIIe *et* XVIIIe *siècles*, ibidem; *Les Spectacles forains et la Comédie-Française*, ibidem.
BORDELON. *Diversités curieuses pour servir de récréation à l'esprit* (1694-1697), 197.
Bos (l'abbé du). *Réflexions critiques sur la poésie et sur la peinture*, 137, 204.
BOSSE (Abraham). Portraits de Molière et de Madeleine Béjart, 119.
BOSSUET. *Maximes et réflexions sur la comédie* (1694), 196; Lettre au P. Caffaro (1694), 157.
BOUCHER. Estampes, 84, 88.
BOUCHER D'ARGIS. Auteur présumé des *Variétés historiques, physiques et littéraires...*, 206.
BOUHOURS (le Père). Traduction d'une Épigramme latine du P. Vavasseur sur la mort de Molière, 187.
BOUILLIER (Francisque). *Molière élève de Gassendi*, 219.
BOULAN (GÉRARD du). *L'Énigme d'Alceste*, 139.
BOULANGER DE CHALUSSAY (LE). Voyez CHALUSSAY.
BOULENGER (J. Romain). *Le Pavillon des Singes*, 232.
BOULLY (Émile). *Molière et Marivaux*, 239; Édition du *Misanthrope*, 24; de *l'Avare*, 32; de *Tartuffe*, 34.
BOUQUET (F.). *La Troupe de Molière et les deux Corneille à Rouen* (en 1658), 236; *Le Jeu de paume des Braques*, ibidem; *Points obscurs et nouveaux de la vie de P. Corneille*, 245.
BOURDALOUE. Sermon *sur l'Impureté*, 149; *Sur l'Hypocrisie*, 157.
BOURGET (Paul). *Études et portraits*, 141, 246.
BOURSAULT. *Le Médecin volant*, 51, 225; *Le Portrait du Peintre ou la Contre-critique de l'École des femmes* (1663), 128, 225; Prologue de *la Princesse de Clèves* (1678) et Lettres, 192.
Boyvin (Lettre *pour Monsieur*), prêtre.... Relation de l'enterrement de Molière, 185.
BRANDER MATTHEWS (J.). Voyez MATTHEWS.
BRÉCOURT. *L'Ombre de Molière* (1674), 189, 225.
BRET. Éditeur de Molière, 89.
BRETZNER. *Adraste et Isidore* (opéra-comique d'après *le Sicilien*), 145.
BRICAULD DE VERNEUIL (E.). *Molière à Poitiers*, 244.
BRISSART (P.). Estampes, 71, 74.
BROSSETTE. Détails sur Molière, recueillis de la bouche de Boileau : dans ses Notes manuscrites, 136, 139, 155, 169, 199; dans les Remarques de son édition des *OEuvres de Boileau*, 170, 180, 196, 199; dans ses Notes publiées par Cizeron Rival, 136, 199, 207. Lettres de Brossette et de Boileau et Lettres de Brossette et de J.-B. Rousseau sur la *Vie de Grimarest*, 199, 200.

TABLE ALPHABÉTIQUE.

BROUCHOUD (C.). *Les Origines du théâtre de Lyon*, 223; *Molière à Vienne*, 238.

BROWN (le docteur A.-M.). *Molière poète et comédien, étude au point de vue médical*, 231.

BRUNETIÈRE (Ferdinand). *La Société précieuse au dix-septième siècle*, 120; *Les dernières recherches sur la vie de Molière*, 231; *Trois moliéristes*, 241; *La Philosophie de Molière*, 160, 247; Conférences sur *l'École des femmes*, 127; *Sur Tartuffe*, 161; *Les Époques du théâtre français*, 247.

BRUNO NOLANO (Giordano). *Candelaio* (1582), et traduction de cette comédie sous le titre de *Boniface et le Pédant* (1633), 171.

BRUNOT (F.), éditeur d'un *Molière au XIXᵉ siècle*, 89.

BRUNOY (le Père). Voyez PORÉE (le Père).

BRUYÈRE (LA). *Les Caractères*, 139, 157, 195.

BUSONNIÈRES (de). *Essai sur les moyens de rendre la comédie utile aux mœurs*, 205.

BUSSY-RABUTIN. *Correspondance*, *Lettres au P. Rapin*, 170, 189.

BUSSY (Lettre du marquis de), 147.

C

CADAUX (Justin). Musique du *Sicilien* de Castil-Blaze, 145.

CAILHAVA. *De l'Art de la comédie* (1772), 208; *Discours prononcé par Molière le jour de sa réception posthume à l'Académie française, avec la réponse*, 210; *Études sur Molière*, 211; *Le Dépit amoureux*, rétabli en cinq actes, 125; Le même retouché (en 1862) par L. de B*** (sous le titre de *la Fille crue garçon*), ibidem.

CAIX (Napoleone). *Molière e il suo Tartuffe*, 160.

CALDERON. *On ne badine pas avec l'amour* (1637), 170.

CAMOENS. *Os Anfitroens* (1587), 146.

CAMPARDON (Émile). *Documents inédits sur Molière*, 121, 227; *Nouvelles Pièces sur Molière...*, 121, 131, 144, 161, 163, 230; *Les Comédiens du Roi de la troupe française pendant les deux derniers siècles*, 232; *Les Comédiens du Roi de la troupe italienne...*, 235.

CARCASSONNE (le docteur L.). *Molière et la médecine*, 230.

Carnaval (le), mascarade, musique de Lulli, 26, 38, 162.

CAROLET. *Le Médecin malgré lui* mis en vaudeville, 142.

CARRÉ (Michel). Voyez Jules BARBIER.

CARS (Laurent). Gravures, 84.

CASTELLI (Nicolò di). Traducteur italien, 114.

CASTIL-BLAZE, *Molière musicien*, 219; *Bernabo*, opéra-bouffe, d'après *Sganarelle*, 121; *Le Sicilien*, opéra-comique, 145.

CASTILLO SOLORZANO (D. Alonso de). *La Fouine de Séville*, traduit par d'Ouville (1661), 155.

Castoiement d'un père à son fils : Conte de *Celui qui enferma sa femme dans une tor*, 148.

CATHELIN (L.-J.). Gravure d'un portrait d'après Mignard, 89.

Catalogue du Musée Molière (1873), 228.

Catalogue Rochebilière : voyez à CLAUDIN.

Catalogue James de Rothschild : voyez James de ROTHSCHILD.

Catalogue de la bibliothèque poétique de Violet le Duc : voyez VIOLLET LE DUC.

CAUVET (Jules). *La Science du droit dans les comédies de Molière*, 224.

CELLER (Ludovic). *Les décors..., la mise en scène au dix-septième siècle*, 227; *Une représentation de Pourceaugnac*, 162; *Molière-Lulli : Le Mariage forcé*, d'après le manuscrit de Philidor, 16.

Centenaire (Deuxième) de la fondation de la Comédie-Française, 236.

CERTAIN (Eug. de). *La Partie de piquet des Fâcheux*, 123.

CERVANTES. *Don Quichotte*, 164.

CHABRIER (Albert). Conférence sur

le Misanthrope, 141 ; Sur *le Bourgeois gentilhomme,* 166.
Chalussay (le Boulanger de). *Élomire hypocondre* ou *les Médecins vengés* (1670), 124, 136, 182, 224, 234.
Chamfort. *Éloge de Molière,* 90, 208 ; *Ébauches d'une poétique dramatique,* 208.
Champmeslé. *Les Fragments de Molière* (1682), 21, 42, 225.
Champollion. Gravures, 44, 100.
Chantavoine (Henri). Conférence sur *George Dandin,* 150.
Chapelain (Jean). Lettres (du 25 avril 1662, et du 4 juin 1673), 187; *Liste de quelques gens de lettres vivants en* 1662, 128.
Chapelle. Lettres, 179 ; *Épigramme,* 186.
Chappuzeau (Samuel). *Lyon dans son lustre* (1656), 177 ; *L'Académie des femmes* (1661), 170; *Le Théâtre françois* (1674), 191.
Charaux (Auguste). *Molière. La critique idéale et catholique,* 238.
Chardon (Henri). *La troupe du Roman comique dévoilée...,* 230 ; *Nouveaux documents.... : M. de Modène..., et Madeleine Béjart,* 213, 243.
Charpentier (Marc-Antoine). Musique du *Sicilien,* 145 ; des *Nouveaux intermèdes* du *Mariage forcé,* 16, 44, 52; du *Malade imaginaire,* 47 (pour cette dernière partition restaurée par M. Camille Saint-Saëns, voyez, plus loin, p. 316, une Addition à la page 510 du tome IX).
Chasles (Philarète). Éditeur de Molière, 94.
Chateauneuf (l'abbé de). *Dialogue sur la musique,* 156.
Chauveau (Franç.). Estampes, 13, 19, 33, 56, 62.
Chenavard. Portrait de Molière, 93.
Chereau (le docteur Achille). *Le Médecin de Molière,* 237.
Chéron (Mlle). Voyez *Coupe du Val-de-Grâce (la).*
Chérot (le Père H.). *Étude sur la vie et les œuvres du P. le Moyne,* 244.
Chevalier. *Les Amours de Calotin,* 130, 225.

Chorier (Nicolas). *De Petri Boessatii vita...,* 193 ; *Adversariorum... libri III,* ibidem.
Cicognini. *Le Gelosie fortunate del principe Rodrigo,* 122 ; *Il Convitato di pietra,* 122, 133.
Cizeron Rival. *Récréations littéraires, ou anecdotes et remarques...,* 139, 153, 165, 207 ; Notes de Brossette recueillies là, 199.
Claretie (Jules). *Molière, sa vie et ses œuvres,* 228; Conférence sur Molière et M. de Pourceaugnac, 163 ; *État de la dépense pour le Bourgeois gentilhomme,* 165.
Claudin. Rédacteur du *Catalogue de la Bibliothèque de feu M. Rochebilière,* 238.
Cohen (J.). Musique de *la Princesse d'Élide,* 132 ; Chœurs de *Psyché,* 43.
Colbert (Lettres, instructions et mémoires de), publiés par Pierre Clément, 128, 172 et 173.
Colet (Mme Louise). Poème sur *le Monument de Molière,* 216.
Collé (Charles). *Journal et Mémoires,* 140.
Collection moliéresque, Nouvelle Collection moliéresque. — Voyez Paul Lacroix et Georges Monval.
Colson (dit Bellecour). Voyez Bellecour.
Collardeau (Philéas.) *La Salle de théâtre de Molière au port Saint-Paul,* 230.
Collombet. *Molière à Lyon et à Vienne,* 215.
Comédienne (la Fameuse). Voyez Fameuse Comédienne *(la).*
Compilatio singularis exemplorum, manuscrit contenant un récit du XIIIe siècle cité pour *le Médecin malgré lui,* 141.
Comte (Charles). *Les Stances libres dans Molière,* 247.
Conrart (Copies), 34, 149.
Constant (Charles). *Molière à Fontainebleau,* 227.
Constantini (Angelo). Voyez Mezetin.
Conty (le prince de). Sur ses relations avec Molière, 176 ; Lettre à l'abbé de Ciron, 177 ; *Traité de la comédie et des spectacles....*

(1666), 127, 135, 181. — Voyez Voisin (l'abbé de), Huyot.
Copin (Alfred). *Histoire des comédiens de la troupe de Molière*, 241.
Coppée (François), 236.
Coquelin (C.). *L'Arnolphe de Molière*, 127; *Molière et le Misanthrope*, 140; *Tartuffe*, 160.
Corally et ***. *M. de Pourceaugnac*, ballet-pantomime, 163.
Corlieu (le docteur A. de). *L'Ancienne Faculté de médecine de Paris*, 174.
Corneille. *Don Sanche d'Aragon*, 163; *Psyché*, 43.
Corneille (Thomas). Lettres à l'abbé de Pure, 119, 178; *Le Festin de Pierre* mis en vers, 135; *Don Bertran de Cigarral* (1650), 172; Livret de la tragédie lyrique de *Psyché*, 43, 168, 169.
Corvin (Pierre de). *Le Théâtre en Russie*, 117.
Cosnac (Daniel de). *Mémoires*, 176.
Cotin (l'abbé). *La Ménagerie* (1659), 170; *Œuvres galantes* (1663), 171; *Despréaux ou la Satire des satires* (1666), 171, 225; *La Critique désintéressée sur les satires du temps*, ibidem.
Cotolendi. Voyez *Livre sans nom*.
Coupe du Val-de-Grâce (la), poème, 153; attribué à Mlle Chéron, 225.
Courtin. *L'Avare* en vers, 152.
Coveliers. Opéra-comique de *George Dandin*, 150.
Coypel (Charles). Portrait de Molière, d'après Mignard d'Avignon et gravé par Lépicié, 84.
Critique du Tartuffe (la), comédie (1669), 156, 224.
Croix (Philippe de la). *La Guerre comique ou la Défense de l'École des femmes*, 130, 224.
Cyrano Bergerac (Savinien de). *Le Pédant joué* (1645), 167.

D

Dalimier (Henri). *A propos des Précieuses ridicules*, 120.

Dandrige. Estampes, 110.
Dangeau (Journal de), 139.
Davin (l'abbé Vincent). *L'Éducation de Molière*, 232; *La Mort de Molière*, ibidem; *Les Sources du Tartuffe; Mme Pernelle; Mme de Longueville*, 159.
Decomberousse (François ou Hyacinthe), sous le nom de Montbrun. Adaptateur, 143, 151, 166.
Décorations. Voyez *Mémoire de plusieurs décorations*....
Délices (les) de la poésie galante des plus célèbres auteurs de ce temps (1663 et 1664), 180.
Delorme (René). *Le Musée de la Comédie-Française*, 232.
Déroute des Précieuses (la), mascarade (1659), 119.
Désaugiers et Désaugiers père. Opéra-comique du *Médecin malgré lui*, 143.
Descente de Molière dans les Champs-Elysées, 189.
Deschamps (F.). Une scène de *l'Avare* en vers, 152.
Deschanel (Émile). *Le Romantisme des classiques*, 136; *Les Parents de Tartuffe*, 159.
Description (la) des superbes machines du Festin de Pierre, 134.
Desenne (Alexis). Dessins, 92.
Desessarts (Alfred). *Le Monument de Molière*, 216.
Desmarets de Saint-Sorlin. *Les Visionnaires* (1637), 170.
Desmolets (le P.). Liste, dressée par Chapelain, *de gens de lettres vivants en 1662*, 128.
Despois (Eugène). *Tableaux des représentations de Molière*, 228; *Le Théâtre français sous Louis XIV*, 229; Sur le registre de la Grange, 178; Éditeur de Molière, 96.
Després. Articles *sur Molière*, dans les *Mémoires sur Molière*..., 213.
Detcheverry (Arnaud). *Histoire des théâtres de Bordeaux*, 220.
Devéria. Estampes, 91, 93.
Devienne. Musique de l'opéra-comique des *Précieuses ridicules* de P. L. Moline, 120-121.
Devrient (Edouard). *Histoire de l'art dramatique en Allemagne*, 218; *Lettres de Paris*, 158.

DIDEROT. Voyez *Encyclopédie*.
DOLCE (Lodovico). *Il Marito* (1545), 146.
DOMINIQUE (l'Arlequin). Scenario d'un *Convitato di pietra*, 133; Scenario du *Médecin volant*, 51.
DONEAU (F.). *La Cocue imaginaire*, 119, 121, 225.
DORIMOND. *Le Festin de Pierre* (1658), avec le sous-titre soit du *Fils criminel*, soit de *l'Athée foudroyé*, 133, 234.
Dottor bacchettone (il), 154, 235.
DOUMIC (René). *La Question du Tartuffe*, 160.
DOYEN (LE). Graveur, 19.
DUFOUR (l'abbé Valentin). *La Sépulture de famille des Béjart*, 239.
DUMAS (Alexandre). Trois entr'actes pour *l'Amour médecin*, 137.
DUMAS (Alexandre) fils. Note au *Fils naturel*, 240.
DUMERSAN. *Le Monument de Molière*, 217.
DUMOUSTIER (Léon). *Molière auteur et comédien*, 240.
DURAND (H.). *Molière*, 246.

E

EHRHARD (Auguste). *Les Comédies de Molière en Allemagne, le théâtre et la critique*, 136, 245.
Encyclopédie méthodique ou par ordre de matières... de Diderot et d'Alembert, 210.
Enfer burlesque (l'), 191, 224.
Entretiens des Ombres aux champs Élysées..., traduits de l'allemand par Valentin Jungerman. Voyez LA MARTINIÈRE.
Entretiens de Thémiste et de Lisias (les) (1678), 192.
Entretiens galants (1681), 172.
Épitaphes et pièces faites à l'occasion de la mort de Molière, 186 et suivantes. Particulièrement Recueil de Cologne, 1677 : 191, derniers alinéas, 224. Recueil d'Utrecht, 1697 : 198, avant-dernier alinéa. Recueil de l'édition de 1710 : 81.

Recueils de P. Lacroix et de G. Monval, 225 (nᵒˢ I et XIV).
ERTINGER. Estampes, 80.
ESNAULT (Benjamin). *L'Avare* en vers, 152.
ESPAGNE (Adelphe). *Des influences provençales dans la langue de Molière*, 230.
Estampes, 72. Voyez *Portraits*.
ESTREICHER (Charles). Note sur *Molière en Pologne*.
ÉTIENNE. Édition et notice de *Tartuffe*, 34, 158.

F

FABRE (l'abbé A.). Éditeur de la *Satire des satires* de l'abbé Cotin, 171 ; *La Jeunesse de Fléchier*, 239.
FABRE D'ÉGLANTINE. *Le Philinte de Molière ou la Suite du Misanthrope*, comédie, 138.
FAGE (René). *Molière et les Limousins*, 163.
FAGUET. *Les Grands Maîtres du XVIIᵉ siècle*, 242.
Fameuse Comédienne (la), ou Histoire de la Guérin auparavant femme et veuve de Molière, Éditions et réimpressions sous divers titres, 194 et 195, 213, 224.
FAUCONNEAU-DUFRESNE (le docteur). *Étude médicale sur Molière*, 218.
Fauteuils de Molière (Notices sur les), 172, 215 et 216.
FAVRE (Jules). Edition de pièces de Molière, 99 et 100.
FÉLETZ (Ch.-M. de). *Mélanges de philosophie... et de littérature*, 214.
FÉLIBIEN. *Relation de la fête de Versailles* (1668), 30, 149 ; *Les Divertissements de Versailles en l'année MDCLXXIV* (1676), 173.
FÉNELON. *Lettre écrite à l'Académie françoise* (1714), 150, 201.
FESSARD. Gravures, 88, note.
Festin de Pierre (Observations sur le) et Réponse, 134, 135, 224.
Fêtes de l'Amour et de Bacchus (les), de Lulli, 26, 31, 36.

TABLE ALPHABÉTIQUE.

FÈVRE (TANNEGUY LE). Traduction du *Mariage de Belphégor*, 191, 192.

FÈVRE (Mlle LE), plus tard Mme Dacier. *Trois comédies de Plaute traduites... avec un Examen...* (1683), 193.

FILLON (Benjamin). *Recherches sur le séjour de Molière dans l'Ouest*, 169, 227; *Le Blason de Molière*, 232.

Fils criminel (le). Voyez DORIMOND et VILLIERS (de).

FLAMENG. Gravures, 98.

FLORIAN. *Mes idées sur nos auteurs comiques*, 210.

FONTAINE (P.-Jul.).... *Un autographe de Molière*, 216.

FONTAINE (LA). Lettre, 123, 180; Épitaphe de Molière, 186; *Les Amours de Psyché et de Cupidon*, 168; *Conte D'un Paysan qui avoit offensé son seigneur* (1665), 172.

FONTENELLE. 179; *Nouveaux dialogues des morts* (1683), 193, 200, 1ᵉʳ alinéa; Livret de la tragédie lyrique de *Psyché*, 43, 168, 169.

FORTIA D'URBAN (le marquis de). *Dissertation sur le mariage de... Molière*, 212; *Dissertation sur la femme de Molière*, ibidem; *Supplément aux diverses éditions... de Molière* ou *Lettres sur la femme de Molière*, et *Poésies du comte de Modène*, 213.

FOUCHER DE CAREIL (A.). *Descartes et la princesse palatine, ou de l'influence du cartésianisme sur les femmes au XVIIᵉ siècle*, 171.

FOULQUIER (V.). Gravures, 99.

FOURNEL (Victor). *Les Contemporains de Molière*, 221; *Petites comédies rares... du XVIIᵉ siècle*, 222; Notices dans la *Nouvelle Biographie générale*: sur Molière, 223; sur Loret, 179; *De Malherbe à Bossuet*, 241; *Le Théâtre au XVIIᵉ siècle : la Comédie*, 247.

FOURNIER (Edouard). *Le Roman de Molière*, 223; *L'Espagne et ses comédiens en France au XVIIᵉ siècle*, ibidem; *La Valise de Molière*, 226; *Études sur la vie et les œuvres de Molière*, 241; *Comment Molière fit Tartuffe*, 159; *Sur le Docteur amoureux*, 50.

Fragments de Molière (les) de Champmeslé, 21, 42, 225.

FRAGONARD. Portrait de Molière, 91.

FRANCE (Anatole). Édition de Molière, 98.

FRANÇOIS DE NEUFCHATEAU (le comte). *Le Conservateur ou Recueil de Morceaux inédits...*, 185; *L'Esprit du grand Corneille...*, 212.

FRANKENDAEL. Gravures, 88.

FRESNOY (Alphonse du). *L'Art de peinture*, 152.

FRITSCHE (Hermann). 234; *La Scène de Molière et son organisation*, 243; *Études sur Molière : Dictionnaire de noms propres pour les Œuvres de Molière*, 244; Éditions de Molière, 98.

FURETIÈRE. *Roman bourgeois (le)*, 170.

G

GAILLARD. *Éloge de Molière*, 208; *Des caractères contrastants dans la comédie*, ibidem.

GALIBERT, sous le nom d'Emmanuel Raymond. Sur un article du Livre des recettes de Toulouse (1649), 176; *Histoire des pérégrinations de Molière dans le Languedoc*, 220.

GALUSKI (C.). 168.

GANDERAX (Louis). *Le Don Juan de Molière*, 136.

GARDY (J.-A.). *Sganarelle, mis en un acte*, 122.

GAUDIN (Léon). *Un acte de baptême de Montpellier* (1654), 176, 177.

GAUTIER (Théophile). Sur le personnage de Tartuffe, 160.

Gazette. Les particularités des divertissements pris à Versailles.... (1664), 131. Encore citée, 136, 144, 145, 147, 149, 155, 161, 163, 164, 168, 169, 170.

GAZIER. Article de la *Revue critique*, 176.

GELASIRE. Voyez : abbé de PURE.

GÉNIN (F.). *Lexique comparé de la langue de Molière et des écrivains*

du XVIIᵉ siècle; *Vie de Molière*, 218.
GEOFFROY. *Cours de littérature dramatique*, 210.
GEOFFROY, de la Comédie-Française. Dessins, 96.
GERTH (C.-A.-E.). Étude sur *le Misanthrope*, 138.
GERUZEZ (Eugène). *Histoire de la littérature française*, 219.
GIGLI (Girolamo). *Il Gorgoleo* (Pourceaugnac), 115, 162.
GILIBERTO DI SOLOFRA (Onofrio). *Il Convitato di pietra* (1652), 133.
GIRAUD (Charles). Catalogue de sa bibliothèque, 28.
Godefroy (Copie), 34.
GOETHE. Jugements sur Molière, 138, 151, 158, 174, 214; A joué Lucas du *Médecin malgré lui*, 142.
GOLDONI. *Il Moliere*, commedia di cinque atti, 206; Cette pièce imitée par Mercier, 209; *Mémoires de M. Goldoni*, 140.
Gorgibus dans le sac, 167.
GOSSELIN (E.). *Molière à Rouen en 1643*, 175.
GOUJET (l'abbé). *Bibliothèque françoise ou histoire de la littérature françoise*, 207.
GOUNOD (Charles). Musique du *Médecin malgré lui*, opéra-comique, 143; Préface de la partition de *George Dandin*, 150.
GRÉTRY. Musique de l'*Amphitryon* de Sedaine, 147.
GRANGE (LA). 50. Son *Registre*, 178; La Grange et Vivot, éditeurs de Molière (1682), p. 68 et suivantes, 193.
Grillo. Opera nova... di uno villano lavoratore nominato Grillo, il qual volse diventar medico (1521), 142.
GRIMAREST. 50. *La Vie de M. de Molière* (1705); *Lettre critique à M. de*** sur le livre intitulé: La Vie de M. de Molière* (1706); *Addition à La Vie de M. de Molière, contenant une Réponse à la Critique que l'on en a faite* (1706), 200; Réimpression (1877), 201; Appréciation dans les *Mémoires de Trévoux* (1705, 1706), ibidem.
GUCHT (G. van der). Dessinateur et graveur, 110.

GUERET (Gabriel). *La Promenade de Saint-Cloud : Dialogue sur les auteurs*, 157, 182, 225.
Guérin (*Histoire de la*). Voyez *Fameuse Comédienne (la)*.
GUÉRIN (N. A. M.). *Myrtil et Mélicerte* refondu, 144, 225.
Guérin (le peintre). Notes relatives au poème de *la Gloire du Val-de-Grâce*, 153.
GUICHARD. *Requête d'inscription de faux... contre... Lulli*, 191.
GUIFFREY (Jules). Sur la tapisserie des *Amours de Gombaut et de Macée*, 151.
GUI PATIN. Voyez PATIN (Gui).

H

HALL (J. N. van). *Molière et ses ennemis*, 234; Étude sur *le Tartuffe*, 160.
HALLAM (Henry). *Histoire de la littérature de l'Europe pendant les XVᵉ, XVIᵉ et XVIIᵉ siècles*, 216.
HAMBELTON. Estampes, 110.
HAMY (Ern.). *Le Médecin volant*, étude médico-littéraire, 224.
HANRIOT (Ch.). *Introduction à l'étude du théâtre de Molière*, 229.
HARLAY DE CHAMPVALLON (François de), archevêque de Paris. Son ordonnance de 1673, 185.
HARREWYN (G.). Estampes, 78.
HAWKINS (Frederick). *Annals of the French stage*, 240.
HÉDOUIN (Edmond). Eaux-fortes, 97.
HELLO (Ernest). *Molière et l'idéal moderne*, 220.
HERSENT. Estampes, 91.
HILLEMACHER (Ern.). Dessins, 96.
HILLEMACHER (Fréd.). *Galerie historique des portraits des comédiens de la troupe de Molière...*, 226; Vignettes, 95, 173.
HINDRET (J.). *L'Art de prononcer parfaitement la langue françoise* (1696 : voyez une Addition à la page 162 du tome II), 194.
HOFFMAN (Fr.-Benoît). Compte rendu de la Notice d'Étienne sur *Tartuffe*, 158.

TABLE ALPHABÉTIQUE.

HOGARTH. Estampes, 110.
HORACE. *Donec gratus eram tibi*, 163.
HOUSSAYE (Arsène). *Les comédiennes de Molière*, 232; *Molière, sa femme et sa fille*, 202, 236.
HUBERT (*Registre d'*), 178, 226.
HUET. Épitaphe latine de Molière, 187.
HUGO (VICTOR). Jugement sur le style de *l'Étourdi*, 124; Sur le vers de Molière, 214 (voyez la 2e Addition à la p. 101 du t. I).
HULLIN. Divertissements pour le *Bourgeois gentilhomme*, 166.
HUMBERT (le docteur Cl.). 234; Éditions de Molière, 98; *Molière, Shakspeare et la critique allemande*, 226; Jugement de l'Angleterre sur Molière, ibidem; Jugement de l'Allemagne sur Molière, ibidem; *Le Théâtre allemand et Molière*, 242; Schlegel et Molière, ibidem; *L'Avare* de Molière, 151; *Le Phormion et les Fourberies de Scapin*, 168.
HUYOT (A.). *Nouveaux documents sur les relations de Molière et du prince de Conty*, 242.

I

ILES LE BAS (LES). Sonnet injurieux sur la mort de Molière, 189.
Illustre Théâtre (l'), 175.
Impromptu de Versailles (*Réponse à l'*) ou *la Vengeance des marquis*, 122, 130, 225.
Inavvertito (*l'Incauto ovvero l'*), canevas, 124, 235; Comédie de Nicolò Barbieri, 123.
Incauto (l') : voyez l'article précédent.
Intrigues (les) amoureuses de Molière et de sa femme. Voyez *Fameuse Comédienne (la)*.
ISRAELI (Isaac d'). *The Genius of Molière*, 216.

J

JADIN (Louis). *Il Signor di Pourceaugnac* (mis en musique), 162.

JAL (A.). *Dictionnaire critique de biographie et d'histoire*, 227.
Jalousie du Barbouillé (la). Voyez *Barbouillé (la Jalousie du)*.
JAMET. Voyez URBAIN.
JANET (Paul). *La Philosophie dans les comédies de Molière*, 227; *La Philosophie de Molière*, 237; dans le même article, examen de *Dom Juan*, 136; du *Misanthrope*, 140; de *Tartuffe*, 160.
JANIN (Jules). *Histoire de la littérature dramatique*, 219; Introduction d'une édition de Molière, 96.
JARDINS (Mlle des). *Récit de la farce des Précieuses* (1660), 119, 225; *Recueil de poésies* (1664), 180; vers à la louange de Molière, 181.
JAULNAY. *L'Enfer burlesque*, tiré des *Visions* de Dom F. de Quevedo (1668); puis sous le titre de *les Horreurs sans horreur....* (1671), 183; Voyez aussi 191 et 192.
JEAN (Dom). *Dolopathos, sive De Rege et de septem Sapientibus* (XIIe siècle), cité pour *George Dandin*, 148.
JEANNEL (C.-J.). *La Morale de Molière*, 224; *Le Dîner d'Harpagon*, 151.
Joguenet ou les Vieillards dupés, 167, 224.
JOHANNOT (Tony). Vignettes, 94.
JOLLY. Éditeur de Molière, 85, 87.
JONCIÈRES. Musique du *Sicilien*, 145.
JONSON (BEN). *La Femme silencieuse* (1609), 170.
JOUAUST (D.). Éditeur de Molière, 98, 99.
JUNGERMAN (Valentin), pseudonyme de LA MARTINIÈRE : voyez ce dernier nom.

K

KALL. Voyez ARNESEN KALL.
KERJEAN (Louis de). *Molière est-il venu à Nantes?* 222. — Voyez *Nantais (Souvenirs d'un vieux)*.
KING (Lord). *Vie de Locke*, 174.
KLEIST (Henri de). *Amphitryon*, 107, note 1; 147.
KNÖRICH. 234; *Les Sources de*

l'Avare, 150; Commentaire de Molière, 97.
Kosroth. Musique d'*Adraste et Isidore*, opéra-comique de Bretzner, d'après *le Sicilien*, 145.
Kowalski (François). Traducteur polonais, 115.
Kreiten (le Père W.). *Vie et œuvres de Molière*, 245.

L

L......... *La Morale de Molière*, 240.
Lac (le comédien du). *La Princesse d'Élide* continuée en vers, 132.
Lacome. Musique d'une opérette d'*Amphitryon*, 147 et 148.
Lacour (Louis). *Le Tartuffe par ordre de Louis XIV*, 160; Réimpressions textuelles des éditions originales de Molière, 96. Voyez de la Pijardière.
Lacroix (Paul), Bibliophile Jacob. *La Jeunesse de Molière*, 220; Collection moliéresque (réimpressions), 224; *Nouvelle Collection moliéresque* (continuée par M. G. Monval), 225; *Poésies diverses attribuées à Molière*, 227; *La Véritable édition originale des Œuvres de Molière*, 228; *Bibliographie moliéresque*, 230; *Iconographie moliéresque*, ibidem; Éditeur des *Études sur... Molière* d'Édouard Fournier, 241.
Laharpe. *Lycée* ou *Cours de Littérature*, 210.
Lahure (Ch.). Édition de Molière, 94.
Lahure (A.). Édition illustrée de Molière, 95.
Lair (Jules). *Louise de la Vallière et la jeunesse de Louis XIV*, 238.
Lalanne (Ludovic). Sur un vers du *Misanthrope*, 140; *Les Rubans verts du Misanthrope*, 141.
Lalauze (Ad.). Estampes, 111, 201, 231.
Lamare (Philibert de). *Mélanges ou Mémoires*, 184.
Lambert (l'abbé). *Histoire littéraire du règne de Louis XIV*, 206.

Lamennais. *Esquisse d'une philosophie*, 216.
Lande (la). Musique de la pastorale de *Myrtil et Mélicerte* de Guérin, 144.
Lang (Andrew). Article Molière dans l'*Encyclopædia britannica*, 239; Édition des *Précieuses*, 3.
Lapierre (Eug.). Articles sur les suites d'estampes, 72.
Lapommeraye (Henri de). *Les Amours de Molière*, 228; *Molière et Bossuet*, 231; *Molière et la famille*, 246.
Laprade (Victor de). *La Morale de Molière*, 238.
Larivey. *Les Esprits*, 150; *Le Fidèle*, 170.
Larroumet (Gustave) *La Comédie de Molière, l'auteur et le milieu*, 243; Édition des *Précieuses*, 3.
Las Cases. *Mémorial de Sainte-Hélène*, 158.
Laun (Adolf). 234; Traductions, 106, 107; Commentaire allemand, 97.
Laun (Henri van). Traduction anglaise de Molière, avec préface et notices, 108, 109, 111, 230; *Les Plagiaires de Molière*, 109.
L'avenir. Molière et le duel, 240.
Laverdant (Désiré). *Don Juan converti*, 136, 223; *Les Renaissances de Don Juan*, 223.
Lavigne (R.). Édition de *l'Avare*, 32.
Lavoix (Henri). *Les Portraits de Molière*, 227.
Lavoix (Henri) fils. *La première représentation du Misanthrope*, 140.
L. de B***. Voyez Cailhava.
Legouvé (Ernest). *Les jeunes filles dans Molière*, 247; *Eugène Scribe*, 159.
Legrelle (A.). *Holberg... imitateur de Molière*, 223.
Leibnitz. *Aux docteurs anticomédiens*, épigramme (1694), 196.
Leloir (Louis). Dessins, 98, 100.
Leloir (Maurice). Illustrations, 99.
Lemaistre (Félix). Édition de Molière, 95.
Lemaitre (Jules). *Impressions de théâtre*, 245.
Leman (Jacques). Illustrations, 99.

TABLE ALPHABÉTIQUE.

LEMAZURIER (P. D.). *Galerie historique des acteurs du Théâtre français*, 211.

LEMERCIER (Népomucène). *Cours analytique de littérature générale... professé à l'Athénée de Paris*, 157, 211; *Le Tartuffe révolutionnaire*, 157.

LENIENT (Ch.). *Molière, son portrait physique et moral*, 229.

LÉPICIÉ. Portrait de Molière, d'après Coypel, 84.

LESGUILLON (J.). *Poquelin à la censure*, 217.

LESSING. *Dramaturgie de Hambourg*, 138.

LETOURNEUR, dit VALVILLE. *Le Dépit amoureux*, arrangé en deux actes, 125.

Lettre d'un homme de l'autre siècle (1776), 140.

Lettre (ou *Observations*) *sur la comédie de* l'Imposteur (1667), 156, 225.

Lettre sur les Observations publiées par Rochemont au sujet du *Festin de Pierre*, 135.

Lettres au MERCURE *sur Molière, etc.*, 203, 225.

Lettres en vers (de Loret, Robinet, Subligny, etc.). Réimpressions, 178-179; Extraits, 226.

LEVEAUX (Alphonse). *Étude sur Molière*, 238; *Les Premières de Molière*, ibidem; *L'enseignement moral dans les comédies de Molière*, 240.

LEVOL (Florimond). *Molière à Lyon*, 217.

LIMOGES (le comte de). Lettre à Bussy (du 2 mars 1673), 189-190.

LINDAU (Paul). *Molière : complément de la biographie du poète tiré de ses œuvres*, 227; *Molière en Allemagne*, 105, 239; *Molière et les classiques allemands*, 239.

LION (Th.). Éditions de Molière, 97.

LIONNE. Lettre à d'Alibert, 155.

LIVET (Ch.-L.). *Molière illustré*, 72; Réimpression d'ouvrages de Somaize, 120; Éditeur de Loret, 178 et 179; *Une question de droit à propos du Tartuffe*, 160; Précieux et précieuses, 220; Éditions : des *Précieuses*, 3; du *Misanthrope*, 24; de l'*Avare*, 32; de *Tartuffe*, 34; du *Bourgeois gentilhomme*, 39; des *Femmes savantes*, 46.

Livre sans nom, divisé en cinq dialogues, attribué à Cotolendi, 197.

Livrets de ballets. Voyez Ballets et Divertissements.

LOISELEUR (Jules). *Les points obscurs de la vie de Molière*, 231; *Molière : nouvelles controverses sur sa vie et sa famille*, 243.

LORET. 226. Voyez *Muse historique* et *Lettres en vers*.

LOTHEISSEN (Ferdinand). *Molière, sa vie et ses œuvres*, 237.

LOUANDRE (Ch.). Éditeur de Molière, 94.

LOUIS XIV. Voyez ROI.

LUCAS (Hippolyte). *Histoire philosophique et littéraire du Théâtre français*, 216.

LUCIEN. *Dialogue entre Mercure et le Soleil*, 147.

LULLI. Musique des *Fâcheux*, 7; Musique de la *Princesse d'Élide* et des *Plaisirs de l'Ile enchantée*, 17; de l'*Amour médecin*, 22, 52; du *Médecin malgré lui*, 24; du *Ballet des Muses* (Pastorale comique, le Sicilien), 26, 27, 144; du *Grand Divertissement royal de Versailles* (George Dandin), 30; du *Divertissement de Chambord* (M. de Pourceaugnac), 35; d'une refonte de *Pourceaugnac*, 162; d'un arrangement de *M. de Pourceaugnac* (1826), 163; du *Divertissement royal* (les Amants magnifiques), 36; du *Bourgeois gentilhomme* et du *Ballet des Nations*, 37; de *Psyché*, 43, 169; du *Ballet des Ballets* (la Comtesse d'Escarbagnas), 26, 31, 36, 37, 43, 44; des *Fêtes de l'Amour et de Bacchus*, 26, 31, 36; du *Carnaval*, 26, 38, 162.

M

M***. *Mariage forcé mis en vers* (le) (1676), 131.

MAGEN (Ad.). *La Troupe de Molière à Agen*, 229.

MAGNIN (Charles). *Le Dom Juan de Molière au Théâtre-Français*, 135.
MAGNON. *Artaxerce*, 175.
MAHRENHOLTZ. 234; *Vie et œuvres de Molière*, 238.
MAILHOL. *L'Avare* en vers, 151.
Malade imaginaire (*le*).... Programme-annonce (1684), 173.
MALASSIS (A. POULET-). Réimpression de *la Vie de M. de Molière...*, par Grimarest, 201; *Molière jugé par ses contemporains*, 231.
MALO (Charles). *L'Apothéose de Molière*, 217.
MALOUIN (A.). *L'Avare* en vers, 152
MANGOLD (le docteur W.). 234; *Querelle de Molière avec l'Hôtel de Bourgogne*, 233; *Voyages de Molière en province*, 237; *Sources allemandes pour la biographie de Molière*, 239; sur la *Vie* de Grimarest, *ibidem*; *L'Illustre théâtre*, 243; *Le Misanthrope de Molière*, 140; *Le Tartuffe*, 160.
MARANDET (A.). Édition de *l'Avare*, 32.
MARC-MONNIER. *Molière : les valets de comédie*, 224.
MARCEL. 83; *Le Mariage sans mariage*, 225.
MARCOU. Édition de *l'Avare*, 32.
Mariage forcé mis en vers (*le*), par M. *** (1676), 131.
MARIGNY. *Relation des divertissements que le Roi a donnés aux Reines...* (1664), 131.
MARKHEIM (H. W. G.). Édition du *Misanthrope*, 24.
MARMIER (Xavier). *Les Don Juan*, 135.
MARMONTEL. *Éléments de littérature*, 210; Article, dans le *Mercure de France*, sur la lettre de J.-J. Rousseau à d'Alembert, 138, 149.
MARTIN (Alexandre). Éditeur de Molière, 93-94.
MARTIN (Alexis). *Molière et Madeleine Béjart, deux portraits*, 119.
MARTINIÈRE (Bruzen de LA). 82; a traduit, en 1722, de l'allemand, sous le nom de Valentin Jungerman, les *Entretiens des Ombres aux champs Élysées* (*Sixte-Quint et Molière*), 82, 202; *Nouvelle Vie de Molière* (1725), 82, 202.

MATHIEU. *Musique du George Dandin* de Coveliers, 150.
MATTHEWS (J. BRANDER). *Molière*, 238; *Molière en Amérique*, *ibidem*.
MATHON. *La famille de Molière était originaire de Beauvais*, 231.
MAURY (Jean). Épître latine à *Molière*, 181.
MEDBOURNE (Matthew). Traducteur du *Tartuffe* (en 1670), 109, note.
Médecin volant (*le*), de Boursault, 51; 225.
Médecins vengés (*les*) ou *la suite funeste du Malade imaginaire* (1674), 76, 81, 192, 198.
Medico volante (*il*), 51, 235. — Voyez *Grillo* et *Trufaldino*.
Mélanges. Voyez : *Bibliophiles*.
Mélisse, tragédie-ballet, 225.
Mémoire de plusieurs décorations... continué par Michel Laurent en 1673, 190.
Mémoires pour l'histoire des sciences et des arts (*Mémoires de Trévoux*) : 1705 et 1706, sur la *Vie de Molière* par Grimarest; 1717, passage sur Molière, 201.
Mémoires sur Molière et sur Mme Guérin, sa veuve, 213.
MÉNAGE. Quatre distiques latins sur la mort de Molière, 188. Voyez *Menagiana*.
Menagiana, 196, 120, 123, 139, 156, 157, 170.
MENGOZI. *Pourceaugnac* en musique, 163.
MERCIER (Louis-Sébastien). *Du théâtre...*, 209; *Molière et la Maison de Molière*, drames, *ibidem*.
Mercure de France; Mémoires et Lettres insérés en 1738 et 1740, 130, 138, 149, 165, 172, 203, 209, 225.
Mercure galant (*le*). Entretien sur Molière et *Oraison funèbre*(1673), 186; Sur le Comédien Hubert (1685), 193; Cité relativement aux*Femmes savantes* (1672, 1723), 170.
MÉRIEL (Paul). Musique de l'opéra-comique des *Précieuses ridicules* de Valladier, 120.
MERVESIN (l'abbé). *Histoire de la poésie françoise* (1706), 201.
MESNARD (Paul). *Le Style des pre-*

mières comédies de Molière, 230; *Notice biographique sur Molière*, 97, 247; Éditeur de Molière, 96.

Mézeray. *Epitaphium pro Mollero comœdo*, 187.

Mezetin. *La Vie de Scaramouche* (1695), 197.

Michelet (J.). *Louis XIV et la révocation de l'édit de Nantes* (tome XIII de l'*Histoire de France*), 220.

Mignard (P.), Portrait de Molière gravé par Audran, 80; par Cathelin, 89; par Nolain, 198; Dessins pour le poème de *la Gloire du Val-de-Grâce*, 33.

Mignard (d'Avignon). Portrait de Molière, 84, note 2. Voyez Coypel.

Miller. Voyez Baker.

Mire de Brai (le), 141.

Mire (le Vilain), 141.

Misanthrope (le). Texte corrigé sous la Terreur, 140, 219.

Modène (le comte de), 213, 243.

Moland (Louis). Éditeur de Molière, 95, 99; *Molière, sa vie et ses ouvrages*, 99, 241; *État de la dépense pour le Bourgeois gentilhomme*, 165; *Molière et la Comédie italienne*, 224.

Moliérana, 211.

Molière (le), journal, 232.

Molière à Nantes. Voyez à *Souvenirs d'un vieux Nantais*, et à Kerjean (L. de).

Molière-Museum. Voyez Schweitzer.

Molières. *Le Mari malade*, 172.

Moliéresque (Collection et Nouvelle Collection). Voyez Paul Lacroix.

Moliériste (le), revue mensuelle, publiée par G. Monval, 232.

Moline (P. L.). Opéra-comique des *Précieuses ridicules*, 120.

Mollier (Louis de). Auteur des Stances galantes attribuées à Molière, 52.

Monchesnay. *Bolæana*, 205.

Monselet (Charles). Opéra-comique de *l'Amour médecin*, 137; *Le Sicilien*, 146.

Monsieur de ******. *Nouvelles nouvelles*. Voyez Visé (Donneau de).

Montaiglon (Anat. de). Éditeur de Molière, 28, 99.

Montbrun. Voyez Decomberousse.

Montfleury (Antoine Jacob). *L'Impromptu de l'Hôtel de Condé* (1664), 129, 225.

Montigny (l'abbé de). *La Fête de Versailles* (1668), 149.

Montpensier (Mlle de). *Mémoires*, 169.

Montreuil. Épigramme adressée aux ridicules censeurs de Molière, 181.

Monval (Georges). Éditions de Molière, 99, 100; *Préface de 1682 annotée*, 99; avec Paul Lacroix, *Nouvelle Collection moliéresque (réimpressions)*, 225; *Recueil sur la mort de Molière*, 225; *Le Moliériste*, revue mensuelle, 232; *Molière à Narbonne*, 237; *Les Tombeaux de Molière et de la Fontaine*, 238; *Molière à Poitiers et à Rouen*, 242; *Le Laquais de Molière*, 243; *Sur les autographes de Molière*, 178, 242; *Sur le Tartuffe et le Polyandre de Charles Sorel*, 154; *La Cérémonie turque jugée par un Musulman*, 165; *Le Fauteuil de Molière*, 172; Histoire du manuscrit de la Grange, 178; Éditeur du *Théâtre françois* de Chappuzeau, 191.

Monville (l'abbé de). *La Vie de Pierre Mignard* (contenant une réimpression de la *Gloire du Val-de-Grâce*), 33, 202.

Morale de Molière (la), par L........, 240.

Moreau le jeune (J.M.). Estampes, 89.

Moreto (Augustin). *El Desden con el desden* (1654), 131.

Mortet (V.). *Molière à Narbonne*, 237.

Moulin (Henri). *Molière et les registres de l'état civil*, 233; *Armande Béjart, sa fille et ses deux maris*, 237.

Mühlfeld (Lucien). *Les Dénouements de Molière*, 246.

Muratori (Lodovico Antonio). *Della perfetta poesia italiana* (1706), 201.

Muse Dauphine (la) de Subligny, 137, 142, 226.

Muse historique (la) de Loret (réimpression), 178; Extraits, 226; mentionnée parmi les écrits relatifs aux pièces détachées, 118, 123 (2 fois), 126, 130, 134, 155, 164.

Musée Molière du Jubilé de 1873 : Catalogue de ce Musée, 228.

Musée Molière. Voyez Schweitzer.

N

Nantais (Souvenirs d'un vieux) : *Molière à Nantes*, 246. — Voyez à Kerjean (L. de).

Neri (Achille). *Una commedia dell' arte*, 51; *Sur il Pedante*, 154.

Neufchateau (le comte François de). Voyez François de Neufchateau.

Nevsky : voyez Pierre de Corvin.

Niceron (le Père). *Mémoires pour servir à l'histoire des hommes illustres dans la république des lettres*, 203.

Nisard (Désiré). *Histoire de la littérature française*, 218; Préface au Théâtre de Molière, 98.

Nivelet (le docteur F.). *Molière et Gui Patin*, 237.

Nodier (Charles). *Mélanges tirés d'une petite bibliothèque*, 18, note; Notices d'une édition de Molière, 93-94.

Noël (Eugène). *Molière, son théâtre et son ménage*, 237.

Nolain. Portrait de Molière d'après Mignard, 198.

Notice sur le monument érigé à Paris, par souscription, à la gloire de Molière, 217.

Nouvelles nouvelles. Voyez Visé (Donneau de).

Novelli (Giambattista). Traducteur italien, 114.

Nuitter (Ch.). *Les Affiches de spectacles au temps de Molière*, 179.

Nuitter (Ch.) et Beaumont. Voyez Beaumont.

Nuitter (Ch.) et Thoinan (Er.). *Les Origines de l'Opéra français*, 243.

O

Observations (ou *Lettre*) *sur la comédie de* l'Imposteur, 156, 225.

Observations (de Rochemont) *sur le Festin de Pierre. Réponse à ces Observations*, et *Lettre sur ces Observations*, 134, 135, 224.

Ohsson (Mouradjea d'). *Tableau général de l'Empire othoman*, 164.

Olearius (Adam). *Voyage en Moscovie* (cité pour le conte du Médecin malgré lui), 142.

Oliphant (Mrs) et F. Tarver. *Molière*, 234.

Olivet (l'abbé d'). *Histoire de l'Académie françoise*, 139, 171, 202 (Lettre de M. de Valincour).

Ombre de Molière (l'). Voyez d'Assoucy.

Ombre de Molière (l'), comédie de Brécourt, 189, 225.

Oraison funèbre de Molière (dans le *Mercure galant*), 186, 187, 225.

Ordonnance de l'archevêque de Paris, Hardouin de Péréfixe (1667), 156; — de l'archevêque François de Harlay de Champvallon (1673), 185.

Ordre du Roi. Voyez à Roi.

Ostrowski (Christian). Imitation en vers de *l'Avare*, 152.

Ouville (d'). Voyez Solorzano.

Ozell (John). Traducteur anglais, 109.

P

Paër. *La Testa riscaldata* (le Bourgeois gentilhomme), opéra bouffe, 166.

Palaprat (les Œuvres de Monsieur de) : Préface (1712), 201.

Palissot. *Les Philosophes*, 171.

Parfaict (les frères). 50. *Histoire du théâtre françois*, 205; *Dictionnaire des théâtres de Paris*, 207; *Histoire de l'ancien Théâtre italien*, ibidem.

Parigot (Hippolyte). *Conférence sur l'École des Femmes*, 127.

PARINGAULT (Eugène). *La Langue du droit dans Molière*, 220.
PARSEVAL (le docteur Ludovic de). *La Médecine et les Médecins dans le théâtre de Molière*, 226; *Notes à ajouter au commentaire des comédies de Molière*, 229.
PASQUALIGO (Luigi). *Il Fedele* (traduit par Larivey), 170.
PATIN (Gui). Lettres, 136.
PAULY (Alph.). *Molière et les médecins*, 151; Édition de Molière, 96; *Avant-propos* du Catalogue Rochebilière, 238.
PAUTRE (LE). Estampes, 30, 173.
Pèlerinage aux Saintes reliques d'Argenteuil (1719), 202.
PELLETIER. *Nouveau Recueil des bons vers de ce temps* (1646), 175.
PELLISSON, Prologue des *Fâcheux*, 123. Pellisson et d'Olivet : *Histoire de l'Académie françoise*, 139, 171, 202. Voyez *Recueil de pièces galantes*.
PELLISSON. Édition de *Tartuffe* (1882), 35; des *Femmes savantes*, 46.
PELOUZE (Ed. V. de LA). Éditeur de Loret, 178.
PÉRÉFIXE (Hardouin de BEAUMONT de), archevêque de Paris. Son Ordonnance de 1667, 156.
PEREZ DE OLIVA. *Comedia de Amphitryon* (1529), 146.
PÉRICAUD (A.). *Molière à Lyon*, 215.
PERLET (Adrien). *De l'Influence des mœurs sur la Comédie*, suivi de deux *Lettres sur le Misanthrope* (le rôle d'Alceste), et d'une *Lettre sur le rôle de Tartuffe*, 138, 158.
PERRAULT, *Les Hommes illustres*, 197.
PERRIN (Émile). *Deux Portraits de Molière*, 240.
PERSON (Ém.). Édition des *Femmes savantes*, 46.
PETIT (Anatole). *Le Sicilien*, ballet-pantomime, 145.
PETIT DE JULLEVILLE (L.). *Le Théâtre en France*, 247.
PETITOT. Éditeur de Molière, 89.
PHILIDOR (Collection de). Partition des *Fâcheux*, 7; du *Mariage forcé*, 15; de la *Princesse d'Élide* et des *Plaisirs de l'Ile enchantée*, 17; de l'*Amour médecin*, 22, 52; du *Ballet des Muses* (Pastorale comique, le Sicilien), 26, 27, 144; du *Grand divertissement royal de Versailles* (George Dandin), 30; du *Bourgeois gentilhomme* et du *Ballet des Nations*, 37.
PICARD (L.-B.). *Notice sur Molière*, 93, 213.
PICOT (Émile). Éditeur du *Catalogue de la bibliothèque du baron James de Rothschild*, 13, 48, 245; Éditeur des *Continuateurs de Loret*, 179.
PIÉLAT (B.). *Le Secrétaire inconnu* (1672), 185.
PIEYRE (Alexandre). Un *Dépit amoureux* en trois actes, 126; *La Princesse d'Élide* en trois actes et en vers, 132.
PIFTEAU (Benjamin). *Les Maîtresses de Molière*, 233; *Molière en province*, ibidem.
PIGNOT (J. H.). *Gabriel de Roquette, évêque d'Autun..., son temps et le Tartuffe*, 159.
PIJARDIÈRE (L. de LA COUR de LA). *Comédiens de campagne à Carcassonne en 1649 et en 1655*, 236; *Un acte de baptême de Montpellier* (1654), 177; *Rapport sur un autographe de Molière*, 228; *Molière à Pézenas; un nouvel autographe de Molière*, 241; *Molière parrain à Montpellier*, 234; *Molière à Montpellier* (en 1654-1655), 244. Voyez LACOUR.
PILES (Roger de). Traduction de *l'Art de peinture* d'Alphonse du Fresnoy, 152.
PINCHESNE. Sonnet à Molière sur le poème de *la Gloire du Val-de-Grâce*, 153, 182; Sixain à *Monsieur de Molière*, 182; Sixain à Vivot, 73.
PLACE (de LA). *Listes des pensions pour l'année 1663*, 128.
Plaisirs de l'Ile enchantée (Relation des), 16, 17, 155.
PLANCHER (J.). *Les Échos poétiques...*, 219.
PLAUTE. *Amphitryon*, 146; *L'Aululaire*, 150; *L'Asinaire*, 161, 164, 170; *Les Ménechmes*, 161; *Les Bacchides*, 167; *l'Épidique*, ibidem.
POISE (Ferdinand). Musique de l'opéra-comique de *l'Amour mé-*

decin, de Charles Monselet, 137; Musique du *Sicilien*, 146.

POISSON (Mlle). Auteur présumé de *Mémoires* et de *Lettres* insérés au *Mercure de France*, 130.

POLIMÈNE. *Sur la mort imaginaire et véritable de Molière*, 188.

PORÉE (le Père). Discours en latin sur les spectacles et traduction par le Père Brunoy, 203.

PORTE (Hippolyte de LA), 213.

Portraits. Voyez SIMONIN, VERRIO, MIGNARD, AUDRAN, BOSSE (Abraham), COYPEL, FRAGONARD, CHENAVARD. — Voyez aussi : LACROIX (Paul), MAHÉRAULT, LAVOIX (Henri), DE WISMES, VITU, PERRIN.

POUGIN (Arthur). *Molière et l'opéra-comique*, 238.

POUJOULAT. Édition de Molière, 99.

PRADON. *Nouvelles remarques sur tous les ouvrages du sieur D**** (1685), 167, 193.

Précieuses (la Déroute des), mascarade (1659), 119.

Précieuses (Récit de la farce des), de Mlle des Jardins, 119, 225.

PRESCOTT (W. H). *Critical... essays* : MOLIÈRE, 215.

PUNT (Jan). Gravures, 88.

PURE (l'abbé de). *La Précieuse ou le Mystère de la ruelle*, 118; *Idée des spectacles anciens et modernes* (1668), 168.

Q

QUEUX DE SAINT-HILAIRE (le marquis de). Article sur des pièces de Molière traduites en grec moderne, 113; *Essai... sur Amphitryon*, 147.

QUINAULT. Vers chantés de *Psyché*, 42-43.

R

RABAUD (Gaston). *Molière à Montpellier*, 246.

RABELAIS. *Comédie de celui qui avait épousé une femme mute*, 143.

RACINE (Lettres de), 156, 180.

RACINE (Louis). *Mémoires... sur la vie... de Jean Racine*, 137, 171, 206.

RACINE (Joseph). *Le Médecin malgré lui* mis en vers (1853), 142.

RAMBERT (Eugène). *Corneille, Racine et Molière*, 220.

RAPIN (le Père). *Réflexions sur la poétique d'Aristote...*, 189; Lettres à Bussy, *ibidem*.

RASTOUL (Antoine). *L'Avare* en vers, 152.

RATHERY (E. J. B.). *Influence de l'Italie sur les lettres françaises...*, 219.

RAVENEL (J.). Éditeur de Loret, 178.

RAYNAUD (Maurice). *Les Médecins au temps de Molière*, 174, 221.

RAYMOND (Emmanuel). Voyez GALIBERT.

Receptio publica unius juvenis medici (1673), 173.

Récit... de la farce des PRÉCIEUSES, par Mlle des Jardins, 119, 225.

Recueil de diverses poésies (1646), 175.

Recueil de pièces galantes en prose et en vers de Mme la comtesse de la Suze... et de M. Pelisson, 18, 29.

Recueil d'épitaphes et d'épigrammes : voyez Oraison funèbre de Molière et Épitaphes.

Recueil des plus belles pièces des poètes françois... depuis Villon jusqu'à M. de Benserade (1692), 179.

Recueil sur la mort de Molière (avec notes de G. Monval), 225.

Registre de la chambre syndicale des libraires, 179.

Registres (autres). Voyez GRANGE (LA); HUBERT; THORILLIÈRE (LA).

REGNARD. *Le Légataire universel*, 174.

REGNIER (Mathurin). *Macette*, 153.

REGNIER (Adolphe). Édition des *Grands Écrivains*, 96; Édition in-quarto de 1878, et *Avant-propos*, 98, 231.

REGNIER (Henri). Édition de Molière, 99.

REGNIER, de la Comédie-Française. *Le 234ᵉ anniversaire de Molière*, 219; *Deuxième centenaire de la*

TABLE ALPHABÉTIQUE. 267

Comédie-Française, 236 ; *Le rôle de Tartuffe*, 160.
Répertoire des comédies qui se peuvent jouer en 1685 (à la Cour), 178.
Réponse à la Gloire du Val-de-Grâce, 153. Voyez *Coupe du Val-de-Grâce (la)*.
Réponse à l'Impromptu de Versailles. Voyez *Impromptu de Versailles (Réponse à l')*.
Réponse aux Observations (de Rochemont) *sur le Festin de Pierre*, 135, 224.
Requête à l'archevêque de Paris, et son Ordonnance pour l'enterrement de Molière, 185.
RÉVÉREND DU MESNIL (E.). *La Famille de Molière et ses représentants actuels*, 233 ; *Les aïeux de Molière à Beauvais et à Paris*, ibidem.
REVILLOUT (Ch.). *Études... sur le XVIIe siècle : Boursault et la comédie des Mots à la mode*, 246 ; *Louis XIV, Molière et le Tartufe*, 160.
RICCOBONI (Louis). *Histoire du théâtre italien*, 202 ; *Observations sur la Comédie et sur le génie de Molière*, 203 ; *De la Réformation du théâtre*, 149, 150, 205.
RICHARD-DESAIX (Ulric). *La Relique de Molière du cabinet du baron Vivant Denon*, 236.
RICHELET. *Dictionnaire françois*, 171.
RIVEREND (L. LE). Estampes, 100.
ROBERT (Léon). *Molière en province*, 227.
ROBINET. *Le Panégyrique de l'École des femmes* (1663), 128, 129, 225 ; *Lettres en vers à Madame ou à Monsieur*, 178, 134, 135, 137, 142, 144, 145, 147, 149, 150, 152, 156, 161, 163, 164, 167, 168, 169, 172 ; Réimpression, 179 ; Extraits, 226.
ROCHEBILIÈRE. Voyez à CLAUDIN.
ROCHEMONT (de). *Observations sur une comédie... intitulée le Festin de Pierre* (1665), 134, 156. (*Réponse aux Observations....; Lettre sur les Observations*, 135.)
ROGER (le Père). Remarques, 90.
ROI (*Ordre du*) défendant à tous comédiens autres que ceux de la Troupe établie à Paris rue Mazarin de jouer *le Malade imaginaire*, 172-173.
ROLLAND (Jules). *L'Instruction en province avant 1789 : Molière est-il venu à Albi ?* 233.
ROMANOFF (la princesse Sophie Alexievna). Traductrice du *Médecin malgré lui* (en 1678), 117.
ROSIMOND. *Le Nouveau Festin de Pierre ou l'Athée foudroyé* (1669), 134.
ROTROU. *Les Sosies* (1636), 146 ; *La Sœur*, 164, 166.
RÖTSCHER (H. Th.). Introduction à une traduction allemande, 107.
ROTHSCHILD (le baron James de). Éditeur des *Continuateurs de Loret*, 179 ; Catalogue de sa bibliothèque, 13, 48, 245.
ROULLÉ (Pierre). *Le Roi glorieux au monde* (1664), 34, 155, 224, 234.
ROUSSEAU (Jean-Baptiste). Lettres de Rousseau et de Brossette dans les *Lettres de Rousseau sur différents sujets* (1742), 200.
ROUSSEAU (Jean-Jacques). Lettre à d'Alembert sur son article GENÈVE, 138, 149, 151, 165.
ROYER (Alphonse). *Histoire universelle du théâtre*, 227.
RYSBECK (L.). Estampes, 110.

S

SACHS (HANS). *La Femme dans le puits* (1553), 148.
SAGE (LE). *Turcaret*, 169.
SAINTE-ALBINE (Remond de). *Le Comédien*, 206.
SAINTE-BEUVE. Notice sur Molière, 94, 153, 215 ; *Port-Royal*, 153, 158, 215 ; *Causeries du lundi*, 215 ; *Nouveaux Lundis*, ibidem ; *Portraits littéraires*, 153.
SAINT-ÉVREMOND. Lettres, 157, 181, 182 ; *Les Académistes*, 170.
SAINT-LEU (Louis BONAPARTE, comte de). *L'Avare* en vers blancs, 151.
SAINT-MARC GIRARDIN. *Cours de littérature dramatique*, 223, 122, 126, 127, 149, 171.

SAINT-SAËNS (Camille). La musique du *Malade imaginaire* restaurée d'après les manuscrits de Charpentier, 47 (voyez une Addition à la page 510 du tome IX).
SAINTSBURY. *A Short History of French literature*, 240.
SAINT-SIMON. Addition au *Journal de Dangeau*, 139 ; *Écrits inédits...* 139, 203.
SAINT-VICTOR (Paul de). *Les Deux Masques*, 240.
SALIN (Patrice). Lettre sur les traductions en vers de *l'Avare*, 152.
SAND (George). *Molière*, drame, 219.
SAND (Maurice). Dessins, 96.
SARCEY (Francisque). Reprise de *l'Étourdi*, 124 ; Étude sur *le Misanthrope*, 140 ; Conférence sur *le Misanthrope*, 141.
SAUVAL (Henri). *Histoire des antiquités de... Paris*, 182.
SAUZAY. Musique du *Sicilien*, et Essai sur une représentation du *Sicilien* au temps de Molière, 145 ; Musique pour *George Dandin*, 150.
SCALA (Flaminio). *Il Pedante*, 154.
SCARRON. *Les Nouvelles tragi-comiques*, 126, 154.
SCHACK (A. F. von). *Histoire de la littérature... dramatique en Espagne*, 218.
SCHERER (Edmond). *Une Hérésie littéraire*, 238.
SCHLEGEL (August Wilhelm). *Cours de littérature dramatique*, 211, 138.
SCHNEITZHOEFFER. Airs de danse du *Sicilien*, 145.
SCHOSNE (l'abbé de). *L'Assemblée*, comédie avec *l'Apothéose de Molière*, 208, 209.
SCHOUTEN (G.). Estampes, 82.
SCHWEITZER (le docteur). *La mort de Molière et le Malade imaginaire*, 228 ; *Molière et son Théâtre*; *Musée Molière*, recueil, 234.
SCOTT (WALTER). Article sur Molière, 215.
SCUDERY (Mlle de). *Artamène ou le Grand Cyrus*, 139, 143.
SECCHI (Nicolò). *L'Interesse*, 124.
SEDAINE. Opéra d'*Amphitryon*, 147.
Segraisiana, 120, 139.

SEMALLÉ (René de). Sur une intention de la *Cérémonie turque*, 166.
SEPET (Marius). *Le Génie et les chefs-d'œuvre de Molière*, 243.
Septem Sapientum Romæ (Historia) (1495) : *Secundi Magistri exemplum*, cité pour *George Dandin*, 148.
SERRE (LA). 50. *Mémoires sur la vie et les ouvrages de Molière* (insérés dans l'édition in-quarto de 1734), 84, 203.
SÉVIGNÉ (Mme de). 184.
SILVESTRE (Israël). Gravures, 18.
SIMONIN. *Le Vrai Portrait de M. de Molière en habit de Sganarelle*, 56 (voyez l'Album, et une Addition à la page 408 du tome VIII).
SIMONNIN (J.). *Molière commenté...*, 90, 211.
SKYLISSIS (I. Isidoridis). Traductions en grec moderne, 113.
SOLEIROL (H.-A.). *Molière et sa troupe*, 220.
SOMAIZE (Antoine BAUDEAU de). *Les véritables Précieuses* (1660), 119, 122, 224 ; *Dialogue de deux Précieuses...*, 119 ; *Les Précieuses ridicules mises en vers* (1660), ibidem ; *Le Grand Dictionnaire des Précieuses ou la Clef de la langue des ruelles* (1660), ibidem ; *Le Procès des Précieuses* (1660), 120 ; *Le Grand Dictionnaire historique des Précieuses* (1661), ibidem.
SONCINI. Traducteur italien, 115.
Songe du Rêveur (le), 120, 121, 179, 224.
SOR. Musique du *Sicilien*, 145.
Sorberiana, 157, 182.
SORBIÈRE (Samuel). Voyez *Sorberiana*.
SOREL (Charles). *Polyandre* (article de M. G. Monval et lettre de M. Éd. Thierry), 154 ; *La Vraie Histoire comique de Francion*, 164.
SOULIÉ (Eudore). *Recherches sur Molière et sa famille*, 221 ; *Rapport... sur des recherches relatives à la vie de Molière*, ibidem ; *L'Illustre théâtre et la troupe de Molière*, ibidem ; *Molière et sa troupe à Lyon*, 223.
SOURIAU (Maurice). *La Versification de Molière*, 246.

Souvenirs d'un vieux Nantais : Molière à Nantes, 246.
STAAL (G.). Estampes, 95, 99.
STAPFER (Paul). *Les Artistes juges et parties*, 124, 5ᵉ alinéa (voyez une Addition à la page 101 du tome I); *Petite comédie de la critique littéraire, ou Molière selon trois écoles philosophiques*, 224; *Molière et Shakespeare*, 244.
Statuta Facultatis medicinæ Parisiensis (1660), 174.
STICHLING (O.-W.). *Molière et toujours Molière* (opuscule allemand), 244.
STRAPAROLE. *Les Facétieuses nuits*, 167.
SUBLIGNY. *La Folle Querelle ou la Critique d'Andromaque*, 225. — Voyez *la Muse Dauphine* et *Lettres en vers*.
SUZE (la comtesse de LA). Voyez *Recueil de pièces galantes*.

T

Tabariniques (farces), 167.
TAINE (H.). *Histoire de la littérature anglaise*, 247.
TALLEMANT DES RÉAUX. *Historiettes*, 150, 177.
Tartuffe (la Critique du), 156, 224.
TARVER (F.). Voyez Mrs OLIPHANT.
TASCHEREAU (Jules). Éditeur de Molière, 92. *Lettre à M. le marquis de Fortia d'Urban...*, 212; *Histoire de la vie et des ouvrages de Molière*, 95, 213; *Histoire de la troupe de Molière*, 218.
TÉRENCE. *Phormion*, 167.
THALASSO (D.). *Molière en Turquie*, 244.
Théâtre et la Troupe de Molière (le), extraits des Gazettes en vers, 226.
THIERRY (Édouard). *Quatre mois du théâtre de Molière (1664-1665)*, 228; *Notices* au-devant des réimpressions de *la Veuve à la mode*

(de Visé) et de *Myrtil et Mélicerte* (de Guérin), 225; Articles sur *Molière et sa troupe au Palais-Royal*, 235; *La Troupe de Molière et les Plaisirs de l'Ile Enchantée*, 131; *Le Festin de Pierre*, 136; *L'Amour médecin*, 137; *Le Misanthrope*, 140; *Le Ballet des Muses*, 144; *Le Sicilien*, 146; Sur *Tartuffe* et le *Polyandre* de Ch. Sorel, 154; *La Seconde interdiction de Tartuffe*; *Lettre sur la comédie de l'Imposteur*, 159, 229; *Une mise en scène moderne du Tartuffe*, 159; *Molière et Tartuffe dans la Préface des Plaideurs*, ibidem; *La Gloire du Val-de-Grâce*, *Tartuffe et la paix de l'Église*, ibidem; *Le Silence d'Elmire, étude sur le rôle*, ibidem; *Les Fourberies de Scapin*, 168; *Psyché*, 169; Documents sur *le Malade imaginaire*, avec introduction et notes, 172; Sur *Gros René petit enfant* et *l'Embarras de Godard*, 50.
THOINAN (Ern.). *Un bisaïeul de Molière,... les Mazuel...*, 231. Voyez NUITTER.
THOMAS. *Essai sur le caractère, les mœurs et l'esprit des femmes*, 171.
THOMAS (Ambroise). Musique de la *Psyché* de Jules Barbier et Michel Carré, 169.
THORILLIÈRE (*Premier et second Registre de* LA), 178, 225 et 226.
THUROT (Charles). *De la prononciation française..., d'après les témoignages des grammairiens*, 237.
TIRABOSCHI. *Storia della letteratura italiana*, 210.
TIRSO DE MOLINA. *El Burlador de Sevilla y Combidado de piedra* (joué avant 1620), 133; *La Venganza de Tamar*, 136.
TITON DU TILLET. *Description du Parnasse françois...*, 202.
TOTT (le baron de). *Mémoires sur les Turcs et les Tartares*, 210.
TOUR (l'abbé de LA). *Réflexions morales... sur le théâtre*, 207.
TRALAGE (Jean NICOLAS de). 72. Son Recueil manuscrit, 34, 72, 153; *Notes et documents sur l'histoire des théâtres de Paris au XVIIᵉ siècle*, 198, 199, 225.

Translation du corps de Molière, de la Fontaine, etc.: Pièces justificatives, 210.
TRAUTMANN (Karl). *Les Comédiens français à la Cour de Bavière*, 245.
Trévoux (*Mémoires de*). Voyez *Mémoires pour l'histoire des sciences et des arts*.
Trufaldino medico volante (1673), 51.
TRUINET (Ch.). *Pourquoi Molière n'a pas joué les avocats*, 219.

U

URBAIN et JAMEY. *Études historiques et critiques sur les classiques français du baccalauréat*, 241.

V - W

VALINCOUR (de). Voyez d'OLIVET.
VALVILLE (LETOURNEUR dit). *Dépit amoureux* arrangé en deux actes, 125.
VANDAL (Albert). *Molière et le cérémonial turc à la cour de Louis XIV*, 166.
VAPEREAU (G.). Édition des *Précieuses ridicules*, 3; du *Bourgeois gentilhomme*, 39; des *Femmes savantes*, 46.
VARIN (Pierre). *Étude sur Tartuffe*, 158.
VASSEUR (LE). Arrangement du *Sicilien*, 145.
VAUVENARGUES. *Réflexions sur quelques poètes*, 206; *Dialogue entre Molière et un jeune homme*, ibidem.
VAVASSEUR (le Père). MOLERIUS, *poeta comicus*,... *elatus nullo funere*; *Epigrammata*, 187.
VALLADIER. Opéra-comique des *Précieuses ridicules*, 121.
V. C. D V. *La Princesse d'Élide* en vers, 132.
Vengeance des marquis (*la*). Voyez *Impromptu de Versailles* (*Réponse à l'*).

VERNET (Horace). Estampes, 91.
VERRIO, peintre, auteur probable d'un portrait de Molière, 74 et note 2 (voyez l'article de Vitu indiqué là).
VESSELOVSKY (Alexis). 154. Biographie de Molière, 116, 241; Études sur *Tartuffe*, *Dom Juan*, *le Misanthrope*, 140, 160, 234.
VEUILLOT (Louis). *Molière et Bourdaloue*, 139, 231.
Vie anonyme de Jean-Baptiste Poquelin de Molière (1706), 201. — Voyez à *Biographies*.
Vilain Mire (*le*), 141. — Voyez *Grillo*.
VILLE DE MIRMONT (Henri de LA). *Personnages de jeunes filles dans le théâtre de Molière*, 241.
VILLEDIEU (Mme de). Voyez Mlle des JARDINS.
VILLENEUVE. Musique de *la Princesse d'Élide*, 132.
VILLIERS (de). *Le Festin de Pierre ou le Fils criminel*, traduit de l'italien (1659), 134. — Voyez VISÉ (J. DONNEAU de).
VINET (A.). *Poètes du siècles de Louis XIV*, 220.
VIOLLET LE DUC. *Deux pièces inedites de Molière* (canevas de la *Jalousie du Barbouillé* et du *Médecin volant*), 51; Catalogue de sa *Bibliothèque poétique*, 183, note 3.
VISÉ (Jean DONNEAU de). *Nouvelles nouvelles* (février 1663), 180, 225; les mêmes mentionnées pour les pièces détachées de Molière, 120, 121, 122, 123, 124, 127; *Zélinde ou la Véritable critique de l'École des femmes* et la *Critique de la critique* (1663), 128, 224; *Réponse à l'Impromptu de Versailles* ou la *Vengeance des marquis* (probablement avec de Villiers, 1663), 122, 130, 225; *Diversités galantes* et *Lettre sur les affaires du théâtre* (1664), 130, 225; *Lettre écrite sur la comédie du Misanthrope* (1667), 137; *L'Embarras de Godard*, 50, 235; *La Veuve à la mode*, 225. — Voyez Mercure Galant.
VITRY (Jacques de). Conte du

TABLE ALPHABÉTIQUE.

XIII° siècle (cité pour *le Médecin malgré lui*), 141.

VITU (Auguste). *Maison natale de Molière*, 233; *Madame Molière*, ibidem; *Molière et les Italiens...*, à propos d'un tableau où se voit un portrait de Molière, 234, 235; *La Maison mortuaire de Molière*, 236; Archéologie moliéresque : *Le Jeu de paume des Mestayers ou l'Illustre Théâtre*, 239; *La Maison des Poquelins*, 240; Préface aux *Études sur... Molière* d'Edouard Fournier, 241; Édition de Molière, 100.

VIVIER (Louis). *L'Art de Molière*, 243.

VIVOT. La Grange et Vivot, éditeurs de Molière (1682), 193. Voyez, pages 68 et suivantes. le n° 7 des Recueils (1682).

VOISIN (l'abbé de). *La Défense du Traité de Mgr le prince de Conti* (1671), 176, 184.

VOLTAIRE. 50. Différentes éditions de la *Vie de Molière*, avec des jugements sur ses ouvrages (1739), 88, 203 et 204; *Siècle de Louis XIV*, 131, 204; *L'Enfant prodigue*, 169.

WALCKENAER. *Que sait-on sur la vie de Molière ?* 218.

WECKERLIN. Musique du *Sicilien*, 146; Sur une représentation du *Bourgeois gentilhomme* en 1852, 166; Restitution de la partition du *Bourgeois gentilhomme*, 37.

WEISS (J.-J.). Sur *Amphitryon*, 147; Sur *l'Avare*, 151; Sur *le Bourgeois gentilhomme*, 166; *Autour de la Comédie-Française*, 240.

WEYEN (L.). Estampe, 183.

WIDAL (Auguste). *Des divers caractères du Misanthrope*, 138.

WILKE (le docteur). *Ce que Molière doit aux anciens poètes français*, 237.

WILLEMS (Alphonse). *Les Elzevier*, 2, 237.

WINK (George). Voyez ALLAINVAL (d').

WISMES (le baron de). *Un portrait de Molière en Bretagne*, 229.

Z

ZSCHOKKE. Biographie de Molière, 106, 211; traduction et adaptation des comédies de Molière, 105.

ADDITIONS ET CORRECTIONS

ADDITIONS ET CORRECTIONS

TOME I

Page III. — Ligne 8. Au lieu de « Vinot », lisez « Vivot ». Voyez l'alinéa suivant.

Page VIII. — Ligne 8, la même correction est à faire. Voyez-en la justification plus haut, dans le présent volume, p. 72-74 de la *Notice bibliographique*. Là sur Vivot, qui prit soin avec la Grange de la précieuse édition de 1682, des renseignements plus complets ont été donnés.

Ibidem. — Ligne 15. Au lieu de « Marc-Antoine Joly », lisez « Antoine-François Jolly ».

Page XIV. — Ligne 5, aux mots : « Monsieur, frère unique de Sa Majesté ». Ajoutez en note : « Alors appelé duc d'Anjou, et qui deux ans plus tard, après la mort de son oncle Gaston, eut le titre de duc d'Orléans. »

Page XV. — Ligne 6, aux mots : « le 3 novembre 1658 ». Ajoutez en note : « Il fallait dire le 2 novembre : voyez plus loin, à la page 4 de ce tome I, la note 2, et tome X, à la page 206 de la *Notice biographique*, la note 3. »

Page XVI. — 4ᵉ alinéa, aux mots : « les belles fêtes qui se faisoient à Versailles, à Saint-Germain, à Fontainebleau et à Chambord. » Ajoutez un renvoi aux notes qui accompagnent ce passage dans la réimpression de la *Préface* de 1682 placée par M. Georges Monval en tête du *Théâtre complet de Molière* (tome Iᵉʳ, 1882, p. XXIII et XXIV : voyez plus haut, p. 99, le numéro 60 des Recueils).

Page XVIII. — A la suite des quatre vers latins cités là. Ajoutez en note : « Ces deux distiques sont d'Etienne Bachot, médecin, et se lisent dans un volume de ses OEuvres qui fut imprimé en 1686 : voyez, au tome XI, la *Notice bibliographique*, p. 188, alinéas 5 et 6. »

Page XIX. — Ligne 8, aux mots : « le 25ᵉ juin ». Ajoutez en note : « M. Georges Monval, dans une note à ce passage (voyez, à la page 99 de la *Notice bibliographique*, le numéro 60 des Recueils), remarque que l'ordonnance de la Reynie est, non du 25, mais du 23 juin. »

Page XX. — Ligne 7. Au lieu de : « *le Festin de pierre* », lisez : « *le Festin de Pierre* ». Voyez d'ailleurs au tome V, la note 3 de la page 9, particulièrement les 12 dernières lignes de cette note continuée à la page 10.

Page XXIII. — Dans les notes de cette page, au lieu de « Vinot », lisez « Vivot ». Voyez ci-dessus, le second alinéa.

ADDITIONS ET CORRECTIONS.

Pages 3 et suivantes. — Sur les premières farces attribuées à Molière, voyez plus haut, aux pages 49-51 de la *Notice bibliographique*.

Page 5. — Fin du 1ᵉʳ alinéa. Ajoutez un renvoi à la page 485 de la *Notice biographique*, où une *Addition* (à la page 205 de cette même Notice) concerne *le Docteur amoureux* de Molière. Il nous reste à revenir ici avec plus de précision sur certains renseignements déjà donnés; il y a lieu de douter de la conclusion qu'Edouard Fournier tirait de ceux qu'il a communiqués, mais trop inexacts ou incomplets, dans son *Roman de Molière* (p. 137). A la ixᵉ entrée d'un ballet intitulé *Boutade des comédiens*[1], sorte de revue où venaient successivement se grouper des couples d'amants qu'avaient popularisés diverses pièces de théâtre, paraissaient un « Docteur amoureux » et « sa maîtresse Hélène ». Il était naturel, si la date bien établie du ballet ne démentait pas la conjecture, de voir, comme l'a fait Edouard Fournier, dans ces personnages les deux figures principales de la petite comédie de Molière. Le livre programme du ballet a été imprimé (mais, paraît-il, sans lieu ni date), Édouard Fournier l'a eu entre les mains, et il en a cité les vers, qui, se rapportant à ce Docteur amoureux et à cette Hélène, lui semblèrent devoir les caractériser[2], et par suite nous permettre de prendre quelque idée du sujet imaginé par Molière pour son *Docteur amoureux*. Voici ces vers; nous les reproduisons d'après la réimpression du ballet entier de la *Boutade des comédiens* que, grâce à une obligeante indication de M. Monval, nous avons un peu tardivement trouvée au tome VI (1870) des *Ballets et mascarades de cour....* (1881-1652)... *publiés d'après les éditions originales* par Paul Lacroix (Genève ou Turin, J. Gay et fils, 1868-1870; petit in-12).

Le Docteur amoureux à sa maîtresse.

> Je pénètre au fond des sciences,
> Et les grands soins que j'en ai pris
> Après bien du temps m'ont appris
> Mille belles expériences.
> Il me reste un point important
> Sans lequel mon esprit ne peut être content
> Et jusqu'où mon savoir encor n'a pu s'étendre;
> Je le cherche sans cesse, ou je puisse mourir,
> Et ne puis toutefois apprendre
> Le secret de vous acquérir.

Hélène, maîtresse du Docteur.

> Ces docteurs avec leurs sciences
> Ne doivent rien prétendre en mes affections.
> Quoi! dans toutes leurs actions
> Ils cherchent mille circonstances,
> Ils n'agissent que par compas!
> Ah! vraiment je ne pourrois pas
> Souffrir une règle si dure,
> Et qui voudra prétendre à être mon amant,
> Il faut qu'il m'aime aveuglément,
> Sans règle et sans mesure.

Il nous faut maintenant dire que, contrairement à l'assertion formelle et assez inexplicable d'Edouard Fournier, Hélène est le nom de la maîtresse du Docteur dans la comédie de le Vert, imprimée en 1638 et portant

---

1. *Boutade* est-il à prendre là dans le sens, qu'il a eu, d'une certaine danse moins grave, d'après Voiture, que les branles (sérieux) et que la pavane?
2. Voyez une citation de Bazin, p. 525, note 4, de notre tome Iᵉʳ.

aussi le titre de *Docteur amoureux*; et bien que les couplets qu'on vient de lire ne répondent guère, par leur ton relativement sérieux et relevé, à l'idée que les spectateurs ou les lecteurs avaient gardée des deux personnages, absolument grotesques, de le Vert (voyez notre tome I*er*, p. 5), nous ne doutons pas que ce ne fussent eux qu'on voyait poser, puis marcher en cadence dans la IX*e* entrée de la *Boutade des comédiens*. Edouard Fournier date ce ballet de 1663. Mais des dix-huit pièces auxquelles il y est fait allusion et dont le premier Récit parle comme de « miracles » qu' « idolâtre » la cour, aucune, croyons-nous, n'est postérieure à 1647, année où certainement il n'était pas question, à la cour, du *Docteur amoureux* de Molière. Une Sophonisbe, il est vrai, se présentait dans la *Boutade*, à la fin de la XIII*e* entrée, la dernière, réservée aux héros et héroïnes tragiques, et Edouard Fournier voulait que ce fût la Sophonisbe de Corneille; il nous semble infiniment probable que c'était la Sophonisbe de Mairet : on le sait, la tragédie de celui-ci (qui est de 1629) eut un grand et long succès, auquel fut même loin de mettre un terme (en 1663) le succès de la tragédie du grand Corneille.

Page 7. — Note 1. La première partie de cette note pourrait être ainsi remplacée : « Page 73 de leur *Histoire de l'ancien théâtre italien*, les frères Parfaict citent aussi, comme une pièce jouée par les Italiens en juillet 1669, un *Scaramouche pédant et Arlequin écolier*, et l'attribuent à l'acteur Cinthio. »

Page 9. — Ligne 15. Au lieu de : « 17 janvier 1694 », lisez : « 17 janvier 1664 ».

Page 12. — Ligne 3 de la fin. Au lieu de : « en tête de la seconde édition de cette *Vie* et de ces *Sommaires* », lisez : « en tête de la troisième édition (1764) de cette *Vie* et de ces *Sommaires* ». Voyez plus haut, p. 204, la *Notice bibliographique*.

Même page 12. — Note 4, ligne 7 (citation de Voltaire), aux mots : « M. de Chauvelin ». Ajoutez en note : « Il est probable que Voltaire veut parler ici, non de Chauvelin de Beauséjour, mais de son cousin le garde des sceaux; les deux d'ailleurs devaient être d'accord. » Voyez plus haut, à la *Notice bibliograhique*, p. 85, vers la fin, et p. 86, et la note 1 de cette dernière page.

Page 19, fin. — Ajoutez un renvoi aux pages 550 et 551 du volume (du même tome I*er*), où sont mentionnées deux représentations de *la Jalousie du Barbouillé* données au Théâtre-Français en janvier 1833.

Page 20. — Note 2, lignes 3, 4 et 5. Au lieu de : « Dans notre citation de Voltaire, d'après Beuchot,... ce personnage est appelé *Barbouille*, et nous voyons la même leçon dans le *Molière* de Bret (1773) », lisez : « Dans notre citation de Voltaire, d'après Beuchot,... ce personnage est appelé *Barbouille*, et nous voyons la même leçon dans la 3*e* édition de Voltaire (1764), dans la copie de celle-ci (Lausanne 1772), dans l'édition de Kehl (tome XLVII, 1785), et dans le *Molière* de Bret (1773) ».

Ibidem. — Même note 2, lignes 14, 15 et 16. Au lieu de : « et l'édition originale de cette *Vie* (Paris, Prault, 1739...) donne deux fois pour titre à notre farce *La Jalousie débarbouillée* », lisez : « et l'édition originale de cette *Vie* (Paris, chez Prault, 1739, in-12, p. 11 et 12), ainsi que l'édition publiée la même année par Voltaire à Amsterdam (chez Catuffe, in-8°, p. 9) donnent deux fois pour titre à notre farce *La Jalousie débarbouillée* ».

Page 48. — Ligne 5 du dernier alinéa. Après les mots : « La traduc-

ADDITIONS ET CORRECTIONS.

tion a été faite par Gueullette,... connu par son goût pour le théâtre », ajoutez : « et c'est une copie de cette traduction que possède la Bibliothèque nationale. Voyez tome V, p. 25, note 3 ».

Page 50. — Ligne 2 (date de l'arrivée de Dominique à Paris). Après : « c'est seulement en 1660, selon les frères Parfaict (p. 59) », ajoutez : « en 1661, selon Jal (p. 215 de son *Dictionnaire critique*) ».

Ibidem. — Fin avant la note. Ajoutez (sur *le Médecin volant*) un renvoi au second alinéa de la page 51 de la *Notice bibliographique*.

Ibidem. — Note 1, ligne 2. Au lieu de : « p. 108-126 », lisez : « p. 103-126 ».

Page 51. — Fin de l'avant-dernier alinéa. Ajoutez un renvoi aux pages 550 et 551 du même tome Ier, où est mentionnée une représentation du *Médecin volant* donnée au Théâtre-Français en mars 1833.

Page 57. — Modifiez ainsi la fin de la note 3 : « voyez... l'indication d'autres endroits où Molière a tiré parti à la scène de la personne et manière d'être de ses acteurs. »

Page 59. — Note 2, ligne 4 de la fin. Au lieu de : « Boulanger de Chalussay », lisez : « le Boulanger de Chalussay ».

Page 62. — Ligne 4. Au lieu de : « Oui, ce grand médecin », lisez : « Ovide, ce grand médecin », et supprimez la note 1. Cette excellente correction faite par M. Eud. Soulié a été indiquée à l'*errata* de notre tome II (1875).

Page 73. — Note 3. Ajoutez : « — Il paraît que dans cette corporation des porteurs les caractères ne manquaient pas et Molière les avait observés comme tous les autres. Il conta un jour à Boileau, d'une manière sans doute plus piquante que ne l'a fait Brossette (folio 14 recto, de son manuscrit conservé à la Bibliothèque nationale : plus haut, p. 199, 4e alinéa), un tour assez drôle de persiflage dont s'était avisé un porteur mal payé, pour se moquer des menaces d'une fille de qualité. »

Page 80. — Note 2, avant-dernière ligne. Au lieu de : « au tome III, p. 240, des *Causeries du lundi* », lisez : « au tome VI, p. 240, de la 1re édition des *Causeries du lundi* (ou p. 295 de la 3e édition) », et ajoutez un renvoi à la *Notice biographique*, p. 152 et 153.

Page 82. — Note 2, ligne 1. Au lieu de « Livre Ier, chapitre xcv », lisez : « Ire partie, chapitre ix ». A la fin de cette note, ajoutez : « Ce passage se trouve au tome Ier, p. 314-319 de l'édition originale des *Aventures de Monsieur d'Assoucy*. »

Page 88. — Note 3, fin. Ajoutez un renvoi au tome III, p. 287, où est rapportée la note de Chapelain.

Page 90. — Voyez sur Mascarille une note à la fin du volume (du même tome Ier), p. 536.

Page 92. — Lignes 5-7. Supprimez les mots : « dit le *catalogue de Soleines*; mais M. Fournel en doute. Il n'a pu retrouver d'édition antérieure à celle de 1664 », et substituez à la note 1 un renvoi au tome VI, p. 54, note a, où il est constaté que la comédie de Quinault fut en effet achevée d'imprimer le 26 juin 1656.

Page 93. — 2^d alinéa, ligne 9. Au lieu de : « (*l'Étourdi* joué devant le Roi....) le 11 mai 1659 », lisez : « le samedi 10 mai 1659 ». Voyez la *Notice biographique*, p. 212, note 1.

TOME I.   279

Page 95. — 2ᵉ alinéa, ligne 2. Au lieu de : « le 11 mai 1659 », lisez : « le samedi 10 mai 1659 ». Voyez la *Notice biographique*, p. 212, note 1.

Même page 95. — Ajoutez, à la fin de cette page, pour la distribution de *l'Étourdi* en 1685, un renvoi à une Addition imprimée page 558 du même tome Iᵉʳ.

Page 100. — *Sommaire* de *l'Étourdi* par Voltaire, ligne 2, aux mots : « Cette pièce est la première comédie que Molière ait donnée à Paris ». Ajoutez en note cette variante des deux premières éditions (l'édition originale de Paris, Prault, 1739, et celle d'Amsterdam, Catuffe, même année 1739) : « Cette pièce est la première comédie que Molière ait donnée au Public. » Comme Beuchot, nous avons conformé généralement le texte de ces *Sommaires* à la dernière édition (1764) que Voltaire en a donnée.

Ibidem (même *sommaire* de Voltaire). — Premier alinéa, ligne 14, aux mots « Ce loisir, dans lequel ». Ajoutez en note cette variante des deux éditions de 1739 : « Ce loisir, où ».

Page 101 (même *sommaire*). — Second alinéa, ligne 9, aux mots : « dans les écrits des auteurs célèbres ». Ajoutez en note cette variante des deux éditions de 1739 : « ... dans les écrits de ces grands hommes. »

Ibidem. — Note, ligne 11 : « *les Artistes juges et parties* ». Voici plus complètement le titre de l'ouvrage : *Les Artistes juges et parties, causeries parisiennes*, par M. Paul Stapfer. Paris, Sandoz et Fischbacher, 1872; in-18. — Pour un jugement plus général de Victor Hugo sur le vers de Molière, voyez le passage de la *Préface* de *Cromwell* (1827) indiqué plus haut, à la *Notice bibliographique*, p. 214, 4ᵉ alinéa (cité par M. Maurice Souriau, à la fin de son étude approfondie sur *la Versification de Molière*).

Page 104. — Ligne 3, « Célie, esclave de Trufaldin ». Ajoutez un renvoi aux pages 218-224 de la *Notice du Sicilien* (tome VI).

Ibidem. — Note 2. Ajoutez, pour Mascarille, un renvoi à la page 536 du volume (du même tome Iᵉʳ).

Ibidem. — Note 5, fin. Ajoutez, pour la mise en scène de *l'Étourdi*, un renvoi à la page 560 du volume.

Page 109. — Vers 64, aux mots : « Oter aux ». Ajoutez un renvoi au tome II, p. 162, note 2 (sur la façon dont Molière prononçait l'*er* des infinitifs quand le mot suivant commençait par une voyelle).

Page 125. — Note 2, à la fin de la 1ʳᵉ ligne. Au lieu de « 1681 », lisez : « 1681 B »; et à la 2ᵈᵉ ligne ajoutez : « Dans l'édition de 1681 A se lit la double faute : ... *laisse-moi en repos.* » Voyez page VII, note, de l'*Avertissement* mis en tête du tome Iᵉʳ, et plus haut, p. 67 de la *Notice bibliographique*, le numéro 6 des Recueils.

Page 131. — Vers 391, aux mots « son prétendu gendre ». Ajoutez un renvoi au tome VII, p. 288, ligne 2, — p. 160, note 3, — et p. 302, note 4, où *prétendu* est expliqué par *déclaré, futur*.

Page 135. — Note 1, fin. Ajoutez : « sauf toutefois entre le premier et le second acte du *Misanthrope* ». Une semblable irrégularité a été relevée à l'acte III de *Psyché*, entre la scène I, qui est de Molière, et la scène II, qui est de Corneille : voyez tome VIII, p. 317, fin de la note 3; Auger y constate aussi que Molière a nombre de fois négligé la règle de l'alternance des rimes dans les vers libres d'*Amphitryon*, et une fois dans ceux de *Psyché* (aux 986ᵉ et 987ᵉ).

Page 137. — Vers 474, au mot « bonhomme ». Ajoutez un renvoi aux tomes IV, p. 408, note 2, et VII, p. 286, note 3.

Page 146. — Vers 629-633 : on pourrait rapprocher de ce passage les vers suivants des *Bacchides* de Plaute (13-15 de la scène I de l'acte V) :

Hoc, hoc est quod peracescit, hoc est demum quod percrucior,
Me hoc ætatis ludificari : imo, edepol, sic ludos factum
Cano capite, atque alba barba! miserum me auro esse emunctum!

« Mais la pilule la plus amère pour moi, le chagrin le plus cuisant, c'est qu'on m'ait pris pour jouet à mon âge, avec mes cheveux blancs, ma barbe blanche! On m'a berné, on m'a escroqué mon or. » (*Traduction de Sommer*.)

Page 147. — Note 1, fin. Au lieu de « 1662 », lisez « 1682 ».

Page 148. — Note 2. Ajoutez : « Comparez l'emploi qui est fait d'*engendré* à la scène IV de l'acte II du *Malade imaginaire* (tome IX, p. 344) : « Toinette. Voici Monsieur Diafoirus le père et Monsieur Dia-« foirus le fils qui viennent vous rendre visite. Que vous serez bien « engendré! »

Page 152. — Note 6, ligne 1, ajoutez : « 1681 A »; — ligne 2, à « 1681 » substituez « 1681 B ». Voyez p. VII, note, de l'*Avertissement* mis en tête du tome Iᵉʳ, et plus haut, p. 67 de la *Notice bibliographique*, le numéro 6 des Recueils.

Page 157. — Vers 785. Ajoutez en note : « Racine a fait dire à Chicanneau, au vers 354 des *Plaideurs* (1668) :

Et je lui vais servir un plat de mon métier. »

Page 160. — Note 5, au bout de la ligne 2, ajoutez : « 1681 A »; — ligne 3, à « 1681 » substituez « 1681 B ». Voyez page VII, note, de l'*Avertissement* mis en tête de tome Iᵉʳ, et plus haut, p. 67 de la *Notice bibliographique*, le numéro 6 des Recueils.

Page 163. — Vers 890. Ajoutez en note : « .... *je ne dy*, pour mieux rimer (avec *étourdy*), dans l'original. »

Page 166. — Note 2, ligne 2. A « 1681 » substituez « 1681 B ». Voyez p. VII, note, de l'*Avertissement* mis en tête du tome Iᵉʳ, et plus haut, p. 67 de la *Notice bibliographique*, le numéro 6 des Recueils.

Page 173. — Note 6 (au vers 1042). Ajoutez un renvoi à la note 1 de la page 506 du tome VIII, où est relevé un autre exemple de la locution *Il me la payera*.

Page 174. — Note 2. Ajoutez « 1681 A » aux éditions qui portent *Ahij*, et dans la liste de celles qui portent *Ahi*, substituez « 1681 B » à « 1681 ». Voyez page VII, note, de l'*Avertissement* mis en tête du tome Iᵉʳ, et plus haut, p. 67 de la *Notice bibliographique*, le numéro 6 des Recueils.

Page 175. — Vers 1056. Ajoutez en note : « Châtier ses gens de sa propre main semble avoir été, au temps de l'*Étourdi*, au pouvoir des maîtres ailleurs encore qu'en Sicile : voyez aux vers 940 du *Misanthrope* et 425 des *Femmes savantes*. »

Page 177. — Note 5, ligne 2. A « 1681 » substituez « 1681 B ». Voyez

p. vii, note, de l'*Avertissement* mis en tête du tome Ier, et plus haut, p. 67 de la *Notice bibliographique*, le numéro 6 des Recueils.

Page 190. — Note 2. Ajoutez : « Plusieurs exemples de cette locution (*toute nuit*) ont été recueillis dans le *Lexique* du *Corneille*, tome II, p. 118. »

Page 201. — Note 3, ligne 2. A « 1681 » substituez « 1681 B ». Voyez p. vii, note, de l'*Avertissement* mis en tête du tome Ier, et plus haut, p. 67 de la *Notice bibliographique*, le numéro 6 des Recueils.

Page 208. — Note continuée de la page précédente, ligne 6 (citation de Rabelais). Au lieu de : « ... quand il m'a jeté la boule droit », lisez : « ... quand il n'a jeté la boule droit ».

Page 221. — Vers 1751. Au lieu de : « Seigneur suisse », lisez plutôt, comme dans l'édition originale : « Seigneur Suisse ». Mascarille s'est travesti, non en portier, mais en hôtelier ; quelques particularités de costume (une fraise, un haut chapeau pointu, comme ceux du marchand de Bâle dépeint au chapitre III des *Mémoires de Gramont*) le font prendre pour Suisse de nation.

Page 304. — Note 2, ligne 3. Au lieu de : « *E come un saluto* », lisez : « *È come un saluto* ».

Page 385. — Ligne 16, aux mots : « Le *Dépit amoureux* fut joué pour la première fois à Béziers vers la fin de 1656 ». Ajoutez un renvoi à la *Notice biographique*, p. 183, et p. 485 (Addition à la page 183), et un renvoi encore à l'article de M. Larroumet, inséré au *Moliériste* de septembre 1884, p. 163 et suivantes : *Molière à Béziers et la première représentation du Dépit amoureux*.

Page 388. — La note 1 de cette page, où les *Nouvelles nouvelles* ont été à tort attribuées à Villiers, a été rectifiée tome III, p. 112, note 1.

Page 392. — Ligne 8 : « Au moins eut-il (Valville) l'esprit... de n'y pas introduire, comme Armand, une scène d'*augmentation*. » Voyez une rectification faite page 125, 3e alinéa, de la *Notice bibliographique*.

Page 393. — Note 1, avant « scène ii ». Ajoutez ces deux vers, qui, dans l'arrangement de la pièce en deux actes, terminent, à la fin de la scène i (scène iv de l'original), le couplet de Marinette (« Vraiment, n'ayez point peur,... » vers 645-648 de l'original) :

Il vient, retirons-nous ; laissons-les, croyez-moi,
Sans chercher de raison de leur mauvaise foi.
(Elles vont pour sortir.)

Page 395. — Fin du 2d alinéa. Ajoutez en note ce renseignement : « Le *Dépit amoureux* a été repris deux fois en cinq actes par la troupe de Ballande, à la salle Ventadour, les 17 et 21 mai 1873 ; et l'année suivante, à la matinée du 1er mars, il a encore été donné en entier sur le théâtre de la Porte-Saint-Martin. »

Page 397. — Fin du 1er alinéa. Ajoutez, pour la distribution du *Dépit amoureux*, un renvoi à la page 559 du même tome Ier, où est donnée la distribution de 1685, et un renvoi à la page 12, 6e alinéa, du présent volume.

Page 402. — A la fin. Ajoutez, pour la mise en scène du *Dépit amoureux*, un renvoi à la page 560 du même tome Ier.

Page 438. — Note 2, fin. Ajoutez : « Voyez dans l'édition de *la Prix* cesse d'Élide publiée par M. le docteur Wilhelm Knörich (Leipzig, 1885[1]), p. 152, la note se rapportant à la ligne 838. M. Knörich a relevé dans les vieux textes nombre d'exemples où *un*, mis où nous mettrions *une*, précède non seulement *autre* employé substantivement (non accompagné d'un nom), mais encore *autre* suivi d'un nom féminin[2], des exemples aussi où *un* précède des noms féminins commençant par une voyelle[3]. Le savant commentateur conteste que *un autre* puisse être jamais considéré comme une sorte de locution neutre[4], et ne voit là, ainsi que dans les autres exemples qu'il cite où *un* (parfois *un'*) se lit avant un nom féminin commençant par une voyelle, qu'une ancienne particularité, non de syntaxe, non pas même de prononciation[5], mais simplement d'écriture. »

Page 444. — Note 4. Ajoutez : « Cette phrase latine est à peu près celle qu'Aristarco, le Pédant d'une comédie en prose de Bernardino Pino (*gl' Ingiusti sdegni*, acte III, scène 1), adresse en le quittant à un bon bourgeois aussi illettré qu'Albert : *Mandatum tuum curabo diligenter*. Voyez notre tome III, p. 194, seconde partie de la note 1. — La *Drammaturgia* d'Allacci cite une douzaine d'éditions, publiées de 1553 à 1626, des *Ingiusti sdegni*. »

Page 465. — Note 2. Au lieu de : « Tel est le texte de 1666 et de 1695 A », lisez : « Tel est le texte de 1666 et de 1675 A ».

Page 490. — Note 2. Est à transporter à la suite de cette note 2 l'observation imprimée par erreur à la suite de la note 3 : « On peut s'étonner que l'édition de 1734 n'ait pas indiqué ce jeu de scène, » etc.

Page 494. — Note 2, fin. Ajoutez un renvoi à l'Addition faite plus haut, p. 281, à la note 2 de la page 438 du même tome Ier.

Page 502. — Vers 1502. Ce vers, tel que le donnent tous les anciens textes, s'entend fort bien, sans qu'il soit même besoin de le rapprocher des vers 1471 et 1472. On s'est néanmoins demandé s'il n'y fallait pas changer *sot* en *saut* :

Et vous ferez le saut tout seul, je vous assure.

Voyez *le Moliériste* de décembre 1879, p. 284. — Comparez le vers 699 de *l'Étourdi*.

Page 526. — Ligne 9, aux mots « le sieur LA PIERRE ». Ajoutez en note : « La Pierre était chef d'une troupe, composée surtout de musiciens et de danseurs, laquelle appartenait au maréchal de Schomberg : voyez la *Notice biographique*, p. 158 et note 4. »

1. Voyez plus haut, p. 97 de la *Notice bibliographique*, n° 51 des Recueils.
2. Un autre danse.
3. Un âme.
4. Comme il l'a été au *Lexique du Corneille*, tome Ier, p. LXVI et note 1.
5. *Un*, devant *autre* représentant un nom féminin, ou devant un nom féminin qui commence par une voyelle, devait toujours, pense-t-il, se prononcer comme *une*; c'est ainsi que *un* est encore prononcé par plusieurs même devant un nom masculin commençant par une voyelle.

TOME II

Page 9. — Note 2. Au renvoi fait là (sur Visé et Villiers) substituez un renvoi au tome III, p. 112, note 1.

Page 13. — Note 3. Cette note a été rectifiée dans notre tome III, p. 335, note 1, au bas d'un passage de *la Critique de l'École des femmes* (scène v), où il est constaté que c'est dès 1663 que le prix des places sur le théâtre[1] était d'un demi-louis (cent dix sous), même aux représentations ordinaires.

Page 25. — Note 1. La troisième lettre de Thomas Corneille dont il est question à la fin de cette note est, malgré la date du 1er décembre qu'elle porte, certainement postérieure à la reprise des *Précieuses ridicules* qui eut lieu le 2 décembre 1659 : voyez la *Notice biographique*, p. 219, note 2.

Page 25. — Fin du 1er alinéa. Voyez, au sujet de la comédie de *la Précieuse* (1656), donnée par l'abbé de Pure aux Italiens, l'article de M. Jules Clouet qui a été inséré au *Moliériste* d'août 1880; M. Clouet y rapporte un récit, emprunté à la IIIe partie (1657, p. 473 et suivantes, particulièrement p. 494-499) du roman de l'abbé et qui, sans nous renseigner complètement sur la comédie italienne, en fait connaître un des incidents. — Un autre renseignement sur la comédie a peut-être été donné par Sauval : voyez l'article de M. Emile Roy au *Moliériste* de septembre 1887.

Page 27. — Lignes 3 et 4. Au lieu de : « avec celle (la scène) où figurent Philaminte, Bélise et Henriette dans *les Femmes savantes*, » lisez : « avec celle où figurent Philaminte, Bélise et Armande conversant avec Trissotin dans *les Femmes savantes* (acte III, scène II, vers 844 et suivants) ».

Ibidem. — Note 2, ligne 8. Au lieu de : « notre note suivante », lisez : « la note 2 de la page suivante ».

Page 40. — Ajoutez en note à la fin de la ligne 8 du 2^d alinéa : « C'est avec toute vraisemblance que dans *le Moliériste* d'avril 1882, p. 30, le rôle de Madelon est attribué à *Madeleine* Béjart, celui de Cathos (Cathau) à *Catherine* de Brie, et celui de Marotte à *Marie* Ragueneau, la future femme de la Grange. Voyez encore *le Moliériste* de novembre 1882, p. 22 et suivantes. »

Page 45 (*sommaire* des *Précieuses ridicules* par Voltaire). — Ajoutez à la note 2 : « — Toutes les anciennes éditions (1739 Paris et Amsterdam, 1764, 1772, Kehl) ont ici : « le prix..., qui n'était alors que dix sous au parterre » : le *de* suppléé par Beuchot est sans doute à retrancher. »

Page 46. — Ajoutez à la note 1 : « — Mais tout le dernier alinéa du *sommaire* se lit déjà, avec les désignations, faites en note, de *Toureil*, de *Fontenelle* et de *La Motte*, dans la seconde édition de 1739 (Amsterdam, Catuffe). »

Page 51. — Dernière phrase de la note 1 (lignes 15-17). Au lieu de : « Le texte de 1682, et de même celui de 1734, répètent la conjonction

---

[1]. Et sûrement aussi le prix des autres premières places.

que », lisez : « Le texte de 1682 même n'a pas le second *que ;* mais la plupart des textes qui d'ordinaire en dérivent, ceux de 1697, 1710, 1718, 1733, et de même celui de 1734, répètent la conjonction ».

Page 54. — Fin de la note de la page précédente. Il eût fallu dire que Marie Ragueneau avait, d'après Jal, trente-trois ans à son mariage, près de vingt et un lors de la première représentation des *Précieuses;* il paraît donc certain qu'elle fut chargée du petit rôle de Marotte. — C'était sa mère qui était préposée aux recettes : voyez au *Moliériste* de septembre 1886, p. 177, 2^d alinéa, un article de M. Monval.

Page 54. — Note 3, fin. Ajoutez, pour la mise en scène des *Précieuses ridicules,* un renvoi à la page 116 du volume (du même tome II), note 4.

Page 74. — Note 1, ligne 6, après le renvoi fait à l'épître de Somaize, ajoutez un renvoi à la scène v de l'acte II du *Malade imaginaire,* où Thomas Diafoirus, prenant d'abord Angélique pour Béline, l'appelle *Madame,* puis, averti de sa méprise, constamment *Mademoiselle.* — A la fin de la note, ajoutez encore un renvoi au tome V, p. 308, note 2, et au tome VII, p. 143, note 2.

Page 104. — Note 1. Ajoutez un renvoi à un passage des *Ragguagli del Parnasso* de Boccalini et à une note de Bayle cités au *Moliériste* d'octobre 1883, p. 204.

Page 105. — Note 2. Ajoutez : « *Cascaret* est aussi un nom de valet dans *l'Impromptu de l'Hôtel de Condé* et quelques autres pièces. Le mot a encore dans le Midi, d'après M. Larchey et M. Baluffe, la signification d'*homme facétieux, badin, railleur;* il paraît avoir pris dans le Nord, d'après le *Complément du Dictionnaire de l'Académie* (1845) et le *Dictionnaire* de Littré, celle d'*homme chétif, de peu d'apparence, sans consistance.* « Terme de mépris », dit seulement La Curne de Sainte-Palaye. »

Page 139. — A la fin de la note continuée de la page 138, ajoutez un renvoi à la page 121 de la *Notice bibliographique,* dernière partie de l'avant-dernier alinéa, où il est dit que, dans un opuscule de 1660, *la Cocue imaginaire* semble avoir été attribuée à Somaize.

Page 141. — A la note 1 substituez ceci : « *Huon de Bordeaux,* donné pour la première fois le 5 août 1660, était de Gilbert. » Voyez plus loin une Correction à la note 4 de la page 334 du même tome II.

Page 142. — Ligne 3 du 2^d alinéa, aux mots : « *le Mari qui se croit trompé* ». Ajoutez en note : « A la fin du règne de Louis XIV même, la pièce fut jouée sous le titre des *Fausses alarmes :* voyez notre tome I, p. 552, fin du 1er alinéa. »

Ibidem. — Note 2, ligne 9, aux mots : « réduisant trois actes en un seul ». Ajoutez un renvoi à la note 4 de la page 179 du volume (du même tome II), et voyez ci-contre, p. 285, une Addition à cette note.

Page 143. — A la suite des distributions de *Sganarelle* données là, ajoutez un renvoi au *Moliériste* de septembre 1885, p. 191, où se trouve la distribution de 1885, et la constatation que la comédie se joue en trois actes.

Page 144. — Ligne 5, aux mots : « Un écu », ajoutez, entre parenthèses « *un bouclier, pour achever d'armer Sganarelle de toutes pièces à la scène* XXI ».

Ibidem. — Note 1, ligne avant-dernière. Au lieu de « Mabelot », lisez : « Mahelot ». (Cette faute ne se trouve pas dans tous les exemplaires.)

..Pages 147-153. — Voyez, sur ce passage de la *Notice* de Despois, plus haut, la page 4 de la *Notice bibliographique*. La publication faite en 1876 des *Nouvelles pièces sur Molière* qui ont été réunies par M. Émile Campardon nous a appris : 1° que Molière n'avait pas tardé à faire emploi de son privilège de mai 1660 ; 2° que le Conseil donna absolument gain de cause au poète par un arrêt de novembre de la même année.

Page 155. — Sommaire du *Cocu imaginaire* par Voltaire, 1er alinéa, ligne 5, au mot : « perfectionna », ajoutez en note cette variante des deux éditions de 1739 : « .... perfectionna beaucoup ».

Même page. — Même *sommaire*, dernière ligne du 1er alinéa, aux mots : « des termes que la politesse a bannis », ajoutez en note cette variante des deux éditions de 1739 : « ... des termes qu'une délicatesse peut-être outrée a bannis.... »

Page 160. — Note 6 à la liste des Acteurs de *Sganarelle*. Ajoutez, sur la mise en scène et le détail des accessoires, un renvoi à la page 144 du volume (du même tome II), 2d alinéa.

Page 162. — Note 2. Le passage cité de J. Hindret ne se trouve que dans la seconde édition de son livre ; elle est de 1696 (Achevé du 17 mai) : Paris, Laurent d'Houry ; 2 volumes in-12 d'une seule pagination ; le titre en a été refait en 1710.

Page 170. — Au vers 94. Ajoutez en note : « *Hors de temps*, hors de saison, mal à propos, « est un italianisme : *fuor di tempo*, » dit Auger au vers 340 de *la Princesse d'Élide*, où cette locution revient. Racine, dans une de ses notes (tome VI, p. 298), a dit : « Ne faire rien hors de son temps. »

Page 173. — Vers 136 : Artémone se plaint de même dans la scène II de l'acte V de *l'Asinaire* de Plaute (vers 851) :

Fundum alienum arat, incultum familiarem deserit.

« Il va cultiver le champ qui n'est pas à lui, et laisse le sien en friche. » — On a rapproché du vers de Plaute un distique des *Sentences* de Théognis (vers 581 et 582), dont voici la traduction par Patin (*Annuaire de l'Association pour l'encouragement des études grecques en France*, tome XI 1877, p. 238) : « Je hais la femme vagabonde, et l'homme audacieux qui veut labourer le champ d'autrui. »

Page 174. — Note 1. Ajoutez : « Dans son édition de *Sganarelle* (Leipzig, 1885[1], p. 28), M. le docteur Wilhelm Knörich se demande si (comme cela a encore lieu pour *grand* et avait lieu, dans certaines locutions, pour *royal*, venant l'un et l'autre d'adjectifs latins qui ont même terminaison au masculin et au féminin) ce n'est pas conformément à l'ancien usage que *tel* ici, et *quel* dans un vers des *Grisettes* de Champmeslé (1671)[2], n'ont pas pris la forme féminine. »

Page 179. — Note 4. Après le renvoi à la *Notice*, ajoutez : « De nos

1. Voyez plus haut, p. 97 de la *Notice bibliographique*, n° 51 des Recueils.
2. Scène IX ; tome II, p. 80 des *Contemporains de Molière* de M. Victor Fournel :

Hélas, mon cher amant, quel sera ta colère... ?

jours encore *Sganarelle* est joué en trois actes à la Comédie-Française : voyez *le Moliériste* de septembre 1885, p. 191. »

Page 219. — Ligne 12. Au lieu de « la Grange et Vinot », lisez : « la Grange et Vivot ». Voyez, plus haut, p. 72-74 de la *Notice bibliographique*.

Page 223. — Fin du 5ᵉ alinéa. Ajoutez un renvoi à la page 436 du volume (du même tome II), où se lit une Addition à la *Notice* de *Dom Garcie* : Dom Garcie en 1871.

Page 228. — Lignes 4 et 5 du 2ᵈ alinéa. Au lieu de : « Villiers, l'auteur probable des *Nouvelles nouvelles* », lisez : « Donneau de Visé, l'auteur des *Nouvelles nouvelles* ». — Même page, au renvoi fait dans la note 1, substituez un renvoi au tome III, p. 112, note 1.

Page 294. — Note 1, lignes 2 et 3 (citation de Montaigne). Au lieu de : « ce sont été », lisez : « ce ont été ».

Page 334. — Note 2, lignes 1 et 2. Au lieu de : « Nous ne savons quel était l'auteur de cette pièce, non plus que d'*Huon de Bordeaux* », lisez : « L'auteur du *Tyran d'Égypte* et de *Huon de Bordeaux* était Gilbert; la première de ces pièces avait été donnée d'abord le 25 février 1661, et la seconde le 5 août 1660 : voyez le *Registre de la Grange* à ces dates, p. 30 et 23. »

Page 340. — Note 3. Ajoutez : « La nouvelle de Boccace a été abrégée dans l'une de celles qu'on attribua en 1568 à Bonaventure des Périers (la CXIVᵉ dans l'édition des *OEuvres françoises* de Bonaventure des Périers donnée par M. Louis Lacour, chez P. Jannet, 1856, in-16, tome II, p. 355-357), mais qui dès 1566 se lisait, contée presque absolument dans les mêmes termes, au chapitre XV de l'*Apologie pour Hérodote* d'Henri Estienne (tome I, p. 280 et 281 de l'édition donnée par M. Ristelhuber chez Isidore Liseux, 1879, in-8°). »

Page 350. — Note 1. A la suite du renvoi fait à la *Notice de Sganarelle* (même tome II, p. 147 et suivantes), ajoutez un renvoi à la *Notice des Précieuses ridicules*, même tome II, p. 42 et 43, et à la *Notice bibliographique*, plus haut, p. 2, 2ᵈ alinéa, et p. 4, 2ᵈ alinéa.

Page 352 (*sommaire de l'École des maris* par Voltaire). — Troisième alinéa, 6ᵉ ligne, aux mots : « deux vieillards de différente humeur », ajoutez en note cette variante des deux éditions de 1739 : « deux vieillards de différentes humeurs ».

Page 361. — Note 4, fin de la 1ʳᵉ partie (ligne 17). Ajoutez : « Tout à fait analogue aussi est la comparaison que fait Pierrot des canons avec des entonnoirs : voyez, à la scène 1 de l'acte II de *Dom Juan*, tome V, p. 108 et note 9. »

Page 362. — Au vers 46. Ajoutez en note : « Voyez, tome Iᵉʳ, p. 10 du *Lexique* du *Corneille*, le passage de la *Préface* de Vaugelas (§ XI) que M. Marty-Laveaux a rapproché de ce couplet d'Ariste. »

Page 363 (texte de Molière). — Au vers 69 (acte Iᵉʳ, scène 1) de *l'École des maris*, au lieu de : « Un beau pourpoint bien long... », lisez :

« Un bon pourpoint bien long.... »

Page 418. — Note 3. L'explication, rapportée là, qu'a donnée Auger du vers 886 de *l'École des maris*, était la bonne : « Je ne voudrais pas, pour vingt bons écus, que la chose fût autrement » : voyez tome V, p. 162, note 1.

Page 431. — Note 2, sur le sens de la locution *pour l'amour de*. Ajoutez un renvoi au tome V, p. 148, note *a*.

TOME III

Page 6. — Fin du 1ᵉʳ alinéa. Ajoutez, sur la musique des divertissements mêlés à la comédie des *Fâcheux*, un renvoi au tome IV, p. 229, note 5, et à la *Notice bibliographique*, plus haut p. 7 et 8. Il y est dit que cette musique, conservée dans un manuscrit de Philidor, est de Beauchamp, sauf la courante que Molière-Lysandre chantait et dansait à la scène III de l'acte I, et qu'il avait demandée à Lulli.

Page 8. — Fin de la note. « L'épître à M. d'Elbène..., si elle a paru avant *les Précieuses ridicules*.... » Cette épître a été écrite postérieurement à l'impression de la comédie, achevée le 29 janvier 1660, car elle contient une allusion aux *noces du Roi*, et celles-ci furent célébrées le 9 juin de la même année 1660. Scarron mourut le 14 juin suivant.

Page 16. — Fin de la note 3 de la page 15, note continuée à la page 16. Ajoutez un renvoi au tome IV, p. 229, note 4, où il est constaté que Molière s'était plu parfois à représenter jusqu'à cinq de ses Fâcheux.

Page 23. — Ajoutez, à la suite du 1ᵉʳ alinéa, que des *Arguments* des trois actes de la comédie-ballet des *Fâcheux*, empruntés vraisemblablement à un livret-programme qui fut préparé par l'ordre de Molière pour les premières représentations, sont reproduits, d'après une vieille copie de la Bibliothèque nationale, aux pages 8-10 de la *Notice bibliographique*.

Page 24 (*sommaire* des *Fâcheux* par Voltaire). — Ligne 8, aux mots : « comme le prétend Grimarest », ajoutez cette variante des deux éditions de 1739 : « comme le prétend un certain Grimarest ».

Page 25 (même *sommaire*). — Ligne 14, aux mots : « (Cette pièce le fit connaître...) de la cour et du Roi ». Ajoutez en note : « Tel est le texte de l'édition de Kehl (1785, tome XLVII) et de l'édition Beuchot; toutes les anciennes (1739 Paris et 1739 Amsterdam, 1764 et sa copie 1772), que nous aurions plutôt dû suivre, ont : « (Cette pièce le fit connaître...) de la Cour et du Maître. »

Page 32. — Fin de la note 1 au Prologue des *Fâcheux*. Ajoutez un renvoi à la page 123, 2ᵈᵉ partie du 4ᵉ alinéa, de la *Notice bibliographique*, où est mentionnée l'insertion que fit la Fontaine du Prologue de Pellisson dans son *Recueil de poésies diverses* publié en 1671.

Page 50. — Note 3. Ajoutez, sur la courante, que chantait et dansait Molière et qui était de Lulli même, et sur le dernier couplet de Lysandre (vers 205-208, acte I, scène III des *Fâcheux*), un renvoi au tome IV, p. 229, note 5, et à la *Notice bibliographique*, plus haut, p. 8, 3ᵉ alinéa. — Un fac-similé de la page où a été transcrit, de la main de Philidor, l'air de Lulli, sera donné dans l'Album.

Page 60. — Au vers 331 (des *Fâcheux*), ajoutez en note : « Voyez au vers 1217 du *Misanthrope* un même emploi de la locution *faire raison de...* dans le sens d'*expliquer, faire comprendre*. »

Page 62. — Note 3, ligne 1. Au lieu de : « Un valet comme Mascarille », lisez : « Un valet comme la Montagne. »

Page 66. — Ligne 1 des notes. Au lieu de « Villiers », lisez « Visé », et — même page, substituez à la note *a* un renvoi à la page 112, note 1, du volume (du même tome III).

Page 74. — Ajoutez à la note 6 : « Le défaut d'élision se justifiait par le même motif que l'hiatus du vers 514. »

Page 111. — Ligne 4, après les mots : « En public, pour la même chose ». Ajoutez un renvoi à la *Notice biographique*, p. 272, note 1.

Page 117. — Ligne 4, aux mots : « n'appartient pas à Scarron ». Ajoutez en note : « *La Précaution inutile* est traduite de la quatrième des *Nouvelles* de doña Maria de Zayas y Sotomajor : voyez la *Notice bibliographique*, p. 126, 4ᵉ alinéa. »

Page 119. — Note 2, lignes 1-3. Remplacez la citation de la Martinière par la Remarque suivante, d'information plus sûre, que Brossette a mise au-devant des *Stances à Molière*, et qui se lit au tome Iᵉʳ, p. 433, des *Œuvres de M. Boileau Despréaux avec des éclaircissements historiques donnés par lui-même* (Genève, 1716, 2 volumes in-4°) : « M. Despréaux lui envoya ces vers le premier jour de l'année 1663. »

Pages 122-125. — Sur l'outrage fait à Molière dont il est question là, voyez la *Notice biographique*, p. 288-290.

Page 132. — Ligne 3, aux mots : « Nous n'y voyons rien d'impossible ». Ajoutez (sur la première représentation du *Portrait du Peintre*) un renvoi à la *Notice biographique*, p. 281-285, et à la *Notice bibliographique*, p. 129, 1ᵉʳ alinéa.

Page 139. — Lignes 12 et 13. Au lieu de : « le 14 octobre », lisez : « laquelle (*première représentation de l'Impromptu de Versailles*) fut donnée au plus tôt le 16 octobre, au plus tard le 21, et probablement le 19 ». Voyez plus loin, p. 290, la rectification concernant la page 371 du même tome III.

Page 140. — Ligne 14 (date d'une représentation, donnée à l'hôtel de Condé, de *la Critique de l'École des femmes* et de *l'Impromptu de Versailles*). Au lieu de : « le 11 novembre 1663 », lisez : « le 11 décembre 1663 », et ajoutez un renvoi à la page 296 de la *Notice biographique*.

Page 150. — Note 1, après la ligne 2. Ajoutez en tête de la liste des comédiens le nom de *Molière*.

Page 151 (*Notice de l'École des Femmes*). — Avant le dernier alinéa. Ajoutez : « Le 7ᵉ de ce mois, lit-on aux pages 161 et 162 du *Mercure de France* de janvier 1726, les... Comédiens (*Français*) représentèrent la comédie de *l'École des femmes*.... Ce qu'il y avoit de plus intéressant dans la représentation de cette pièce, c'est que le sieur Baron y jouoit le rôle d'Arnolfe. »

Page 152. — Fac-similé du titre de *l'École des Femmes*, ligne 7. Au lieu de « Bilaine », lisez « Billaine ».

Page 153 (*Notice de l'École des femmes*). — Ajoutez en dernier alinéa : « Une traduction italienne en fut publiée en 1680 : LA SCUOLA DELLE MOGLI *comedia di I.B.P.* MOLIERE, *tradotta dal verso francese in prosa italiana dal signor* NAPOLEON DELLA LUNA. *In Bologna, per Giacomo Monti*, 1680 : petit in-12. »

Page 155 (*sommaire de l'École des femmes* par Voltaire). — Dernière ligne, aux mots : « des tragédies de l'admirable Racine », ajoutez en note cette variante des deux éditions de 1739 : « des tragédies de Racine ».

Page 160. — Ligne 10. Ajoutez, pour la mise en scène de *l'École des femmes*, un renvoi à la page 152 du volume (du même tome III), 1er alinéa.

Page 165. — Note 3, au 3e vers cité. Au lieu de « bas-de-chausse », lisez « haut-de-chausse ».

Page 170. — Au vers 164 (de *l'École des femmes*). Ajoutez en note un renvoi à l'avant-dernière partie de l'article AGNÈS dans le *Dictionnaire de noms propres* de M. Hermann Fritsche (1887 : plus haut, p. 244, 6e alinéa) et à l'article, intitulé *Par l'oreille*, de M. H. Martin-Dairvault au *Moliériste* de mars 1888.

Même page 170. — Au vers 177. Ajoutez en note ce passage des *Contes et discours d'Eutrapel* (XXXI, tome II, p. 262 et 263 de l'édition des *Œuvres facétieuses* de Noël du Fail donnée par M. J. Assézat) : « De notre ville... se sont depuis trente-cinq ans retirés et perdus ces beaux et honnêtes mots [de] Maître, pour le regard des gens de justice, et de Sire, en l'endroit des marchands, se faisans titrer et qualifier du mot de Monsieur sous le nom de quelque closerie qu'ils auront : Monsieur du Fossé, de la Vigne, de Capendu.... »

Page 194. — Note 1, fin. Ajoutez : « D'après la *Drammaturgia* d'Allacci, *gl'Ingiusti sdegni*, comédie en prose, ont été imprimés nombre de fois de 1553 à 1626. »

Page 237. — Intitulé de la scène IV, fin de la ligne 2. Ajoutez un renvoi à la note 4 de la page 174 du volume (ce renvoi ne manque pas dans tous les exemplaires).

Page 243. — Note 2. Ajoutez 1664e à l'énumération des éditions qui ont la variante.

Page 267. — Au vers 1602 (« Veux-tu que je m'arrache un côté de cheveux? »). Ajoutez en note : « Cailhava remarque avec raison (p. 91 de ses *Études sur Molière*, 1802) que l'acteur, dans ce rôle d'Arnolphe, doit porter ses cheveux, se garder de mettre une de ces perruques dont l'usage finit par devenir universel au XVIIe siècle, mais n'était certainement pas encore adopté, au temps des premières représentations de *l'École des femmes*, par les gens de l'âge d'Arnolphe (voyez notre tome II, p. 359, note 2). »

Page 307 (*sommaire de la Critique de l'École des femmes* par Voltaire). — Avant-dernière ligne du 1er alinéa, aux mots : « On convient qu'il avait tort...; mais ses ennemis avaient plus grand tort », ajoutez en note cette variante des deux éditions de 1739 : « On convient qu'il avait tort..., mais que ses ennemis avaient plus grand tort ».

Page 344. — Note 1, ligne 2, au lieu de « vers 617 », lisez « vers 651 ».

Page 371. — Titre, emprunté à l'édition de 1682, de *l'Impromptu de Versailles* : ligne 5, aux mots : « le 14° octobre 1663 ». Ajoutez en note : « Cette date donnée par les éditeurs de 1682 est fausse : *l'Impromptu de Versailles* ne put être représenté devant le Roi que le 16 octobre au plus tôt, et ne le fut probablement que le 18 ou le 19 : voyez la *Notice biographique*, p. 283 et 284. »

Page 377. — Lignes 6 et 7. Au lieu de : « En 1838, elle fut jouée deux fois (la première, le samedi 12 mai) », lisez : « En 1838, elle fut jouée trois fois (la première, le jeudi 10 mai) », et ajoutez un renvoi à la page 14, avant-dernier alinéa, de la *Notice bibliographique*.

Ibidem. — A la suite de la distribution de 1838, ajoutez, pour la reprise et la distribution de *l'Impromptu de Versailles* en 1880, un renvoi à la page 15, 1ᵉʳ alinéa, de la *Notice bibliographique*.

Ibidem. — Lignes 5 et 4 de la fin, aux mots : « *le quatorzième octobre* 1663 ». Ajoutez un renvoi à la note rectificative qui concerne la page 371 du même tome III (ci-dessus, 3ᵉ alinéa).

Pages 378-380 (*Notice* précédant les Extraits des *Mémoires* et *Lettres* publiés dans *le Mercure de France*, en 1738 et en 1740, sur Molière et quelques comédiens de son temps). — La rédaction des notes dont il est parlé là ne paraît pas pouvoir être attribuée à Mme Paul Poisson, la fille de du Croisy. Voyez ce point éclairci dans la *Préface* de M. Georges Monval accompagnant l'édition qu'il a donnée des *Mémoires* et *Lettres* en question (tome XV de la *Nouvelle Collection moliéresque*). M. Monval pense que Boucher d'Argis[1] est l'auteur des *Mémoires* de 1738, et que les *Lettres* de 1740 sont aussi « une compilation faite par lui sans beaucoup d'ordre et d'esprit critique ». Les *Lettres* de 1740 contiennent de nombreux passages pris mot pour mot des *Mémoires* de La Serre (qui ont été placés en 1734 au-devant de l'édition in-quarto des Œuvres de Molière[2]), entre autres tout un morceau qu'on peut appeler le Portrait de Molière et dont nous avons, tome III, p. 383, reproduit une partie. La Serre a été parfaitement à même de recueillir de la bouche de Mme Paul Poisson toutes sortes de précieux renseignements ; mais il n'a dit expressément tenir d'elle, écrites, ce semble, de sa main, que les quelques lignes qu'à la page lj de ses *Mémoires* (au tome Iᵉʳ de 1734) il a fait imprimer en caractères italiques, celles qui forment le premier alinéa seulement de la page 383 de notre tome III[3]. — Au reste, quel qu'ait été le rédacteur du *Mercure*, on ne peut douter que beaucoup de ses informations n'aient été puisées à bonne source : voyez son portrait de Mlle Molière, et ce qui en est dit, pages 348 et 349 de la *Notice biographique*.

Page 379 (*Notice sur les Extraits du Mercure*). — 4ᵉ alinéa, lignes 1 et 2, aux mots : « ce travail (la lettre au *Mercure* de mai 1740)... était des-

---

1. Voyez la *Notice* à laquelle se rapporte la présente Addition, p. 379, 5ᵉ alinéa.
2. Voyez la *Notice bibliographique*, p. 86, 2ᵈ alinéa.
3. Il a fait précéder ces lignes de la déclaration suivante, la rapportant évidemment à elles seules, à la citation en italique : « La femme d'un des meilleurs comiques que nous ayons eu nous a donné ce portrait de Molière. » Aux mots « La femme » est un renvoi à cette note : « Mademoiselle Poisson, fille de du Croisy, comédien de la troupe de Molière ; elle a joué le rôle d'une des Grâces dans *Psyché* en 1671. »

TOME III.

tiné à un correspondant d'Allemagne ». Ajoutez en note : « *Le Nouveau Mercure* d'août 1717 nous apprend (par un *Avis* imprimé au verso du titre) que des « *Réflexions sur l'Art de parler en public*, qui sont en tête du *Mercure* de juillet (*précédent*), ont pour auteur M. Poisson, comédien de S. M. le roi de Pologne et électeur de Saxe ». On peut conjecturer, d'après quelques mots qu'ajoute l'*Avis* sur les talents héréditaires dans de certaines familles, que ce Poisson était un des fils de Paul. Ne serait-il point le compilateur des *Mémoires* de 1738 et des *Lettres* de 1740 ? »

Même page 379. — Lignes 5 et 6 du 6° alinéa. « On peut croire que Mme veuve Poisson était encore plus âgée. » En effet, elle mourut, non à quatre-vingt-dix, mais à quatre-vingt-dix-neuf ans en 1756 : voyez *le Moliériste*, tome VII, p. 318. Elle avait quatorze ans quand elle joua le rôle d'une des deux sœurs de Psyché, puis celui de Zéphire dans la tragédie-ballet de 1671 : voyez la *Notice de Psyché*, tome VIII, p. 261 et note 1.

Page 398. — Aux mots : « quelques vers du roi de *Nicomède* ». Ajoutez en note : « C'était dans un des rôles de *Nicomède* que cinq ans auparavant, le 24 octobre 1658, Molière avait pour la première fois fait connaître au Roi, et aussi à toute la troupe rivale de l'Hôtel de Bourgogne, sa manière de réciter des vers de tragédie : voyez la *Notice biographique*, p. 203. »

Page 420. — Note 1, fin. Ajoutez (sur la date qu'on peut assigner au *Portrait du Peintre*) un renvoi aux pages 131 et 132 de la *Notice de l'École des femmes*, aux pages 281-285 de la *Notice biographique*, et à la page 129, 1ᵉʳ alinéa, de la *Notice bibliographique*.

Page 427. — Note 1, ligne 2. Au lieu de : « sauf 1733, qui, comme 1773, écrit *plaints* et *dits* », lisez : « sauf 1730 et 1733, qui, comme 1773, écrivent *plaints* et *dits* ». Voyez plus haut la *Notice bibliographique*, p. 83, avant-dernier alinéa, et p. 84, 3° alinéa.

TOME IV

Page 7 (*Notice du Mariage forcé*). — Ligne 6. Au lieu des mots : « de même en 1672 », lisez : « *Le Mariage forcé* eut quatorze représentations encore quand il fut repris en 1672, comme divertissement accompagnant *la comtesse d'Escarbagnas* ; Molière, brouillé alors avec Lulli, le donna avec des intermèdes nouveaux dont il demanda la musique à Charpentier » ; et ajoutez un renvoi à la note 4 de la page 87 du tome IV, à la *Notice de la Comtesse d'Escarbagnas*, tome VIII, p. 539, à la page 602 du même tome VIII, et aux pages 588-592 du tome IX.

Page 12. — A la 1ʳᵉ ligne des notes, les chiffres de l'avant-dernier des numéros mentionnés entre parenthèses ont été intervertis; au lieu de : « 54 », lisez : « 45 ».

Page 61. — Fin de la note 1. Ajoutez : « On peut voir ces derniers vers à la page 363 des *Poésies du sieur de Malleville* : Paris, Augustin Courbé, 1649 ; in-4°. »

ADDITIONS ET CORRECTIONS.

Page 69. — Note 2, ligne 10, aux mots : « un jupon de satin ». Ajoutez un renvoi à la page 514 du même tome IV, note 4 (où le mot *jupon* est expliqué), et à l'Addition faite plus loin dans le présent volume, p. 297, 6° alinéa.

Page 86. — Note 3, sur Descouteaux. Ajoutez un renvoi au tome VI, p. 282, note 4.

Même page 86. — Note 4, sur les Opterre. Ajoutez un renvoi au tome VI, p. 283, note 1.

Page 88. — Fin de la note. Ajoutez un renvoi aux pages 588-592 du tome IX, où sont données les paroles des intermèdes nouveaux du *Mariage forcé*, et où se trouve l'énumération des morceaux dont se compose la partition de Charpentier.

Page 94. — Note 3, ligne 8. Au lieu de : « deux documents », lisez : « trois documents ».

Page 113. — Ligne 13, aux mots : « Le duc de Guise ». Ajoutez un renvoi à la seconde partie de la note 2 de la page. Cette seconde partie de la note 2 est sans rapport avec la première partie, et il en faut former une note à part.

Ibidem. — Seconde partie (jointe par erreur à la première) de la note 2. Ajoutez à la fin : « Henri de Lorraine duc de Guise était cousin (au huitième degré) de Louis de Lorraine comte d'Armagnac avec qui il marchait. Voyez plus haut, p. 74 (de ce tome IV), la note 3 concernant ce dernier. »

Page 132. — Note 1 (sur *se moquer de* et un infinitif). Voyez une rectification concernant cette note, plus loin dans le tome IV, p. 437, note 3.

Page 165. — Vers 340 : « Hors de temps ». Voyez plus haut, p. 285, une Addition à la page 170 du tome II.

Page 168. — Lignes 15 et 16, aux mots : « Jupiter n'a pas aimé pour une fois ». Ajoutez un renvoi au tome IX, p. 85, note 1.

Page 270. — A la 5° ligne du 3° alinéa, aux mots : « 8° novembre de l'année suivante 1665 », ajoutez, sur les deux représentations de *Tartuffe* données à Chantilly, pour le grand Condé, en 1664 et en 1665, un renvoi à la *Notice bibliographique*, p. 33, 5° alinéa, et à la *Notice biographique*, p. 318-320.

Page 279. — Note 1, après les mots : « A l'appendice de *Dom Juan* », ajoutez : « tome V, page 224, 2ᵈ alinéa, et p. 225, 1ᵉʳ alinéa ».

Page 288. — Ligne 3, au mot « approbation », ajoutez un renvoi au tome V, p. 224-225.

Page 312. — Note 2, ligne 4 (édition de Sainte-Beuve), aux mots : « *Montufar* chez Scarron », ajoutez entre parenthèses : « *ou plutôt chez Barbadillo* »). Voyez ci-contre l'Addition à la page 352 du même tome IV.

Page 320. — Note 3 (renvoi aux *Jugements des Savants* d'Adrien Baillet), 1ʳᵉ ligne, aux mots : « tome IV, 5° partie », ajoutez : « formant un neuvième et dernier volume ».

Page 335. — Note 2. Ajoutez un renvoi aux rectifications et additions faites plus haut, p. 290 et 291, et concernant les pages 378-380 et particulièrement la page 379 du tome III.

Ibidem. — Note 4, fin. Ajoutez un renvoi aux pages 313 et 314 de la

Notice biographique, où il est dit que le rôle d'Elmire put bien être confié d'abord, en 1664, à Mlle du Parc.

Page 338. — Note 3 : « C'est un lapsus facile à corriger Il a été constaté que le *Registre de la Grange* porte lisiblement « à Luxembourg ». Voyez aux *Additions et corrections* de la *Notice biographique*, p. 487, dernier alinéa.

Ibidem. — Ligne dernière avant les notes, aux mots : « Ce même jour (21 *août* 1669) le père de M. de Molière est mort ». Ajoutez en note : « Il y a ici une erreur dans le *Registre de la Grange* : Molière avait perdu son père le 25 février précédent, jour où a aussi été notée une visite de *Tartuffe*. Voyez la *Notice biographique*, p. 394 et 395. »

Page 350. — Note 2, fin. Ajoutez : « Un canevas du *Dottor bacchettone* a été publié par M. Bartoli en 1880 dans ses *Scenari inediti della commedia dell' arte*. Voyez plus haut la *Notice bibliographique*, p. 235, alinéas 4 et 5. »
— Pour le *scenario d'il Pedante*, qui fait partie du *Teatro* de Flaminio Scala, voyez la *Notice bibliographique*, p. 154, 2ᵈ alinéa.

Page 351 (*Notice du Tartuffe*). — Ligne 8 : « *il Basilisco del Bernagasso* ». Ainsi est nommé le héros de la farce italienne et aux pages 28 et suivantes du manuscrit copie de Gueullette (voyez plus haut, p. 51 de la *Notice bibliographique*, note 2), et dans deux livres de Louis Riccoboni (voyez notre tome IV, p. 350, notes 2 et *b*), et dans l'*Histoire de l'ancien théâtre italien* des frères Parfaict, ailleurs encore. Mais M. Bartoli, page xxxv, note 7, de son *Introduction* au recueil de Canevas inédits qu'il a publié en 1880, remarque que *Bernagasso* est dit par faute au lieu de *Berganasso*. — C'est Gueullette (ou du moins la copie que nous connaissons de sa traduction) qui au titre italien : « *il Basilisco di Bernagasso* ou *Bernagazzo* », a ajouté le titre français : « *le Dragon de Moscovie* », alors que dans la pièce, et d'après la même traduction, le valet Bernagasse se dit originaire d'Éthiopie : *Basilisco del Bernagasso d'Etiopia*. M. Bartoli nous apprend que la pièce a aussi reçu le titre de *Dragon de Transylvanie*.

Page 352. — Note 4, ligne 10. « Il semble que la nouvelle des *Hypocrites* soit plus originale que les autres. » Elle n'est, comme les autres *Nouvelles tragi-comiques* de Scarron, qu'une traduction; M. de Roberville en a fait connaître l'original : le roman de Barbadillo qui a pour titre *la Hyja de Celestina*, « la Fille de Célestine ». Voyez la *Notice biographique*, p. 311 et note 1, et plus haut, p. 154, 5ᵉ alinéa, la *Notice bibliographique*. Scarron a trouvé dans la nouvelle espagnole jusqu'au nom de Montufar.

Page 367. — Ligne 11, ajoutez un renvoi au *Moliériste* d'août 1883, p. 151 et 152, où est cité tout au long un premier arrêt du Conseil.

Page 369 (*sommaire du Tartuffe* par Voltaire). — Note 1, ligne 2. Au lieu de : « Cet alinéa... a été inséré dans la 2ᵈᵉ (1764) », lisez : « Cet alinéa... a été inséré dans la 2ᵈᵉ édition (Amsterdam, même année 1739), et il est resté dans la 3ᵉ (1764) ». Voyez plus haut, p. 204 et note 1 de la *Notice bibliographique*.

Ibidem. — Note 2, début. Au lieu de : « En 1739 », lisez : « Dans ses deux éditions de 1739 (Paris et Amsterdam) ».

Page 370. — Note 3, ligne 2. Au lieu de : « Voltaire a laissé deux fois, en 1739 et en 1764, imprimer... », lisez : « Voltaire a laissé en 1739, deux fois, et en 1764, imprimer.... »

Page 371. — Ligne 7, aux mots : « ce qu'on méprise », ajoutez en note cette variante des deux éditions de 1739 : « ce que l'on méprise ».

Page 372. — Note 2, ligne 3. Au lieu de : « dans la seconde des éditions originales (1764) », lisez : « dans la troisième des éditions originales (1764) ».

Page 383. — Note 3 (mot de Condé sur *Tartuffe* et *Scaramouche ermite*), lignes 1 et 2. Au lieu de : « Grimarest... désigne « Monsieur le Prince défunt », c'est-à-dire le grand Condé », lisez : « Mme de Sévigné en 1680 (tome VII de ses *Lettres*, p. 8 et 9) désigne « Monsieur le Prince », et Grimarest en 1705 (p. 181) « Monsieur le Prince défunt », c'est-à-dire le grand Condé ».

Page 385. — Note 1, ligne 5. Au lieu de : « au tome XIII *du Recueil de pièces manuscrites* », lisez : « au tome XIII du *Recueil* in-folio *de pièces manuscrites* ».

Ibidem. — Note 1. Remplacez les lignes 6-10 par celles-ci : « La seconde copie du Premier placet au Roi, que Paul Lacroix a publiée en 1867, est au tome III, f°s 192 et 193 du *Recueil* de Tralage. » Sur Tralage et son Recueil, voyez plus haut, p. 72, note 2, la *Notice bibliographique*.

Page 388. — Note *a*, fin. Ajoutez : « Les portraits de quelques-uns d'entre eux (de quelques-uns des prélats romains) se voient, avec celui du cardinal Chigi, dans une tapisserie des Gobelins exécutée d'après Lebrun. » Voyez tome V, p. 225, seconde partie de la note 2.

Page 392. — Note *a*. Ajoutez, sur les attributions de police qu'avait le parlement en l'absence du Roi, un renvoi à la *Notice biographique*, p. 377, note 2.

Page 396. — Note continuée de la page précédente, lignes 4-6. Corrigez et complétez ainsi la note de Maurice Raynaud : « ... un exemplaire de l'*Index funereus chirurgorum parisiensium* du chirurgien Jean de Vaux (édition de 1714), sur lequel, à la page 48, on lit cette addition d'une écriture du temps ». — Immédiatement après, lignes 6 et suivantes, substituez à la traduction donnée d'une addition faite à ce Nécrologe latin des chirurgiens de Paris la traduction suivante : elle est de Jean de Vaux lui-même, l'auteur du Nécrologe et aussi de l'addition; nous la reproduisons telle qu'elle se lit, transcrite de l'autographe, à la page 2 de la brochure de M. le docteur Achille Chereau ayant pour titre : *Le Médecin de Molière*. « Jean Mauvillain, né à Paris, mourut le 10° janvier
« de l'année 1662. Il laissa un fils docteur en médecine de la Faculté
« de Paris, homme d'un esprit inquiet et malin ; car bien que fils d'un
« chirurgien, ayant fait au corps des chirurgiens, pendant son décanat,
« tout le mal qu'il pouvoit lui faire, il ne rendit pas un meilleur office
« à la Compagnie (*de ses propres confrères*), en fournissant à Molière les
« accompagnements ou intermèdes de sa comédie du *Malade imaginaire*,
« qui a si fort ridiculisé dans le monde la médecine et les médecins,
« qu'ils ont depuis ce temps-là perdu de la créance que l'on avoit à leur
« manœuvre, dont on a mieux connu le jeu, et les tours d'adresse en
« quoi elle consiste pour surprendre les gens crédules ; en sorte que
« s'ils sont encore mandés quand la maladie menace d'un grand péril,
« c'est plutôt pour la forme que par confiance, l'événement des mala-
« dies ne répondant pas le plus souvent aux promesses dont les malades
« et les assistants sont flattés par leurs beaux discours. »

‘Page 397. — Ajoutez à la note 6, sur Madame Pernelle, un renvoi aux articles insérés par M. Monval dans *le Moliériste* de juillet et d'août 1888 et qui ont pour titre : *Madame Pernelle, Flipote et Monsieur Tartuffe dans un roman de Charles Sorel (Polyandre*, de 1648 : voyez plus haut, p. 154, alinéas 3 et 4, la *Notice bibliographique*). Molière a fait à ce roman un emprunt remarquable. Le portrait de dame Ragonde la vieille grondeuse, bien vivant dans le réalisme de la peinture, lui a donné sa figure de Madame Pernelle ; à l'étude toute faite, minutieusement faite, de ce caractère, on peut dire qu'il doit le personnage dont il imagina de faire le principal acteur de son admirable exposition. — Le nom même de *Madame Pernelle* est, quelque part dans le roman, celui d'une honnête bourgeoise. Sur cette forme abrégée de *Péronnelle*[1], voyez le *Lexique* de M. Fritsche (2ᵈᵉ édition, 1887, p. 182 et 183).

Ibidem. — Seconde ligne des ACTEURS : Orgon. Ce nom, suggéré peut-être par des mots grecs répondant à l'idée de passion violente, d'irascibilité, est d'ailleurs celui d'une petite ville du Midi voisine d'Avignon (sur la rive gauche de la Durance).

Page 398. — Ligne 3, ajoutez en note : « On a signalé dans un des registres de la Comédie-Française, à la date du 15 décembre 1679, le nom de *Monsieur Loyal* : il y est en effet donné à un huissier qui avait instrumenté la veille pour la troupe de Guénegaud ; mais il ne faut voir là qu'une plaisanterie du comédien Hubert ce registre : voyez un article de M. Monval au *Moliériste* de mai 1886. »

Ibidem. — Note 3, ligne 2, aux mots : « la petite fille sur qui s'appuie Mme Pernelle ». Ajoutez : « Dame Ragonde ne marche aussi qu'appuyée sur le bras d'une misérable petite servante son souffre-douleur. » Voyez ci-dessus, la première Addition à la page 397.

Ibidem. — Note 4, ligne 3, au lieu de : « *Mémoires de décorations* », lisez : « *Mémoire de plusieurs décorations* ».

Page 400. — Note 2. Ajoutez : « Adolf Laun rappelle que l'un des deux cuisiniers de *l'Aululaire* raillant l'autre use d'un dicton analogue. Mais la manière dont il redouble l'injure est un peu différente : il la prépare, il prévient du mot qu'il va rudement appliquer (acte II, scène IV, vers 280 et 281) :

.... *Tun' trium literarum homo*[2],
Me vituperas[3], *fur*[4] *!* ... »

Page 407. — Fin de la note 2 continuée de la page précédente. Ajoutez : « Il paraît d'ailleurs qu'on disait parfois *la Tour de Babylone* comme *la Tour de Babel*. Ainsi, page 4 (non chiffrée) de l'épître *A M. de la Mothe le Vayer le fils*[5] mise en tête de la suite de la Iʳᵉ partie de *Mitridate*, roman de le Vayer Boutigny (1648-1651), on lit : « Vous verrez leurs héros (*les héros de roman*) parler avec des gens de nations différentes de la leur aussi facilement que si la Tour de Babylone n'avait jamais été

---

1. *Péronnelle* a été employé comme nom commun dans le vers 1109 des *Femmes savantes* (tome IX, p. 156).
2. « Toi qu'on nomme en trois lettres. » —3. « Tu me vilipendes, moi. »
4. « Voleur ! »
5. L'abbé le Vayer, qui fut l'ami de Molière et de Boileau : voyez tome IX, p. 579, fin de la note à la page 577. Le Vayer Boutigny était son cousin.

bâtie.... Ils ont le don de se faire entendre partout avec la même facilité que s'ils allaient prêcher l'Évangile. »

Page 417. — Note 2. Le geste est ainsi décrit dans le *Nouveau Traité de la Civilité*... de Courtin (8ᵉ édition, 1695, p. 39 : voyez notre tome VI, p. 518, note 1) : « C'est aussi contre le respect de se prendre une dent avec l'ongle du pouce pour exprimer un dédain, comme quand on dit : *Je ne m'en soucie non plus que de cela*, tirant le bout de la dent avec l'ongle du pouce. »

Page 422. — Note 3. Ajoutez : « Voyez dans l'édition du *Tartuffe* donnée par M. Livet (1882, p. 237) une autre explication. M. Livet rattache cette expression *dévots de place* à la locution espagnole *hombre de plaza*, « homme de marque, homme considérable, constitué en dignité¹, » et paraît donc l'entendre comme *grands dévots, dévots d'importance, gens posés ou se posant comme tels, constitués en dévotion;* il cite cet exemple d'un emploi tout analogue qui a été fait de *seigneur de place* dans la Suite du *Roman comique* de Scarron publiée par A. Offray (Lyon, 1678 : voyez le second alinéa du chapitre x, tome II, p. 204 de l'édition du *Roman comique* donnée par M. V. Fournel) : « J'eus pour parrain un seigneur de place fort riche. »

Page 443. — Note 5 continuée de la page précédente, ligne 4. Après les renvois faits à Charles Magnin et à Édouard Fournier, ajoutez un renvoi au *Dictionnaire critique* de Jal, article DATELIN (Pierre), dit *Brioché* (1567-1671).

Page 454. — Note 4 : ajoutez : « Il y a peut-être ici un souvenir du couplet de Géta à la scène IV de l'acte IV du *Phormion* de Térence (vers 704 et suivants). »

Page 461. — Note 2, ligne 2. Au lieu de : « relevé, il est vrai, dans la bouche de celle-ci, par un autre accent », lisez : « le relevant, il est vrai, par un autre accent ».

Ibidem. — Vers 875 (du *Tartuffe*), au mot « Hélas! » Ajoutez un renvoi au tome IX, p. 365, note 2, et à l'Addition faite plus loin, p. 315, à cette dernière note.

Page 469. — Au vers 994. Ajoutez en note : « L'expression assez frappante est prise du roman de *Polyandre* (mentionné plus haut, p. 295, dans la 1ʳᵉ Addition à la page 397 du même tome IV) : « ...déshonorer des autels sur lesquels il avoit sacrifié. » Voyez l'article de M. G. Monval au *Moliériste* de juillet 1888, p. 98.

Page 473. — Fin de la note 1. Au lieu de : « Sur ce que Molière doit à une nouvelle de Scarron », lisez : « Sur ce que Molière doit à un roman de Barbadillo ou à la traduction qu'en a donnée Scarron ». Voyez l'Addition faite plus haut, p. 293, à la page 352 du tome IV.

Page 480. — Vers 1182 (du *Tartuffe*). Voyez les notes de M. Livet se rapportant aux vers 1176-1178, et l'article qu'il a inséré au *Moliériste* d'avril 1882 sous le titre de : *Une question de droit à propos du Tartuffe*. — Orgon entend peut-être bien ne *donner en bonne forme* à Tartuffe que *ce qu'il peut*, ainsi que dit Monsieur de Bonnefoy à Argan : voyez notre tome IX, p. 315 et note 1. Du reste Orgon comme Tartuffe peuvent

---

1. *Hombre de plaza* est traduit par « qui occupe un emploi honorable dans l'État », page 587 (vers la fin) du *Dictionnaire espagnol-allemand* de Louis Tolhausen (Leipzig, 1888).

être supposés ignorer que la donation est nulle ou réductible : la faiblesse de l'un, l'avidité hypocrite de l'autre, n'en sont pas moins indiquées par ce contrat que vient de former l'accord de leurs volontés.

Page 487. — Note a (citation de Racine), fin de la 1ʳᵉ ligne et ligne 2. Au lieu de : « (M. Despréaux)... les heureux comme un roi », lisez : « (M. Despréaux)... est heureux comme un roi ».

Page 494. — Vers 1433 (du *Tartuffe*), au mot *instance*, ajoutez : « Comparez l'emploi qui est fait du mot au vers 1623 du *Misanthrope* (tome V, p. 540). »

Page 500. — Note 1, fin. Ajoutez : « — Il est constaté dans l'ouvrage de Charles Thurot intitulé *De la prononciation française depuis le commencement du* XVIᵉ *siècle, d'après les témoignages des grammairiens* (tome II, p. 751) que l'*r* se prononçait encore au dix-septième siècle dans *léger* ainsi que dans quelques autres adjectifs en *er*. Comparez la rime des vers 181 et 182 de *la Gloire du Val-de-Grâce* (tome IX, p. 552). »

Page 510. — Note 4. Au lieu de : « Voyez au vers 1823 », lisez : « Voyez au vers 1824 ».

Page 515. — Fin de la note continuée de la page précédente (sur *jupon*). Ajoutez un renvoi à la page 69 du volume (du tome IV), 2ᵈᵉ partie de la note 2, à la page 76 du tome V, note 2, et à la page 224 du tome VI, ligne antépénultième ; il y a là des citations d'un inventaire de 1673 où *jupon* est employé dans le sens qu'indiquent Furetière et Jal. Au sujet du jupon adopté par la fantaisie des comédiens pour certains de leurs accoutrements *à l'antique* (tome VI, p. 329, vers la fin ; tome VII, p. 377, note 2), voyez tome VII, p. 377, note *b*.

Page 524. — Note 2, fin. Ajoutez : « Un arrangement du couplet de l'Exempt fait encore peu de temps après la Révolution de juillet 1830, récité et applaudi du moins en province, a été cité par *l'Intermédiaire* de 1886, colonne 224. »

TOME V

Page 23. — 10ᵉ ligne de la fin, corrigez « Imagidez en « Imaginez »

Page 72. — Ligne 6, au lieu de : « les *Fragments de Molière*, comédie en trois actes », lisez : « les *Fragments de Molière*, comédie en deux actes ».

Page 73 (*sommaire de Dom Juan* par Voltaire). — Note 3. Au lieu de : « dans la première édition de Voltaire (1739) », lisez : « dans les deux premières éditions de Voltaire (Paris 1739 et Amsterdam 1739).

Page 74 (même *sommaire*). — Note 3. Au lieu de : « Toute cette fin du sommaire fut ajoutée à la seconde édition donnée par l'auteur (1764) », lisez : « Toute cette fin du sommaire fut ajoutée à la seconde édition donnée par l'auteur dès 1739 à Amsterdam (voyez plus haut la *Notice bibliographique*, p. 204). La toute dernière phrase seule : « Cette scène a été imprimée depuis », se lut pour la première fois dans la troisième édition de 1764; et ne peut-on croire que l'imprimeur l'a par erreur placée après au lieu de la placer avant celle où il est question du manuscrit vu entre les mains du fils de Pierre Marcassus? »

Page 74. — Note 4, ligne 1. Au lieu de : « Tel est le texte de 1764 », lisez : « Tel est le texte de 1739 (Amsterdam) et de 1764 ».

Page 74. — Avant-dernier alinéa, 3° ligne, au mot « retranchement ». Ajoutez en note : « Les deux mots « ce retranchement » manquent à l'édition d'Amsterdam 1739. »

Page 76. — Note 2, fin. A la suite du renvoi fait (pour l'explication du mot *jupon*) au tome IV, p. 514, note 4, ajoutez un renvoi à l'Addition faite ci-devant, p. 297, 6° alinéa.

Page 102. — Note *b*, ligne 1. Au lieu de : « Voyez *le Pédant joué*, p. 51 et 151 », lisez : « Voyez *le Pédant joué*, p. 51 et 150 ».

Page 105. — Note 3, fin. Ajoutez : « A la ville, au lieu de *pièce tapée*, on disait soit *pièce marquée*, soit *sou marqué* : voyez les *Nouvelles Pièces sur Molière* publiées par M. Émile Campardon, p. 27. »

Page 111. — Note 4. Avant l'exemple de Gilles Corrozet, ajoutez celui-ci de Marot (*épître* XIX, tome I, p. 176 de l'édition de Pierre Jannet) : *Si ces gants que je vous transmets pour l'étrenne de l'an présent*

.... *ne sont à vos mains comparés* [1],
Du bon du cœur pour le moins les aurez.

Page 136. — Note *b*. Au lieu de : « édition de 1866, tome II, p. 155 », lisez : « édition Garnier de 1866, tome III, p. 155 ».

Page 137. — Note 1. Ajoutez : « M. Henri Regnier, dans une note qu'il a bien voulu nous communiquer, suppose que *fuseau* a ici le sens de *fusée* de guerre ou de feu d'artifice. La conjecture est bien naturelle, et par elle la locution s'expliquerait aisément : *Faire bruire ses fuseaux* se serait dit d'abord de l'artificier ou de l'artilleur, particulièrement et un peu par moquerie de l'ennemi multipliant le tir de ses fusées. Malheureusement tout exemple à l'appui nous manque. L'auteur d'une note insérée dans *l'Intermédiaire des chercheurs et curieux* du 25 octobre 1886 (colonne 613) a bien, en employant *fuseau* dans le sens de *fusée*, souligné le mot et donné ainsi à croire qu'il le transcrivait de quelque vieux texte où il l'avait trouvé avec cette signification ; mais c'est à la fin d'un petit récit évidemment emprunté à Philippe de Commines (livre I, chapitre v : émoi causé à Étampes, après la bataille de Montlhéry, par la chute d'une fusée). Or, à consulter les trois manuscrits du XVI° siècle et les éditions premières qui sont à la Bibliothèque nationale, on s'assure que Commines a parlé là de *fusées*, non de *fuseaux*. — Dans l'exemple du XIV° siècle donné par Littré (à l'historique du mot *fuseau*) et pris de la Chronique rimée de Du Guesclin par Cuvelier, *fuisel* ne paraît pas non plus pouvoir être entendu dans le sens de *fusée*. — C'est aussi la forme *fusée* qu'on rencontre pour l'engin de guerre dans le texte le plus autorisé des *Chroniques* de Froissart (celui qu'a publié Siméon Luce pour la Société de l'Histoire de France). »

Page 151 (texte de Molière). — Ligne 1, au lieu de : « et à

1 *Comparé à..., de pair avec..., digne de...*

oublier même le dessein que nous en avons », lisez : « et à publier même le dessein que nous en avons ».

Page 185. — Note b. Au lieu de : « La vie de Scaramouche... (1698) », lisez : « La vie de Scaramouche... (1695) ».

Page 241. — Note 1 (sur « un espèce de crime »). Ajoutez un renvoi à l'Addition faite plus haut, p. 281, au tome Ier, p. 438, note 2.

Page 306. — Note 6 (sur gard subjonctif de garder). Ajoutez un renvoi au vers 1086 d'Amphitryon (tome VI, p. 418), au vers 333 des Femmes savantes (tome IX, p. 81), et au livre de Thurot, De la Prononciation française... d'après les témoignages des grammairiens, tome Ier, p. 175 et 176.

Page 424. — Fac-similé du titre qui se lit au-devant de la 1re édition du Misanthrope : ligne 2, au mot MISANTROPE. Ajoutez en note : « Le mot est encore constamment écrit ainsi dans les titres de l'édition de 1682 et dans le Registre de la Grange; il l'est de même dans la seconde partie (1679) du Dictionnaire françois de Richelet, et dans le Dictionnaire universel de Furetière (1690); mais l'Académie employa l'h étymologique pour Misanthrope dès sa première édition (1694). »

Page 425 (Notice du Misanthrope). — Relativement à la note 1 (sur la Misanthrope de Luisa Bergalli), voyez la Notice bibliographique, plus haut, p. 141, 5e alinéa.

Page 426 (Sommaire du Misanthrope par Voltaire). — Note 1, fin. Au lieu de : « 1re édition, 1739 », lisez : « Les deux éditions de 1739 ».

Ibidem. — Note 2, fin. Au lieu de : « 1739 », lisez encore : « Les deux éditions de 1739 ».

Page 427. — Note 3. Au lieu de : « On lit « faites » dans la 1re édition (1739) », lisez : « On lit « faites » dans la 1re édition, de Paris 1739, mais non dans la 2e, d'Amsterdam même année, où il y a « faits ».

Page 449. — Note 1. Ajoutez l'exemple du vers 1728 des Femmes savantes :

Et que peu philosophe est ce qu'il vient de faire!

et un renvoi à la note qui s'y rapporte, tome IX, p. 202.

Page 498. — Vers 836 (du Misanthrope) : « Le vers, un peu modifié par Molière, appartient à Gilbert. Il est dans sa Rhodogune[1]... :

Je suis le malheureux et vous le fortuné.

Acaste est dans son rôle en faisant son esprit avec l'esprit des pièces de théâtre. » (M. Édouard Thierry, p. 7 de l'Introduction du volume qui a pour titre : Documents sur le Malade imaginaire, 1880.)

Page 514. — Au vers 1144 (du Misanthrope). Ajoutez en note ce passage de Montaigne (livre II, chapitre x; édition Garnier, in-8°, 1865-1866, tome II, p. 124) rappelé par Jal : « Et si ne sais comment l'excuser (Cicéron) d'avoir estimé sa poésie digne d'être mise en lumière : ce n'est pas grande imperfection que de faire mal des vers; mais c'est

[1]. Tragi-comédie de 1644 : voyez la Notice sur Gabriel Gilbert, p. 4, au tome II des Contemporains de Molière de M. Victor Fournel.

ADDITIONS ET CORRECTIONS.

imperfection de n'avoir pas senti combien ils étoient indignes de la gloire de son nom. »

Page 518. — Au vers 1217 (du *Misanthrope*). Ajoutez en note : « Alcippe, le joueur des *Fâcheux*, a dit de même (vers 331, tome III, p. 60) :

Morbleu! fais-moi raison de ce coup effroyable,

fais-moi comprendre (si tu le peux), explique-moi, rends-moi compte de.... »

Page 529. — Note 2, ligne 8. Au lieu de : « fut imprimé dix ans après », lisez : « fut imprimé deux ans après », et ajoutez un renvoi au tome VI, p. 54, note a, où il est dit que l'Achevé de *l'Amant indiscret ou le Maître étourdi*, comédie de Quinault, est daté du 26 juin 1656.

Page 544. — Note continuée de la page 543, fin. Ajoutez : « Parmi les ridicules qu'énumère une vieille pièce satirique insérée au tome II, p. 207-222 de l'*Ancien Théâtre françois* de Viollet-le-Duc, et intitulée *Sermon des Fous* (sorte de monologue sous forme en effet de sermon grotesque), il en est un

.... plus sot, qui crache en un puits :

voyez une note de M. H. Fritsche au *Moliériste* de janvier 1885, p. 309. »

Page 554. — Après la ligne 6. Ajoutez cet exemple de Robinet disant (dans sa *Lettre en vers à Madame* du 23 août 1665) d'une de ses lettres antérieures :

.... On en trouve le style net,
Noble, et digne du cabinet.

Cité par M. Émile Picot au *Moliériste* de novembre 1880, p. 246.)

Même page 554. — Avant le second alinéa. Ajoutez : « Un même emploi se rencontre dans la prose de Montaigne, au chapitre v du livre III des *Essais* (tome III, p. 277 de l'édition Garnier) : « Je m'ennuye que mes Essais servent les dames de meuble commun seulement, et de meuble de salle : ce chapitre me fera du cabinet; j'aime leur commerce un peu privé; le publique est sans faveur et saveur. »

Page 556. — Note 2, lignes 2-5. Au lieu de : « L'air noté dans ce recueil sous le numéro 302, tout à fait comme il l'est sous le numéro 5 de la *Musique des chansons de Béranger*, est, avec quelques variantes, le même que celui qui a été noté, dans *la Clef des Chansonniers* de 1717, pour le couplet cité ci-dessus, à la note 1 », lisez : « L'air noté dans ce recueil sous le numéro 302, tout à fait comme il l'est sous le numéro 5 de la *Musique des chansons de Béranger*, a été souvent confondu avec l'air primitif de *la Bonne Aventure*; il en a depuis longtemps, à cause des premiers couplets auxquels il a été adapté, reçu le nom, et lui a sous ce nom été substitué dans plusieurs répertoires, si bien qu'il a aussi passé pour être l'air de la chanson d'Alceste[1], qu'il a aussi été désigné par le timbre de *Si le Roi m'avoit donné*, et qu'il a même été chanté par Bressant-Alceste sur la scène de la Comédie-Française. Cependant, quoiqu'il ait avec l'air ancien de *la Bonne Aventure* (avec le texte du moins que donne de cet air *la Clef des Chansonniers* de 1717) un trait frappant de

---

1. Voyez le recueil publié par MM. Champfleury et Weckerlin sous le titre de *Chansons populaires des provinces de France* (p. 200).

ressemblance[1], il en est bien distinct et devrait garder soit le nom, sous lequel il a d'abord été connu, d'*Air nouveau de la Bonne Aventure*[2], soit celui, qu'on lui donna plus tard, de *Ma pinte et ma mie*[3]. »

Mais cette distinction n'importe plus guère. On connaît à présent, grâce à M. Anatole Loquin[4], un air beaucoup plus vieux, suivant toute apparence, que les deux *Bonne Aventure* qui ont pu successivement être ajustées aux paroles de la chanson d'Alceste, un air qui a été trouvé avec la désignation bien spéciale de *Si l'Roy me vouloit donner* : M. Loquin l'a signalé dans deux recueils, datés l'un de 1721[5], l'autre de 1731[6],

1. Comparez dans les deux airs, chantés avec les paroles de la Chanson d'Alceste, le passage qui répond au 6ᵉ vers :

        Reprenez votre Paris.

On peut voir les deux airs imprimés au *Moliériste* de décembre 1883; mais dans l'air primitif donné là page 275, il faudrait, suivant le texte de *la Clef des Chansonniers* de 1717, aux notes qui se lisent au-dessus du passage à comparer, au-dessus des mots « Reprenez votre Paris », substituer les notes suivantes, de même valeur et à disposer syllabiquement de même : *la*3 *ré*4 | *do*4 *si*3 *la*3 *sol*3 | *fa*♯ 3.

2. Il semble bien d'après *le Chansonnier françois*, tome Iᵉʳ (1760), p. 214 et renvoi au nº 103 de la musique notée, que l'air plus récent date des *Trois Cousines* de Dancourt (17 octobre 1700) et doit être attribué à Gilliers, qui composa la musique des divertissements de cette comédie, particulièrement, cela paraît certain, celle des couplets chantés à la dernière entrée du second intermède et ayant pour refrain « La bonne aventure, ô gué » : c'est de ce même emploi du vieux refrain que vint naturellement au nouveau chant le nom de l'ancien. La Bibliothèque nationale possède les parties des principaux morceaux composés par Gilliers pour *les Trois Cousines*. Ces copies ont probablement servi à une reprise partielle des Divertissements ; elles portent les marques de plusieurs retranchements ; dans le carton qui les renferme, il ne s'en trouve, croyons-nous, aucune rappelant les couplets de *la Bonne Aventure*.

3. « Ma pinte et ma mie, o gué » est le refrain d'une chanson qui fit fortune au siècle dernier; elle est attribuée à Pontau, auteur de parodies et d'opéras-comiques. L'air sur lequel elle se chante et qui partagea sa popularité n'a pourtant pas, à ce qu'il semble, été composé pour elle, mais avait déjà mis en vogue des couplets de Dancourt (voyez la note 2 précédente). Chanson et air sont aussi désignés par le titre de *L'Homme tranquille* ou de *La Double Félicité*, ou par les premières paroles : « Dedans mon petit réduit ».

4. Voyez son article au *Moliériste* de février 1886, p. 336-340, et sa lettre au *Moliériste* de février 1884, p. 342-344. — Voyez aussi au *Moliériste* d'avril 1884, p. 22-24, au sujet de l'emploi que a été fait du vieil air dans la parodie de 1727, quelques observations qui pourraient à peu près aussi bien s'appliquer à l'emploi qui en fut fait dans la farce de 1718, où l'exemple a été donné de le chanter en charge.

5. *Le Théâtre de la Foire ou l'Opéra comique....* par le Sage et d'Orneval. Le tome III, de 1721, contient entre autres une farce en un acte, imitée par Fuzelier et le Grand d'une petite comédie de Montfleury, et représentée avec le plus grand succès, à la foire Saint-Germain, en février 1718 : *les Animaux raisonnables* ; là, p. 17, se lit, avec le timbre de *Si l'Roi me vouloit donner*, le couplet chanté par un compagnon d'Ulysse, qui jadis financier, métamorphosé par Circé en cochon, mais revenu à sa première forme n'aspire qu'à rentrer dans l'autre ; le très vilain refrain est : « J'aime mieux ma truie, o gué ». L'air, avec le même titre « Si l'Roy me vouloit donner », est donné à la fin du volume, p. 74 et 75 de la Table musicale, nº 218.

6. *Les Parodies du nouveau Théâtre italien* ; Paris, Briasson ; in-12 : tome III, de 1731, p. 33 d'*Arlequin Roland*, et p. 39 et 40, nº 156, de la musique. On voit là que l'air fut employé de nouveau dans une farce, dans une parodie du *Roland* de Quinault et Lulli, que Dominique (le fils du plus célèbre Arlequin) et Romagnesi (autre acteur) donnèrent, en 1727, sur leur théâtre italien. A la scène XIII, le pâtissier Briochet, venu avec son épouse Farinette et toute sa noce au bal de l'Opéra, le chantait sur les paroles mêmes de la chanson d'Alceste. Le chant a pour

qui en constatent l'emploi fait en 1718 et 1727. Il est tout à fait probable qu'il est celui qui — nouveau, ou ancien et choisi peut-être sur une indication de Molière — fut entendu peu après les premières lectures et les premières représentations du *Misanthrope*, au temps où la chanson d'Alceste, alors qu'elle était déclamée par le grand poète et grand acteur, fut le plus admirée de tous et où l'envie dut naturellement venir à plusieurs de la chanter ; on serait tenté de dire qu'il est l'air qui fut transmis avec la chanson à Molière, mais on ne peut pas encore affirmer avec pleine certitude que la chanson n'est pas un merveilleux pastiche, œuvre de Molière lui-même. Il ne reste plus, pour être bien près d'avoir cette certitude, qu'à rencontrer le timbre de *Si l'Roi me vouloit donner* en tête d'un couplet quelconque, fût-ce le plus insignifiant ou le plus grossier, mais écrit ou imprimé à une date sûrement antérieure à l'année du *Misanthrope*.

A la fin du III° fascicule (avril 1881) du *Molière-Museum* se voit une imitation de la chanson d'Alceste faite en allemand par E. Schultes et mise en musique par Franz Abt.

Les paroles de plusieurs chansons populaires italiennes pouvant être rapprochées de la chanson d'Alceste ont été citées par M. Léon G. Pélissier au *Moliériste* d'août 1887, p. 129-134, et une autre variante italienne a été citée par M. Th. Cart au *Moliériste* de septembre de la même année, p. 182.

Pourquoi, au lieu de *la Chanson d'Alceste*, dit-on encore parfois *la Chanson du roi Henri*? Est-ce à l'exemple de Figaro[1], et songeait-on de son temps, sinon à Henri IV, à Henri de Navarre?

Page 559. — Note 3, fin. Ajoutez un renvoi au tome II (1883), p. 225, des *Lettres de Jean Chapelain* publiées par M. Ph. Tamizey de Larroque.

Page 560. — Fin de la note 4. Ajoutez un renvoi à la page 73, 1ᵉʳ alinéa et note 2, de la *Notice bibliographique*, où sont reproduites deux notes du manuscrit de Tralage (ce nom est à écrire ainsi).

Page 561. — Second alinéa, ligne 9, après les mots : « *l'Art de plaire à la Cour* ». Ajoutez : « M. Brunetière, p. 46 des *Époques du Théâtre français*, a cité des *Visionnaires* de Desmarets de Saint-Sorlin, comédie imprimée dès 1637, un couplet (le premier d'Alcidon dans la scène VII du Iᵉʳ acte) où il voit « comme un premier crayon » de celui d'Éliante. »

TOME VI

Page 6 (*Notice* du *Médecin malgré lui*). — Vers la fin du 2ᵈ alinéa, aux mots « de 1666 à 1673 ». Ajoutez un renvoi à la *Notice biographique*, p. 383, note 1, où a été relevée une représentation du *Médecin malgré lui* donnée aux Tuileries le 6 janvier 1668.

---

titre *Si l'Roy me vouloit donner*, et dans une réimpression qui fut faite du recueil en 1738 (tome III, p. 48, n° 177 de la musique), *Si le Roy m'avoit donné*.

1. *J'aime mieux ma mie au gué*, comme dit la chanson du bon Roi. » (*La Folle Journée* ou *le Mariage de Figaro*, 1784, acte III, scène V.)

Page 25 (*Notice* du *Médecin malgré lui*). — Supprimez les quatre dernières lignes de la note 2. Il faut y substituer, après le renvoi à l'ouvrage de M. Legrelle : 1° un renvoi à la page 117 d'un volume de la Correspondance de la mère de Goethe publié par M. Robert Keil sous ce titre : *Frau Rath* (« Madame la conseillère »). *Briefwechsel von Catharina Elisabeth Goethe*.... Leipzig, Brockhaus, 1871 ; in-8° ; 2° un renvoi à la p. 344 du livre de M. Auguste Ehrhard sur *les Comédies de Molière en Allemagne*, Paris, Lecène et Oudin, 1888 ; in-8°. C'est en 1778 et 1779 que furent données à la cour de Weimar quelques représentations du *Médecin malgré lui* où Goethe se chargea du rôle de Lucas ; le grand-duc joua Valère ; la comédie avait été traduite par Friedrich-Hildebrand von Einsiedel, qui lui-même prit le rôle du Fagotier.

Page 36. — Note 2. Ajoutez : « Voyez un autre défaut d'accord relevé tome IX, p. 417, note 4. »

Page 38. — On peut à toutes les citations faites dans la note 3 de la page 37 et dans la note a de la page 38 ajouter encore cette épigramme, qui se lit page 515 de la II⁰ partie des *OEuvres galantes de Monsieur Cotin* (l'abbé), *en prose et en vers, mêlées de quelques pièces composées par des Dames de qualité, contenant divers sujets de Civilité, d'Entretiens, Conversations, petites Nouvelles, Historiettes, Portraits, Amourettes et autres Galanteries* (Paris, Estienne Loyson, 1665 ; in-12) :

    Le Ménager.
  Le vieux Thirsis est homme sage,
  Il brûle en la froide saison
  Les gros meubles de sa maison :
  N'est-ce pas vivre de ménage?

Page 89. — Fin de la note a de la page 88 (sur le cœur à droite). Ajoutez un renvoi au *Moliériste* de juillet 1883, p. 119 et suivantes, de septembre 1884, p. 189, et de mars 1885, p. 364 et suivantes.

Page 91. — Fin de la note b. Ajoutez un renvoi au début du chapitre xxiii du livre II de Montaigne (tome III, p. 22, de l'édition Garnier) : « Nous sommes sujets à une réplétion d'humeur inutile et nuisible... », et cette citation encore d'un passage qui se lit au chapitre xii du livre II (tome II, p. 240 de l'édition Garnier) : « Lorsque les vrais maux nous faillent, la science nous prête les siens...; et enfin elle s'en adresse tout détroussément à la santé même : cette allégresse et vigueur de jeunesse ne peut arrêter en une assiette ; il lui faut dérober du sang et de la force, de peur qu'elle ne se tourne contre vous-même. »

Page 101. — Remplacez la note 9 par celle-ci : « C'est *confection d'yacinthe* qu'il veut dire : ce médicament est plusieurs fois porté sur le long compte d'apothicaire de 1645 qu'a publié *le Moliériste* de janvier 1880. C'était, dit Littré, à HYACINTHE, pierre précieuse, « une préparation qui contenait de l'hyacinthe, du safran, des substances absorbantes et des substances excitantes.... »

Page 116. — Note 6. Après « De cette façon-là », ajoutez « de la sorte ».

Page 149 (*sommaire de Mélicerte* par Voltaire). — Note 2, ligne 1. Au lieu de : « Nous nous conformons à l'édition de 1764 ; dans celle de 1739... », lisez : « Nous nous conformons aux éditions de 1764 et de Kehl ; dans celles de 1739 (Paris et Amsterdam).... »

ADDITIONS ET CORRECTIONS.

Page 180. — Note 1. Après : « Est-ce de cette façon? » ajoutez : « est-ce de la sorte? »

Page 194. — Note 2. Ajoutez : « — Molière et Lulli transportèrent cette scène II dans leur *Ballet des ballets* arrangé pour la cour en décembre 1671; et Lulli l'employa encore dans son premier grand opéra des *Fêtes de l'Amour et de Bacchus* (1672) : voyez, p. 26, 2ᵉ alinéa, la *Notice bibliographique*. »

Page 203. — Au dernier vers. Ajoutez en note : « La scène XV et dernière de la *Pastorale comique* entra dans le *Ballet des ballets* que Molière et Lulli donnèrent à la cour en décembre 1671. Lulli fit de cette même scène la VIIIᵉ entrée de sa mascarade du *Carnaval*, qui fut en 1675 représentée sur la scène du Palais-Royal, devenue celle de l'Académie royale de musique : voyez, p. 26, 2ᵉ alinéa, la *Notice bibliographique*. »

Page 208. — Avant-dernier alinéa, ligne 2, aux mots : « première représentation du *Sicilien* ». Ajoutez un renvoi à la *Notice bibliographique*, p. 26, note 4.

Page 224. — A la 3ᵉ ligne, de la fin, au mot « jupon ». Ajoutez en note un renvoi au tome IV, p. 514, note 4, et à l'Addition faite plus haut, p. 297, 6ᵉ alinéa.

Page. 229 (*Notice du Sicilien*). — Fin du 3ᵉ alinéa : « C'est la seule appréciation littéraire qui se trouve dans tous les Privilèges du théâtre de Molière. » Voyez cependant la dernière phrase du Privilège général donné le 18 mars 1671 et imprimé à la suite des *Fourberies de Scapin* de première édition (elle est reproduite, plus haut, page 41, fin du 1ᵉʳ alinéa, de la *Notice bibliographique*).

Ibidem. — Fin de la note 3. Au lieu de : « nous ne savons de qui est la musique », lisez : « M. Ehrhard, p. 286 et 287 de son ouvrage intitulé *Les Comédies de Molière en Allemagne*, a donné une analyse de la pièce de Bretzner, « dont l'ensemble, dit-il, est frais et joli »; le titre est : « *Adraste et Isidore* ou *le Concert de nuit* (*die Nachtmusik*), opéra-comique en deux actes d'après Molière. Vienne, 1780 ». M. Ehrhard nous fait aussi connaître le nom du musicien, qui est Kospoth. »

Page 239. — Note 2, fin. Ajoutez : « En 1675, toute cette scène III en musique fut transportée par Lulli, mis alors en possession de la salle de Molière, dans sa mascarade du *Carnaval* : voyez plus haut, p. 27, fin du 3ᵉ alinéa, la *Notice bibliographique*. »

Page 276. — Dernière ligne de la comédie, au lieu de : « avec », lisez, comme on lit dans l'original : « avecque », ce qui fait un vers de plus :

Diantre soit le fâcheux, avecque son affaire!

A la ligne précédente l'original a bien « avec ».

Page 284. — Fin de la note continuée de la page précédente. Ajoutez : « Le passage de Robinet, cité par M. V. Fournel à la fin de sa *Notice sur le Ballet des Muses* (tome II des *Contemporains de Molière*, p. 584, 1ᵉʳ alinéa) ne donnerait-il pas à croire que la petite comédie des *Poètes* était de Quinault? »

Page 285. — Note 3. Ajoutez un renvoi à l'article de M. Georges Monval inséré au *Moliériste* d'octobre 1885 : *La Troupe espagnole des comédiens de la Reine*.

Page 299. — Alinéa de la IIIe ENTRÉE, ligne 8, fin. Ajoutez : « Sur l'emploi que Molière et Lulli firent de cette scène II en 1671, et sur l'emploi qu'en fit Lulli en 1672, voyez, p. 26, 2^d alinéa, la *Notice bibliographique*. »

Page 300. — Fin du Ier alinéa. Ajoutez en note : « Molière et Lulli employèrent encore cette dernière scène xv en 1671, et Lulli la fit de nouveau entendre en 1675 : voyez, p. 26, 2^d alinéa, la *Notice bibliographique*. »

Page 301. — Alinéa de la XIVe ENTRÉE, ligne 10, avant SECOND CONCERT. Ajoutez en note : « Ce premier concert fut introduit par Lulli en 1675 dans sa mascarade du *Carnaval* : voyez, p. 27, fin du 3e alinéa, la *Notice bibliographique*. »

Page 303. — Note 2, ligne 4, au lieu de : « au tome IV, page 217 », lisez : « au tome V, p. 217 ».
— Même note 2, ligne 4 de la fin : au lieu de : « n° 17,... de la Ire année du *Moliériste* », lisez : « n° 17 ... de la 2de année du *Moliériste* ».

Page 329. — Second alinéa, ligne 21, au mot « chemisette », ajoutez en note : « Sorte de camisole : voyez tome IX, p. 277, et tome VII, p. 378, fin de la note. »
— Même alinéa, 3 lignes plus loin, au mot « jupon ». Ajoutez en note un renvoi au tome VII, p. 377, note *b* (voyez une correction relative à cette dernière note plus loin, p. 308).

Page 353 (*sommaire d'Amphitryon* par Voltaire). — Remplacez la note 2 par celle-ci : « Le mot *faite*, suppléé ici par les éditeurs de Kehl et par Beuchot, manque aux deux textes de 1739 (Paris et Amsterdam) et à celui de 1764. »

Page 359. — Note 1, fin, ajoutez : « — Il se pourrait que le vers 28 fournît une autre explication. Par caprice Jupiter a voulu maintenir des usages établis par les poètes, donner force de loi à leurs imaginations ; et Mercure se plaignant de lui dans son humeur le désigne par *on* :

Dont on veut maintenir l'usage.

Cet *on* pourrait aussi comprendre les Muses, inspiratrices des poètes et complices de Jupiter. »
Molière avait-il remarqué le trait qui termine la citation suivante et que Perrot d'Ablancourt a ajouté au texte de Lucien dans le second *Dialogue des Dieux* (tome Ier p. 68 de l'édition in-quarto, publiée en 1655, du *Lucien de la traduction de N. Perrot d'Ablancourt*)? « CUPIDON. Pardonne-moi, Jupiter... : faut-il tenir sa colère contre un enfant? JUPITER. Un enfant? Petit fripon, plus vieux que Japet et plus subtil que Prométhée. CUPIDON. Je m'en rapporte aux peintres et aux poètes qui me représentent toujours de la sorte. »

Page 367. — Note 7, fin. Ajoutez : « Il y a dans *les Deux Gentilshommes de Vérone* de Shakespeare (acte II, scène III) un récit tout bouffon de Launce, qui, pour la manière dont les personnages ont été en quelque sorte mis en scène par le narrateur, a pu être comparé au récit de Sosie : voyez *le Moliériste* de janvier 1885, p. 307 et 308. »

Page 371. — Au vers 288 (d'*Amphitryon*). Ajoutez en note : « Dans *le Songe d'une nuit d'été* de Shakespeare (acte III, scène I, tome Ier, p. 310, de la traduction de M. Emile Montégut), Bottom dit aussi : « Je chanterai pour qu'ils entendent bien que je n'ai pas peur. »

Page 418. — Note 5 (sur *gard*, subjonctif de *garder*), fin. Ajoutez un renvoi à Ch. Thurot, *De la Prononciation française*, tome I*er*, p. 175 et 176, à notre tome V, p. 306, note 6, et à notre tome IX, p. 81, note 4.

Page 507. — Note 2. On y peut ajouter cet exemple, pris d'un roman de 1648, *Polyandre*, attribué à Ch. Sorel (voyez l'article de M. G. Monval au *Moliériste* de juillet 1888, p. 103) : « Telle que vous la voyez, elle n'a donné naissance qu'à des conseillers et des présidents, et son mari, qui est mort secrétaire du Roi, avoit déjà eu trente ans de service, tellement qu'il faut que vous sachiez qu'avec son chaperon et sa robe troussée elle est mieux demoiselle que celles qui se font appeler dames et qui se font porter la queue. »

Page 515. — Note 4 (sur *gentilhommerie*), ligne 2. Effacez les mots : « et dans la XIIe de l'acte III du *Bourgeois gentilhomme* ». Voyez tome VIII, p. 143, note 3.

Page 596. — Note 1, fin, ajoutez : « La relation de l'abbé de Montigny a été, dès 1669, insérée dans un Recueil imprimé à la Haye : voyez plus haut la *Notice bibliographique*, p. 149, 4e alinéa. »

TOME VII

Page 7. — Fin de la note 4 de la page précédente. Ajoutez un renvoi à la note 4 de la page 539 du tome VIII : cette circonstance y est relevée que *le Fin Lourdaud* fut en novembre 1672 encadré dans *la Comtesse d'Escarbagnas*, où ne l'avaient encore été que de petites pièces de Molière.

Page 49 (sommaire de *l'Avare* par Voltaire). — Note 4. Au lieu de : « dans l'édition de 1739 », lisez : « dans l'édition de Paris 1739, mais déjà corrigé dans l'édition d'Amsterdam de la même année ».

Page 50. — Note 1. Au lieu de « 1739 », lisez : « Dans l'édition de Paris 1739, mais non dans celle d'Amsterdam de la même année. »

Page 86. — Note 2. M. Gaston Rabaud a cité (dans le numéro de mai 1888 du *Moliériste*, p. 48) un passage de *la Sœur* de Rotrou (1645; acte II, scène II) que Molière a bien pu remarquer ; Molière faisait jouer *la Sœur* sur son théâtre et il en a deux fois, dans *Mélicerte* et dans *les Fourberies de Scapin*, imité le dialogue du début (voyez notre tome VI, p. 171, et notre tome VIII, p. 409 et 410).

Page 92. — Note continuée de la page précédente, lignes 2 et 3, aux mots : « Saint Mathieu... patron... des usuriers ». Ajoutez en note : « Les usuriers sont appelés *les confrères de Saint-Mathieu* dans *les Contents* d'Odet de Turnèbe (imprimés en 1584 : acte V, scène v) : « Sans mentir, il se voit peu souvent qu'un homme de sa condition n'aye affaire aux confrères de Saint-Mathieu. »

Page 113. — Note 1. Avant l'épigramme de Martial, on pourrait rappeler ce passage du VIe des *Paradoxes* de Cicéron (III) : *Non esse cupidum pecunia est; non esse emacem vectigal est.* « C'est une richesse d'avoir peu de désirs; c'est un revenu de n'être pas acheteur. » (*Traduction de Burnouf.*)

Page 135. — Note 4. Ajoutez en tête, sur le mot *fesse-mathieu*, un renvoi à la note 3 de la page 91 du même tome VII et au 4° alinéa de cette page-ci.

Page 196. — Note 2. Ajoutez : « Descartes a dit de même (*Discours de la Méthode*, vers la fin de la III° partie, tome Ier, p. 28, de l'édition Ad. Garnier) : « Mais ayant le cœur assez bon pour ne vouloir point qu'on me prît pour autre chose que je n'étois, je pensai qu'il falloit que je tâchasse par tous moyens à me rendre digne de la réputation qu'on me donnoit. »

Page 224 (*Notice* de *Monsieur de Pourceaugnac*). — Lignes 3 et 4, de la fin, aux mots : « il est assez probable que l'on rencontrerait *Monsieur de Pourceaugnac* ». Ajoutez en note : « On voit en effet dans la *Gazette* du 15 mars 1670, p. 263, que *Monsieur de Pourceaugnac* avait été repris une fois à Saint-Germain le 6 mars précédent. Suivant toute apparence, c'est aussi d'une reprise de cette comédie-ballet, à Saint-Germain, le 7 novembre 1669, qu'a parlé l'agent brandebourgeois Beck[1], dans la note suivante, datée du 9 novembre 1669 (nous la traduisons) : « On dit qu'avant-hier l' « Envoyé » turc a été incognito à Saint-Germain, et y a vu le ballet-comédie royal, où différentes nations sont représentées et moquées. » Un mois juste après la première représentation du divertissement qui avait si bien réussi à Chambord, un nouveau ne pouvait guère se trouver prêt, et si dans *Monsieur de Pourceaugnac* aucune nation n'était véritablement tournée en ridicule, on y avait (sans parler de l'accent limousin que le principal acteur pouvait par-ci par-là faire sentir, ni de l'italien du grotesque signor Chiacchiarone) les meilleures occasions de rire de quatre ou cinq patois et jargons divers : languedocien, picard, flamand et suisse-allemand. »

Page 227. — A l'avant-dernière ligne du 1er alinéa, ajoutez en note : « Cette jupe de taffetas vert garni de dentelle et ce manteau de taffetas noir servaient au déguisement de Monsieur de Pourceaugnac en femme (acte III, scène II). »

Page 243. — Ligne 3, aux mots : « l'ajustement qui l'accompagne ». Ajoutez un renvoi à la page 227, 1er alinéa, et à la page 252, note 4, du même tome VII.

Page 302. — Dernier couplet de Monsieur de Pourceaugnac, lignes 1 et 2, aux mots : « Léonard de Pourceaugnac ». Ajoutez en note : « Saint Léonard était, d'après les *Vies des saints* de Baillet (au 6° novembre) un solitaire en Limousin; il en devint le patron; son nom a été donné à une ville voisine de Limoges. »

Page 308. — Note 3, fin. Ajoutez, pour une des particularités du parler picard, un renvoi à l'article CAROGNE du *Lexique* de Génin.

Page 335. — Fin du 5° couplet, aux mots : « c'est lui que j'épouse ». Ajoutez en note : « M. C. Delamp, dans *le Moliériste* d'août 1880, a rapproché de ce couplet d'Éraste le passage suivant de Tallemant des Réaux (*Historiette du maréchal de Grammont*, tome III, p 177, de l'édition Monmerqué et Paulin Paris) : « Le cardinal de Richelieu... dit au comte

---

1. Cité, page 172, dans l'article de M. le docteur Mangold qu'a publié le *Molière-Museum*, tome II, v° fascicule, 1883, p. 170-178 (voyez notre tome VIII, p. 529, note 2, et p. 532, note 5).

de Guiche : « Je vous avois promis Mlle de Pont-Chasteau la cadette ; « je suis bien fâché de ne vous la pouvoir donner, et je vous prie de « prendre en sa place Mlle du Plessis-Chivray. » Le comte de Guiche, qui a toujours été bon courtisan, lui dit que c'étoit Son Éminence qu'il épousoit et non ses parentes, et qu'il prendroit celle qu'on lui donneroit. »

Page 344. — Dernière ligne (note *a*) : avant les mots : « au Ballet des Nations », ajoutez : « dans le volume suivant (VIII) ».

Page 376 (*sommaire des Amants magnifiques* par Voltaire). — Note 1. Au lieu de : « dans l'édition de 1739 », lisez : « dans l'édition de Paris 1739, mais non dans celle d'Amsterdam de la même année ».

Page 377. — Note *b*, dernière ligne de cette page 377. Effacez les mots : « comparez la jupe de Pourceaugnac, ci-dessus, p. 227 ». Cette jupe et le manteau de taffetas noir dont il est parlé dans l'inventaire cité page 227 sont bien certainement des pièces du costume féminin sous lequel rentre Monsieur de Pourceaugnac à la scène II de l'acte III.

Page 378. — Ligne 2 de la petite note continuée de la page précédente, aux mots : « de Sosie en voyage », ajoutez : « (tome VI, p. 329, vers la fin) ».

Page 429. — Note 4, relative aux deux vers :

Et tracez sur les herbettes
L'image de nos chansons

Ajoutez un renvoi à la *Notice biographique*, p. 401 et note 1.

Page 431. — Note 1. Ajoutez (sur *un autre* au lieu *d'une autre*) un renvoi à l'Addition faite plus haut, p. 281, au tome Ier, p. 438, note 2.

Page 471. — Ajoutez à la fin de la note *b* : « — En 1689 l'Opéra donna des représentations des *Fêtes de l'Amour et de Bacchus* pour lesquelles, au début du spectacle, comme prologue de la pastorale, au lieu de la Distribution des livres qui ouvre le divertissement final du *Bourgeois gentilhomme* et ouvre également, comme il vient d'être dit, la partition des *Fêtes de l'Amour et de Bacchus*, on exécuta les nombreux solos et chœurs, mêlés de danses, d'une *Idylle sur la paix*, dont la musique, composée sur des paroles de Racine, était aussi de Lulli. Cette *Idylle* avait été plusieurs fois chantée devant le Roi en 1685 (d'abord, le 16 juillet, dans l'Orangerie de Sceaux), et la partition en avait été imprimée dès cette année-là : voyez le tome IV du *Racine*, p. 79 et suivantes. »

TOME VIII

Page 15 (*Notice du Bourgeois gentilhomme*). — Fin du 3ᵉ alinéa. Ajoutez en note : « M. Georges Monval a fait connaître dans *le Moliériste* de février 1889 le fait réel qui a donné, en 1704, naissance à l'anecdote : voyez un extrait de son intéressant article plus haut, aux pages 165 et 166 de la *Notice bibliographique*. »

Page 26 (*Notice du Bourgeois gentilhomme*). — Note 2. Ajoutez, au sujet de l'attribution faite à Mme Paul Poisson du portrait de Mlle Molière, un renvoi à la *Notice biographique*, p. 348, note 2, et aux Additions concernant les pages 378-380 du tome III (plus haut, p. 290 et 291).

Page 51. — Note 3 continuée de la page précédente, ligne 3, avant la citation d'Auger. Ajoutez : « Le *Dictionnaire* de Furetière (1690), que cite M. Livet (p. 107 de son édition), explique ainsi le mot *Indienne*, substantif féminin : « Robe de chambre à la manière des Indiens qui est venue à la mode, soit qu'elle soit seulement taillée à la manière des Indiens avec des manches fort larges, soit qu'elle soit faite d'étoffes venues des Indes, peintes ou diversifiées de couleurs ou figures, comme sont les toiles qu'on appelle aussi *indiennes*, et que l'on contrefait en France, qui sont faites de laine fort fine ou de petits fils de coton. »

Page 55. — Fin de la note 3 continuée de la page précédente. Ajoutez : « Vous êtes plus farouche que n'est la biche au bois » a été aussi employé dans *la Comédie des chansons* (scène v, au tome IX, p. 125, de l'*Ancien Théâtre françois* publié par Viollet le Duc et faisant partie de la *Bibliothèque elzévirienne.* »

Page 82. — Fin de la note 3 continuée de la page précédente. Ajoutez un renvoi au tome IX, p. 98, note 3 (où un assez long rapprochement est fait avec la comédie du *Fedele* de Luigi Pasqualigo et la traduction qu'on en a de Larivey).

Page 146. — Note 2 (sur « la porte Saint-Innocent »). Voyez, page 238 de l'édition de M. Livet, l'explication plus satisfaisante qu'il donne, en citant bien à propos Furetière, de la dénomination employée ici par Madame Jourdain. Le *Dictionnaire* de Furetière (1690), après avoir défini, en un de ses sens, le mot *Apport* : « Lieu public, espèce de marché où on apporte des marchandises pour vendre », ajoute : « A Paris il y a deux *Apports*, l'*Apport* Boudouyer vers Saint-Gervais, et l'*Apport* de Paris[1] au grand Châtelet. Le peuple par corruption les appelle *Porte Baudets*, et *Porte de Paris*. » Molière a voulu mettre dans la bouche de Madame Jourdain le langage le plus populaire, parfois le plus trivial, et il ne semble pas douteux que « la porte Saint-Innocent » ne soit dit par elle au lieu de l'*apport Saint-Innocent* ou l'*apport des Saints-Innocents* (qu'il existât ou non un marché de ce nom).

Page 165. — Note 1, ajoutez : « M. Livet (p. 240 et 241) a fort bien éclairci ce passage en donnant d'amusants extraits du *Nouveau Traité de la civilité qui se pratique en France parmi les honnêtes gens*, par Antoine de Courtin[2] (chapitre XI, intitulé : *Ce qu'il faut observer à table*, p. 105 et suivantes de la 8ᵉ édition, 1695). On voit là qu'il était assez d'usage que le maître de la maison, ou parfois une personne qu'il en priait, se chargeât du soin de servir aux conviés des mets apportés sur la table. Néanmoins une autre mode subsistait encore. « Si chacun prend au plat[3], il faut bien se garder, dit Courtin, d'y mettre la main que les plus qualifiés ne l'y ayent mise les premiers, ni prendre ailleurs qu'à l'endroit du plat qui est vis-à-vis de nous.... » Recommandation était d'ailleurs faite de ne se servir ainsi soi-même qu'avec une cuiller ou fourchette

---

1. Ou plutôt l'Apport-Paris : c'est la forme qu'emploie l'Académie (1878) en constatant qu'on appelait ainsi la place du Châtelet à Paris.
2. Livre que nous avons plus d'une fois cité, par exemple tome VI, p. 518, note 1.
3. Pour mettre sur son assiette.

qu'on n'eût pas encore portée à sa bouche, et d'en demander une autre à chaque fois. Il faut admettre qu'à cette petite table de trois convives (les musiciens étant servis à part au bas bout) *chacun prend au plat.* Dorimène, comme femme et marquise, se sentant la plus qualifiée, prend, sans façon, la première ; Monsieur Jourdain, dans le manège de sa grosse galanterie, n'attend pas son tour après le comte, et c'est des morceaux, qu'avant d'en choisir un, la dame a touchés, non pas « de sa main délicate » (comme dit le Mascarille de *l'Étourdi*, dans un de ses plus vifs couplets, au vers 1523), mais touchés de sa cuiller ou de sa fourchette, qu'il se hâte de s'emparer. »

Page 210. — Note 3, lignes 3 et 4. Effacez les mots : « non content de les avoir introduites dans le *Ballet des ballets* de 1671 », et lisez : « Lulli fit encore, l'année suivante, de cette Distribution des livres un prologue.... » Les deux premières entrées du *Ballet des nations* ne sont point dans le *Ballet des ballets*, mais la quatrième et la troisième (des Italiens et des Espagnols). Voyez la *Notice bibliographique*, plus haut, p. 37, dernier alinéa.

Page 220. — Note 1. Ajoutez : « D'accord avec Molière, Lulli avait déjà introduit la Cérémonie turque, l'entrée des Italiens et celle des Espagnols dans le *Ballet des ballets* de 1671. Voyez plus loin, vers la fin de la page 601 (de ce tome VIII), l'Appendice à *la Comtesse d'Escarbagnas.* »

Page 230 (Notice de l'Appendice au *Bourgeois gentilhomme*). — Comme cela est déjà indiqué plus haut, page 37, note 1, de la *Notice bibliographique*, les lignes 5-11 de la petite notice sont à remplacer ainsi : « La *Cérémonie turque*, et deux entrées du *Ballet* final *des Nations*, à savoir la IVe et la IIIe (les Italiens et les Espagnols), ont été reproduites dans *le Ballet des ballets*, de 1671. Ce livre des intermèdes du *Bourgeois gentilhomme* fut réimprimé au moins deux fois, à l'occasion de reprises données à la cour, en 1689 et en 1691 ; lors de la reprise de 1689, Madame la Duchesse, la princesse de Conty, la marquise de Seignelay et le comte de Brionne dansèrent dans deux entrées du *Ballet des Nations*.... »

Ibidem. — Fin de la note 1. Ajoutez : « On voit dans un état détaillé publié par M. Campardon parmi ses *Nouvelles Pièces sur Molière* (1876 ; p. 100) que Ballard fournissait de ces programmes deux sortes d'exemplaires : des « livrets simples », et d'autres, en plus petit nombre, qui devaient être destinés aux plus qualifiés des spectateurs, et étaient « couverts de papier marbré avec rubans ».

Page 238. — 1er alinéa, ligne 7, au lieu de « 3° », lisez « 2° », et ligne 9, au lieu de « 4° », lisez « 3° ».

Page 237. — Ligne 10, au lieu de : « ils s'est contenté », lisez : « il s'est contenté ».

Page 241. — Fin. Comme l'a fait remarquer M. Georges Monval dans une note au *Moliériste* de février 1885 (p. 344[1]), ce fut bien toute la comédie du *Bourgeois gentilhomme*, ce furent d'autres comédies entières, plusieurs même de celles où il n'y avait aucun intermède de musique ou de danse, que dans ses dernières années le Roi fit jouer devant lui par

---

1. « Un souvenir bien.... significatif, dit M. Monval, fut donné à Molière par le grand Roi, qui, ayant vu jouer dans sa jeunesse les pièces de Molière par l'auteur et son incomparable troupe, ne pouvait, dans sa vieillesse, supporter le jeu de leurs successeurs. Dangeau rapporte que Louis XIV prit lui-même le soin de styler les musiciens de la Chambre à représenter les comédies de Molière. »

TOME VIII.

ses musiciens; il n'y a nullement lieu d'en douter : voyez dans le *Journal de Dangeau* (dont la Table rend les recherches faciles) les mentions concernant les pièces qui vont être indiquées dans la présente Addition. Voici d'ailleurs les plus intéressantes de ces notes de Dangeau. « Le soir, chez Mme de Maintenon (*à Versailles*), les musiciens jouèrent la comédie de *George Dandin;* le Roi et les dames qui les voient jouer les trouvent quasi aussi bons acteurs que bons musiciens » (10 février 1713). — « Le soir (*à Versailles*) les musiciens du Roi jouèrent toute la comédie de *l'Avare*, et il y avait de la symphonie dans les entr'actes; c'étoit chez Mme de Maintenon, comme à l'ordinaire » (17 mars 1713). — « Le soir, chez Mme de Maintenon (*à Fontainebleau*), on joua la comédie des *Fâcheux :* ce sont toujours des musiciens du Roi qui jouent les comédies chez Mme de Maintenon, ce ne sont point les comédiens » (14 septembre 1714). — « Le soir on joua chez Mme de Maintenon (*à Fontainebleau*) la comédie de *l'Étourdi* » (5 octobre 1714). — « Le soir on joua chez Mme de Maintenon la comédie de *l'École des maris* » (12 octobre 1714). Ainsi, et toujours dans l'appartement de Mme de Maintenon, furent encore représentés *le Mariage forcé, Monsieur de Pourceaugnac, la Comtesse d'Escarbagnas.*

Page 243. — Après la page 242 et avant la page 255 insérez le carton de deux feuillets qui a été provisoirement joint au tome IX. et doit remplacer les pages 243, 244, 253 et 254 du tome VIII : à la page 244 du carton, dans la planche de musique, a été corrigée l'interversion des portées qui mettait la 3ᵉ à la place de la 1ʳᵉ et la 1ʳᵉ à la place de la 3ᵉ.

Page 264. — (*Notice de Psyché*). — Est encore à mentionner maintenant une reprise de *Psyché*, donnée à l'Odéon le lundi de Pâques 11 avril 1887, puis plusieurs fois en avril et en mai; à ces représentations préparées par M. Porel, la musique de Lulli fut entendue.

Page 266 (*sommaire de Psyché* par Voltaire). — Ligne 4 : « frère de Louis XIV » : ces mots explicatifs ne sont pas dans les deux éditions de 1739.

Page 267 (même *sommaire*) — Note 1 (constatant une modification du premier jugement porté par Voltaire sur la *Psyché* de la Fontaine), ligne 2, après les mots : « dans l'édition de 1764 », ajoutez : « et, sans doute d'après celle-ci, dans l'édition de Lausanne 1772, et dans celle de Kehl (1785) ».

Page 280. — Note 2 (sur *l'un à l'autre* probablement employé pour *l'une à l'autre*). Ajoutez un renvoi à l'Addition faite plus haut (p. 281) au tome Iᵉʳ, p. 438, note 2.

Page 360. — Note 2. Remplacez le renvoi fait, sur les Polichinelles, au Iᵉʳ intermède du *Malade imaginaire* par un renvoi plus précis au tome IX, p. 320, note 1.

Page 405. — Ligne 5. Au lieu de : « pour l'extrait du Privilège », lisez : « pour le Privilège ».

Même page. — Ligne 19. Au lieu de : « Le Privilège est daté du 31 décembre 1670 », lisez : « Le Privilège, qui est général, est daté du 18 mars 1671 » : voyez plus haut la *Notice bibliographique*, n° 32 des Éditions détachées, p. 39 et suivantes.

Page 406 (*sommaire des Fourberies de Scapin* par Voltaire). — Note 1. Ajoutez : « On lit « plagiat » au lieu de « plagiarisme » dans l'édition de Kehl (tome XLVII in-8°, 1785, p. 170), et Beuchot a adopté cette fausse correction.

Page 406. — Note 4. Au lieu de : « *Édition de* 1739 », lisez : « *Édition de Paris*, 1739 » : « troupe » a déjà été substitué à « théâtre » dans l'édition d'Amsterdam de la même année.

Ibidem. — Note 5. Au lieu de : « Cette mention des *Femmes savantes*, qui n'est pas dans l'édition de 1739 », lisez : « Cette mention des *Femmes savantes*, qui n'est pas dans les éditions de 1739 ».

Page 407. — Note *a*, ligne 8. Au lieu de : « le poète qui en forçait le rôle », lisez : « le poète qui en faisait le rôle ».

Page 408. — Aux quatre dernières lignes de la note continuée de la page précédente : « .... la figure du Mascarille de *l'Étourdi*... représentée dans le frontispice qui orne le tome Ier du recueil de 1666. » La figure qui est là en face du Marquis de Mascarille des *Précieuses* n'a rien de grotesque et pourrait représenter assez bien le Mascarille de *l'Étourdi* ou Scapin. Cependant, comme nous le disons plus haut, p. 56 de la *Notice bibliographique*, par un certain air pensif, elle rappelle plutôt le Sganarelle de la scène XVII du *Cocu imaginaire*, et le costume aussi en est tout à fait conforme à celui que nous a fait connaître une estampe de Simonin (reproduite dans notre Album), *le Vrai Portrait de M. de Molière en habit de Sganarelle*.

Page 431. — Les notes 4 et 5 ont été interverties à l'impression. Lisez : « 4. La figure est claire, » etc. — « 5. SILVESTRE, *à part*. (1734.) »

Page 468. — Fin de la note 5. Ajoutez : « Un *par le sang bleu* se lit dans l'édition originale (1664) de *la Princesse d'Élide* (voyez tome IV, p. 138, au 5° renvoi). »

Page 522 (Extraits du *Pédant joué* de Cyrano Bergerac). — Ligne 2, au mot « rasséréné ». Ajoutez en note : « On lit *resséréné* dans les éditions de 1654 et de 1671. »

Page 539. — Note 3, fin. Au lieu de « 1671 », lisez « 1871 ».

Page 585. — Note 1, ligne 5. Au lieu de « Robinet », lisez « Bohinet ».

Page 588. — Note continuée de la page précédente. Ajoutez : « — Le vers *Omne viro soli...* se lit dans le *Candelaio* de Giordano Bruno, vers la fin de la scène XVI de l'acte IV : voyez notre tome IX, p. 337 et note *b*. »

Page 599. — En note à la ligne 3 de la Notice qui précède l'Appendice à *la Comtesse d'Escarbagnas*, ajoutez ce complément du titre du *Ballet des ballets* : « A Paris, par Robert Ballard, seul imprimeur du Roi pour la musique... M DC LXXI. Avec privilège de Sa Majesté » : in-4°.

TOME IX

Page 16 (*Notice* des *Femmes savantes*). — Ligne 10. Au lieu de : « ... comme aurait dit Monsieur Jourdain », lisez : « comme aurait dit Madame Jourdain ».

TOME IX.

Page 40. — Note 1, fin. Au lieu de : « M DC XLI », lisez : « M DC LXI ».

Page 50 (*Notice* des *Femmes savantes*). — Ligne 5, aux mots « BÉLISE — damoiselle la Grange ». Ajoutez en note : « Il est certain que Mlle de la Grange était en possession de ce rôle de Bélise dès 1679 ; elle dut le prendre au plus tard en 1675, à la mort de celle qui, d'après *le Mercure*, le joua d'original (Mlle de la Villaubrun, d'abord connue sous le nom de Mlle Hervé, et qui en septembre 1672 devint Mlle Aubry). Voyez *le Moliériste* de juin 1886, p. 83. »

Page 66. — Note 1 (sur *un autre* mis pour *une autre*), 2ᵉ ligne. Après le renvoi au tome Iᵉʳ, p. 438, note 2, ajoutez un renvoi à l'Addition concernant cette dernière note plus haut, p. 281.

Page 81. — Note 4 (sur *gard*, subjonctif de *garder*), ligne 1. Au lieu de « tome VII », lisez : « tome VI ». — Fin de la note, ajoutez un renvoi au tome V, p. 306, note 6, et au livre de Thurot : *De la Prononciation française depuis le commencement du XVIᵉ siècle d'après les témoignages des grammairiens*, tome Iᵉʳ, p. 175 et 176.

Page 96. — Fin de la note continuée de la page précédente. Ajoutez : « — Henri Estienne avait dit, page 302 du *Dialogus second du nouveau langage françois italianisé* (sans lieu ni date, mais de Genève, 1578) : « Quand Sa Majesté feroit un jugement tout contraire,... elle ne pourroit pas avoir plus d'autorité sur le langage françois qu'avoit un empereur sur le latin : auquel il fut dit, sur la proposition d'introduire un nouveau mot : « Encore que vous puissiez donner la bourgeoisie aux « hommes, vous ne la pouvez pas donner aux mots. »

Page 101. — Vers 518-520 des *Femmes savantes* :

Par un barbare amas de vices d'oraison,
De mots estropiés, cousus par intervalles,
De proverbes traînés dans les ruisseaux des Halles ?

Telle est la ponctuation de l'original ; mais il semble bien que *De proverbes* dépend de *cousus*, et qu'il faut lire, soit en ajoutant une virgule après *cousus*, soit en effaçant la virgule après *intervalles* :

De mots estropiés, cousus, par intervalles,
De proverbes...,

ou bien :

De mots estropiés, cousus par intervalles
De proverbes....

Page 105. — Note 3, fin (renvoi à la satire VI de Juvénal). Au lieu de : « vers 56 », lisez : « vers 456 ».

Page 127. — Note 2. Au lieu de : « Comparez, pour la coupe, le vers 890 », lisez : « Comparez, pour la coupe, le vers 891 ».

Page 166. — Note 3. Ajoutez : « Villon, dans son *Grand Testament* (1461 ; huitain XXIX), a employé les expressions *en faits et en dits*, qui ont à peu près le même sens (que *en faits comme en propos*) :

Où sont les gracieux galans
Que je suivoye au temps jadis,
Si bien chantans, si bien parlans,
Si plaisans en faits et en dits?

Béralde, à la scène III de l'acte III du *Malade imaginaire* (tome IX, p. 401), distingue ce que sont à ses yeux les grands médecins *dans les discours* et *dans les choses.* »

Page 192. — Note *a* (à une citation de Balzac), ligne 1. Effacez les mots « au lieu de 1ᵉʳ »; ou plutôt modifiez la note ainsi : « Il fallait, au lieu de : « date ses lettres du 1ᵉʳ et du 20ᵉ du mois », imprimer : « date ses lettres du 1ᵉʳ et du 15ᵉ (ou 13ᵉ) du mois », la seconde date devant correspondre aux ides comme la première correspond aux calendes. »

Page 193. — Vers 1611. Au mot « compagnon ». Ajoutez en note : « *Compagnon* désignait parfois dans les actes officiels le confrère d'un notaire. Ainsi dans l'acte de tutelle de la fille de Molière (4 mars 1673; p. 136 des *Nouvelles Pièces sur Molière* publiées par M. Émile Campardon) on lit : « le Vasseur et son compagnon, notaires en cette ville ».

Page 212 (*Notice* du *Malade imaginaire*). — Note 1. Ajoutez : « Molière et sa troupe s'opposèrent dès le 29 mars 1672 à la vérification en parlement de ces lettres patentes accordées à Lulli : voyez la *Notice biographique*, p. 428, et *les Origines de l'Opéra français* par MM. Ch. Nuitter et Er. Thoinan, p. 245 et 246. »

Page 220 (*Notice* du *Malade imaginaire*). — Note 2, fin (sur la pièce de vers intitulée *les Médecins vengés ou la Suite funeste du Malade imaginaire*). Ajoutez : « Elle est accompagnée de la date de 1676 dans les copies Tralage, et avait déjà paru, avec un recueil d'épitaphes, dans un volume imprimé à Cologne en 1677 (voyez la *Notice bibliographique*, p. 192, fin du 1ᵉʳ alinéa). »

Page 237 (*Notice* du *Malade imaginaire*). — Note 3. Une étude nouvelle, publiée en 1888 par M. Révérend du Mesnil, sur François de Molière d'Essertines, est l'objet de quelques remarques au *Moliériste* de mars 1889, p. 360 et 361.

Page 246 (*Notice* du *Malade imaginaire*). — Fin du 1ᵉʳ alinéa. Ajoutez en note : « Il semble résulter d'une lettre du comte de Limoges à Bussy que la veuve de Molière remonta pour la première fois sur le théâtre le vendredi 3 mars, reprenant son rôle d'Angélique du *Malade imaginaire*. Elle n'avait sans doute pas joué *le Misanthrope* avec Baron les 24 et 26 février. »

Page 248 (*Notice* du *Malade imaginaire*). — Note 1. Ajoutez: « Elle (la lettre de cachet, de janvier 1674, portant défense aux comédiens autres que ceux de la Troupe du Roi de jouer *le Malade imaginaire*) a été donnée dans notre tome Iᵉʳ, p. 542. »

Ibidem. — Note 2, lignes 9 et 10 : « Il faut s'en tenir à la date de la Grange. » Mais nous avons trouvé dans la *Gazette* du 21 juillet 1674 un renseignement qui confirme, à une petite différence près, — d'un jour, — le témoignage de Félibien : c'est le 18 juillet d'après elle (Félibien dit le 19) qu'à Versailles la Troupe du Roi joua une comédie devant la Grotte : nous ne doutons plus que *le Malade imaginaire* n'ait été représenté à la cour pour la première fois un mois plus tôt que cela ne résulterait du seul *Registre* de la Grange, où peut-être a été notée, au 21 août, une seconde représentation donnée à Versailles, mais où il est aussi possible, après tout, que se trouve une mention faite tardivement et erronée (comme celle du 21 août 1669 relevée plus haut, p. 293, dans la seconde Addition à la page 338 du tome IV).

Page 252 (*Notice* du *Malade imaginaire*). — Second alinéa, lignes 12-14. « La dernière comédie de Molière, mais étrangement défigurée, fut d'abord publiée à Amsterdam, en 1674, chez Daniel Elzevir. » D'après M. Willems, Daniel Elzevier ne fit que reproduire ce faux texte : voyez la *Notice bibliographique*, plus haut, p. 48, 2ᵈ alinéa.

Page 255 (*Notice* du *Malade imaginaire*). — Second alinéa (traductions ou imitations). Un arrangement du *Malade imaginaire* par Charles Reade, produit avec succès sur la scène anglaise, est mentionné dans l'*Englands Urteil über Molière* (« Molière jugé en Angleterre ») de M. C. Humbert (1878; p. 53, note : l'arrangement est dit là récent).

Page 256 (*sommaire* du *Malade imaginaire* par Voltaire). — Modifiez ainsi la note 2 : « C'est ainsi que Voltaire a laissé imprimer dans sa première et dans sa dernière édition (1739 Paris, 1764), et les éditeurs de Kehl ont gardé cette leçon (« lever cette tache ») : faut-il avec Beuchot, autorisé par la seconde édition (1739 Amsterdam), qui passa certainement sous les yeux de l'auteur, lire *laver ?* »

Ibidem. — Note 3, ligne 1. Au lieu de : « en 1739, Voltaire avait dit... », lisez : « en 1739 (éditions de Paris et d'Amsterdam), Voltaire avait dit.... »

Page 258. — Note a, fin. Ajoutez : « Le rédacteur de cette fin de l'*Avis au lecteur* avait sous les yeux une des éditions où les Prologues et Intermèdes sont ainsi réunis au-devant de la comédie ; mais dans les éditions mêmes de 1683 et de 1694 qui sont précédées de cet *Avis*, les intermèdes se trouvent à leur place, et aux lecteurs de ces éditions ce mot de prologue dut paraître bien impropre et bien malaisé à entendre. »

Page 274. — Ligne 6. Ajoutez en note : « *Béralde*, dit *le Moliériste* de décembre 1887, p. 283, était le titre d'une nouvelle récemment parue quand Molière écrivait son *Malade imaginaire*. »

Page 284. — Note 1, lignes 2 et 3 : « les mémoires de parties fournies par deux apothicaires en 1661 et 1642 ». Ajoutez : « Un autre mémoire a été publié tout au long dans *le Moliériste* de janvier 1880, p. 294-301 ; un autre encore, fort curieux[1], est cité par M. Louis Lacour, p. 95 de son *Tartuffe par ordre de Louis XIV*. »

Page 316. — Fin du 1ᵉʳ couplet (de Béline). Ajoutez en note un renvoi aux vers 1179-1284 de *Nicomède* (tome V, p. 568 du *Corneille*) et à la *Notice biographique*, p. 13.

Page 352. — Note continuée de la page précédente, ligne 8, après la citation de Charles Sorel. Ajoutez : « — dans le compliment d'un intendant du Languedoc adressé en 1645 à Gaston d'Orléans[2]. »

Page 365. — Note 2, lignes 8 et 9 : « *Hélas!* n'est-il pas plutôt, à ces

---

1. « D'un apothicaire de Montpellier, daté de mai 1681 à décembre 1687, et relatant des fournitures faites à un seul client pendant cet intervalle. Ce document, de 42 pages in-8°, contient 980 articles, dont près de 300 clystères réitérés. »

2. Le passage, dont le rapprochement avec le compliment de Thomas Diafoirus ne peut plus être omis, est cité par M. Ferdinand Brunetière dans la Iʳᵉ série, p. 113, de ses *Études critiques sur l'Histoire de la littérature française* : « Le nom auguste et couronné de lauriers de Monseigneur le duc d'Orléans qui éclate cette première fois à la tête de cette assemblée, ce nouveau soleil qui vient dissiper les brouillards de cette Province influe de nouvelles forces dans mon esprit et l'éclaire de nouvelles lumières, de sorte que, quelque foiblesse que je sente en faveur de mon silence, la

deux endroits, l'expression d'une joie contenue? » On peut rappeler ici les vers 625 et 626 de *l'École des femmes* :

AGNÈS.

Hélas! que je vous ai grande obligation,
Et qu'avec lui j'aurai de satisfaction!

et ce passage du *Jeu de l'amour et du hasard* de Marivaux (acte III, scène IV) :

SILVIA.

Hélas! mon frère, je vous avoue que j'ai lieu d'être contente.

MARIO.

« Hélas! mon frère, » dit-elle : sentez-vous cette paix douce qui se mêle à ce qu'elle dit?

Page 399. — Ligne 5 des notes. Au lieu de : « le portrait que Dorante fait de lui (*de Trissotin*) », lisez : « le portrait que Clitandre fait de lui ».

Page 416. — Scène IX, seconde réplique de TOINETTE : « Ne m'avez-vous pas appelé? » Lisez, avec accord, comme dans l'original : « Ne m'avez-vous pas appelée? »

Page 418. — Fin de la note continuée de la page précédente. Ajoutez : « — Dans la première scène du *Médecin malgré lui* (tome VI, p. 36) le texte de toutes les éditions anciennes a : « Que maudit soit l'heure et le jour... »; mais le défaut d'accord a été plus facilement là (le pluriel n'étant pas sensible à l'oreille) du fait du premier imprimeur. »

Page 425. — Scène XI, 5ᵉ couplet, ligne 1. Au lieu de : « Oh ça! » lisez : « Oh çà! »

Page 500. — Note 3. Voyez plus haut, p. 314, 3ᵉ alinéa, une rectification relative à la note 2 de la page 248 du même tome IX : la représentation dont parle Félibien (du *Malade imaginaire* donnée devant la Grotte des jardins de Versailles) eut lieu le 18 ou le 19 juillet 1674.

Page 503 (Note sur les intermèdes du *Malade imaginaire*). — Lignes 17 et 18. Aux mots : « une Sérénade pour *le Sicilien*, que Molière n'a pas dû connaître », ajoutez un renvoi à la *Notice bibliographique*, p. 145, 4ᵉ alinéa.

Page 504. — Fin de la note continuée de la page précédente. Ajoutez un renvoi à la *Notice biographique*, p. 167, note 2. Il se pourrait que d'Assoucy eût songé à une musique nouvelle pour *Psyché*.

Page 510. — Fin, avant la note. Ajoutez ce dernier alinéa : « En décembre 1892, au Grand-Théâtre que dirige M. Porel, la musique de Charpentier, « restaurée d'après ses manuscrits par M. Camille Saint-Saëns, » a été entendue dans un certain nombre de représentations du *Malade imaginaire*. »

nouvelle chaleur de cet astre m'excite et me force à parler : quelque dure et inanimée que soit la statue de Memnon, elle ne peut être muette étant frappée par les rayons du soleil. » Voyez au tome XIV, colonne 78, de l'*Histoire générale de Languedoc...* par Dom Cl. Devic et Dom J. Vaissete (édition nouvelle, de Toulouse, Édouard Privat, 1876, grand in-8°) le Discours de l'intendant Bosquet sur la nomination du duc d'Orléans au gouvernement de Languedoc.

Page 524 (*Notice de la Gloire du Val-de-Grâce*). — Au 2ᵈ des vers cités là de la *Réponse à la Gloire du Val-de-Grâce de M. de Molière*. Ajoutez en note : « Voyez page 153, note 1, de la *Notice bibliographique*, une autre leçon de ces deux premiers vers. »

Page 546. — Avant-dernière ligne de la note c (Remarque du peintre Roger de Piles). Au lieu de : « se retirants (*sic*) », lisez : « se retirant (*sic*) ». L'orignal cité donne ce premier participe invariable, mais sans doute parce qu'une *s* finale est tombée à l'impression ; à la ligne suivante ce même original porte bien « s'allongeants ».

Page 552. — Note 2, fin (sur la rime de *léger* avec *clair*). Ajoutez un renvoi à l'Addition faite plus haut, p. 296, à la page 500, note 1, du tome IV.

Page 559. — Vers 315, fin, au mot « pose ». Ajoutez en note : « Le mot qui termine ce vers est écrit *pose* et rime exactement aux yeux avec *s'expose* dans l'édition originale (1669) suivie par nous : c'était, dit Littré, l'orthographe de l'ancienne langue ; c'est celle du *Trésor* de Nicot (1606). Mais les *Dictionnaires* de Richelet (1679) et de Furetière (1690) ont *pause*; l'Académie, dès sa première édition (1694), distingue comme à présent les deux formes ; et dans l'édition originale d'*Amphitryon* (1668), on trouve aux deux vers 334 et 335 *pause*, ainsi écrit, en rime avec *chose*. »

Page 574 (*Notice des Poésies diverses*). — Fin du second alinéa. Ajoutez un renvoi à l'Addition faite ci-contre, p. 317, à la page 587 du même tome IX.

Page 577. — Note 1, ligne 4 : « Paris, 1678 ». Nous n'avons vu du *Recueil de pièces galantes en prose et en vers* qui porte cette indication de lieu et d'année qu'une belle contrefaçon reproduisant une édition de 1668 : voyez plus haut la *Notice bibliographique*, p. 18 et 19, 3ᵉ alinéa du numéro 14, et p. 29 et 30, 2ᵈ alinéa du numéro 24.

Page 581. — Note 2, 1ʳᵉ ligne, après les mots : « Cette estampe », ajoutez : « qui porte les signatures de Chauveau et de le Doyen ».

Pages 584 et 585. — Note 1 de la page 584, lignes 2-4 : « *Le Sonnet au Roi sur la* première *conquête de la Franche-Comté* a été publié, pour la première fois, en tête d'une réimpression, datée de Paris, 1670, de la comédie d'*Amphitryon*. » Il a été imprimé deux ans plutôt, dès la fin de mars 1668, dans un Recueil de vers : voyez plus haut, p. 29 et 30, le numéro 24 de la *Notice bibliographique*.

Page 587. — Note 2 continuée de la page 586. Ajoutez : « Il est aujourd'hui absolument certain que l'auteur de cette pièce, qui a été imprimée, dès 1661, sous le titre de *Sérénade pour le Roi*, est Louis de Mollier : voyez la *Notice bibliographique*, plus haut, p. 52, 6ᵉ alinéa. »

PRÉSENT TOME XI

Page 50. — Substituez au 2ᵈ alinéa le renvoi suivant : « Sur *le Docteur amoureux*, voyez plus loin, p. 276, une Addition à la page 5 du tome Iᵉʳ. »

ADDITIONS ET CORRECTIONS.

Page 190. — Fin du 3ᵉ alinéa. Ajoutez un renvoi à notre tome Iᵉʳ, p. 542, et à notre tome III, p. 151, avant-dernier alinéa.

Page 207. — Avant-dernière ligne. Effacez les mots : « chapitre v, sur l'*Éloge* »; lisez : « — Livre XII, chapitre i, *Année séculaire de Molière* ».

Page 223. — Ajoutez en second alinéa la mention suivante : « *Les Derniers travaux sur Molière*, articles de M. Gaston Paris aux numéros du 26 novembre 1863 et du 18 février 1864 de la *Revue de l'Instruction publique*. »

Page 250. — A AUDRAN, ligne 2, après le chiffre de page « 80 », ajoutez le chiffre « 200 ».

Page 254. — Ajoutez en 14ᵉ alinéa, après celui de COLLOMBET : « COMBEROUSSE (de). Voyez Decomberousse. »

A. DESFEUILLES.

TABLES

TABLE DES MATIÈRES

DE LA

NOTICE BIBLIOGRAPHIQUE

A. — ŒUVRES DE MOLIÈRE.

I. — ÉDITIONS DÉTACHÉES DES COMÉDIES ET DES POÉSIES :

    L'*Étourdi* : voyez le numéro 6.
    Dépit amoureux : voyez le numéro 7.

1.	— *Les Précieuses ridicules*	1
2.	— *Sganarelle* ou *le Cocu imaginaire*	3
3.	— *Dom Garcie de Navarre* ou *le Prince jaloux*	6
4.	— *L'École des maris*	6
5.	— *Les Fâcheux*	7
6.	— *L'Étourdi* ou *les Contretemps*	11
7.	— *Dépit amoureux*	12
8.	— *L'École des femmes*	12
9.	— *Remercîment au Roi*	13
10.	— *La Critique de l'École des femmes*	14
11.	— *L'Impromptu de Versailles*	14

    Les Œuvres de Monsieur Molier, 1664 : voyez le numéro 1 des Recueils.

12.	— *Le Mariage forcé*	15
13.	— *La Princesse d'Élide*	16

    Le Tartuffe : voyez le numéro 28.

14.	— *Sonnet et Lettre à la Mothe le Vayer sur la mort de son fils*	18
15.	— *Quatrains* mis au bas d'une image dessinée par Chauveau et gravée par le Doyen	19
16.	— *Dom Juan* ou *le Festin de Pierre*	19
17.	— *L'Amour médecin*	21

    Les Œuvres de Monsieur Molière, 1666 : voyez le numéro 2 des Recueils.

18.	— *Le Misanthrope*	23
19.	— *Le Médecin malgré lui*	24

20. — *Mélicerte* 25
21. — *Pastorale comique.* 25
22. — *Le Sicilien* ou *l'Amour peintre.* 26
23. — *Amphitryon.* 28
24. — *Au Roi sur la conquête de la Franche-Comté. Sonnet* . . . 29
   Le Mariage forcé, comédie réduite : voyez au numéro 12.
25. — *George Dandin* ou *le Mari confondu.* 30
26. — *L'Avare.* 31
27. — *La Gloire du Val-de-Grâce.* 32
28. — *Le Tartuffe* ou *l'Imposteur.* 33
29. — *Monsieur de Pourceaugnac.* 35
30. — *Les Amants magnifiques* 36
31. — *Le Bourgeois gentilhomme* 36
   Psyché : voyez le numéro 33.
32. — *Les Fourberies de Scapin.* 39
33. — *Psyché.* 42
34. — *La Comtesse d'Escarbagnas.* 44
   Intermèdes nouveaux du Mariage forcé : voyez plus haut le numéro 12, et plus loin, le numéro 4 des Poésies attribuées.
35. — *Bouts-rimés commandés sur le bel air.* 45
36. — *Les Femmes savantes* 45
37. — *Le Malade imaginaire.* 46
Farces et poésies attribuées a Molière. 49
   Le Docteur amoureux, *Gros-René petit enfant*, un Prologue, *le Fin lourdaud* ou *le Procureur dupé.* 50
   La Jalousie du Barbouillé; *le Médecin volant.* 51
   Traduction de Lucrèce. 51
   Récit du *Ballet des Incompatibles* 52
   1. *Premier Couplet d'une chanson de d'Assoucy.* — 2. *Stances galantes de Louis de Mollier.* — 3. *Second Couplet de la Comédie dans l'Amour médecin.* — 4. *Intermèdes nouveaux du Mariage forcé.* . 52

II. — RECUEILS :

1. — Paris, 1663 et 1664. 53
2. — Paris, 1666 (avec deux frontispices de F. Chauveau). . . . 55
3. — Paris, 1668 et 1669; Paris 1673. 58
4. — Paris, 1674 et 1675 (Paris 1676). 64
5. — Amsterdam, 1675. 66
6. — Lyon, 1681 : Contrefaçons du Recueil de 1676 (1674-1675). 67

TABLE DES MATIÈRES.

7. — Paris, 1682 (publié, avec une *Préface*, par la Grange et Vivot; comprenant 2 volumes d'*Œuvres posthumes* et une suite d'estampes gravées par Jean Sauvé d'après P. Brissart).   68
8. — Amsterdam, 1684 74
9. — Lyon, 1692. 76
10. — Amsterdam, 1693 (faussement daté de 1691). 77
11. — Brusselles, 1694. 78
    Éditions allemandes (avec traductions), 1694, 1695, 1696 et 1708 : voyez aux TRADUCTIONS.
12. — Paris, 1697. 78
12 *bis*. — Toulouse, 1697. 79
13. — Paris, 1710 (avec un portrait de Molière gravé par Audran).   80
14. — Paris, 1718. 82
15. — Amsterdam, 1725 (avec une *Nouvelle Vie de l'auteur* par Bruzen de la Martinière). 82
16. — Paris, 1730. 83
17. — Paris, en réalité Leipsick, 1733 83
18. — Paris, 1734 (de format in-quarto, publié par Jolly, avec les *Mémoires* de la Serre et une suite d'estampes gravées d'après Boucher). 84
19. — Paris, 1739 (publié encore par Jolly avec d'utiles additions).   87
20. — Amsterdam, 1741 88
21. — Amsterdam et Leipzig, 1765 (avec la *Vie* et les *Sommaires* de Voltaire) 88
22. — Paris, 1773 (publié par Bret, avec une suite d'estampes gravées d'après J.-M. Moreau le jeune). 89
23. — Paris, 1791-1794 (de format in-quarto, imprimé par P. Didot l'aîné). 89
    Paris, 1803 (?) *Molière au* XIXe *siècle.* 89
24. — Paris, 1812 (publié par Petitot) 89
25. — Paris, 1813, *Molière commenté...* (recueil de pièces relatives à Molière publié par J. Simonnin; voyez le numéro 31). 90
26. — Paris, 1817 (publié par Pierre Didot). 90
27. — Paris, 1819-1825 (publié avec un commentaire par Auger). 90
28. — Paris, 1822. 92
29. — Paris 1823 et 1824 (publié par Jules Taschereau). . . 92
30. — Paris, 1824 et 1826; 1837; 1845 (publié par L. Aimé-Martin). 92
31. — Paris, 1825 (avec les extraits de Simonnin; voyez n° 25). . 93
32. — Paris, 1825. 93
33. — Paris, 1825 et 1826 (avec une Notice par L.-B. Picard). 93
34. — Paris, 1825-1831 (publié par Charles Nodier et Al. Martin). 93

35. — Paris, 1835 et 1836 (avec une Notice de Sainte-Beuve et des vignettes de Tony Johannot)............ 94
36. — Paris, 1851 (publié par É. de la Bédollière)...... 94
37. — Paris, 1852 (édition *variorum* publiée par M. Ch. Louandre). 94
38. — Paris, 1855 et 1856 (publié par Philarète Chasles).... 94
39. — Paris, 1855 (édition de Ch. Lahure)........... 94
40. — Paris, 1861 (publié par M. Félix Lemaistre)....... 95
41. — Paris, 1862 (publié par H. Plon et Brière)........ 95
42. — Paris, 1863 et 1864 (publié par M. Louis Moland; voyez le numéro 59)........................ 95
43. — Paris, 1863 (avec l'édition définitive de *l'Histoire... de Molière* par J. Taschereau)............... 95
44. — Paris, s. d. (1863) (publication de A. Lahure)..... 95
45. — Lyon, 1864-1870 (publié par Nicolas Scheuring, avec des vignettes gravées par Fréd. Hillemacher)........ 95
46. — Paris, 1886 (*Bibliothèque rose*)............. 96
47. — Paris, 1866-1880 (*Réimpressions textuelles* des éditions originales, publiées par M. Louis Lacour)........ 96
48. — Paris, 1868 (avec des dessins de MM. Geoffroy et Maurice Sand, et une introduction de Jules Janin)...... 96
49. — Paris, 1872-1874 et 1888 (publié par M. Alph. Pauly). . 96
50. — Paris, 1873-1893 (édition des *Grands Écrivains de la France* publiée par MM. Eugène Despois et Paul Mesnard). . 96
51. — Berlin, 1873-1885 (publié avec un commentaire en allemand par Adolf Laun, puis par M. Wilhelm Knœrich).... 97
52. — Leipzig, 1877-1885 (publié avec un commentaire en allemand par M. C. Th. Lion)................ 97
53. — Berlin, 1877-1886 (publié avec un commentaire en allemand par M. Hermann Fritsche)............... 98
54. — Leipzig, 1889 et 1890 (publié avec un commentaire en allemand par M. Cl. Humbert)................ 98
55. — Paris, 1876-1883 (publié par M. D. Jouaust; avec une Préface de Desiré Nisard, et une suite d'estampes gravées par Flameng d'après Louis Leloir).......... 98
56. — Paris, 1876 et années suivantes (publié par M. Anatole France)........................... 98
57. — Paris, 1878, Imprimerie nationale (de format in-quarto, publié, avec un *Avant-propos*, par M. Ad. Regnier) . . . 98
58. — Tours, 1878 et 1879 (publié par M. Poujoulat)...... 99
59. — Paris, 1880-1885 (publié par M. L. Moland, seconde édition; voyez le numéro 42)............... 99
60. — Paris, 1882 et 1883 (publié par MM. Jouaust et G. Monval). 99
61. — Paris, 1883 et années suivantes (de format in-quarto; illus-

trations de Jacques Leman et de M. Maurice Leloir;
Notices de M. Anatole de Montaiglon).   99
62. — Paris, 1886 (publié par M. H. Regnier, dans la *Bibliothèque
des écoles et des familles*). 99
63. — Paris, 1888 (publié par M. Jules Favre). 99
64. — Paris, 1888 et années suivantes (publié par MM. Auguste
Vitu et Georges Monval). 100

III. — TRADUCTIONS :

Traductions allemandes. 100
Traductions anglaises 108
Traduction arabe 112
Traductions danoises. 112
Traduction espagnole. 112
Traduction en grec ancien. 112
Traductions en grec moderne. 112
Traductions hollandaises 113
Traductions hongroises. 113
Traductions italiennes. 114
Traductions polonaises. 115
Traductions portugaises. 116
Traductions russes. 116
Traductions en turc 117

B. — OUVRAGES RELATIFS A MOLIÈRE.

I. — ÉCRITS RELATIFS AUX PIÈCES DÉTACHÉES DU THÉÂTRE DE MOLIÈRE ET A QUELQUES-UNES DES POÉSIES :

1. — *Les Précieuses ridicules* 118
2. — *Sganarelle* ou *le Cocu imaginaire* 121
3. — *Dom Garcie de Navarre* ou *le Prince jaloux*. 122
4. — *L'École des maris*. 122
5. — *Les Fâcheux*. 123
6. — *L'Étourdi* ou *les Contretemps*. 123
7. — *Dépit amoureux* 124
8. — *L'École des femmes*. 126
9. — *Remerciment au Roi*. 128
10. — *La Critique de l'École des femmes*. 128

11. — *L'Impromptu de Versailles*	129
12. — *Le Mariage forcé*	131
13. — *La Princesse d'Élide*	131
16. — *Dom Juan* ou *le Festin de Pierre*	132
17. — *L'Amour médecin*	136
18. — *Le Misanthrope*	137
19. — *Le Médecin malgré lui*	141
20. — *Mélicerte*	143
21. — *Pastorale comique*	144
22. — *Le Sicilien* ou *l'Amour peintre*	145
23. — *Amphitryon*	146
25. — *George Dandin* ou *le Mari confondu*	148
26. — *L'Avare*	150
27. — *La Gloire du Val-de-Grâce*	152
28. — *Le Tartuffe* ou *l'Imposteur*	153
29. — *Monsieur de Pourceaugnac*	161
30. — *Les Amants magnifiques*	163
31. — *Le Bourgeois gentilhomme*	164
32. — *Les Fourberies de Scapin*	167
33. — *Psyché*	168
34. — *La Comtesse d'Escarbagnas*	169
36. — *Les Femmes savantes*	170
37. — *Le Malade imaginaire*	171

II. — ÉCRITS ET DOCUMENTS BIOGRAPHIQUES, ET ÉCRITS LITTÉRAIRES SUR MOLIÈRE. 174

N. B. = Les ouvrages sont mentionnés dans l'ordre chronologique de leur apparition. On a cependant parfois rapproché ceux qui sont d'un même auteur. *Voyez plus haut, p. 249 et suivantes, la Table alphabétique.*

FIN DE LA TABLE DES MATIÈRES DE LA NOTICE BIBLIOGRAPHIQUE.

TABLE DES MATIÈRES

CONTENUES DANS LE ONZIÈME VOLUME

Notice bibliographique. 1
Table alphabétique de la Notice bibliographique. 249
Additions et corrections. 273
Tables des matières de la Notice bibliographique. 321

FIN DE LA TABLE DES MATIÈRES.

20178. — Imprimerie Lahure, 9, rue de Fleurus, à Paris

www.ingramcontent.com/pod-product-compliance
Lightning Source LLC
Chambersburg PA
CBHW060639170426
43199CB00012B/1610